Lucy Freeman, ehemalige Journalistin bei der »New York Times«, hat diese einmalige und erschreckende Therapiegeschichte aufgeschrieben – so wie sie ihr in allen Einzelheiten von Nancy Lynn Gooch und Emily Peterson berichtet wurde. Lucy Freeman hat viele Bücher veröffentlicht, hauptsächlich auf dem Gebiet der Psychoanalyse. 1986 erhielt sie den Nationalen Medienpreis der Amerikanischen Vereinigung der Psychoanalytiker für ihren herausragenden Beitrag zum allgemeinen Verständnis der Psychoanalyse.

Dieses Buch wurde auf chlor- und säurefreiem Papier gedruckt.

Vollständige Taschenbuchausgabe September 1992
Droemersche Verlagsanstalt Th. Knaur Nachf., München
© 1989 für die deutschsprachige Ausgabe
Ernst Kabel Verlag, Hamburg
© 1987 Lucy Freeman
Titel der Originalausgabe »Nightmare. Uncovering the strange
56 personalities of Nancy Lynn Gooch«
Aus dem Amerikanischen von Beate Gorman
Umschlaggestaltung Adolf Bachmann, Reischach
Umschlagfoto The Image Bank/Tana Kaleya
Druck und Bindung brodard & taupin
Printed in France   5   4   3   2   1
ISBN 3-426-04047-6

Lucy Freeman
Der stille Schrei

Sexueller Mißbrauch und
Persönlichkeitsspaltung

Inhalt

Inhalt

Danksagung

Wir möchten Stewart Richardson und Hy Steirman, unseren Herausgebern, für ihre Hilfe bei der Formgebung dieses Buches danken. Wir möchten auch Clinton A. Johnson, M.D. danken, der wichtige Informationen beisteuerte, eine Chronologie der Behandlung von Nancy Lynn Gooch zusammen- und wichtige Protokolle zur Verfügung stellte. Unser Dank geht auch an seine Tochter, Lorraine Johnson Lochner, die die Protokolle auf der Schreibmaschine schrieb und schnell lernte, welche Tonbandstimme zu welcher Persönlichkeit gehörte, da viele unangekündigt aufgenommen worden waren. Unser tiefster Dank gebührt Joel Gotler von *The Agency*, unserem Agenten in Los Angeles, und Jane Dystel von der *Edward J. Acton Agency* in New York, die an die Idee dieses Buches glaubten. Dank auch an Renée Wayne Golden, unsere Rechtsanwältin aus Beverly Hills, für ihre Sachkenntnis und an den Psychologen Lawrence Peterson, der die Behandlung unterstützte und half, dieses Buch zu verfassen. Unser Dank geht nicht zuletzt an Nancy Gooch Phipps, Nancys Mutter, die bereitwillig Interviews gewährte und auch die Erlaubnis gab, aus ihren Schriften über das Leben ihrer Tochter zu zitieren.

Emily Peterson
Nancy Lynn Gooch
Lucy Freeman

Einführung

Dieses Buch erzählt die Geschichte von Nancy Lynn Gooch, die an einer multiplen Persönlichkeitsstörung litt. Sie suchte Hilfe bei Emily Peterson, einer beherzten Lehrerin an ihrer High-School, die ihre Therapeutin wurde. Die Geschichte zeigt die Entschlossenheit auf beiden Seiten, das Trauma in Nancys Leben, das sie langsam, aber sicher zerstörte, zu besiegen.

Die multiple Persönlichkeitsstörung erlangt erst jetzt die Bekanntheit, die sie schon lange verdient. *Sybil* und *Die drei Gesichter Evas* machten die Öffentlichkeit zum ersten Mal mit dieser Art der Geistesstörung bekannt.

Die multiple Persönlichkeit wird von der *American Psychiatric Association* als »hysterische Neurose« definiert. Es handelt sich um eine »dissoziative Störung«, in der der Betroffene unter einer Art Dämmerzustand, der in der Psychiatrie als *Fugue* bezeichnet wird, leidet (er weiß nicht mehr, was geschieht oder wo er sich befindet – er leidet sozusagen unter einem Blackout). Während dieser Amnesie können eine oder mehrere verborgene Persönlichkeiten hervortreten und ein Verhalten zeigen, das nicht der Natur der »Kern«-Persönlichkeit entspricht.

Jede dieser Persönlichkeiten hat eine ganz eigene Identität. Haltung, Ausdrucksweise, Handschrift, Geschmack, Lebensanschauung und Denken sind völlig verschieden. Ein Fachmann auf diesem Gebiet hat einmal die »völlig autonome Existenz der wechselnden Persönlichkeiten« erwähnt. Sie kontrollieren im wesentlichen die Kernpersönlichkeit. Die Arbeit des Therapeuten konzentriert sich darauf, diesen Zustand umzukehren – nämlich der Kernpersönlichkeit, in diesem Fall Nancy, wieder dazu zu verhelfen, die Kontrolle auszuüben.

Als Emily Nancy kennenlernte, war sie betroffen. Sie fragte sich, wie sie Nancy jemals von ihrer Qual befreien könnte. Schließlich beschloß sie, es einfach zu versuchen, da Nancy ihr Leben sonst in einer Nervenheilanstalt gefristet hätte oder durch eine ihrer selbstzerstörerischen Persönlichkeiten ums Leben gekommen wäre, denn es hatten bereits mehrere Selbstmordversuche stattgefunden.

In einem Artikel mit dem Titel »Die multiple Persönlichkeit: Überlegungen zur Diagnose« beschreibt Philip M. Coons, M.D. den Krankheitsverlauf. Fast alle Kriterien, die er aufführt, traten bei Nancy und den wechselnden Persönlichkeiten im Verlauf ihrer Krankheit zutage. Zu seinen wichtigen Forschungsergebnissen zählen zum Beispiel folgende Beobachtungen: »Die Persönlichkeiten können sich voneinander durch Alter, Geschlecht oder geschlechtlicher Orientierung unterscheiden. Kopfschmerzen, hysterische Konversion, wobei unbewältigte Erlebnisse in körperliche Symptome umgewandelt werden, Drogenmißbrauch, Selbstmordversuche, stürmische zwischenmenschliche Beziehungen und kurze Psychosen treten in vielen Fällen auf. Bei Selbstmordversuchen werden häufig die Pulsadern aufgeschnitten, oft will eine Persönlichkeit die Kontrolle übernehmen, indem sie eine andere Persönlichkeit zu töten versucht, nur um von einer dritten Persönlichkeit gerettet zu werden.«

Als Nancy die zweite Klasse der *Chaffey High School* in Ontario besuchte, erlitt sie eine Amnesie und mußte in einer Zwangsjacke in die psychiatrische Abteilung des *County General Hospital* von Los Angeles eingeliefert werden. Vorher war sie bei Harold Gaffney, dem Hypnotherapeuten, wegen ihrer »offenen Magengeschwüre« in Behandlung gewesen. Harold und seine Frau Diane, eine Sozialarbeiterin, unterhielten ein Pflegeheim für junge Mädchen, die Probleme hatten. Es wurde Nancys Mutter als Alternative zu einer psychiatrischen Unterbringung empfohlen.

Fünf Jahre lang lebte Nancy bei den Gaffneys. In dieser Zeit war Emily ihre Therapeutin. Ich hatte das Glück, als Beobachter alles auf Tonband aufzeichnen oder in Protokollen festhalten zu dürfen, ohne direkt in der Schußlinie zu stehen. Voller Staunen beobachtete ich, wie Emily daran arbeitete, zu Nancy eine Beziehung aufzubauen, die weit über einen Dialog mit Worten hinausging. Es war schließlich ein ständiges aktives Eingreifen, oft in Krisensituationen.

Emily arbeitete nach den Prinzipien der Konfrontation. Belohnung–Bestrafung, Zustimmung–Ablehnung, »kognitive Therapie«, direkte Befehle und »Verträge« gehörten dazu. All dies hatte eine konsequente Struktur, die Integrität, Erfüllung,

Vertrauen, Fürsorge und Liebe verstärkte. Ihre Fähigkeit, den Schmerz jeder einzelnen Persönlichkeit zu erkennen und darauf einzugehen, beseitigte die Angst und den Zorn, durch den die Persönlichkeiten mit Energie versorgt zu werden schienen. Man hatte das Gefühl, daß die jüngeren Persönlichkeiten sich willig, ja fast eifrig integrieren wollten.

Ich war ein gefesselter Zuhörer, während ich versuchte, mit der Bedeutung geflüsterter Vertraulichkeiten Schritt zu halten, mit dem plötzlichen »Wechsel« im Erscheinungsbild der Persönlichkeiten, nichtverbalen Anhaltspunkten für ihren Schmerz und Interimshandlungen der Persönlichkeiten, an die Nancy sich nicht erinnern konnte. Mit jeder neuen Sitzung wuchs meine Bewunderung für Emilys Fähigkeit, Strukturen zu erfassen – zu erkennen, was nötig war, und wie man die gesetzten Ziele erreichen konnte.

Emily erkannte früh, daß einige Persönlichkeiten eine lähmende Angst, Rachegefühle und Selbstmordabsichten überwinden mußten, falls Nancy überleben sollte. Dieser Kampf erforderte, daß Emily vierundzwanzig Stunden am Tag, sieben Tage pro Woche erreichbar war, falls sie in Krisenzeiten gebraucht wurde, und von derartigen Situationen gab es viele. Emily versuchte auch ständig, dem schrecklichen Geschehen in Nancys Kindheit auf die Spur zu kommen, das die Entstehung der verschiedenen Persönlichkeiten erst möglich gemacht hatte. Bisweilen zweifelte ich an meinem Verstand, wenn Sitzungen eine völlig überraschende Wendung nahmen. In Nancys Innerem gab es »Helfer«, die Emily unterstützten, und »Zerstörer«, die sie loszuwerden trachteten, da sie Gewalttaten und sexuelles Sichausleben einschränkte und Drogenmißbrauch verbot. Die Kämpfe zwischen Emily und zornigen »Zerstörer«-Persönlichkeiten ließen langsam nach und entschärften den Zorn. Auf diese Weise wurde die Angst in Nancy gemildert, so daß sie wieder ihren Verstand benutzen und der Wirklichkeit ins Gesicht sehen konnte.

Die »Elternfunktion« der Gaffneys und von Emily war für Nancys Überleben lebenswichtig. Sie förderte das Vertrauen der Persönlichkeiten, so daß sie leichter zugänglich wurden. Mit der Zeit, als immer mehr Persönlichkeiten zutage traten, verstrickte

13

sich Emily immer mehr in die Therapie und erkannte (wie auch die Gaffneys), daß die Anforderungen der Doppelrolle Mutter–Therapeutin für sie zu schwierig wurden – selbst für einen Menschen wie Emily. Die kluge Entscheidung von Nancy und den Gaffneys, Emily als Therapeutin beizubehalten, während Diane die Mutterrolle übernahm, scheint mir der wichtigste Schlüssel für das Durchhalten aller Betroffenen zu sein.

Meine Hochachtung vor diesen beiden Frauen, Emily und Diane, läßt sich nicht in Worte fassen. In einer Zeit, in der beide in ihrem eigenen Leben mit Problemen zu kämpfen hatten, brachten sie den Mut und die Kraft auf, einen Menschen zu retten, dessen Leid den Sinn für ihren eigenen Schmerz schärfte. Emily erkannte, daß Nancys Wandertrieb und ihre Persönlichkeitsspaltungen sie vor der drohenden Erinnerung an schreckliche Vorfälle schützten, die sie unbewußt mit dem Tod gleichsetzte. Durch ihre besondere Fähigkeit, mit einem anderen Menschen, der unter ständigen Qualen leidet, Mitleid zu haben, erkannte Emily, daß Nancy die Realität akzeptieren mußte, um weiterleben zu können. Mit übermenschlicher Geduld gelang es Emily, Woche für Woche, Jahr für Jahr, Nancy davor zu bewahren, von ihrem Alptraum, der sie völlig beherrschte, zerstört zu werden.

Auch Nancy war stark, aber diese Stärke war unter ihrer Angst, ihrem Zorn und ihrem Schmerz vergraben. Ohne diese Kraft hätte sie die schrecklichen Erlebnisse im frühen Kindesalter nicht so gut überstehen können, wie es der Fall war. Ich halte das Phänomen der multiplen Persönlichkeit für ein umfangreiches Grenzgebiet, das immer mehr Pioniere anlockt, die es erforschen und untersuchen wollen. Wenn die folgende Geschichte Zweifel oder Ungläubigkeit hervorruft, so kann ich das verstehen. Oft habe ich nach Sitzungen zu mir selbst gesagt: »Ich habe es gesehen, gehört, ich fühle es, aber trotzdem kann ich es nicht glauben!«   *Clinton A. Johnson, M.D.*

Clinton A. Johnson, M.D. war Hauptpsychologe am kalifornischen Rehabilitationszentrum, Abteilung für Rehabilitationsmöglichkeiten bei der Behandlung Rauschgiftsüchtiger in Norco; vorher hatte er in der Abteilung für Mentalhygiene als Leiter der Eltern-Kind-Abteilung und der Ausbildungsklinik gearbeitet und als Leiter für berufliche Ausbildung; heute beschäftigt er sich mit der Erforschung der multiplen Persönlichkeit und mit der Parapsychologie.

Prolog

Nancy saß still auf einer grünen Holzbank im Echo Park. Ein zerbrechliches Geschöpf in Blue Jeans, weißer Bluse und beigefarbenen Sandalen. Die Strahlen der südkalifornischen Sonne schienen durch die Blätter der Ahornbäume und Palmen. Sie war das kurze Stück von ihrem Elternhaus aus hierher gelaufen und genoß die Ruhe des weitläufigen Parks im Norden von Los Angeles. Dieser 25. März 1973 war ein ruhiger Sonntag, nur das Lachen der Kinder, die auf den Schaukeln hin- und herschwangen, durchdrang die Stille. Sie schlug ihr liniertes Heft auf, nahm ihren Bleistift aus der Blusentasche und schrieb die Worte, die sich in ihrem Kopf formierten, nieder:

> *Der Abend schleicht sich heran*
> *der Morgenvogel singt*
> *wieder ist eine Nacht verloren*
> *auf Flügeln davongeschwebt*
>
> *Das Gesicht im Spiegel*
> *ist immer dasselbe,*
> *der Herzschlag noch stark*
> *in einer Muschel ohne Namen*
> *Geflüsterte Geheimnisse, kaum hörbar,*
> *sind immer so nah*
> *sie entfliehen meinem Zugriff*
> *verstärken meine Angst*
>
> *Die Augen der Erinnerung*
> *blicken schnell umher*
> *sie suchen vergeblich*
> *nach einem Platz im Herzen*
>
> *Trauer ohne Schuld*
> *verlangt nach meiner Seele*
> *sie flieht voller Scham ...*
> *ohne Zufluchtsort.*

Wörter waren wie eine Erlösung für sie, das heißt, wenn sie niedergeschrieben waren. Keine gesprochenen Wörter, sondern Wörter, die auf Papier festgehalten wurden.

Sie schloß ihr Heft und wurde traurig. Ihre Träume erfüllten sich nie, blieben immer nur Phantasie. Mit fünfzehn Jahren war sie immer noch einsam, selbst in der Gegenwart anderer, ja besonders dann, wenn sie nicht allein war.

Sie seufzte, stand auf und ging langsam zum Rosengarten hinüber, der neben dem Fußweg lag. Sie atmete den starken Duft einer gelben Rose ein, es gab für sie nichts Erhabeneres und Exotischeres als Rosen in allen Farben.

Die Straßen, die an den Park grenzten, waren vollgeparkt mit Autos. Familien kamen hierher, um zu picknicken. Sie verbrachten den ganzen Tag hier, beobachteten ihre herumtobenden Kinder oder angelten in dem stillen Teich. Nancy dachte sich nichts dabei, als noch ein Wagen direkt hinter ihr anhielt.

Plötzlich fühlte sie die große, grobe Hand eines Mannes über ihrem Mund, die jeden Laut erstickte. Ein scharfes Messer wurde bedrohlich an ihre Kehle gedrückt.

Eine heisere, leise Stimme warnte sie: »Kein Ton oder dir passiert was.« Sie drehte sich um, sah dem Mann ins Gesicht. Er war etwa zwanzig, von dunkler Hautfarbe, Mexikaner, von untersetzter Gestalt. Seine schwarz-braunen Augen starrten hart und gemein in ihre nußbraunen. »Los«, befahl er.

Er schleppte sie zu dem Wagen, den er gerade geparkt hatte. Ein zweitüriger, giftgrüner Chevrolet. Er öffnete die Beifahrertür, warf sie auf den Sitz, so daß niemand sie sehen konnte, und warnte sie: »Wag' nicht, dich zu rühren.« Er lief zur Fahrertür und sprang in den Wagen. Während der Fahrt hielt er ständig mit einer Hand das Messer an ihre Kehle. Sie sagte keinen Ton, wagte fast nicht zu atmen.

Nach zwanzig Minuten Fahrt hielt der Wagen an. Sie lag teilnahmslos da, bis er sie aus dem Auto zog. Er stieß sie in ein Gebüsch, das etwas abseits von der Straße lag. Er warf sie zu Boden und setzte ihr den rechten Fuß auf die Brust. Dann öffnete er den Reißverschluß seiner Jeans und zog sie aus. Er trug keine Unterwäsche. Sein Hemd und die Cowboystiefel behielt er an.

Er beugte sich über sie, riß ihre Bluse auf, zog ihre Jeans herunter und schleuderte sie weg. Er starrte auf ihren schlanken weißen Körper, der von seinem dunklen abstach.

Am Sonntag vergewaltigt zu werden, dachte sie, war denn nicht einmal mehr der Tag des Herrn heilig? Sie öffnete ihren Mund, um zu protestieren. Er schlug ihr mit der Faust auf die Nase, so daß das Blut herausschoß. Drohend stieß er hervor: »Halt die Klappe, oder ich stech' zu.« Er hieb noch einmal mit der Faust auf sie ein, diesmal traf er das rechte Auge. Sie wimmerte vor Schmerz, nicht nur wegen seiner Bösartigkeit, sondern aus verletztem Stolz. Er warf sich auf ihren nackten Körper, so daß sie kaum noch atmen konnte. Ihr Auge brannte. Sie verlor das Bewußtsein.

Als sie wieder zu sich kam, war sie im Echo Park, völlig bekleidet. Der Mann trug sie aus dem Chevrolet zurück an die Stelle, an der ihre Tortur begonnen hatte. Es war Nacht geworden, Stunden mußten vergangen sein. Wieder warf er sie zu Boden, sanfter diesmal. Der Peiniger mit den bösen Augen sagte drohend: »Wenn du es rumerzählst, bring' ich dich um. Ich weiß, wo du wohnst. Ich bin dir in den Park gefolgt.«

Dann verschwand er, der Terror hatte ein Ende. Schwerfällig stand sie von dem harten Boden auf. Sie sah ihr Notizheft, das unter den gelben Rosenstrauch gefallen war, als sie das Messer an ihrem Hals gefühlt hatte. Zumindest das Gedicht war gerettet, die Zeilen, die sie prophetisch geschrieben hatte: »sie flieht voller Scham ... ohne Zufluchtsort.«

In ihrem Kopf hämmerte es, ihr ganzer Körper schmerzte. Mit dem Heft in der Hand lief sie den kurzen Weg zurück nach Hause, tief verwundet. Was sollte sie nur ihrer Mutter erzählen? Bloß nicht das, was wirklich geschehen war, das durfte sie nie erfahren. Sie wollte ihre Mutter nicht mit der Wahrheit kränken.

Nancy drückte die Haustür auf. Es war ein behagliches, freundliches Haus, so behaglich und freundlich wie ihre Mutter. Sie stolperte in das Zimmer ihrer Mutter, die auf einem grünen Bettüberwurf saß und das Schnittmuster für einen Hosenanzug auf grauer Seide feststeckte.

Sie sah in den Spiegel des Kleiderschranks. Das lange braune Haar war verfilzt, das Gesicht grün und blau von den Fausthieben, das rechte Auge fast zugeschwollen. Ihre weiße Bluse war zerrissen, verschmiert von der schwarzen Erde des Bodens, auf dem sie vergewaltigt worden war.

Sie torkelte auf ihre Mutter zu, die aufblickte und sie einen Augenblick lang wie eine Fremde ansah. Die Nadeln fielen ihr aus der Hand, und sie begann hysterisch zu schreien.

»Mein Gott, Nancy! Was ist passiert? Wer hat dich so zugerichtet?« Die Wehklage ihrer Mutter.

Nancy sprach kein Wort. Sie hatte Übung darin, nichts zu sagen, wenn sie durch die grausamen Hände eines Peinigers blutbefleckt war. Sie hatte schon vor langer Zeit gelernt, nach einem Angriff stumm zu bleiben. Sie konnte sich nicht einmal mehr an den genauen Zeitpunkt erinnern.

Vielleicht würde sie eines Tages aufschreiben, was sie fühlte. Aber es aussprechen?

Niemals. Das würde den Tod bedeuten.

Teil 1
Die verschleierte Bitte

1. *Oktober 1973*

Eine Schülerin, die neu an der *Ontario High School* war, fiel mir zum ersten Mal auf, als sie plötzlich während des Unterrichts aufstand. Ich wußte nicht, wie sie hieß, sie war für mich noch ein namenloses Gesicht in der Klasse.

Ich dachte, daß sie vielleicht eine Frage stellen wollte, statt dessen drehte sie sich um, floh den Gang hinunter und rannte mit der Schnelligkeit eines verängstigten Rehs zur Tür hinaus. Niemand durfte den Unterricht ohne meine Erlaubnis verlassen, auch nicht, wenn es sich um einen Notfall handelte. Ich bat meine dreiunddreißig Schüler, mich einen Moment zu entschuldigen, und machte mich auf die Suche nach dem herumirrenden Flüchtling. Kein Zeichen von ihr in dem großen leeren Flur. Ich zuckte mit den Achseln und beschloß, sie später auf den Vorfall anzusprechen.

Ich kehrte zurück in meine Klasse, die ich an jedem Wochentag zwischen zehn und elf Uhr in kreativem Schreiben unterrichtete, und nahm den Unterricht wieder auf. Wir beschäftigten uns gerade mit der Entwicklung von Charakteren in der Kurzgeschichte und im Roman. »Ein Autor muß zeigen, wie ein Charakter aussieht, wie er die Welt sieht und wie die Umgebung auf ihn reagiert«, erklärte ich.

In diesem Augenblick öffnete der Pedell, der darauf achtete, daß keiner der 1300 Schüler das Gelände verließ, die Tür zum Klassenzimmer. Gerade wollte ich ausführen, daß Melville bei der Charakterentwicklung ein besonderes Genie besaß und möglicherweise auch den interessantesten Einstieg in einen Roman gefunden hatte, als er mit den drei Worten begann: »Nennt mich Ismael.«

Der Pedell kam an mein Pult und bat mich: »Mrs. Campbell, würden Sie bitte einen Moment mit mir hinauskommen? Ich muß wissen, ob ein Mädchen, das ich gefunden habe, zu Ihren Schülern gehört.«

Zum zweiten Mal innerhalb von fünf Minuten entschuldigte ich mich bei der Klasse und verließ mit dem Pedell den Unterrichtsraum. Wir verließen das riesige Backsteingebäude und gingen auf den Schulhof hinaus, der mit dichtem Gras bewachsen war und auf dem mehrere hohe Bäume standen. Ich war leicht irritiert von dem zierlichen, zarten Mädchen, das die Klasse ohne Erlaubnis verlassen hatte.

Dann entdeckte ich sie. Sie kauerte zwischen dem Gittertor und den Außentüren, die verschlossen waren. Als sie mich erblickte, drehte sie sich weg, die gefalteten Arme vor der Brust, und wandte den Kopf ab. Sie wich zurück, als ob sie sich in der Mauer verkriechen wollte.

Der Pedell erklärte: »Als ich sie fragte, warum sie um diese Zeit die Schule ohne Erlaubnis verlassen wollte, starrte sie mich plötzlich wie wild geworden an. Sie weigert sich, mir zu antworten. Ich dachte, vielleicht wissen Sie, wer sie ist.«

»Tut mir leid«, antwortete ich. »Ich kann mich nicht an ihren Namen erinnern. Sie ist neu hier, und in den ersten Wochen hat sie im Unterricht noch nichts gesagt.«

Zum ersten Mal sah ich mir das Mädchen genauer an. Aus der Ferne hatte sie im Klassenzimmer genau wie all die anderen Mädchen ausgesehen, mit ihrem braunen Haar und dem schlanken Körper, bekleidet mit den traditionellen Blue Jeans, mit Bluse und Turnschuhen. Ich schätzte sie auf etwa fünfzehn Jahre, obwohl sie mit einer Größe von einem Meter fünfzig recht klein für ihr Alter war. Sie war schon fast unnatürlich dünn. Durch ihren verlassenen Blick sah sie seltsam verwundbar aus, ich fühlte mich zu ihr hingezogen, wie zu einem hilflosen Kind.

Ich war ihr nicht mehr böse, daß sie die Klasse so überstürzt verlassen hatte. Ich hatte das Gefühl, daß ich ein menschliches Wesen vor mir hatte, das sich in die Ecke gedrängt fühlte. Um sie zu beruhigen, ging ich langsam und sicher auf sie zu. Ich streckte die Hand aus und legte ihr den Arm um die Schultern.

»Was ist los mit dir?« fragte ich sie ruhig. »Fühlst du dich nicht wohl?« Ich nahm an, daß sie Drogen genommen hatte, wie viele Schüler es taten.

Keine Antwort. Nicht einmal ein angedeutetes Nicken.

Offenbar hatte sie Schmerzen. Ob diese geistiger oder körperlicher Natur oder beides waren, konnte ich nicht erkennen. Ich nahm ihre Hand, half ihr aufzustehen und begleitete sie vom Schulhof ins Erste-Hilfe-Zimmer.

Sie leistete keinen Widerstand. Während wir weitergingen, mein Arm um ihre Schultern gelegt, sah ich auf ihren gesenkten Kopf, um ihr Gesicht besser sehen zu können. Sie schien sich meiner Person und ihrer Umgebung überhaupt nicht bewußt zu sein. Ich erinnerte mich, daß der Pedell ihren Blick als »wild« beschrieben hatte, und versicherte ihr: »Alles wird wieder in Ordnung sein.« Der Pedell war verschwunden, er hatte sie meiner Fürsorge überlassen.

Im Büro sah niemand auf, die Schreibmaschinen ratterten weiter, Unterhaltungen wurden fortgesetzt. Ich führte das Mädchen den Gang zwischen den Schreibtischen entlang in das Privatzimmer der Krankenschwester. Die Schwester sollte den Fall übernehmen, und ich wollte in meine Klasse zurückkehren.

Aber das Mädchen hatte andere Pläne. Als sie die Schwester sah, drehte sie sich um, machte einen Satz zur Tür, einen Blick der Verzweiflung im Gesicht. Es gelang mir, ihr zuvorzukommen, ich versperrte ihr den Weg und sah ihr ins Gesicht. Sie bewegte sich wie ein Football-Spieler hin und her und versuchte meinen Schwachpunkt zu finden. Sie griff nach meinen Armen und versuchte, mich von der Tür wegzuziehen. Unser Atem ging schwer, sie stöhnte leicht. Wir waren beide fest entschlossen. Sie versuchte mir zu entkommen, und ich erkannte ihre Absicht im voraus.

Schließlich gelang es mir, sie mit beiden Armen zu ergreifen und sie nach kurzem Kampf auf die Liege zu werfen. Ich hielt sie dort fest, da sie immer wieder versuchte, sich zu befreien. Immer wieder sagte ich: »Es ist doch alles in Ordnung. Wir wollen dir nur helfen.«

Die Schwester fragte: »Können Sie bei ihr bleiben, bis ich herausgefunden habe, wer sie ist, und ihre Eltern benachrichtigt habe? Wir können sie nicht hierbehalten.«

Als die Schwester das Zimmer verließ, stellte das Mädchen den Widerstand plötzlich ein. Ich lockerte meinen Griff. Sie hatte noch kein Wort gesprochen, seit der Pedell und ich sie an der Mauer aufgefunden hatten.

Immer wieder versicherte ich ihr, daß niemand ihr irgendwie schaden wolle, aber ich hatte das Gefühl, auf eine Taubstumme einzureden. Nach zwanzig Minuten kam die Schwester zurück. »Wir können die Behörden von *Reach-Out,* wo sie zur Zeit untergebracht ist, nicht erreichen. Es ist ein Heim für Jugendliche, die Drogen nehmen. Sie nennt sich Penny, aber ihr richtiger Name ist Nancy Lynn Gooch. Wir werden mehr wissen, wenn der Leiter von *Reach-Out* zurückruft.«

Nancys Gesicht blieb ausdruckslos, als die Schwester sprach, sie hätte genausogut chinesisch sprechen können. Nancy machte aber jetzt den Eindruck, als ob sie den Gedanken an eine Flucht aufgegeben hätte.

Die Schwester fragte mich: »Könnten Sie hier warten? Bitte bleiben Sie doch, bis der Anruf von *Reach-Out* kommt, während ich zum Essen gehe. Ich bringe Ihnen gerne etwas mit.«

»Ich bleibe gerne hier, wenn Sie sich darum kümmern würden, daß jemand meine beiden Nachmittagsstunden übernimmt«, antwortete ich. »Danke für das Essensangebot, aber ich habe keinen Hunger.«

»Ich kümmere mich darum, für Sie einen Ersatz zu finden.« Aus ihrer Stimme klang Dankbarkeit.

Ich sah wieder auf das Mädchen, das jetzt einen Namen hatte – Penny. Sie war so verängstigt gewesen, daß sie es nicht einmal gewagt hatte, ihren Namen zu nennen. Ich fragte mich, wie ich ihren Schmerz erleichtern könnte. Ich hatte keine besondere Erfahrung mit drogenabhängigen Jugendlichen, außer daß ich sie in der Schule schon einmal high erlebt hatte. Sie hatte ihren Widerstand gegen mich aufgegeben, aber ich fühlte, daß sie immer noch versuchen würde zu entkommen, besonders jetzt, da wir uns allein gegenüberstanden. Wie konnte ich ihr helfen?

Wenn ein Mensch leidet, möchte ich ihn in die Arme nehmen, ihn trösten, denn oft lindert Zärtlichkeit die psychische Verletzung. Ich nahm ihren dünnen Körper in meine Arme, sie mochte vielleicht neunzig Pfund schwer sein, wiegte sie hin und her und sagte immer wieder, um sie zu beruhigen: »Niemand will dir weh tun, Penny. Wir alle wollen dir helfen.«

Sie saß ruhig auf meinem Schoß, sie hatte ihr »wildes« Gebaren abgelegt. Ich strich ihr übers Haar wie einem ängstlichen Kind. Während ich sie so hielt, war ich immer mehr davon überzeugt, daß dieses junge Mädchen unter einer schrecklichen Angst leiden mußte und große Furcht hatte, um Hilfe zu bitten. Ich spürte, daß dies nicht auf die Wirkung von Drogen zurückzuführen war, sondern daß etwas anderes dahintersteckte. Kein seelisches Ungleichgewicht, das zeitweise durch den Mißbrauch von Heroin oder Kokain hervorgerufen wurde, sondern eine Wunde, die schon seit Jahren schwärte.

Sie sollte den Mut bekommen, zu mir in meine Welt zu kommen und mit mir zu reden. Ich wollte wissen, von welchen Ungeheuern sie verfolgt wurde. Ich wünschte, daß sie nur ein Wort herausbringen würde, sozusagen ein Symbol der Befreiung von dem, was sie zum Schweigen verurteilte.

Vielleicht sollte ich mich auf die äußere Wirklichkeit konzentrieren, da ihre innere Welt so schmerzlich für sie zu sein schien. Ich wollte mich auf etwas hier im Zimmer konzentrieren, auf etwas Wesentliches. Warum nicht auf mich? »Penny, sieh mir in die Augen. Welche Farbe haben sie?« Ich wiederholte die Frage mehrmals, erhielt aber nicht die leiseste Antwort. Sie schien fast leblos. Sie starrte stumm an mir vorbei auf die Wand. Ich hatte das seltsame Gefühl, daß sie sich wahrscheinlich schon oft so verhalten hatte, wenn sie sich in einer Situation befand, die ihr Angst einjagte.

Dann fragte ich sie: »Penny, welche Augenfarbe hast du?« Auch diese Frage wiederholte ich mehrmals, ohne daß sie irgendeine Reaktion zeigte. Ich versuchte es wieder: »Du hast wunderschöne Augen.« Sie hatte ausdrucksvolle, sanfte, haselnußbraune Augen. Ihr Gesicht war von irischer Schönheit, vielleicht war ihre Mutter Irin. Sie senkte den Kopf, so daß ich nicht mehr in ihre Augen blicken konnte. Ich hob ihren Kopf an, um ihr meinen ungewöhnlichen Ehering zu zeigen, auf dem sich sechs silberne und goldene Elemente abwechseln. Hier war etwas, auf das sie ihre Aufmerksamkeit richten konnte, es brachte sie mit einemmal wieder in diese Welt zurück.

Es dauerte fast zwei Stunden, bis die Schwester zurückkam. Sie teilte mir mit: »Die Behörden von *Reach-Out* nehmen das

23

Mädchen in seinem jetzigen Zustand nicht zurück. Sie heißt Nancy Gooch. Sie hat bei ihrer Mutter gelebt, bis sie dort aufgenommen wurde. Der Leiter, mit dem ich gesprochen habe, sagte, er werde mit dem psychiatrischen Krankenhaus von Pomona telefonieren, damit sie einen Krankenwagen schicken.« Pomona ist eine Nachbarstadt im Tal.

Ich sah mich in dem sterilen Zimmer um. Wie lange sollten wir hier noch hilflos herumsitzen? Ich hatte gespürt, daß Penny, oder Nancy, gerade mit mir sprechen wollte, als sie den Ring betrachtete.

Nach etwa fünfzehn Minuten traten zwei riesige Männer durch die offene Tür. Sie sagten der Schwester, daß sie von *Reach-Out* kämen. Einer erklärte: »Wir können für Nancy in ihrem jetzigen Zustand nicht die Verantwortung übernehmen, aber wir dachten, wir kommen her und bleiben bei ihr, bis der Krankenwagen sie abholt. Es kann für ein junges Mädchen ein Schock sein.«

Die Schwester stellte sie mir vor und erklärte, daß ich Nancys Lehrerin sei. Einer der beiden sagte: »Wir haben sie noch nie in einem derartigen Zustand gesehen, Mrs. Campbell.«

Als ich merkte, daß man sie wirklich fortschaffen wollte, packte mich die Wut. Ich dachte mir: Verdammt, das können sie doch nicht tun! Sieht denn niemand, daß dieses Kind etwas anderes braucht als eine Nervenheilanstalt? Sie müssen mir mehr Zeit geben. Sie dürfen sie mir nicht wegnehmen. Ich ärgerte mich auch darüber, daß man mir die Energie nahm, die ich brauchte, um mich auf sie zu konzentrieren, die Beachtung, die sie so sehr brauchte.

Ich fragte die Schwester: »Kann ich noch etwas bei Nancy bleiben? Sie scheint fast bereit zu sein, ihr inneres Gefängnis zu verlassen. Vielleicht kann ich es verhindern, daß sie in die Psychiatrie eingewiesen werden muß.«

»Wir können ihr leider nicht mehr Zeit geben«, antwortete die Schwester. Die ruhige Stimme der Autorität.

Ich verstand. Es war Freitag, drei Uhr nachmittags. Bald würde die Schule schließen. Vier Stunden, die man einem psychisch gestörten Kind geopfert hatte, waren genug. In wenigen Minuten würde der Krankenwagen kommen, würde sie mitnehmen, und unser Gewissen wäre nicht weiter belastet. Ich war niedergeschlagen, verzweifelt, als ob ich selbst in ein Krankenhaus für Geistesgestörte gebracht würde.

Ich wandte mich wieder dem Mädchen zu, nahm sie in den Arm und bettelte: »Penny, bitte, bitte, sag doch was. Sonst nehmen sie dich mit. Nur ein Wort, bitte, sag doch ein Wort.« Nicht einmal das konnte sie.

Zwei weißgekleidete Sanitäter traten ein, gingen auf Penny zu, um sie aus meinen Armen zu nehmen. Ich merkte, daß immer dann, wenn ein Mann den Raum betrat, die Muskeln in ihrem rechten Arm zuckten, als ob sie unter Krämpfen litt.

Einer der Fahrer packte sie bei den Schultern. Sie schrie auf. Ich hatte noch nie einen derartig schrecklichen Schrei gehört, es klang, als ob man sie ermorden würde. Ich wollte sie beschützen, den Mann abschütteln, aber ich wußte, daß ich nicht das Recht dazu hatte. Ich konnte nur ruhig zusehen, wie die beiden sie mir aus den Armen rissen. In mir loderte es. Es schmerzte, daß ich meinen Wunsch zu kämpfen unterdrücken mußte, obwohl ich mich im Recht fühlte.

Es dauerte fast fünf Minuten, bis diese vier großen, kräftigen Männer das zierliche Mädchen auf der Trage festgeschnallt hatten. Sie schrie immer weiter, als ob sie auf dem Weg in die Todeszelle wäre.

Es war das erste Mal, daß ich miterlebte, wie jemand in ein psychiatrisches Krankenhaus eingeliefert wurde. Aus Büchern wie »Die Schlangengrube« und »Einer flog über das Kuckucksnest« weiß ich, daß diese Hospitäler Orte sind, von denen man sich besser fernhält. Die Patienten dort stehen unter dem Einfluß von Medikamenten, werden mit Elektroschocks behandelt, so daß sie auch das restliche bißchen Verstand verlieren. Wie wollte man dort einer Fünfzehnjährigen helfen, die so verängstigt war, daß sie nicht einmal wagte, ihren Namen auszusprechen?

Selbst als sie angeschnallt wurde, versuchte sie noch immer, die Männer abzuschütteln. Sie schrie, als sie überwältigt war. Sie schrie, als man sie aus dem Zimmer trug.

Im Zimmer herrschte Schweigen. Die Schwester und ich sahen uns hoffnungslos an. Schließlich seufzte sie und sagte: »Ich weiß nicht, wie ich Ihnen danken soll, Mrs. Campbell.«

Ich schüttelte traurig den Kopf. Ich fühlte mich körperlich erschöpft, obwohl noch ein Rest von Wut in mir vorhanden war. Die tragische Szene verfolgte mich das ganze Wochenende über. Immer wieder fragte ich mich, was wohl Pennys, oder vielmehr Nancys, Verbrechen sein könnte. Warum war sie ohne Erlaubnis aus dem Klassenzimmer gerannt und erklärte nicht, warum? Warum hatte sie ihren Namen nicht genannt? Hatten Drogen sie ihres Verstandes beraubt?

Als ich am Montagmorgen zur Schule kam, ging ich gleich in das Büro der Schwester, um mich zu erkundigen, was sich im Krankenhaus von Pomona ergeben hatte. Die Schwester sagte nur: »Nancy ist unter Beobachtung.« Am nächsten Tag fragte ich wieder nach und erhielt die gleiche Antwort, ebenso am Ende der Woche.

Ich wandte mich wieder meinen Aufgaben als Lehrerin zu. Aber bisweilen hörte ich immer noch Nancys Schreie in meiner Erinnerung. Und als ich wieder den gejagten Ausdruck in ihrem Gesicht vor mir sah, kehrte mein Zorn auf die Männer, die sie ergriffen und festgeschnallt hatten, zurück.

Einen Teil meiner Wut führte ich auf den schmerzlichen Gedanken zurück, daß ein unschuldiges junges Mädchen von den Behörden unterworfen werden konnte, unter dem Vorwand, daß man ihm helfen wollte. *Reach-Out* weigerte sich, ihr Hilfe zu gewähren, obwohl man sich dort speziell um Jugendliche mit derartigen Problemen kümmerte.

Ich fragte mich, ob das psychiatrische Krankenhaus von Pomona sich als besser erweisen würde. Gab es überhaupt in diesem Tal, in ganz Kalifornien oder vielleicht im ganzen Land einen Ort, an dem die Qual in den Augen dieses Mädchens gelindert werden könnte?

2. *November 1973*

Drei Wochen waren vergangen, und ich hatte es aufgegeben, in der Schule wegen Nancys Schicksal nachzufragen. An einem regnerischen, kalten Novembermorgen kam ich zur Schule und parkte meinen Wagen auf meinem angestammten Platz. Als ich auf den Schulhof trat, sah ich von der Seite her fast eine Wiederholung der Szene, deren Zeugin ich geworden war, als Nancy aus meiner Klasse gelaufen war.

Wie damals saß sie zusammengekauert zwischen dem Gittertor und den Außentoren. Aber heute war es kalt und feucht, und ihre Arme waren nackt. Sie trug keinen Pullover und keine Jacke, die sie vor Regen oder Wind hätten schützen können. Sie fröstelte, als ich auf sie zuging. Ich zog meinen marineblauen Mantel aus und legte ihn ihr um die Schultern.

Ich streckte ihr meine Hand entgegen, und sie nahm sie an. Ich führte sie in mein Klassenzimmer, nahm ihr den Mantel ab und rieb ihre schmalen Schultern. Wir hatten beide bisher kein Wort gesprochen.

Dann begann sie zu reden. Es war das erste Mal, daß ich ihre Stimme hörte. Obwohl ich damals fast fünf Stunden bei ihr gesessen hatte, hatte ich sie nur schreien hören. Ihre Stimme war weich und angenehm.

»Mrs. Campbell, danke für alles, das Sie damals für mich in dem Schwesternzimmer getan haben.«

»Nicht der Rede wert, Nancy«, antwortete ich. »Ich habe oft an dich gedacht und mir Sorgen gemacht. Niemand schien zu wissen, was los war.«

Sie fuhr mit ihrer leisen Stimme fort: »Ich weiß, daß das komisch klingt, aber ich kann mich nicht erinnern, was an diesem Tag überhaupt passiert ist. Ich weiß nur, was Sie für mich getan haben, weil die Leute von *Reach-Out* es mir erzählt haben. Ich bin heute hergekommen, um mich noch einmal bei Ihnen zu bedanken.«

»Ich bin froh, daß es dir jetzt gutgeht«, sagte ich.

Sie schien weitersprechen zu wollen, daher schlug ich vor: »In der ersten Schulstunde morgens bereite ich mich meistens auf den Unterricht vor. Vielleicht möchtest du hierbleiben und dich aussprechen?«

»Ja, sehr gerne«, antwortete sie.

Ich zog einen Stuhl für sie heran und setzte mich auf das Pult. Ich hätte eigentlich Arbeiten korrigieren müssen, aber das konnte warten. Hier ging es um Wichtigeres.

Ich fragte: »Warum nennst du dich Penny? In den Schulunterlagen wirst du als Nancy Gooch geführt.«

»Die Therapeuten in *Reach-Out* nannten mich Penny, um mich daran zu erinnern, wie wenig ich wert bin.« Sie klang verbittert. »Die Therapie scheint darin zu bestehen, daß einem die eigene Wertlosigkeit immer wieder unter die Nase gerieben wird. Angeblich wird man dann ein besserer Mensch.«

Ich war schockiert. Es schien eine merkwürdige Behandlungsmethode zu sein, in der das Selbstwertgefühl eines Menschen, der schon selbst nicht viel von sich hält, noch weiter untergraben wird.

Ich fragte: »Wie alt bist du, Nancy?«

»Am elften werde ich sechzehn. Die letzten zwei Jahre habe ich fast nur in Krankenhäusern verbracht, weil ich krank war. Ich hatte offene Magengeschwüre. Die Ärzte meinten, das sei ungewöhnlich in meinem Alter.«

Als ob sie sich deshalb schämte, fügte sie hinzu: »Ich war auch in Krankenhäusern wegen Drogenproblemen, obwohl ich mich nicht erinnern kann, jemals Drogen genommen zu haben. Und einmal haben sie mich in die Psychiatrie eingeliefert, nachdem ich versucht hatte, Selbstmord zu begehen.«

Ich hatte recht gehabt. Ihr Kummer hatte tiefere Ursachen, es war mehr als die normale Auflehnung anderer Jugendlicher gegen Eltern und Gesellschaft. Sie erzählte mir hier, daß sie manchmal nicht weiterleben wollte. Die Bürde des Lebens war zu schwer für sie, als daß sie sie ertragen konnte.

Ich fragte: »Wo hast du gelebt, bevor du nach *Reach-Out* kamst?«

»Bei meiner Mutter. Sie ist geschieden. Ich lebe mit meinen fünfjährigen Bruder Timmy bei ihr. Sie arbeitet sehr hart, um uns durchzubringen. Ich passe oft auf Timmy auf. Manchmal arbeite ich auch als Babysitter, um meine Mutter zu unterstützen.« Bei dem Wort Babysitter verzog sie das Gesicht, als ob sie diese Tätigkeit haßte.

Dann sah sie mich an, war einen Moment lang still, als ob sie sich fragte, ob sie mir ein Geheimnis anvertrauen könne. Dann sprach sie weiter: »Ich soll unter ›verlorener Zeit‹ leiden, wie die Ärzte sagen. Kennen Sie diesen Ausdruck?«

»Nein.« Ich war verwirrt.

»Oft kann ich mich nicht daran erinnern, was ich getan habe – manchmal stundenlang. Die Ärzte bezeichnen es auch als *Fugue*. Ich befinde mich irgendwo, und sechs oder sieben Stunden später bin ich ganz woanders und weiß nicht, wie ich dorthin gekommen bin. Ich kann mich dann auch nicht daran erinnern, was in dieser Zeit passiert ist.«

Schweigen. Dann fuhr sie fort: »Bis ich sieben Jahre alt war, glaubte ich, daß alle Menschen diesen Zeitverlust durchmachen. Ich dachte, es sei ganz natürlich. Als ich eines Tages mit Freunden sprach, merkte ich, daß ich anders war als andere Kinder. Und ich habe immer versucht, es zu verbergen.«

»Hast du dich an jenem Tag im Schwesternzimmer in einem solchen Zustand befunden?«

»Ja, ich kann mich an keine Minute mehr erinnern. Ich kam wieder zu mir, als wir das psychiatrische Krankenhaus in Pomona erreichten.«

»Wie lange bist du dort geblieben?« fragte ich.

»Ich bin immer noch dort. Sie wissen noch nicht, was sie mit mir machen sollen. Sie wollen mich noch etwas dabehalten.«

»Weiß man, daß du hier bist?«

»Nein.« Sie wurde verlegen.

»Du hast das Krankenhaus also ohne Erlaubnis verlassen?« Ich war beunruhigt.

Sie gestand: »Ich weiß nicht, wie ich hierher gekommen bin. Ich hatte wieder diesen Dämmerzustand. Er war zu Ende, als Sie mir Ihren Mantel umlegten und mich in die Schule führten.«

»Ich bin der Meinung, daß du das Krankenhaus anrufen und ihnen sagen solltest, daß es dir gutgeht«, sagte ich.

Ich war völlig sprachlos, daß sie die zehn Meilen, es können auch mehr sein, durch die Kälte und den Regen gelaufen war und sich an keinen einzigen Schritt erinnern konnte. Es war mir unerklärlich, daß sie nicht mehr wußte, daß sie das Krankenhaus verlassen hatte oder daß ich ihr an dem Tag, als sie aus meiner Klasse gerannt war, geholfen hatte.

Bald würden die ersten Schüler kommen. Ich sagte: »Die Klasse versammelt sich bald. Ich möchte dir danken, Nancy, daß du den weiten Weg auf dich genommen hast, um dich bei mir zu melden. Kann ich noch etwas für dich tun, bevor du gehst?«

Sie stand auf. »Von wo aus kann ich das Krankenhaus anrufen, damit ich abgeholt werde?«

Ich führte sie in das Zimmer des Schulleiters und ließ sie bei der Sekretärin, die das Krankenhaus anrufen wollte, damit man Nancy abholte. Die Sekretärin bot ihr einen Stuhl an. Ich fragte Nancy: »Möchtest du meinen Mantel zum Warmhalten haben?«

»Nein danke, Mrs. Campbell, im Auto wird es warm genug sein.«

»Ich hoffe, daß ich wieder von dir hören werde«, sagte ich. »Du kannst jederzeit anrufen, wenn du Hilfe brauchst.«

»Das werde ich tun«, sagte sie.

Ich nahm einen Notizzettel vom Schreibtisch, schrieb meine Telefonnummer auf und reichte ihn ihr. »Unter dieser Nummer kannst du mich abends oder an Wochenenden erreichen.«

Zum ersten Mal sah ich die Andeutung eines Lächelns auf diesem sensiblen, blassen Gesicht. Als ob sie mir dafür danken wollte, daß ich in jenen schrecklichen Stunden bei ihr gewesen war, obwohl sie mich nicht wahrgenommen hatte.

Ich ging in mein Klassenzimmer zurück, um mich auf den ersten Ansturm der Schüler vorzubereiten. Ich unterrichtete jeden Tag fünf Stunden, unter anderem kreatives Schreiben für die Unter- und Oberstufe gemeinsam, und vier weitere Stunden in der ersten und zweiten Klasse. Dieser Englischunterricht umfaßte das Lesen von Literatur, Schreiben und Grammatik.

Mein Klassenzimmer sah nicht wie ein typisches Schulzimmer aus. Es lag in einer Ecke des Gebäudes, und die Außenwand bestand aus rotem Backstein. Zwei Wände waren fast völlig von Tafeln bedeckt, abgesehen von der Wand, die eine Tür zum Flur hatte. Die vierte Wand hatte Fenster und eine Tür, die zum Klassenzimmer nebenan führte. Ich hatte mehrere Bücherregale samt Inhalt gestiftet. Jetzt waren fast nur noch die Nachschlagewerke und Lehrbücher vorhanden. Alle Klassiker waren verschwunden, was ich nicht für so gravierend hielt. Es bedeutete, daß einige Schüler Interesse zeigten und sich damit beschäftigten.

Poster an der Wand ermutigten die Schüler zu positivem Denken. Eins zeigte Vögel im Flug mit den Worten: »Sie schaffen es, weil sie daran glauben.« (Wir können nicht erklären, warum ein Vogel in der Lage ist zu fliegen.) Auf einem anderen war eine junge Frau im Wald abgebildet. Darunter standen die Zeilen von Hermann Hesse:

In dir
ist Stille
und Zuflucht
in die du dich
jederzeit zurückziehen kannst
um du selbst zu sein.

Ein drittes Poster, das die Abbildung einer Blumenwiese zeigte, enthielt ein Zitat aus dem Werk Albert Camus':

Mitten im Winter
lernte ich schließlich,
daß in mir
ein unbesiegbarer Sommer war.

Über meinem Pult hing ein Poster mit dem Foto eines Gorillas und der Forderung: »Seid gut zu mir, ich habe einen harten Tag hinter mir.« An den Wänden hingen auch Fotos von Steinbeck, Faulkner und Melville mit Zitaten aus ihren Büchern. Es sind Autoren, die ich sehr bewundere.

Als ich am Abend in der Küche stand und Steak, Baked Potatoes und Spargel für meinen Mann und unsere beiden Töchter vorbereitete, mußte ich an Nancys Ausdruck »verlorene Zeit« denken. Die Vorstellung, nicht zu wissen, was man stundenlang getan hat, das Bewußtsein zu verlieren und es an einem anderen Ort, zu einer anderen Stunde wiederzuerlangen, war erschreckend. Ich fragte mich, ob die Drogen, die Nancy nahm, für diesen Zustand verantwortlich waren. Sicherlich traf das nicht auf die Zeit zu, als sie noch ein Kind war und diesen Zustand mit sieben Jahren zum ersten Mal erlebte.

Warum war sie aus dem psychiatrischen Krankenhaus davongelaufen, um zehn Meilen in dieser bitteren Kälte hierherzulaufen? Wollte sie mich um Hilfe bitten? Die zwei Männer von

Reach-Out hatten ihr erzählt, wie ich versucht hatte, sie zu trösten, bevor der Krankenwagen kam, daß ich stundenlang bei ihr gesessen und sie in den Arm genommen hatte. Wollte sie mich bitten, ihr wieder zu helfen?

Was konnte ich als Englischlehrerin denn tun, um ihren Schmerz zu lindern? Das einzige, das ich anzubieten hatte, war mein Wissen über menschliches Verhalten, Dinge, die ich mir durch das Lesen von klassischer Literatur angeeignet hatte. Außerdem hatte ich einen Kurs für Kinderpsychologie besucht, der von einer Erzieherin des Kindergartens, den meine Töchter besucht hatten, geleitet worden war. An einem Semester über einführende Psychologie im *Mount San Antonio College* in Walnut, einer nahegelegenen Stadt, hatte ich ebenfalls teilgenommen.

Ich hatte immer das starke Verlangen gehabt, Menschen und Tieren in Not zu helfen. Dazu zählten auch herumstreunende Katzen, die ich als kleines Mädchen immer mit nach Hause gebracht hatte, so wie ich es auch heute noch tue. Ich interessierte mich auch sehr stark für den menschlichen Geist. War nicht ein wichtiger Teil meines Lebens dem Verständnis leidender Seelen gewidmet? Es war kein Zufall, daß meine Lieblingsautoren Melville, Faulkner und Kafka waren. Jeder einzelne beschrieb auf seine Art und Weise den Schrecken, den Zorn und die Rachegefühle, die sich in jedem Opfer regen. Der Wunsch nach Vergeltung steckt zu einem gewissem Grad in uns allen. Wahrscheinlich ist es ein Mechanismus, um zu überleben. Er gelangt an die Oberfläche, sobald wir uns im geringsten bedroht fühlen.

Aber keiner dieser berühmten Schriftsteller hatte jemals einen Charakter erfunden, der unter »verlorener Zeit« litt. Was steckte dahinter, wenn ein fünfzehnjähriges Mädchen einen Dämmerzustand erlebte? Welches Elend hatte sie dazu getrieben, Drogen zu nehmen? Welche Behandlung erfuhr sie in dem psychiatrischen Krankenhaus?

Sie war eine Schülerin von mir, wenn ich sie auch erst wenige Stunden lang kannte. Ich hatte das Gefühl, sie schützen zu müssen. Oft stellte ich mir die Frage, ob einer meiner Schüler wohl die Gabe hätte, Schriftsteller zu werden. Ein altes Sprichwort sagt, daß ein Literaturlehrer sich schon freut, wenn nur ein Schüler pro Jahr seine Kreativität nutzt. Bisher war es in den Jahren, in denen ich unterrichtete, noch keinem gelungen. Vielleicht hatte Nancy die Phantasie und Fähigkeit, Schriftstellerin zu werden. Ich spürte, daß eine dramatische Geschichte in ihr steckte.

Ich mußte darauf vertrauen, daß sie wiederkommen würde, wenn sie mich brauchte. Ich wußte, daß sie gekommen war, um mir zu danken, aber es bedeutete noch mehr. Sie brauchte Hilfe. Etwas in ihr, bewußt oder unbewußt, hatte in jenen fünf schrecklichen Stunden im Schwesternzimmer erkannt, daß ich ihr helfen wollte.

Ich handle nie überstürzt, ich mache mir vorher Gedanken. Ich bin nur von wenigen Dingen wirklich überzeugt, aber zu denen stehe ich. Zum Beispiel sollte jemand, der einen emotionalen Schaden erlitten hat, nicht noch weiter von sogenannten Helfern gequält werden, die keine Ahnung haben, sich nicht richtig um diese Menschen kümmern können oder sie ausnutzen. Ich wollte wissen, ob Nancy wirkliche Hilfe erfahren hatte, ob ihre Helfer ihre Angst richtig verstanden.

Irgendwie wollte ich ihr helfen, obwohl ich noch nicht genau wußte, aus welchem Grund. Ich erkannte nur, daß dieses liebenswerte Geschöpf, gerade sechzehn Jahre alt, vor allen Wesen, die ihre wirkliche Welt und ihre Phantasiewelt bevölkerten, schreckliche Angst hatte. Es schien nicht fair, daß sie eine so schwere Last tragen mußte.

Ich hatte sie schnell liebgewonnen. Es war, als ob ich in ihr einen Teil von mir sah. Aber ich fühlte eine Kraft, die sie nicht besaß. Ich konnte mich stark mit ihrer Einsamkeit, ihrer Trauer und ihrer verletzten Seele identifizieren.

Wenn sie mich darum bäte, würde ich alles tun, um herauszufinden, was ihre Leiden verursacht hatte, in der Hoffnung, ihr helfen zu können.

3. *Frühjahr und Sommer 1974*

Vier Monate .vergingen, ohne daß ich von Nancy hörte. Ich konnte nur hoffen, daß ihr jemand half, die Qualen, unter denen sie offenbar litt, zu erleichtern. Das Leben war auch so schwer genug.

Dann tauchte sie eines Morgens wieder in meiner Klasse auf, die Bücher unter dem Arm, so als ob sie nicht vier Monate lang gefehlt hätte. Ich begrüßte sie herzlich und sagte: »Ich bin froh, daß du wieder da bist. Ich habe mich schon gefragt, wie es dir geht. Bleibst du nach der Stunde noch hier, damit du mir erzählen kannst, wie es dir ergangen ist?«

»Sehr gerne, Mrs. Campbell.« Sie wurde rot.

Die Stunde war vorüber, und wir waren allein. Sie setzte sich in eine Bank in der ersten Reihe und sah mich an. Dann begann sie: »Die letzten vier Monate war ich im psychiatrischen Krankenhaus von Pomona. Zur Zeit lebe ich bei meinem Vater und seiner Frau, sie haben ein Haus in Ontario. Meine Mutter lebt noch in Los Angeles, aber sie wird bald hierher ziehen.«

»Hat man dir im Krankenhaus geholfen?« fragte ich.

»Als ich dort war, habe ich mit Arlo Siegersma gesprochen, einem Sozialarbeiter. Er hat mich zu Theodore Baldick geschickt, einem Psychologen an der *Voorman Clinic* in Upland, das in der Nähe liegt. Ich gehe dort einmal pro Woche zur Gruppentherapie. Ich habe auch wöchentlich eine Einzelsitzung bei ihm. Es hilft mir schon viel, wenn ich nur reden kann.«

»Das klingt so, als ob es dir viel besser geht«, sagte ich.

»Das stimmt.« Ihre Stimme klang fröhlich.

»Erzähl mir mehr von deiner Familie«, schlug ich vor.

»Meine Mutter hat sich scheiden lassen, als ich fünf war. Sie hat wieder geheiratet, hat Timmy bekommen, als ich elf war, und wurde dann wieder geschieden. Zur Zeit hat sie einen Freund, den sie heiraten möchte. Ich habe noch zwei ältere Brüder und zwei ältere Schwestern. Sie sind alle schon erwachsen und leben nicht mehr zu Hause.«

Von der Elternseite her war dies eine recht stürmische Vergangenheit für ein heranwachsendes Mädchen, dachte ich bei mir, aber nicht sehr viel anders als das, was heute in fünfzig Prozent der Elternhäuser geschieht. Die »verlorene Zeit«, die sie im Alter von sieben Jahren zum ersten Mal erlebte, paßte auch nicht ins Bild.

Nach fünfzehn Minuten entschuldigte ich mich: »Leider müssen wir jetzt aufhören. Aber wenn du einmal mit jemandem sprechen willst, Nancy, bin ich immer für dich da.«

Sie stand auf. »Danke, Mrs. Campbell.«

Ich ging auf sie zu, drückte sie an mich, so wie ich es im Schwesternzimmer getan hatte. Sie entfernte sich schnell und lief aus dem Klassenzimmer, aber diesmal schien es keine Flucht zu sein, vielmehr der Wunsch, mit allem, das vor ihr lag, den Kampf aufzunehmen.

Sie besuchte den Unterricht ziemlich regelmäßig, aber manchmal fehlte sie mehrere Tage lang hintereinander. Ich stellte keine Fragen, ihre Noten waren gut. Die anderen Schüler schienen nicht zu bemerken, daß an ihr etwas anders war. Wenn sie aufgerufen wurde, gab sie kluge Antworten, sie schrieb sehr gute Arbeiten, obwohl ich ihr in der Zwischenprüfung nur eine Zwei geben konnte. Sie sagte traurig: »Das ist die schlechteste Englischnote, die ich je bekommen habe. Sonst hatte ich immer eine Eins.« Sie hatte eine Geschichte über ihren jüngeren Bruder Timmy geschrieben. Ich war der Meinung, daß der Aufsatz recht gut war, aber nicht ausführlich genug. Es gab einige Widersprüche, und es fehlte an Charakter. Ich hatte noch nicht ihre Gedichte gesehen, die ich später so sehr bewundern sollte, und die eindrucksvollen Beschreibungen ihrer inneren Gefühle.

Immer, wenn ich mit ihr sprach oder ihr zuhörte, wurde ich unterschwellig an jenen Tag erinnert, als sie davongelaufen war. Diese vier Stunden des Schweigens hatten mich tief beeindruckt. Auch jetzt hatte ich das Verlangen, dieses Kind zu schützen und ihm zu helfen, ohne überhaupt zu verstehen, wo der Grund für seine Verzweiflung lag.

Ich vertraute darauf, daß sie nicht mehr aus der Klasse laufen würde, was auch nicht geschah. Ich hatte das Gefühl, daß sie auf mich zugehen wollte, aber nicht genau wußte, wie sie es anfangen sollte. Es fiel ihr nicht leicht, Gefühle zu zeigen, und wir beschränkten unsere Beziehung auf schulische Dinge.

Sie erzählte, daß sie offene Magengeschwüre hatte und einmal in der Woche von dem Hypnotherapeuten Harold Gaffney behandelt wurde. Er war von Solomon Friedman empfohlen worden, dem Schulpsychologen, und von Dr. Simon Klitenic, der viel von Gaffneys Methode bei der Behandlung von psychosomatischen Krankheiten hielt.

Nancy wirkte immer noch so zerbrechlich wie an jenem Tag, an dem ich sie kennengelernt hatte, aber sie schien besserer Stimmung zu sein. Sie trug immer noch die damals übliche Einheitskleidung für Mädchen – Jeans, passende Bluse und Turnschuhe. Ihr braunes Haar war jetzt länger und fiel ihr auf die Schultern. Ihr Gesicht hatte noch immer denselben unschuldigen Blick, den Blick eines Kindes, das allen vertraut und noch nicht weiß, daß die Welt oft häßlich, grausam und schrecklich sein kann.

Sie war ursprünglich an meine Schule gekommen, weil sie in der Nähe von *Reach-Out* lag, das Heim, in dem sie gelebt hatte. Beide Einrichtungen gehörten zur Stadt Ontario. Aber im Herbst, als das neue Schuljahr begann, wechselte sie in die Oberstufe der *Montclair High School* in Ontario über, weil sie näher bei den Gaffneys lag. Sie planten, Nancy als Pflegetochter bei sich aufzunehmen, wozu sie die Genehmigung der Behörden hatten. Nancy zog zu den Gaffneys, weil Dr. Klitenic dazu geraten hatte. Ihren Psychologen Theodore Baldick suchte sie immer noch zur Gruppentherapie und zu Einzelsitzungen auf. Gelegentlich besuchte sie mich und sprach nur oberflächlich davon, was sie jetzt machte. Sie schien sich wohler zu fühlen, obwohl sie immer noch in einer anderen Welt zu leben schien. Sie hatte ein außergewöhnlich enges Verhältnis zu ihrer Mutter und liebte ihren Bruder Timmy wie ein eigenes Kind. Für ihren Vater zeigte sie offene Bewunderung. Von ihm war sie nur weggezogen, weil sie mit seiner neuen Frau und ihren drei Kindern nicht zurechtkam. Nancy erzählte, daß sie lieber in Ontario als in Los Angeles lebte.

Die Stadt Ontario ist ein idyllischer und friedlicher Ort. Sie liegt im Verwaltungsbezirk San Bernardino, an der Grenze zum Verwaltungsbezirk Los Angeles. Das Tal war ursprünglich ein Orangenhain am Fuß des Mount San Antonio gewesen, der zu dem Gebirgszug San Bernardino gehört. Heute drängen sich zwölf Städte in dem Tal, von denen Ontario eine ist. Es hat einen internationalen Flughafen und soll im Jahr 2000 die zweitgrößte Stadt Kaliforniens sein. Los Angeles, die größte Stadt, liegt vierzig Meilen westlich. Vierzig Meilen in östlicher Richtung befindet sich Palm Springs. Unser Tal liegt genau in der Mitte zwischen diesen beiden Hollywood-Städten.

Etwas unterhalb des Mount San Antonio liegt der San-Andreas-Graben. Nach bestimmten Voraussagen soll dieser Graben eines Tages den südlichen Teil Kaliforniens in den Pazifik schleudern. Die Spalte zwischen den Bergen wird sich entweder langsam schließen oder weit auseinanderbersten, was zu einem Auseinanderbrechen der Erdoberfläche führen würde.

Weil auf dem 3000 m hohen Gipfel des Mount San Antonio keine Bäume wachsen, hat er den populären Namen »Glatzkopf« erhalten. Im Winter von Schnee bedeckt, bietet er die schwierigsten Skipisten in Südkalifornien. *Snowcrest Lodge*, eine Meile entfernt, ist ein beliebtes Restaurant im Sommer wie im Winter. Dort kann man auch zelten. Im Sommer ergießen sich Touristenströme auf den Berg, auf dem Weg zum *Angeles National Forest*, der vom San-Gabriel-Gebirgszug umgeben ist.

Von unserer Schule aus können wir die Berge sehen. Das großartige Panorama macht mir bei der täglichen Arbeit zusätzlich Freude. Ich hoffe, daß ich eines Tages ein Haus in den Bergen bauen kann, obwohl ich in der Betonwüste von New York geboren wurde und aufgewachsen bin – vielleicht auch gerade deshalb.

Euclid Avenue in Ontario ist möglicherweise eine der schönsten Durchgangsstraßen der Welt. Sie wechselt von der Landstraße zur Einkaufsstraße im Stadtzentrum bis zur Straße, die durch elegante Wohnviertel führt. Die sechsspurige Fahrbahn wird von Palmen, Ahornbäumen, Pinien und Pappeln unterteilt. Die Landstraße führt zum Mount San Antonio. Wenn man im Spätherbst den Berg hinauffährt, sieht man sich einem Kaleidoskop von Farben in den Bäumen, Sträuchern und Felsen gegenüber. In einer Höhe von 330 m schimmern die Zwergeichen in der Abendsonne. In 1300 m Höhe ist alles Laub violett gefärbt. In 2500 m Höhe findet man nur noch das Grau der Felsen vor. Wenn man der kurvigen Straße folgt, sieht man an manchen Tagen im Tal nur Smogwolken, an anderen Tagen ist die Sicht klar. Das Gebiet ist typisch für die Vororte von Los Angeles. Die zwölf Städte gehen ineinander über, die meisten haben alte spanische Namen – Rancho Cucamonga, Chino, Alta Loma, Fontana – andere sind amerikanisch – Claremont, Upland, Montclair, Ontario.

Mein Haus in Pomona schmiegte sich zwischen Hügel, die im Sommer, wenn es nicht regnet, trocken und braun sind, während sie im Winter von samtig grüner Farbe sind. Dann kommt der Regen bisweilen in Sturzbächen vom Himmel. Über die Hügel verstreut sind Zwergeichen.

Das Haus wurde in den frühen fünfziger Jahren gebaut. Es ist gelb verputzt, die Fenster sind weiß umrandet. Im Inneren zeigte sich meine Vorliebe für skandinavisches Design: der Eßtisch und die Stühle waren aus Rosenholz, die Schrankwand aus Walnußholz. Dort hatte ich Glaswaren und Kristallvasen aus Schweden untergebracht. An den Wänden hingen Drucke von Wyeth, Utrillo, Monet, El Greco, Klee. Der Künstler Karl Benjamin hatte mir ein abstraktes Originalgemälde geliehen, er zog es vor, daß Freunde seine Gemälde aufhängten, statt daß er sie hortete. Ich mag besonders Gemälde, die in verschiedenen Blautönen gehalten sind, zusammen mit tiefem Lila und Rot. Ich habe auch eine Vorliebe für erdige Töne, die mit gedämpftem Blau und Grün betont werden.

Hier wachsen die verschiedensten Bäume im Überfluß – italienische Zypressen, Ahornbäume, Eichen, Pfeffersträucher, Pappeln, Pinien, Blautannen. Wir hatten auch zwei Walnußbäume, einer stand vor dem Haus, der andere dahinter.

Ab und zu rief ich meine Mutter an, die jetzt in Miami lebte und die mich immer mit leicht vorwurfsvoller Stimme fragte, wann sie mich wieder einmal zu sehen bekäme. Mein Stiefvater war 1968 gestorben, und ich wußte, daß sie nicht sehr glücklich war, aber war sie es jemals gewesen?

Wenn ich an Nancy dachte, kam mir zu Bewußtsein, daß auch ich das Kind geschiedener Eltern war. Ich rief mir Gefühle ins Gedächtnis zurück, die ich seit meiner Kindheit unterdrückt hatte, weil sie weh taten. Das Gefühl des Verlassenseins, als mein Vater von uns wegging. Ich wurde damals gerade drei. Die Tatsache, daß meine Mutter mich, ihr einziges Kind, immer so behandelte, als ob ich ihre Mutter sei. Dies schien auch bei Nancy und ihrer Mutter der Fall zu sein. Sie fragte Nancy um Rat und behandelte das Kind Nancy die meiste Zeit wie eine Erwachsene.

Wenn ich zurückblicke, scheine ich in meiner Kindheit nicht gerade sehr glücklich gewesen zu sein. Ich mußte schnell erwachsen werden, wie Nancy. Ich hatte nie Angst vor meiner Mutter gehabt. Mich störten nicht die Dinge, die sie tat, sondern die Dinge, die sie versäumte. Zum Beispiel versagte sie in meinen Augen, wenn es darum ging, mich zu trösten und zu beschützen. Ich hatte nie das Gefühl, geliebt zu werden oder sie zu lieben, obwohl ich später erkannte, daß sie ihr Bestes gab. Ich wußte, daß sie manchmal unehrlich war und ohne ersichtlichen Grund Lügen erzählte, nur aus Freude am Betrug.

Als mein Vater uns verließ, war ich böse auf ihn, weil er mich nicht mitnahm. Ich kann mich auch daran erinnern, wie verletzt ich war, als meine Mutter mich mit viereinhalb Jahren mit ihrer besten Freundin und ihrem Mann nach Schweden fahren ließ. Als wir nach einem Jahr zurückkamen, wollte mich das kinderlose Paar adoptieren, aber meine Mutter ließ es nicht zu.

Als ich älter war, ermutigte mich meine Mutter, mich mit klassischer Literatur zu befassen. Wir konnten eine Zweigstelle der öffentlichen Bücherei New Yorks zu Fuß erreichen, und ich nahm jede Woche sieben bis acht Bücher mit nach Hause. Früh entdeckte ich, daß ich »vor mir« fliehen konnte, indem ich mich in die faszinierende Welt der Erzählungen stürzte.

1952 verliebte ich mich mit zwanzig Jahren in einen Mann, der acht Jahre älter war als ich. Es war die berühmte Liebe auf den ersten Blick. Drei Monate später heirateten wir und zogen nach Los Angeles, wo mein Mann Freunde hatte. Meine Mutter schrieb einmal in der Woche, um zu sehen, ob ich noch lebte. Sie war der Meinung, daß ich Gefahr lief, von allerlei Gesindel ermordet zu werden, jetzt, da ich nicht mehr an ihrer Seite war. Vielleicht eine Projektion ihrer Angst, weil ich sie verlassen hatte.

Ich werde nur sehr langsam wütend, aber wenn ich erst einmal aufgebracht bin, kämpfe ich um meine Rechte. Ich weiß, daß ich die Hoffnung aufgegeben hatte, jemals eine liebevolle Mutter zu haben. Um einen Ausgleich zu schaffen, wurde ich in gewissem Sinn Mutter für alle anderen – für meine Schüler, meine Kollegen. Der Schulleiter bezeichnete mich einmal als Ratgeber für alle Welt.

Zum ersten Mal kam ich über Beverly Benjamin, eine Erzieherin in dem Kindergarten, den meine Töchter besuchten, in Kontakt mit psychologischer Beratung. Alle Mütter sollten dort einen Kurs über Kindererziehung besuchen. Miss Benjamin half uns dabei zu begreifen, wie tief verwundbar Kinder sind.

Als meine Töchter älter wurden, wurde mir bewußt, daß ich einen Ausgleich zu meinem Hausfrauendasein brauchte. Ich beschloß, das *Mount San Antonio College* zu besuchen und Literatur zu studieren, um später an der High-School zu unterrichten. Wegen meiner Belastung im Haushalt dauerte es acht Jahre, bis ich das vierjährige Studium beendet hatte.

Nach sechzehn Ehejahren stellten sich bei meinem Mann und mir Eheschwierigkeiten ein. Wir suchten eine Eheberatung auf. Da unsere Töchter noch das College besuchten, wollten wir nicht in Streit leben. Mein Mann konnte es nicht ertragen, daß ich als individueller Mensch neben Haushalt und Kindern ein eigenes Leben führen wollte.

Als der Eheberater vorschlug, daß wir beide unsere Haltung zueinander überdenken sollten, sagte mein Mann: »An mir liegt es nicht. Emily muß sich ändern.« Von diesem Augenblick an wußte ich, daß unsere Ehe zum Scheitern verurteilt war. Ich beschloß abzuwarten, da ich unbewußt darauf wartete, daß Nancy mich um weitere Hilfe bitten würde. Bisweilen dachte ich auch direkt an sie und fragte mich, wie sie sich fühlte und was sie tat. Ich war bereit, um Nancys willen noch abzuwarten. Mein Mann würde sich nicht mehr ändern, und ich hatte meine Ehe eigentlich schon abgeschrieben, aber Nancy wollte ich in ihrem Kummer noch helfen. Ich spürte, daß sie ihr schreckliches Leben ändern wollte, aber nicht wußte, wie.

Damals ahnte ich es noch nicht, aber Nancy lebte ein Leben im Verborgenen, neben dem alle Seifenopern langweilig und uninteressant wirkten. Ich fühlte, daß unter ihrer Sensibilität und Intelligenz tiefe Angst und Furcht lagen, die Grund für ihre Protestschreie im Schwesternzimmer gewesen waren.

Unter dem Äußeren – immer freundlich, immer hilfsbereit, scheinbar vernünftig – verbarg sich ein emotionaler Vulkan, der nur darauf wartete zu explodieren.

4. Herbst 1974 bis April 1975

Nancy besuchte mich noch gelegentlich, als sie Schülerin an der *Montclair High School* war. Sie erzählte, daß sie weiterhin an der Gruppentherapie und an den Einzelsitzungen teilnahm und daß sie an der Schule gute Noten hatte. Ihre Stimme klang jetzt selbstsicherer, und aus ihren Worten sprach Hoffnung.

Am 5. April 1975 war sie zu den Gaffneys gezogen. Einige Wochen später rief sie mich an, fast eineinhalb Jahre nach dem Vorfall im Schwesternzimmer. Ich verfolgte ihr Schicksal stets mit starkem Interesse, das in jenen Stunden im Schwesternzimmer geweckt worden war.

Ihre Stimme klang aufgeregt: »Ich habe den Gaffneys erzählt, wie sehr Sie mir geholfen haben. Sie würden Sie gerne kennenlernen. Wann können Sie uns besuchen?«

»Am kommenden Samstag um drei Uhr?« schlug ich vor. Der wöchentliche Einkauf war dann erledigt, ich mußte nicht unterrichten und auch nicht nach Hause eilen, um das Essen vorzubereiten, wie am Sonntag.

»Sie wohnen in der Moreno Street 5052 in Montclair«, sagte Nancy. »Wir erwarten Sie.«

Obwohl ich keine besonderen Kenntnisse über psychische Störungen besaß, faszinierte mich Nancy von Anfang an auf eine Art und Weise, die ich noch nicht völlig begriff. Ich hatte das Gefühl, daß ein Bedürfnis in mir auf ein ähnliches Bedürfnis in ihr ansprach. Ich hatte sie vor den Händen jener vier Männer retten wollen, die sie schreiend davontrugen, als ob sie ein bösartiges Tier war. In jenem Augenblick hatte ich diese Männer so tief gehaßt wie sie, fühlte mich aber hilflos und nicht imstande, sie davon zu überzeugen, daß ich mehr Zeit brauchte, um Nancy zu helfen.

An jenem Samstag brauchte ich nur zehn Minuten, um nach

Montclair zu gelangen. Die Moreno Street liegt in einem Wohngebiet, es ist genug Platz zum Parken vorhanden. Ich parkte an einer freien Stelle vor dem Haus der Gaffneys, einem einstöckigen Bilderbuchhaus, hellgelb verputzt mit weiß umränderten Fenstern, genau wie bei meinem Haus. Ein kleiner Pfosten zum Anbinden von Pferden stand nahe der Haustür. Ein Steingarten, der auch meine Lieblingsfarben, dunkle Lilatöne, enthielt, befand sich vor einem grünen Rasen, der von Büschen eingefaßt war.

Eine Frau Anfang Vierzig kam an die Tür. Sie war etwa einen Meter fünfundsiebzig groß und schlank. Die dunkelblauen Augen in dem hübschen Gesicht waren faszinierend. Ihr langes blondes Haar reichte bis über ihre Schultern. Später sollte ich feststellen, daß sie es immer wieder anders frisierte. Sie sah elegant aus, ein gemustertes Kleid in gedämpften grün-blauen Farben umspielte ihre Knie.

Sie streckte mir die Hand entgegen und sagte lächelnd: »Ich bin Diane Gaffney. Nancy hat uns berichtet, wie sehr Sie ihr geholfen haben, Mrs. Campbell.«

»Ich konnte nicht sehr viel tun. Ich war nur da, als sie mich brauchte«, sagte ich.

»Vielleicht wissen Sie nicht, wieviel Sie damit für sie getan haben. Kommen Sie doch herein und lernen Sie meinen Mann kennen.«

Sie führte mich in ein Wohnzimmer, dessen Stil völlig anders war, als das moderne Äußere des Hauses vermuten ließ. Ich fühlte mich ins letzte Jahrhundert zurückversetzt. Elegante rote Samtvorhänge hingen vor den Fenstern. Zwei altmodische Sessel und eine Couch waren mit demselben Samtstoff bezogen. Eine goldene, antike Uhr stand auf einem Marmortisch. Später erzählte Diane mir, daß die üppige Möblierung aus einem Bordell in New Orleans aus der Zeit um 1870 stammte und später nach Oklahoma City gebracht worden war. Dianes Mutter hatte die Möbel für ihr Haus in Woodward, Oklahoma, gekauft. Sie lebte dort mit ihrem Mann, einem der reichsten Ölmagnaten in diesem Staat. Diane erbte das exotische Mobiliar und brachte es nach Montclair, in ihr Haus. Es war immer wieder Thema von Gesprächen, nachdem sie von seiner Geschichte erzählt hatte.

Inmitten all des Pomps sah ich einen stattlichen Mann sitzen. Er war völlig kahl und trug einen dünnen Spitzbart. Er saß in einem Rollstuhl. Beide Beine waren oberhalb der Knie amputiert – später erzählte er mir, daß er unter einer Krankheit litt, einer vererbbaren neurologischen Störung, bei der die Enden der Gliedmaßen absterben und amputiert werden müssen. Er war völlig auf den Rollstuhl angewiesen, konnte jedoch Auto fahren und kümmerte sich um den Steingarten.

Mr. Gaffney hielt mir seine Hand entgegen und sagte mit seiner tiefen Stimme, die er wie ein Instrument im Baßbereich einsetzte: »Seien Sie willkommen, Mrs. Campbell. Wir sind wirklich froh, Sie endlich kennenzulernen.«

Er deutete auf die rote Samtcouch. »Bitte setzen Sie sich. Möchten Sie eine Tasse Tee oder Kaffee?«

»Nein, danke, Mr. Gaffney«, sagte ich. »Im Moment nicht.« Ich ließ mich auf dem luxuriösen Samtsofa nieder.

»Sagen Sie doch einfach Harold zu mir.« Er zeigte auf seine Frau. »Meine Mitarbeiterin heißt Diane.«

»Wo ist Nancy?« fragte ich. Ich wollte sie gerne in ihrer neuen Umgebung sehen.

»Sie ist auf ihrem Zimmer«, sagte Diane. »Wir wollten uns erst mit Ihnen bekannt machen.«

»Ich habe mich intensiv mit Nancys Fall befaßt«, sagte Harold. »Sol Friedman, ein Freund von mir, hat sie sehr gern. Er ist dieses Jahr ihr Psychologe. Er will sie davor bewahren, in eine Nervenheilanstalt eingeliefert zu werden, möglicherweise für den Rest ihres Lebens. Er glaubt, daß sie gute Heilungschancen hat, wenn sie bei Pflegeeltern lebt, die ihren Schutz gewährleisten und ihr zu Hause eine sichere Grundlage geben. Wir haben angeboten, sie zu uns zu nehmen. Sie hat etwas Liebenswertes an sich.«

Derselben Meinung war ich auch, sonst wäre ich nicht in dieses seltsame Haus gekommen.

Harold erzählte weiter: »Ich habe Hypnotherapie, die mein Spezialgebiet ist, angewandt, um Nancys offene Magengeschwüre zu behandeln. Wir sind der Meinung, daß sie psychosomatisch sind. In solchen Fällen habe ich schon viel Glück gehabt. Ärzte, Psychologen, selbst Psychiater schicken mir ihre Privatpatienten, die unter Übergewicht oder Impotenz leiden oder sich schnell das Rauchen abgewöhnen wollen. Ich helfe ihnen durch Hypnose, ihre Probleme zu lösen.«

»Wann hatte Nancy das erste Mal Beschwerden durch die Magengeschwüre?« fragte ich.

»Das wissen wir selbst nicht genau. Vor. etwa einem Jahr, denke ich.«

Diane forderte mich auf: »Erzählen Sie uns etwas über sich.«

»Ich bin Lehrerin für kreatives Schreiben und Literatur. Ich habe einige Grundkenntnisse in Psychologie und psychologischer Beratung«, sagte ich. »Ursprünglich wollte ich einmal psychologische Beraterin werden. Nancy kam zu mir, weil ich für sie während eines emotionalen Sturms ein Zufluchtsort war.«

»Sie braucht uns alle«, sagte Diane. »Wissen Sie, daß sie bereits mehrfach versucht hat, sich das Leben zu nehmen?«

»Das wußte ich nicht.« Vielleicht glaubte Nancy, daß ich mich weigern würde, sie zu sehen, wenn ich wüßte, wie groß ihre Verzweiflung war.

In diesem Augenblick betrat sie das Zimmer. Sie ging auf mich zu, nahm meine Hand und sagte warm: »Danke, daß Sie gekommen sind, Mrs. Campbell.«

Das Mädchen ähnelte in keiner Weise dem verschreckten Wesen, das sich an die Schulmauer gekauert und später vor Schmerz geschrien hatte, als die Sanitäter versuchten, ihm die Zwangsjacke anzulegen.

Die Gaffneys zeigten mir das übrige Haus. Das große Eßzimmer, dann den langen Flur, an dem drei Schlafzimmer lagen. Nancys Zimmer enthielt ein Bett mit einem reich verzierten Kopfbrett, eine Frisierkommode und einen großen Wandschrank. Im Schlafzimmer standen dieselben dunklen Mahagonimöbel wie im Wohn- und Eßzimmer. Ich fragte mich, ob sie auch aus dem Bordell in St. Louis stammten.

Schließlich kamen wir zu dem Raum für Hypnotherapie, der vom übrigen Haus getrennt lag. Die Tapete war über und über mit Bäumen und Waldlichtungen bedeckt. Doch dichte Baumwollvorhänge ließen kein Licht eindringen. Im Zimmer standen zwei verstellbare Lehnstühle für die Patienten und vier Stühle mit geraden Lehnen für Therapeuten und Zuschauer.

Ich bedankte mich bei den Gaffneys für die Führung und sagte: »Ich muß jetzt wieder nach Hause fahren, um einige Arbeiten zu erledigen.«

»Werden Sie uns bald wieder einmal besuchen?« fragte Harold.

»Rufen Sie mich an«, sagte ich. »Ich bin meistens zu Hause, wenn ich keinen Unterricht erteile.«

Ich gab Nancy einen Kuß auf die Wange, drückte sie an mich und fuhr langsam weg. Ich fragte mich, welche Chancen Nancy hatte, mit ihren Amnesien, ihrer Drogenabhängigkeit, derer sie sich nicht einmal bewußt war, fertig zu werden. Und, wie ich jetzt erfahren hatte, einer Verzweiflung, die so tief ging, daß sie sogar Selbstmordversuche unternahm.

Wahrscheinlich standen ihre Chancen nicht besonders gut. Als ich fast zu Hause war, fragte ich mich, was ich tun konnte, um Nancy zu helfen. Es würde ein neues Erfahrungsgebiet sein. Es schien eine große Herausforderung zu sein, aber Herausforderungen faszinierten mich, besonders dann, wenn es dabei um einen Menschen in Not ging.

Der Unterricht in der Schule war ebenfalls eine Herausforderung, der Versuch, Schüler zu erreichen, die in diesen Tagen des Drogenmißbrauchs geistig oft nicht präsent waren. Oder Schüler, die keine Drogen nahmen, aber lustlos waren, wenn es darum ging, Klassiker oder auch gute moderne Literatur zu lesen.

Nancy hatte mir erzählt, daß Ärzte mehrmals Spuren von Drogen in ihrem Körper gefunden hatten, obwohl sie sich nicht daran erinnern konnte, jemals welche genommen zu haben. Wie war das möglich? Da ich ihr glaubte, mußte es eine andere Erklärung geben. Im Augenblick konnte ich mir nicht vorstellen, was es war, möglicherweise hatten ihre Amnesien damit zu tun.

Teil 2
Der stille Schrei

5. *Herbst 1975*

Manchmal besuchte Nancy mich in der Schule nach der letzten Stunde, um mich auf dem laufenden zu halten. Sie erzählte, daß sie gerne bei den Gaffneys sei und plane, im nächsten Juni an der *Montclair High School* die Abschlußprüfung abzulegen. Sie freute sich, daß sie vom *Chaffey Community College* im nahegelegenen Alta Loma angenommen worden war. Sie wollte sich dort für die Prüfung als Kunsterzieherin vorbereiten. In dem College konnte sie auch zeitweise im Beratungsbüro arbeiten, um etwas Geld zu verdienen. Sie erzählte: »Irgendwann einmal möchte ich in einer Beratungsstelle arbeiten und Menschen in Not helfen.«

Am 7. November, einem Sonntag, klingelte das Telefon, als ich das Abendessen vorbereitete. Es war Harold Gaffney: »Emily, Sie müssen sofort hierherkommen und sehen, was wir entdeckt haben!« Es klang wie eine Regieanweisung.

Harold hatte einen Sinn fürs Dramatische, auch sein Werdegang war dramatisch. In den frühen sechziger Jahren hatte er fluchtartig New York verlassen müssen, weil Drogenhändler Geld auf seinen Kopf ausgesetzt hatten. Er hatte vielen Süchtigen durch Hypnotherapie geholfen, ihre Abhängigkeit aufzugeben. Quer durch die Staaten reißte er nach Südkalifornien und eröffnete dort eine neue Praxis.

Auf Harolds Aufforderung antwortete ich: »Ich kann im Moment nicht weg. Ich habe einen Braten im Ofen, wir wollen in etwa zwanzig Minuten essen.«

»Lassen Sie alles stehen und liegen, Emily!« Es klang wie ein Befehl. »Springen Sie ins Auto. Wenn Sie das hier versäumen, entgeht Ihnen die Erfahrung Ihres Lebens.«

Ich wußte, daß er nicht aus irgendeiner Laune heraus anrufen würde. Ich hatte Respekt vor ihm. Denn im Auftrag des kalifornischen Rehabilitationszentrums der staatlichen Behörde für Strafgefangene in Norco betreute er Drogenabhängige, die wegen Straftaten verurteilt worden waren. Ich konnte auch meine älteste Tochter bitten, auf das Essen zu achten.

»Ich bin in zehn Minuten da«, sagte ich.

Auf dem Weg zum Haus der Gaffneys fragte ich mich, was um alles in der Welt wohl so wichtig war, daß Harold mich an einem Wochenende bat zu kommen. Seine Stimme hatte nicht beunruhigt, sondern lediglich aufgeregt geklungen.

Diane nahm mich an der Tür in Empfang, in ihren Augen lag ein vergnügter Ausdruck. Sie sagte im Flüsterton, als wolle sie ein Geheimnis weitergeben: »Dr. Clinton Johnson, ein bekannter Psychiater, ist hier und möchte Sie gerne kennenlernen. Wir haben auch einige Nachbarn eingeladen.« Dann fügte sie schnell hinzu: »Aber das ist nicht der Grund, warum Harold angerufen hat.«

»Was ist es denn?« Ich war immer noch etwas ungehalten über Harolds unerwarteten Anruf. Es ist nicht meine Art, so überstürzt zu handeln.

Sie antwortete nicht, sondern führte mich in das Zimmer mit den roten Samtvorhängen und den roten Sesseln. Ich sah einen Mann, der etwa einen Meter neunzig groß war. Sein Gesicht war zerfurcht. Er hatte sich über Harold gebeugt. Diane rief: »Clint, das ist Emily Campbell!«

Der große Mann ging langsam auf mich zu, stellte sich neben mich und sah mich mit einem freundlichen Lächeln an. Er sagte: »Ich freue mich wirklich sehr, Sie kennenzulernen, Emily.«

Seine ausdrucksstarken braunen Augen blitzten. Ich mochte Dr. Clinton A. Johnson, seines Zeichens Psychiater, sofort.

Harold sagte: »Clint arbeitet für die staatliche Psychiatrie in Kalifornien. Er weiß alles über Amnesien.«

»Ich habe eine Menge darüber gelesen. Das heißt nicht, daß ich alles weiß. Ich lerne immer noch dazu«, sagte Clint mit seiner warmen, gleichmäßigen Stimme. Ich mochte ihn noch mehr, als er dies sagte. Er entsprach wirklich nicht dem Bild des typischen Psychiaters, dem man sonst in Witzen und Filmen begegnet. Wir verstanden uns von Anfang an. Je näher ich ihn kennenlernte, desto größer wurde mein Respekt vor ihm.

Mehrere Männer und Frauen unterhielten sich laut, es herrschte eine Atmosphäre wie bei einem Kaffeeklatsch. Diane erklärte: »Harold hat die anderen aus dem gleichen Grund wie Sie hergebeten.«

»Aus welchem Grund denn?« Ich sah immer noch nicht klar. Dann entdeckte ich Nancy, die auf der Couch saß und sich mit mehreren Gästen unterhielt. Harold ergriff meine Hand und fuhr mit seinem Rollstuhl zu ihr hinüber. Er sagte zu mir: »Ich möchte Ihnen Sarah vorstellen.« An Nancy gerichtet: »Dies ist Emily Campbell.«

Ich sah ihn völlig verblüfft an. War er etwa ausgeflippt?

Aus Nancys Mund kam eine seltsame Stimme. Es war Nancy, die ich dort sitzen sah, aber es war nicht ihre Stimme. Normalerweise klang ihre Stimme atemlos, weich, bescheiden, bisweilen verängstigt. Diese Stimme war selbstsicher, tiefer und etwas langsamer.

Sie, wer auch immer »sie« sein mochte, streckte mir ihre Hand entgegen und sagte: »Ich heiße Sarah. Ich bin sehr erfreut, Sie kennenzulernen, Mrs. Campbell.«

Nicht schlecht geschauspielert, dachte ich. Nancy mußte einen Grund dafür haben, und ich würde mitspielen.

»Ich freue mich auch, dich kennenzulernen«, sagte ich.

Ihr ganzes Erscheinungsbild war anders. Sie trug nicht Nancys Uniform, Blue Jeans, Bluse und Turnschuhe. Nancy/Sarah war mit einem maßgeschneiderten beigefarbenen Hosenanzug bekleidet, dazu trug sie passende Schuhe mit fünf Zentimeter hohen Absätzen und eine limonengrüne Seidenbluse. Das braune Haar war hochgekämmt und mit einem Kamm hinter den Ohren festgesteckt. Ihre ganze Haltung war anders, sie hielt ihren Kopf hoch erhoben, sie saß selbstbewußt und gelassen da, ohne ein Zeichen von Angst und Unsicherheit, wie ich sie von Nancy kannte.

Nancy/Sarah, wie ich sie im stillen nannte, setzte ihre Unterhaltung mit den Nachbarn fort. Harold wandte sich an mich und sagte mit seiner freundlichen Stimme: »Vor etwa eineinhalb Stunden erschien Sarah plötzlich. Diane und ich lasen gerade die Sonntagszeitung, als sie hereinkam. Ihre ersten Worte waren: ›Ich bin nicht Nancy, ich bin Sarah.‹«

Ich starrte ihn ungläubig an. Er fuhr fort: »Sie sagte, daß sie das erste Mal ›herauskam‹ – das sind ihre eigenen Worte –, als Nancy elf Jahre alt war und die Schule schwänzte. Sarah sagte, daß sie das ganze Jahr hindurch tagsüber ›draußen‹ blieb, fleißig lernte und nur die besten Noten erhielt. Dann verschwand sie, ›ging wieder hinein‹, weil sie nicht mehr gebraucht wurde. Während der letzten Jahre kam sie bisweilen wieder zum Vorschein, um Nancy zu helfen, wenn sie in Schwierigkeiten war.«

Ich sah ihn schweigend an und fragte schließlich: »Glauben Sie das wirklich?«

»Ja, ich glaube es, Emily.« Er sagte es voller Überzeugung. Dann fuhr er aufgeregt fort: »Wissen Sie, was das bedeutet? Nancy ist eine multiple Persönlichkeit. Ted Baldick hat diesen Verdacht schon seit längerer Zeit. Er sagte mir, daß er Beweise dafür gesehen habe.«

»Was bedeutet das, multiple Persönlichkeit, Harold?« fragte ich.

»Das heißt, daß im Innern von Nancy verschiedene Persönlichkeiten existieren. Sie treten an ihre Stelle, wenn sie sich in einem Dämmerzustand befindet.« Er deutete mit dem Kopf auf Nancy/Sarah. »Sarah, die sich gewandt und geistreich ausdrückt, klingt ganz und gar nicht wie die Nancy, die wir kennen. Sie sagte uns, daß sie diejenige ist, die sich um Nancy und die anderen kümmert – wer auch immer die anderen sein mögen.«

Mit Bewunderung in der Stimme sagte er: »Sarah erzählte uns, daß sie alle Klassiker gelesen hat, Mozart und Schubert kennt, Picasso, Renoir. Sie bewundert Gucci-Taschen, spricht Französisch, verbringt viele Stunden im Museum, ißt gerne Schnecken. Können Sie das glauben?«

»Ich bin mir nicht so sicher«, sagte ich langsam. Mit Skepsis akzeptierte ich die Vorstellung, daß mehrere »Personen« in einem Körper wohnen können. Es war wie eine Rückkehr ins tiefste Mittelalter, als man glaubte, daß jemand »vom Teufel besessen war«. Ich würde Nancy genau beobachten und auf den kleinsten Fehler achten, um zu sehen, ob sie nur schauspielerte.

Harold sagte: »Emily, bitte bleiben Sie, bis die übrigen Gäste gegangen sind. Dann können Clint, Diane, Sie und ich uns in aller Ruhe mit Sarah unterhalten.« Er sagte es bittend.

»Ich rufe zu Hause an und sage, daß sie schon mal ohne mich essen können.« Ich wollte hören, was Nancy/Sarah uns zu sagen hatte.

Ich rief meinen Mann an und sagte, daß ich wegen unerwarteter Entwicklungen später kommen würde. Die Gäste der Gaffneys verabschiedeten sich bald und gingen nach Hause, um zu Abend zu essen. Diane, Harold, Clint und ich konnten uns jetzt eingehend mit Nancy/Sarah beschäftigen. Harold stellte die erste Frage: »Sarah, wann bist du das erste Mal erschienen?«

Sie antwortete mit ihrer tiefen, beherrschten Stimme, als ob sie die Therapeutin und nicht die Patientin sei: »Ich kam heraus, als Nancy in der sechsten Klasse war und nur Dreien und Vieren bekam. Ich habe für ein Jahr die Führung übernommen, viel gelernt und nur sehr gute Noten bekommen.«

»Gibt es noch andere Persönlichkeiten?« fragte Harold.

»Da sind die Zwillinge Jennifer und John. Sie kamen zum Vorschein, als Nancy mit fünfzehn Jahren vergewaltigt wurde. Sie kamen während der Vergewaltigung nach draußen. John versuchte, den Mann abzuschütteln, während Jennifer Nancys Angst und den Schmerz des körperlichen und sexuellen Angriffs auf sich nahm.«

Mit Staunen hörte ich von Nancys verborgenem Leben. Nancy/Sarah sagte, daß Nancy während einer Vergewaltigung vor zweieinhalb Jahren zwei Persönlichkeiten aus ihrem Inneren rief, Zwillinge, die ihr halfen, sich gegen einen grausamen Peiniger zur Wehr zu setzen, damit sie den psychologischen und körperlichen Schmerz der Vergewaltigung ertragen konnte.

Nancy/Sarah fuhr fort: »John und Jennifer traten kurze Zeit später in eine Straßenbande ein. Der Anführer hieß Zurdo – das ist spanisch und bedeutet Linkshänder –, er war achtzehn Jahre alt, schlank, einen Meter fünfundsiebzig groß, schwarzhaarig und braunäugig. Seine Erscheinung war nicht sehr furchteinflößend, dafür waren es seine Taten um so mehr. Er beschützte Jennifer, und sie fühlte sich in seiner Nähe sicher. Ab und zu schliefen sie miteinander. Es machte ihr keinen großen Spaß, aber sie tolerierte es, weil es von ihr erwartet wurde. Sie nahm keine Verhütungsmittel, wurde aber glücklicherweise nicht schwanger.«

Nancy/Sarah nahm einen Schluck Kaffee, den Diane ihr

gereicht hatte, und fuhr fort, während wir wie versteinert zuhörten. »Jennifer war in Andrew, ein anderes Bandenmitglied, verliebt. Sie und Andrew waren die beiden Unschuldslämmer. Er war dünn, blaß und schmächtig. Ein Weststaatler, der Gitarre spielte und ihr Liebeslieder vorsang. John begann, Drogen zu nehmen. Zuerst nur Haschisch, dann Kokain, schließlich Heroin. Die Bande benutzte ihn häufig als Kurier, sie sagten dazu ›Muli‹ oder ›Pointman‹. Er verkaufte Drogen, die von der Mafia kamen.«

Dann wandte sich Nancy/Sarah direkt an mich. »Es war Jennifer, nicht Nancy, die herauskam und aus Ihrer Klasse lief, Mrs. Campbell. Es war auch Jennifer, die aus dem psychiatrischen Krankenhaus von Pomona weggelaufen war, als sie zu Ihnen kam, um sich für Ihre Hilfe zu bedanken. Sie saß ganz schön in der Patsche. Kurz bevor sie Sie kennenlernte, hatte sie mit der Bande ein tragisches Erlebnis gehabt. Es geschah, als sie mit ihrer Mutter in Los Angeles lebte, wo ihre Mutter für kurze Zeit bei der Polizei arbeitete. Sie trug Uniform und war bewaffnet.«

Wir waren jetzt alle fasziniert. Es klang wie eine neue Version der West Side Story. Später erfuhr ich, daß die Gaffneys schon viel aus dieser Zeit in Nancys Leben wußten.

Nancy/Sarah fuhr mit klarer Stimme fort: »Diese Bande wurde bereits seit einem Jahr von der Polizei überwacht, ohne daß Jennifer es wußte. Die Polizei erfuhr, daß die Mafia sie kontrollierte, und beschloß, die Bande hochgehen zu lassen. Aber sie wußten nicht, wo die Geschäfte abgewickelt wurden. Eines Tages folgten sie Jennifer von der Schule aus nach Hause, nachdem die Behörden den Verdacht geäußert hatten, daß sie mit der Bande zu tun habe.

Die Polizei, die wußte, daß Nancys Mutter für ihre Abteilung arbeitete, unterrichtete sie davon, daß die Bande dingfest gemacht werden sollte. Sie beabsichtigten, ihre Tochter als Köder zu benutzen, um zu erfahren, wo die Drogengeschäfte abgewickelt wurden. Sie versicherten Nancys Mutter, daß man ihre Tochter nicht verhaften würde.

Eines Nachts folgte die Polizei Nancy zum Versteck der Bande, nahm die übrigen Mitglieder fest und ließ sie gehen. Beamte teilten ihrer Mutter dann mit, daß die Mafia möglicherweise ein Kopfgeld von zehntausend Dollar auf ihre Tochter aussetzen würde, wenn herauskäme, daß sie es war, die die Polizei zu dem Versteck geführt hatte. Es mußte eigentlich allen klar sein, da die Polizei sie als einzige hatte gehen lassen, während alle anderen verhaftet wurden. Einige kamen sogar ins Gefängnis. Diese Bande hatte im großen Stil mit Drogen gehandelt, und die Polizeiaktion hatte andere Banden in Angst versetzt, was der Mafia schaden würde.

Nancys Mutter gab ihre Arbeit bei der Polizei sofort auf und zog in eine andere Stadt. Sie mußte der Tatsache ins Auge sehen, daß ihre Tochter tiefsitzende Konflikte zu bewältigen hatte. Sie sorgte dafür, daß Nancy in *Reach-Out* wohnen konnte. Ich nehme an, Sie alle wissen, was dann mit Nancy geschah. Einschließlich der Selbstmordversuche und Krankenhausaufenthalte.«

Diane fragte: »Gibt es neben John und Jennifer noch andere Persönlichkeiten?«

»Da ist noch Sherry. Sie ›kam heraus‹ als Nancy sechzehn geworden war. Sie hat eine wichtige Rolle in Nancys Leben gespielt, leider nicht zu ihrem Vorteil.«

»Können wir mit Sherry in Kontakt treten?« fragte Harold.

»Ich glaube nicht, daß sie auf Befehle reagiert. Sie ist sehr unabhängig. Sie mußte mit einigen schrecklichen traumatischen Erlebnissen fertig werden. Sie hört nicht auf mich. Sie ist eine selbstzerstörerische Persönlichkeit.«

Harold fragte: »Kennen sich die Persönlichkeiten untereinander, können sie miteinander in Verbindung treten?«

»Ja«, sagte Nancy/Sarah. »Aber nie mit Nancy. Sie betrachten sie als ihre Feindin. Sie hassen sie. Sie weiß nichts von ihnen.«

Harold wandte sich mit einem Ausdruck von Ehrfurcht im Gesicht an Clint und fragte: »Überzeugt Sie das davon, daß Nancy eine multiple Persönlichkeit ist?«

»Es überzeugt mich«, war Clints Antwort. »Sie benimmt sich genauso wie die wenigen multiplen Persönlichkeiten, von denen ich gehört habe, obwohl ich noch nie einer persönlich begegnet bin. Sie leidet unter Dämmerzuständen und verlorener Zeit. Sie ist als Jennifer an Emilys Schule aufgetaucht. Und jetzt als Sarah.«

»Und Sie, Emily, sind Sie überzeugt?« Harold wandte sich an mich.

Es fällt mir schwer zu lügen. Ich sah in seine durchdringenden blauen Augen und sagte: »Ich muß mehr wissen.«

Harold, der nicht so leicht aufgab, erwiderte: »Wir werden dafür sorgen, daß Sie die Chance bekommen«, und an Clint gerichtet: »Und Sie sollen alles über multiple Persönlichkeiten erfahren, was Sie wissen wollen.«

Nach diesem ersten Zusammentreffen entstand eine zwanglose Gruppe, die sich aus Diane, Harold, Clint und mir selbst zusammensetzte. Clint sollte zu dieser Gruppe gehören, damit er uns als Psychiater davor schützen konnte, angeklagt zu werden, weil wir ohne Zulassung eine Therapie durchführten.

Clint, den Harold und Diane auf einem Kongreß mit dem Thema »Integritätstherapie« kennengelernt hatten, der 1966 von dem Verhaltensforscher O. Hobart Mowrer veranstaltet worden war, war von den Amnesien und ihren Ursachen fasziniert. Er beabsichtigte, für Fachzeitschriften über Nancys Fall zu schreiben. Er bot an, an einigen Sitzungen teilzunehmen und Protokoll zu führen. Er konnte nicht jedesmal dabei sein, wollte aber kommen, wenn es seine Arbeit gestattete.

Diane sagte: »Sie werden Clint mögen, Emily. Er ist ein sehr warmherziger, freundlicher Mensch. Er hat bei dem berühmten Dr. Franz Alexander studiert, der die Psychoanalyse nach Chicago und in den Westen der USA brachte. Alexander hat auch ein bahnbrechendes Buch über straffällige Jugendliche geschrieben und eins über das Thema der ›korrigierenden emotionalen Erfahrung‹ in der Therapie. Das ist genau die Erfahrung, die wir Nancy vermitteln wollen.«

Die Gruppe wurde nicht offiziell ins Leben gerufen. Niemand sagte: »Machen Sie bei uns mit, Emily.« Obwohl ich im Augenblick noch zwiespältige Gefühle über die seltsamen Persönlichkeiten, die Nancys Geist beherrschten, hatte, wußte ich, daß ich mich schon festgelegt hatte. Das war bereits in dem Moment geschehen, als ich auf dem Schulhof meinen Arm um ein stummes, verschrecktes fünfzehnjähriges Mädchen gelegt hatte. Nancys Bitte lag nicht auf der Verstandes-, sondern auf der Gefühlsebene.

Sie schien zu fragen: Sind Sie für mich da? Egal was ich tue oder was ich brauche? Und ich antwortete: Ich bin für dich da, egal was auch geschieht. Wenn ich mich einmal festgelegt habe, kann ich sehr dickköpfig sein, und es ist fast unmöglich, mich umzustimmen. Ich verhalte mich meinen Schülern gegenüber so, und sie wissen genau, was ich meine. Ich muß zugeben, daß ich von wachsender Neugier besessen war. Ich wollte mehr über Nancy/Sarah lernen und darüber, was sie für Nancy bedeutete. Erfahren, ob Nancy uns ein Schauspiel vorführte oder tatsächlich von einer Persönlichkeit in ihrem Inneren kontrolliert wurde, die nach Belieben zutage treten konnte. Wichtiger noch als die Tatsache, daß Harold, Diane und Clint meine Mitarbeit wünschten, war, daß Nancy oder Jennifer, die zu mir gekommen war, um sich zu bedanken, und die Nancy, die ich in den letzten zwei Jahren häufiger gesehen hatte, mich im stillen um Hilfe baten. Ich hatte Nancy sehr liebgewonnen, wie eine Tochter in Not, und war völlig entsetzt, als Harold mich davon unterrichtete, daß die Behörden drohten, Nancy in einer Nervenheilanstalt einzusperren. Möglicherweise müßte sie ihr ganzes Leben dort verbringen, da sie selbstmordgefährdet war und man manchmal den Eindruck gewinnen konnte, sie sei verrückt. Dies schien mir ein psychischer Mord zu sein, wenn man ihr nicht die Chance gab, stärker zu werden. Da es nur die Alternativen Selbstmord oder Leben in einer Anstalt gab, wollte ich auf jeden Fall helfen, soweit es in meiner Macht lag, obwohl ich keinerlei Kenntnisse über multiple Persönlichkeiten hatte. Aber auch Diane und Harold hatten diesbezüglich keine Erfahrung. Bevor ich die Gaffneys an diesem Nachmittag verließ, sagte Clint, daß er versuchen wolle, bei möglichst vielen Sitzungen anwesend zu sein, um zu sehen, wie ich eine multiple Persönlichkeit behandeln würde. Das war wirklich zu komisch, ich sollte einem Psychiater etwas beibringen!

Für mich würde es Schritt für Schritt eine Entdeckungsreise sein. Vielleicht war es sogar von Vorteil, daß ich nicht viel wußte und so neue Wege gehen konnte. Ich wußte nur, daß Nancy so stark litt, daß sie mehrere Male versucht hatte, sich das Leben zu nehmen. Nancy/Sarah hatte andere Aspekte bei Nancy offenbart – Persönlichkeiten, die von Zeit zu Zeit »herauskamen«, um

Nancy zu schützen, die aber auch zerstörerisches Verhalten an den Tag legten.

Ich war aufgeregt bei dem Gedanken an dieses neue Wagnis, vielleicht die größte Entdeckung, die man als Mensch machen kann. Es ging nicht darum, Berge zu erklimmen oder in die unerforschte See hinabzutauchen. Es war ein langsames Ergründen der Tiefen der menschlichen Seele bei ihrem Kampf ums Überleben, ein Ersteigen der Höhen ihres Leistungsvermögens. Auch wenn die Chancen oft schlecht stehen.

Was konnte ich für einen Menschen tun, der von unbekannten Persönlichkeiten kontrolliert wurde? Dies war der springende Punkt. Ich mußte meiner wachsenden Kenntnis vertrauen, daß ich einen Weg finden würde.

Ich wollte mich auf meinen Kopf verlassen und meinem Herzen folgen. Und ich vertraute darauf, daß Nancy mir auf ihre Weise helfen würde. Nancy/Sarah war ein Beweis dafür, daß Nancy es versuchte.

Von diesem Tag an wurde ich immer wieder von den Gaffneys angerufen, wenn Nancy unter einer Amnesie litt, und ich eilte zu ihnen, um ihr beizustehen. Wenn sie weglaufen wollte, tröstete ich sie. So half ich Nancy dabei, das mörderische Rätsel einer blutigen Zeit langsam zu enthüllen. Es mußte seit langem in Erinnerungen verschüttet sein, die sie nicht auszusprechen wagte. Erinnerungen, die sie verschlüsselt in ihren verschiedenen Persönlichkeiten auslebte.

6. *März 1976*

Ich trat in eine Welt ein, die seltsamer war als ein Zukunftsroman, als wir beschlossen, donnerstags um sieben Uhr abends mit den wöchentlichen Sitzungen zu beginnen. Wir wollten wissen, was Nancys Dämmerzustände verursachte und was mit ihr in dieser »verlorenen Zeit« geschah.

Zur Vorbereitung las ich *Die drei Gesichter Evas* und *Sybil*, erfuhr aber nicht viel über die Behandlung von multiplen Persönlichkeiten. Clint sagte, daß es kaum medizinische Fachliteratur von Psychiatern über dieses Thema gäbe, aber er würde versuchen, ausfindig zu machen, was auf dem Markt war. Ich weiß nicht mehr, ob ich von einem bestimmten Augenblick an glaubte, daß verschiedene Einzelpersönlichkeiten in Nancy steckten. Es war wohl die Regelmäßigkeit, mit der sie erschienen, ihr Auftreten und ihr Verhalten, die verschiedenen Rollen, die jede Persönlichkeit für sich spielte, die mich langsam überzeugte. Vor meinen verwirrten Augen spielte sich scheinbar ein Zauber ab, aufgeführt von einem menschlichen Geist, der vor Schrecken, die er nicht ertragen konnte, floh.

Ich war nie gezwungen, die Sache für echt zu halten. Eigentlich war es egal, ob Nancy nur schauspielerte, von Geistern besessen war oder ob sie wirklich eine »multiple Persönlichkeit« war. Ihr Schmerz war echt. Sie brauchte die Hilfe anderer, damit sie verstehen konnte, warum sie diesen ewigen Alptraum durchlebte. Bis zu diesem Zeitpunkt war sie von zu vielen »Experten« erfolglos behandelt worden, sie blieb für sie ein psychisches Rätsel, das sie nicht zu lösen vermochten.

Ich wollte mehr über die Ursache dieser Art von Persönlichkeitsspaltung erfahren. Kleine Wesen, die in ihr lebten und zu bestimmten Zeiten hervortraten, um Handlungen zu begehen, die die »Kern«-Persönlichkeit, nämlich Nancy, niemals wagen würde. Eine dieser Persönlichkeiten versuchte, sie zu töten, eine andere war drogenabhängig. Wahrscheinlich waren es noch viel mehr, die den Geist und den Körper von Nancy Lynn Gooch zerstören wollten. Ich beschloß, nach einer Heilungsmöglichkeit zu suchen, die für Nancy lebenswichtig war.

Im Oktober starb meine Mutter, und ich litt sehr unter dem Verlust. Ich hatte bis zum Tag meiner Heirat bei ihr gelebt. Wir alle müssen Verluste verkraften, unserer Trauer ins Gesicht sehen, unserem Zorn und unserem Schmerz, bis wir die Realität schließlich akzeptieren können. Jeder Verlust eines geliebten Menschen hinterläßt ein Gefühl des Verlassenseins, in schweren Fällen ein Gefühl von Vernichtung. Von Geburt an müssen wir lernen, mit Verlusten fertig zu werden, Verluste, die Teil unseres Menschseins sind.

Ich fragte mich, ob Nancy jemals in der Lage gewesen war, die Verluste in ihrem Leben zu akzeptieren, sich ihrer Trauer und ihres Zorns bewußt zu werden. Das Aufarbeiten von Feindlichkeit und Haß, Dinge, die wir alle in der frühen Kindheit erleiden, ist ein notwendiger Teil jeder Therapie, wie ich in letzter Zeit in Büchern über die menschliche Entwicklung gelesen hatte. Trug ein frühes Trauma Schuld an Nancys Unfähigkeit zu trauern?

Ein vernichtender Verlust war der Weggang ihres Vaters, als sie fünf Jahre alt war. In ihrer Empfindung hatte er sie verlassen. Dieser Vorfall muß sie sehr tief berührt haben, denn heutzutage müssen Kinder in der Hälfte aller Ehen mit einem derartigen Schock fertig werden. Sie tun dies, ohne deshalb eine multiple Persönlichkeit zu entwickeln. Nancy hatte eine sehr starke Bindung an ihren Vater. Sie zeigte mir eine Tagebucheintragung, die sie am 25. Juni 1973 mit fünfzehn Jahren gemacht hatte: »Ach Daddy, ich wünschte, daß Du mich immer noch liebtest. Wenn Du doch hier sein könntest.«

Ich gab die Hoffnung nie auf, daß ich Nancy in ihrem Schmerz helfen könnte. Dr. Karl Menninger schreibt, daß es ohne ein Gefühl der Hoffnung von seiten des Therapeuten, eine Hoffnung, die der Patient fühlt und aufnimmt, wenig Chancen gibt, daß er die seelische Kraft gewinnt, die Konflikte in seinem Innern zu begreifen. Ich trug die Hoffnung in mir, daß ich irgendwie den richtigen Weg finden würde, um Nancy zu helfen. Es war dieselbe Hoffnung, die es mir ermöglichte, in meinem Leben neue Entdeckungen zu machen, die mir half, die Leiden, die ein anderer oder ich selbst mir zugefügt hatte, zu lindern.

Nancys Hoffnung war auf einem Tiefstand, verschüttet unter Schichten der Verzweiflung. Ich vertraute darauf, daß ich sie wiedererwecken konnte, vertraute auch darauf, daß sie nicht aufgeben würde, egal welche Qualen sie durchlitt. Ich glaubte, daß sie in dieser Hinsicht etwas Besonderes war. Sie besaß den Mut, den Kampf trotz aller emotionalen Nachteile aufzunehmen.

Clint unterstützte Nancys Behandlung von der beruflichen Seite her, nicht nur weil er den Gaffneys freundschaftlich verbunden war, sondern weil er mehr über die Ursache von multiplen Persönlichkeiten erfahren wollte. Und so brauchten wir alle einander.

Clint war bei etwa jeder zehnten Sitzung anwesend, immer wieder sagte er: »Sie sind die Expertin hier, Sie müssen die Führung übernehmen.« Manchmal fragte er die Persönlichkeit, die gerade zu Tage getreten war, Dinge, die uns weiterhalfen, oder er schlug eine Frage vor, die ich stellen konnte.

Geld spielte nie eine Rolle. Ich wollte keine Bezahlung. Mein Anliegen war es, Nancy aus ihrem psychischen Gefängnis herauszuhelfen, das sie sich für begangene Verbrechen auferlegt hatte, egal ob diese real waren oder nur in ihrer Phantasie existierten. Clint verlangte ebenfalls kein Honorar, er nahm an den Sitzungen teil, weil er sehen wollte, wie dieser Heilungsprozeß verlief. Die Gaffneys erhielten als Pflegeeltern Geld für Nancys Unterbringung und Verpflegung, nicht für ihre Therapie. Harold und Diane gaben Nancy ein behagliches, sicheres Zuhause und gewährleisteten ihren Schutz vierundzwanzig Stunden am Tag. Ich lernte viel von ihnen, unter anderem, wie man eine Hypnotherapie durchführt.

Harold blieb in Kontakt mit Theodore Baldick, dessen Gruppentherapie Nancy weiterhin besuchte. Harold zeigte mir einen Brief, den er an Baldick geschrieben hatte:

Es war, gelinde gesagt, ziemlich interessant. Bis auf eine Ausnahme durchlebte Nancy jeden Tag eine Amnesie, begleitet von Krampfzuständen. Sie trat immer beim Ertönen einer Sirene ein. (Die Gaffneys lebten zwei Blocks von einer Feuerwehrwache entfernt.) Letzte Nacht, nachdem Nancy um 11 Uhr 20 zu Bett gegangen war, fuhr die Feuerwehr mit Sirenengeheul an unserem Haus vorbei. Wir rannten in ihr Zimmer und fanden sie in ihrem Bett sitzend vor, sie wiegte ihren Körper hin und her und hielt sich die Ohren zu. Alle Muskeln ihres Körpers waren von einer Muskelstarre befallen.

Wir haben beobachtet, daß es in Fällen, in denen sie sich stark zurückzieht, völlig unmöglich ist, irgendeine Reaktion von ihr zu bekommen. Obwohl wir wissen, daß sie uns hört, zeigt sie in ihrem Verhalten keinerlei Reaktion. Wir brauchten länger als eine Stunde, um sie aus diesem Zustand zu befreien; Diane kann sie streicheln und in den Arm nehmen, ohne daß sie widerspenstig wird. Aber sobald ich versuche sie zu berühren, und sei es nur mit den Fingerspitzen, zieht sie sich sofort heftig zurück. Dabei hält Nancy mich für Gott. Sie betet mich an.

Auf jeden Fall reagierte sich Nancy heftig ab, als dieser Zustand beendet war, und schrie immer wieder mitleiderregend: »Nein! Nein! Nein!« Fragen nach der Ursache nahm sie nicht zur Kenntnis. Wir haben die Erfahrung gemacht, daß ein Dämmerzustand spontan endet, wenn man sie in Ruhe läßt. Versucht man jedoch, sie zu berühren, so hat dies Raserei zur Folge.

Einige Wochen später zeigte Harold mir einen weiteren Brief, den er an Baldick geschrieben hatte:

Nancy litt Montag nacht an einer schweren Amnesie, jemand hatte genau vor unserer Tür gehupt. Ich schreckte hoch, stürzte in ihr Zimmer und fand sie in einem schlimmen Zustand vor. Aber diesmal war ihr Zustand anders. Sie zitterte am ganzen Körper, schüttelte sich und litt an leichten Krämpfen; sie durchlebte wieder Entzugserscheinungen wie im *Gateway Hospital* (einem der Krankenhäuser, in dem sie kurze Zeit eingesperrt gewesen war). Ich hatte gerade einen Patienten. Wir informierten Diane sofort. Sie erkannte die Symptome, hypnotisierte Nancy und setzte ihr einen imaginären Schuß Heroin. Nancy war völlig high. Sie werden es vielleicht nicht glauben – aber am nächsten Morgen war Nancys Arm geschwollen, war grün und blau und hatte eine Einstichstelle! Am Mittwoch kam sie stark erregt aus der Gruppentherapie nach Hause; wieder trat eine spontane Amnesie ein, und sie litt unter denselben Entzugserscheinungen. Wir wiederholten das Verfahren. Ein imaginärer Schuß, wieder war sie high und hatte am nächsten Morgen die Einstichstelle. Wir haben überlegt, ob sie sich diese Verletzungen selbst zugefügt haben könnte, und sind zu dem Schluß gekommen, daß dies unmöglich ist. Welche Antwort bleibt also? Nancy hat »Stigmata«, was bei ihrer Stärke als Hypnosemedium durchaus im Bereich des Möglichen liegt.

Während all dieser Jahre führte Nancy Tagebuch. Einige Niederschriften ließ sie mich sehen. Weihnachten 1972, als sie die East Los Angeles High School besuchte, bevor sie nach Ontario zog, schrieb sie zum Beispiel: »Ich scheine immer mehr Zeit zu verlieren.« Das bedeutete, daß die Persönlichkeiten von ihr Besitz ergriffen. Sie besuchte damals die erste Klasse der High-School und war noch nicht Mitglied der Drogenbande. Ich fand auch die folgenden Eintragungen:

1. Januar 1973: Heute ist der erste Tag des Jahres 1973. Mom hat mich mit dem Auto fahren lassen, die Straße hinunter und wieder zurück. Es hat Spaß gemacht. Timmy schlägt mit einem Löffel auf eine Blechpfanne. Auf ein gutes neues Jahr! Prost!!!
3. Januar: Mom und Robert (ein Professor, mit dem ihre Mutter eine Beziehung hatte) sprechen vom Heiraten. Ich spiele unten den Babysitter.

4. Januar: Heute war ein seltsamer Tag. In der ersten Stunde habe ich Blut erbrochen. Wurde nach Hause geschickt. (Jennifer hatte bei einem ihrer Selbstmordversuche Rostentferner getrunken; Nancy erbrach manchmal nachts im Bett einen halben Liter Blut.)

6. Januar: Meine Schwester Susan will heiraten. Sie plant, hier zu Hause zu wohnen. Mom verbringt die Nacht mit Robert. Aber natürlich unauffällig!

28. Januar: Liebes Tagebuch! Ich wünschte, Du wärst ein echter Mensch, damit Du mir antworten könntest. Ich würde mich so gern in Deinem Innern verkriechen.

10. März: Mutter trennt sich von Robert. Ich fühle mich so einsam.

3. April: Ich habe ein furchtbares Gefühl in meinem Bauch, als ob ich Gift genommen hätte.

25. Juni: Liebes Tagebuch. Ich bin krank, so krank, daß ich Angst habe. Ich glaube, mein Gehirn blutet. Wenn ich traurig bin oder weine, muß ich Blut spucken. Ich will nicht, daß Mom davon erfährt. Sie würde sich Sorgen machen. Ob ich sterbe? Ich will nicht sterben. Irgend etwas ist mit mir nicht in Ordnung, aber ich kann es niemandem sagen.

16. Juli: Ich habe gerade erfahren, daß Shela, für die ich babysitte, ihr Baby umgebracht hat. Es läuft mir kalt den Rücken hinunter.

23. August: Scheiß Lehrer!! (Später fanden wir heraus, daß dies in der Handschrift von Nancy/John geschrieben war.)

11. September: Ein neues Schuljahr. Spanisch, Algebra, Sicherheitserziehung, Chemielabor, Englisch, Moderner Tanz, Theaterspiel.

28. September: Magenschmerzen. Der Arzt sagt, ich hätte Magengeschwüre.

2. November: Ich höre mit der Schule auf. Ich habe zu Hause versagt. Ich habe in der Schule versagt.

11. November: Heute bin ich also 16.

22. November: Mom ist recht gut gelaunt. FRÖHLICHES ERNTE-DANKFEST.

8. Dezember: Hatte einen Alptraum, als ich mitten in der Nacht aufwachte und brechen mußte. Tagsüber hatte ich meinen Vater und seine schwangere Frau getroffen. Ich habe meine Hand auf ihren Bauch gelegt und gefühlt, wie das Baby strampelt. Ich bete zu Gott, daß es gesund ist und seine Mutter auch.

25. Dezember: Ich hasse Weihnachten. Ich bin mit John im Park gewesen. Ich habe ihn gerade erst kennengelernt. Ich hatte Angst, aber ich habe so getan, als ob alles in Ordnung sei. (Sie hatten Geschlechtsverkehr.)

Nancy schrieb gerne. Dabei gab sie Beschreibungen der Augenblicke, in denen sie von Furcht gepackt war. Einmal, nachdem eine Schulpsychologin sie getestet hatte, beschrieb sie ihre Gefühle, als sie für einen Tag zu Hause blieb:

Ich bin in der Wohnung herumgelaufen. Ruhelos, gereizt. Ich wußte, daß es wieder passieren würde (Zeitverlust). Ich wußte es. Es passierte immer, wenn ich mich so fühlte. Irgendwie erwartete ich es nie, aber ich war auch nie überrascht. Diesmal wußte ich es. Ich wollte es nicht. Ich hatte Angst, weil ich vorher dieses Gefühl hatte. Ich wußte nicht, was ich dagegen machen konnte; ich hatte keine Ahnung, wogegen ich ankämpfte. Ich habe es immer als verlorene Zeit empfunden. Aber auf diese Weise, durch dieses drohende Herannahen war es wie ein Verhängnis. Das Telefon klingelte, und ich wollte den Hörer abnehmen. Aber ich hielt mich zurück. Was wäre, wenn ES geschähe, während ich mit jemandem sprach? Würde der andere es merken? Besser nicht, lieber sichergehen. Es könnte Mom sein. Oder die Schulschwester oder ... die Schulpsychologin!

Sie (die Schulpsychologin) hatte gesagt, daß sie heute anrufen wollte. Lieber Gott, bitte laß sie es nicht herausfinden! Sicherlich würde sie es wissen, wenn ich verrückt wäre. Sie hat bestimmt genug Bücher gelesen und weiß über diese Dinge Bescheid. Sie war meine größte Bedrohung. Ich war durch ihre Fragen verwirrt. Ich war mir nicht sicher, ob ich mein Geheimnis preisgegeben hatte, als ich fertig war. Diese Tests ... Ich wette, daß sie es erkannt hat! Sie WEISS es und wird allen sagen, daß ich verrückt bin. Nein, nein, nein ...

Sie sperren Leute ein, wenn sie verrückt sind. Das weiß ich. Aber ich bin nicht wie diese Leute. Glaube ich jedenfalls nicht. Oder doch? Wenn man mich nur in Ruhe ließe, würde alles gut werden. Ich könnte mich an alles erinnern. Ich brauche nur Zeit zum Nachdenken. Wie lange kann ich es noch vor ihnen geheimhalten? Es hat auch nichts geholfen, daß ich die Schule verlassen habe. Es hat schon dort angefangen. Sie haben mir gesagt, daß es ein Gesetz gibt, nach dem ich die Schule weiter besuchen müsse. Bis ich sechzehn war. Sie haben jemanden hergeschickt, und ich habe es geschafft. Aber diese Psychologin ... bei ihr war es schwieriger. Ich hasse sie. Sie wollte mich bloßstellen. Und ich hatte nicht die Kraft, gegen sie anzukämpfen. Ich war traurig.

Ein anderes Mal beschrieb sie ihren Aufenthalt im medizinischen Zentrum der Universität von Kalifornien in Los Angeles:

Dies sind die Eindrücke, Gedanken und Erfahrungen meines Lebens in der Abteilung für Geisteskranke. Haha. Wir wollen mal sehen. Ich fange mit den guten Dingen an, dann bekomme ich wenigstens keinen Krampf vom Schreiben.

PRO. Es ist eine relativ sichere Umgebung, immer sind Leute um dich herum. Du weißt, was von dir erwartet wird, alles, was du tust, läuft genau nach Plan. Du hast viel Zeit zum Entspannen und Nichtstun, 9/10 des Tages sozusagen. Man verlangt sehr wenig von dir – du wirst nicht als verantwortlicher Mensch betrachtet, sonst wärst du nicht hier. Wenn dir die Welt draußen nicht gefällt, kannst du sie einfach vergessen – dies ist ein großartiges Versteck, ich bin sicher, hier wird dich nie jemand finden. Hier kann man sein Tischtennisspiel enorm verbessern. Wenn du wieder rauskommst, hast du immer genug Aschenbecher – wahrscheinlich hast du bis dahin schon dreißig getöpfert, einen wie den anderen.

KONTRA. Ich hasse es hier drin. Ich hasse die kahlen Räume. Ich hasse die programmierten Patienten. Ich hasse die programmierten Schwestern. Ich hasse es, morgens um 6 Uhr 30 geweckt zu werden, nur um den ganzen Tag zu vertrödeln. Ich hasse die Beschäftigungstherapie und die Lächerlichkeit des Ganzen. Ich hasse die Stunden, die immer nur weitergehen. Ich hasse es, im 5. Stock zu sitzen, über einem wunderschönen Hof, den ich durch den Maschendraht an den Fenstern nicht sehen kann. Ich hasse die widerlichen Tabellen der Schwestern. Ich hasse es, nicht für mich allein sein zu können. Ich hasse den armseligen »Gemeinschaftsraum« (der einzige Ort, an den man gehen kann, abgesehen vom Schlafraum), in dem alle wie Zombies herumhängen.

Als Nancy zum ersten Mal zu den Gaffneys kam, um dort als Pflegetochter einzuziehen, begleitete ihre Mutter sie. Nancy wußte, daß ihre Mutter sie bald verlassen würde, und beschrieb diesen Augenblick so:

Seltsam. Ich kann mich nicht erinnern, daß dieses Haus mir früher so dunkel vorgekommen ist. Hier sollte ich leben? Ich starrte Mom an. Sie war blaß, und ich merkte, daß sie mit den Tränen kämpfte. Das war es also. Meine neue Pflegemutter sprach ununterbrochen, wahrscheinlich um die peinliche Stille zu füllen, die immer dann herrschte, wenn sie aufhörte zu reden. Sie zeigte mir mein Schlafzimmer. Das Bett nahm fast den ganzen Raum ein. Das schwere, dunkle Kopfbrett reichte fast bis an die Decke. Ich wußte jetzt schon, daß man in dieses Bett nicht hineinschlüpfte, man mußte hineinsteigen. Ich fühlte mich noch unscheinbarer.

Ich war schon früher einmal in diesem Haus gewesen. Vor etwa einem Jahr hatte ich meine neuen Pflegeeltern besucht, um meine offenen Magengeschwüre behandeln zu lassen. Sie waren Hypnotherapeuten. Der Psychologe der High-School hatte mich hierher geschickt. Sie hatten mir gesagt, daß ich immer willkommen sei, wenn ich einmal eine Bleibe bräuchte. Sie hatten eine behördliche Genehmigung für so etwas.

Hier war ich also. Der Arzt im Krankenhaus hatte meiner Mutter gesagt, daß ich vierundzwanzig Stunden am Tag überwacht werden müsse. Mom sagte, daß sie sich darum kümmern würde. Ich war so kaputt von dem Thorasin, das sie mir verabreicht hatten, und wollte unbedingt wieder hier raus, daß ich zu allem einfach Ja und Amen sagte. Aber Mom verstand es. Und sie wußte auch noch am nächsten Morgen, was man ihr gesagt hatte. Darum hat sie die Gaffneys angerufen. Ich hatte ihr von ihnen erzählt. Sie wollten, daß ich sofort zu ihnen kam. Mom half mir beim Packen, weil ich immer noch kaputt war und mein Arm von dem Schuß wie ein Ballon angeschwollen war. Wir packten nicht viel ein. Es sollte so etwas wie ein Krankenhausaufenthalt sein. Nur vorübergehend. Ich sollte für ein oder zwei Wochen bleiben. Vielleicht auch drei.

Es muß einer der schwersten Momente im Leben meiner Mutter gewesen sein, als sie sich umdrehte und mich zurückließ. Besonders nach dem vorhergehenden Abend. Ich hatte Glück ... Ich hatte noch soviel Thorasin in mir, daß ich wie benebelt war. Zum Glück. Es geschahen so viele Dinge um mich herum, die mein Leben stark veränderten, Dinge, die ich nicht begreifen konnte ... Wenn ich zu diesem Zeitpunkt klar hätte denken können, hätte ich sie nicht einfach so gehen lassen.

Über Nancys Mutter erfuhr ich mehr von dem schrecklichen Leben ihrer Tochter, bevor sie zu den Gaffneys kam. Nancy und ihre Mutter standen sich sehr nah. Seit Nancy fünf Jahre alt war, wurde Nancy von ihrer Mutter allein erzogen, nachdem ihr Vater die Familie verlassen hatte. Nancys Mutter, die zweifellos die wichtigste Person im Leben ihrer Tochter war, mußte die Mutter- und Vaterrolle übernehmen.

Nancys Nähe zu ihrer Mutter zeigte sich auch noch auf andere Weise. Sie trug ihren Namen. Man nannte sie Nancy junior. Nancys Vater hatte seiner Frau nach der Geburt des fünften Kindes vorgeschlagen: »Es ist unser letztes Kind, wir wollen ihm deinen Namen geben.«

Ihre Mutter rief sie »Junior«, manchmal auch »June«. Nancy hatte dieselbe Augen- und Haarfarbe wie ihre Mutter. Eine ihrer Schwestern war rothaarig, genau wie beide Großmütter. Nancys Vater nannte sie »meine kleine Prinzessin«, »Pumpkin« (Kürbis) oder »JR.«, eine Abkürzung für Junior. Ihr ältester Bruder Steve, vor dem sie Angst hatte, weil er wild war und sie manchmal schlug, nannte sie ebenfalls »JR.«. Sie liebte ihren zweitältesten Bruder Tommy, der ihr Geschenke von seinem Geld kaufte, das er durch Zeitungsaustragen verdiente. Er war nett zu ihr und nannte sie »June«.

Nancy Phipps (so heißt ihre Mutter heute) ist eine attraktive Frau, die Judy Garland ähnlich sieht. Sie wirkt sehr jugendlich und wird oft für Nancys Schwester gehalten. Jetzt ist sie Grundstücksmaklerin in Upland, wo sie in einem Haus mit ihrem jüngsten Sohn zur Miete lebt. Timmy ist siebzehn und besucht die letzte Klasse der High-School. Sie ist verheiratet. Ihr Mann leidet unter der Alzheimer-Krankheit und ist in einem Pflegeheim untergebracht.

Von ihrer Tochter erzählt sie, daß sie schon als kleines Kind »die Herzen aller gewann, die sie kannten«. Sie war das wohlerzogenste der sechs Kinder, immer »eine perfekte kleine Dame, freundlich, liebevoll, liebenswert, sie versuchte immer, Freude zu bereiten. Sie war unwahrscheinlich brav«. Zu mir sagte Nancy: »Ich liebe meine Mutter und würde ihr nie weh tun.«

Nancys Mutter erzählte mir einige Einzelheiten zu der Vergewaltigung, die sonst niemand enthüllte. Der 25. März 1973 war für sie »ein ruhiger Sonntag, so wie jeder andere Sonntag auch. Ein freundlicher, sonniger Nachmittag, an dem man sich gut entspannen konnte. Nichts wies darauf hin, daß wir durch die Hölle gehen würden, bis unser Leben wieder normal sein würde.« Nancy sagte ihr, daß sie in den nahegelegenen Park gehen wollte, um Gedichte zu schreiben. Sie wollte bald wieder nach Hause kommen. »Sie ging mit dem Schreibblock in der Hand aus der Tür.«

Das war um zwei Uhr dreißig. Kurz nach fünf begann Nancys Mutter, sich Sorgen zu machen. Zwei Stunden später war sie alarmiert und »leicht verärgert, weil Nancy es nicht für nötig gehalten hatte, Bescheid zu sagen, daß sie später kommen würde – das sah ihr überhaupt nicht ähnlich«.

Ihre Mutter beschrieb die Situation so: »Schließlich öffnete sich die Tür. Nancy fiel fast herein und taumelte auf mich zu. Ihr Gesicht zeigte Spuren von Schlägen, ihre Augen waren fast zugeschwollen, die Kleidung zerrissen, schmutzig und voller Blut. Ich wurde hysterisch, fing an zu schreien und wollte wissen, wer ihr das angetan hatte.«

Zuerst sagte Nancy kein Wort, aber schließlich erzählte sie von der Vergewaltigung. Sie bat ihre Mutter, nicht die Polizei zu verständigen, aus Angst, daß der Mann dann seine Drohung wahrmachen und sie umbringen würde. Ihre Mutter rief ihren Ex-Mann an, der sich nach Nancys Autobeschreibung mit einer Pistole in der Hand auf die Suche nach dem Mexikaner machte.

Nancys Mutter sagte: »Gott sei Dank fand mein ehemaliger Mann den Verbrecher nicht, sonst säße er jetzt im Gefängnis. Er hätte ihn umgebracht, weil er seinem Liebling das angetan hatte.«

Nancys Mutter erzählte mir auch, daß sie nach der Vergewaltigung eine Veränderung in Nancys Verhalten feststellte. »Veränderungen, die so gar nicht ihrem Wesen entsprachen.« Sie erinnerte sich auch an einen Vorfall, als Nancy elf Jahre alt war. Eines Abends fragte sie beim Abwaschen: »Mom, hast du schon mal Zeit verloren?« Nancys Mutter sagte dazu: »Das war die wichtigste Frage, die Nancy mir jemals gestellt hatte, und ich hatte sie in meiner Unwissenheit einfach beiseite gewischt. Ich ahnte nicht, wie groß ihre Not war. Ich hätte mit ihr darüber sprechen und nachfragen sollen, warum sie so eine Frage stellte, versuchen sollen zu verstehen, was sie mir sagen wollte.«

Die Schulbehörden merkten, daß Nancy sich bisweilen seltsam verhielt und wie in einem Koma in ihrer Bank saß. Sie rieten ihrer Mutter, ärztliche Hilfe zu suchen und erwähnten das *Fuller Institute* in Pasadena. Ihre Mutter machte einen Termin mit einem Arzt des Instituts aus, da sie glaubte, Nancy litte unter Nachwirkungen des Schocks der Vergewaltigung. Aber nach einigen kurzen Besuchen bei einem jungen Psychologen dort weigerte sich Nancy, weiter dorthin zu gehen. Sie drohte damit, von zu Hause fortzulaufen, wenn man sie zwingen würde, das Institut zu besuchen.

»Dies war nicht mehr die Nancy, die ich kannte. Sie hatte Tobsuchtsanfälle, bedrohte mich. Ihr Verhalten war so schockierend, daß ich nachgab und den Termin absagte«, erinnerte sich ihre Mutter. Der Psychologe rief sie an, um nachzufragen, warum Nancy nicht gekommen war. Als ihre Mutter ihm mitteilte, daß Nancy sich geweigert hatte, bat er sie, dringend andere Hilfe für ihre Tochter in Anspruch zu nehmen. Er klang sehr besorgt und sagte, daß Nancy unbedingt Hilfe brauche. Nancys Mutter schloß daraufhin ein Abkommen mit ihr. Sie sagte, daß sie nicht darauf bestehen würde, daß Nancy zurück zum *Fuller Institute* gehe. Statt dessen sollte sie ihren Hausarzt Dr. Wallace in Alhambra aufsuchen. Er untersuchte Nancy und sagte dann zu ihrer Mutter: »Gehen Sie nach Hause, packen Sie ein paar Sachen für Ihre Tochter zusammen, und fahren Sie sofort zum *Queen of Angels Hospital* in Los Angeles. Ein Arzt wird dort in der Notaufnahme um vier Uhr auf Sie warten. Bringen Sie sie auf jeden Fall dorthin!«

Tests hatten ergeben, daß sich bei Nancy Spuren von Heroin im Urin befanden. Nancy erzählte mir später: »Der Verdacht, den der Arzt hatte, war richtig. Ich hatte Heroin in meinem Körper, als ich zu ihm kam. Aber ich wußte nichts davon, mir war nur oft schlecht.« Nancy/John hatte Heroin in starken Dosen genommen und Nancy, die Kernpersönlichkeit, darunter leiden lassen.

Der Arzt im *Queen of Angels Hospital*, der von Dr. Wallace benachrichtigt worden war, bat eine Schwester, Nancy auf ihr Zimmer zu bringen. Ihre Mutter wartete unten in der Halle, während der Arzt Nancy untersuchte. Als er aus ihrem Zimmer kam, sagte er ihrer Mutter, daß Nancy »eine sehr kranke junge Dame« sei. Er bat sie, nach Hause zu gehen, Nancys Zimmer zu durchsuchen, in ihren Briefen und Tagebüchern nach Hinweisen auf ihre Drogenabhängigkeit zu suchen.

Ihre Mutter tat dies nur widerwillig, sie hatte die Privatsphäre ihrer Kinder immer respektiert, nie ihre Post geöffnet oder ihre Telefongespräche belauscht. »Ich habe mich noch nie so schlecht und hinterhältig gefühlt«, sagte sie, als sie die drei Tagebücher von Nancy las. Sie waren nur schwer zu verstehen, nichts schien in der richtigen Reihenfolge zu sein. »Es war sehr kompliziert, fast wie eine Geheimsprache. Das, was ich verstand, war schokkierend für mich. Ja, Drogen wurden erwähnt, aber wer waren all die seltsamen Leute, über die sie schrieb? Was bedeutete all dieses Kauderwelsch?«

Sie rief am nächsten Morgen die Praxis des Arztes an und hinterließ eine Nachricht. Er hatte mit den Drogen recht gehabt. Während ihres nächsten Besuchs bei Nancy bat er sie zu einem privaten Gespräch. Im Flur vor Nancys Zimmer teilte er ihr mit, daß Nancy nach *Gateways* verlegt werden sollte, einem Krankenhaus für psychisch Kranke. Dort würde man sie von ihrer Drogenabhängigkeit befreien. Nancys Mutter war mit allem einverstanden, was ihrer Tochter helfen würde. Der Arzt bat sie, am nächsten Tag wiederzukommen und Nancy nach *Gateways* zu fahren.

Als Mutter und Tochter das Krankenhaus betraten, waren sie beide von dem Zustand der Patienten dort betroffen. »Nancy und ich hatten so etwas noch nie gesehen, außer im Film«, erinnerte sich Nancys Mutter. »Einige Patienten murmelten vor sich hin, starrten in die Luft, sprangen herum und sangen nach eigenen Melodien. Vom Flur her hörten wir Schreie. Nancy war völlig entsetzt. Ich wollte sie nicht an einem derart chaotischen Ort zurücklassen.«

Der behandelnde Arzt stellte sich vor, richtete an Nancy einige Fragen und versicherte ihrer Mutter, daß Nancy innerhalb kurzer Zeit wieder gesund sein würde. Wider ihr besseres Wissen ließ Nancys Mutter ihre Tochter dort. Eine Schwester führte sie in ihr Zimmer und versicherte, daß Nancy sich bestimmt wohl fühlen würde. Ihre Mutter küßte Nancy zum Abschied und sagte, daß sie in einer Woche wiederkommen würde, einen Zeitraum, den der Arzt festgelegt hatte. Während sie zurück zum Wagen ging, betete sie, daß sie das Richtige getan hatte, »obwohl mich schon der Gedanke daran, daß Nancy an einem solchen Ort bleiben mußte, frösteln ließ«.

Als sie Nancy am nächsten Sonntag besuchte, erzählte ihre Tochter, daß sie das Krankenhaus »hasse« und Angst vor den Patienten habe. Sie weinte und bettelte, daß ihre Mutter sie mitnehmen solle. Es fiel ihrer Mutter nicht leicht, wieder zu gehen, aber sie hatte das Gefühl, daß Nancy um ihrer selbst willen dort bleiben müßte. Mit Tränen in den Augen fuhr sie zurück nach Hause.

Am nächsten Sonntag bat Nancy wieder, sie aus dem Krankenhaus mit nach Hause zu nehmen, und ließ sich nicht von ihrer Mutter trennen. Ihre Mutter versprach, sie am nächsten Sonntag mitzunehmen, egal wie es um ihre Therapie stehe. Der Arzt erklärte, daß Nancy Fortschritte mache, obwohl ihre Mutter keinen Erfolg erkennen konnte. Sie sah nur ihre verängstigte Tochter, die sie anflehte, diesen schrecklichen Ort verlassen zu dürfen. Nancy erzählte von Patienten, die die ganze Nacht hindurch schrien, daß sie Angst vor tätlichen Angriffen habe und nicht wisse, wie lange sie dies noch ertragen könne.

Als ihre Mutter an diesem Tag zu ihrem Auto zurückging und sich umdrehte, sah sie Nancy an einem der großen, doppelverglasten Fenster stehen. Tränen liefen ihr über das blasse Gesicht. Ihre Mutter schwor sich, daß ihre Tochter diese Qual nicht länger als noch eine Woche ertragen sollte.

Als sie das Abendessen für sich und Timmy zubereitete, klingelte das Telefon. Ein Mann war am anderen Ende und sagte, daß er Polizeibeamter sei. Er teilte ihr mit, daß Nancy aus dem Krankenhaus ausgebrochen war, ohne daß man ihr Verschwinden bemerkt hatte. Sie hatte versucht, sich im Echo Park die Pulsadern aufzuschneiden. Jetzt war sie wieder zurück ins *Gateway Hospital* gebracht worden.

Nancys Mutter schaltete den Herd aus, schnappte sich den kleinen Timmy und ihre Tasche und rannte zu ihrem Wagen. Am Krankenhaus angekommen, parkte sie auf dem Parkplatz, der nur für Notfälle bestimmt war. Sie nahm Timmy bei der Hand und rannte in das Gebäude. Man bat sie, in ein bestimmtes Zimmer zu gehen, in dem sie ihre Tochter sehen konnte. Anschließend sollte sie mit der Polizei und dem Hilfspersonal sprechen, da man weitere Informationen für die Berichte benötigte.

Sie erzählte mir, daß sie in ein Zimmer lief, »in dem meine Tochter auf einem Tisch lag. Sie hielt ihre Arme ausgestreckt, beide Handgelenke waren in Längsrichtung bis auf die Knochen aufgeschnitten. Der Arzt traf Vorbereitungen für das Vernähen der Wunden. Nancy blickte zu mir auf, die Tränen liefen hinunter in ihr Haar, und sie fragte: ›Bist du mir böse, Mommy? Bist du mir böse?‹ Ich legte meine Hand auf ihre Stirn und wischte die Tränen weg. Ich konnte nur mühsam die eigenen Tränen zurückhalten und sagte zärtlich zu ihr: ›Ich bin dir nicht böse, mein Liebling.‹«

Der Arzt bat: »Würden Sie einen Moment mit mir nach draußen kommen, bevor ich das zerbrochene Püppchen repariere?«

Während sie wartete, teilte ihr die Polizei mit, daß eine schwarze Familie in dem See im Echo Park, der in der Nähe der Stadtmitte von Los Angeles gelegen war, angeln wollte. Sie hatten etwas in ihrem Wagen vergessen. Die Frau ging zurück, um es zu holen, während die drei Kinder bei ihrem Mann blieben. Auf ihrem Weg fand sie Nancy/Jennifer, »die unter einem Baum lag. Sie war fast bewußtlos, und das Blut schoß mit jedem Herzschlag aus ihren Handgelenken«.

Die Frau rannte zu ihrem Mann zurück, der sofort zu Nancy lief. Er löste die Schnürsenkel aus ihren Tennisschuhen und band ihre Arme damit ab. In der Zwischenzeit rannte seine Frau zu einem Laden auf der anderen Straßenseite und rief einen Krankenwagen.

Nancys Mutter, die darauf wartete, daß der Arzt die Arme des »zerbrochenen Püppchens« nähen würde, rief ihren Ex-Mann an, der sich sofort auf den Weg machte. Als der Arzt mit seiner Behandlung fertig war, sagte er Nancys Mutter, daß sie ihre Tochter mit nach Hause nehmen könne. Er gab Anweisungen für einige Übungen mit Tennisbällen für Nancys Arme, die sie gewissenhaft ausführen sollte, damit ihre Hände wieder voll gebrauchsfähig würden.

Der Arzt sagte den Eltern auch, daß sie zu einer dreitägigen Überwachung wiederkommen müsse. Nancys Mutter berichtete: »Nancys Vater wurde furchtbar wütend, er ging auf den Arzt los und schrie: ›Nein, verdammt noch mal! Dorthin geht sie niemals zurück!‹«

In den Ohren der Mutter hallte auch die Stimme eines Polizisten wider, der sagte, so daß Nancy es hören konnte: »Warum muß ich mich immer mit den Verrückten abgeben?«

Kurz nach dieser Beinahtragödie ertönte eines Nachmittags die Türklingel, als Nancy noch in der Schule war. Ihre Mutter öffnete einem Polizeibeamten in Zivil, der sie um ein Gespräch bat. »Er schien sich unbehaglich zu fühlen und zögerte, er lehnte den angebotenen Kaffee ab. Er saß auf der Couch, sah sich um und beobachtete mich.«

Dann räusperte er sich mehrmals und unterrichtete sie: »Ihre Tochter steckt in ernsten Schwierigkeiten, und ich brauche Ihre volle Mitarbeit.« Er wußte, daß Nancys Mutter bei der Polizei arbeitete, und wollte ihr helfen. Er erzählte, daß Nancy verdächtigt würde, Mitglied einer Drogenbande zu sein, und daß die Polizei sie observierte, in der Hoffnung, »daß Nancy sie zu den großen Fischen dieser kriminellen Bande führen würde. Er bat mich dringend, Nancy nichts davon zu erzählen, da die Gefahr für sie dann noch größer würde. Vielleicht würde sie es dem Bandenchef erzählen, der wahrscheinlich nicht vor einem Mord zurückschreckte«.

Ihre Gefühle, nachdem der Beamte gegangen war, beschrieb sie so: »Ich hatte das starke Verlangen, alles zusammenzupacken und mit meiner Familie aus dieser schrecklichen Stadt wegzuziehen. Ich wurde von Zorn und Angst gepackt. Und zu allem Überfluß sollte ich mich nach dem Besuch des Kriminalbeamten so verhalten, als ob nichts geschehen sei.«

Als Nancy aus der Schule nach Hause kam, die Bücher unter den Arm geklemmt, war sie gutgelaunt und freute sich, daß sie im Sportunterricht ein Hockey-Spiel gewonnen hatte. Als sie vor der offenen Kühlschranktür stand und nach etwas Eßbarem suchte, wußte ich, daß der Beamte einen schrecklichen Fehler gemacht hatte. Er hatte bestimmt von einem anderen Mädchen gesprochen. Nancy war so lieb, so unschuldig. Wie konnte dieser Mensch nur denken, daß dieses zierliche Mädchen, das gute Noten nach Hause brachte, etwas mit Kriminellen oder sogar der Mafia zu tun haben könnte. Er mußte verrückt sein.«

Nancys Mutter ging weiter jeden Morgen um sieben Uhr dreißig ihrer Arbeit im Stadtzentrum von Los Angeles nach und war überzeugt, daß Nancy und Timmy fest schliefen, wenn sie abends um neun Uhr ins Bett ging. »Ich hatte keine Vorstellung davon, daß meine liebe, unschuldige Tochter jede Nacht nach 10 Uhr Bandenkleidung anzog und auf die Straße ging, um sich dort mit ihren Leuten zu treffen. Später erfuhr ich, daß sie erst gegen drei Uhr morgens nach Hause kam. Sie stand aber immer rechtzeitig für die Schule auf. Ihre Noten waren immer ausgezeichnet, und sie schien ein normales, ruhiges Leben zu führen.«

Sie fuhr fort: »Es scheint unglaublich, daß es nicht den geringsten Hinweis auf ihr ›anderes‹ Leben gab. Ich hatte eine gute Polizeiausbildung genossen, jeden Tag wurde ich mit guten und schlechten Menschen konfrontiert, und ich vertraute meiner Fähigkeit, Menschen einschätzen zu können. Trotzdem lebte in meinem eigenen Haus jemand, den man der übelsten kriminellen Aktivität verdächtigte, und ich hatte bis zu dem Tag, als der Beamte mich aufklärte, überhaupt keine Ahnung gehabt. Für mich war es völlig unvorstellbar. Konnte es wirklich wahr sein?«

Sie erlebte die Verhaftung der Bande mit. Nancy wurde von der Polizei nach Hause gebracht, und ihre Mutter beschloß, sofort aus der Stadt wegzuziehen, als die Polizei ihr mitteilte, daß die Mafia auf Nancy/Jennifers Kopf 10000 Dollar ausgesetzt hatte. Sie galt als Informantin, da sie als einzige von der Polizei freigelassen worden war.

Bevor Nancys Mutter den Umzug in die Wege leiten konnte, erhielt sie am 4. April 1975 einen dringenden Anruf. Ihr Chef teilte ihr mit: »Diesmal ist es wirklich schlimm. Gehen Sie sofort zur Schule Ihrer Tochter.« Als sie dort eintraf, bot sich ihr die gleiche Szene, die ich an der *Ontario High School* miterlebt hatte, als Nancy/Jennifer aus meiner Klasse gelaufen war. Vier Polizeibeamte näherten sich Nancy. »Ihr wilder Blick war der einer Verrückten«, sagte Nancys Mutter. »Die Beamten gingen langsam auf sie zu und warfen sie zu Boden. Als sie auf dem Boden lag, mußten die Sanitäter sich rittlings auf sie setzen, einer auf die Brust, der andere auf die Knie, um sie ruhigzustellen. Mein kleines Mädchen! Nachdem Nancy so überwältigt worden war, erhielt sie eine Beruhigungsspritze. Sie ließ sich ohne weiteren Widerstand die Zwangsjacke anlegen. Dann wurde eine Trage hereingerollt. Als man sie darauflegte, ging ich zu ihr und sagte ihr, wie sehr ich sie liebte. Sie sah mich nur mit schläfrigen Augen an und sagte nichts.«

Als Nancy von der Polizei weggebracht wurde, hörte sie, wie ein älterer Mann, der die Szene mitangesehen hatte, voller Verachtung sagte: »Diese Kinder und ihre Drogen, sie gehören alle ins Gefängnis.« Nancys Mutter sagte mir: »Ich wollte ihn anschreien und ihm sagen: ›Sie ist krank! Ganz einfach krank!‹«

Die Polizei erlaubte der Mutter, ihre Tochter in das *Los Angeles County General Hospital* zu begleiten. Als sie dort eintrafen, »war Nancy wieder sie selbst. Sie fragte mich, was geschehen war. Sie konnte sich an nichts mehr erinnern. Die Beamten sahen, daß sie sich völlig unter Kontrolle hatte und nahmen ihr die Zwangsjacke ab, begleiteten uns zum Fahrstuhl und sagten uns, in welches Stockwerk wir fahren müßten. Sie verabschiedeten sich und gingen wieder«. Nancys Mutter trug noch ihre Polizeiuniform »mit Dienstmarke, Abzeichen, Gürtel und Pistolenhalfter«.

Nancy flüsterte ihrer Mutter zu: »Die Leute müssen denken, daß du mich gerade verhaftet hast.«

Nancys Mutter sagte dem Arzt, daß ihre Tochter sie nicht erkannt und sich wie »ein wild gewordenes Tier« aufgeführt hatte. Sie bat darum, Nancy im Krankenhaus zu behalten: »Irgend etwas stimmt nicht mit ihr.« Da Nancy jedoch wieder ganz normal schien, entließ der Arzt sie mit den Worten: »Krankenhäuser sind für Kranke zuständig, und Ihre Tochter ist nicht krank.«

Ihre Mutter fragte: »Meinen Sie, daß Hypnose helfen könnte?«

»Vielleicht«, sagte er. »Es ist einen Versuch wert.«

Die Sorge ihrer Mutter rettete Nancy wahrscheinlich das Leben. Sie hatte beschlossen, einen Weg zu finden, der Nancy von ihrem Leiden befreien würde. Ich hielt sie für eine sensible Frau, die sich Gehör verschaffen konnte, die Fragen offen und ehrlich beantwortete. Sie hatte immer hart gearbeitet, um ihre große Familie durchzubringen, nachdem sie mit vierunddreißig Jahren von Nancys Vater geschieden worden war. Ursprünglich hatte sie Rechtsanwältin werden wollen, erzählte sie mir.

»Ich nahm die Arbeit bei der Polizei an und dachte, daß ich die Schlechtigkeit der Welt heilen könnte. Es verschaffte mir Befriedigung, einen Notruf entgegenzunehmen und einer Familie zu helfen, die Streit hatte.« Für kurze Zeit arbeitete sie auch im Rechtshilfebüro für den Verwaltungsbezirk Los Angeles.

Ich wußte, daß man Nancys Vater und Mutter verstehen mußte, um die Tochter verstehen zu können, denn es sind die Eltern, die das emotionale Schicksal eines Kindes bestimmen. Ich bat Nancys Mutter, mir ihre Geschichte zu erzählen, von ihrer Kindheit, ihren Wünschen und Träumen. Sie beschrieb, wie ihre Vorfahren ritterlicher Herkunft um 1660 aus Belfast in Irland in dieses Land gekommen waren.

Sie wurde in Berea, Ohio, geboren und wuchs dort auf. Ihre Eltern zogen nach San Diego, um in der Nähe ihres Bruders zu leben, der bei der Marine in Long Beach stationiert war. Mit neunzehn Jahren lernte sie Linley Cicero Gooch in San Diego kennen. Er war gerade in die USA zurückgekehrt, nachdem er während des Zweiten Weltkriegs bei der Marine in Okinawa gedient hatte. Sie nannte ihn »Lindy«: »Ich dachte, daß er sich so vorgestellt hatte, als wir uns das erste Mal sahen.«

Er war einen Meter fünfundachtzig groß, hatte dunkle Haare, war schlank und gutaussehend. Er war in Danville, Illinois, geboren und auf der Farm seines Vaters, der stark trank und schon morgens beim Frühstück Alkohol zu sich nahm, aufgewachsen. Der Sohn rührte noch nicht einmal Bier an. Nachdem er Nancy senior kennengelernt hatte, stellten beide fest, daß sie gerne Schlittschuh liefen und verbrachten manchen Abend in der Eishalle. Sie beschrieb ihn als einen sehr leidenschaftlichen Mann, maskulin, nicht tiefsinnig, kein emotionaler Typ, aber oft sanft. Sie heirateten und kauften sich ein kleines Haus in Covina, fünfunddreißig Meilen östlich von Los Angeles. Sie wollten Kinder haben, aber Nancy senior war mit siebzehn Jahren bei einem Autounfall schwer verletzt worden, und der Arzt hatte ihr gesagt, daß sie nie Kinder haben könne. Sie adoptierten einen Jungen gleich nach seiner Geburt am 8. Juli 1950 und nannten ihn Steve. Er hatte einen Zwillingsbruder gehabt, der gleich nach der Geburt gestorben war. »Ich wollte dieses Baby unbedingt haben«, erzählte Nancy senior. »Wir haben ihn extra ausgesucht. Aber als Steve älter wurde, war sein Zuhause für ihn nur noch ein Ort, an dem er seine Kleidung wechselte. Er war niemandem in der Familie wirklich nah.« Heute ist er verheiratet, lebt in Oregon und arbeitet für das Straßenbauamt der Stadt Medford.

Zu ihrer Überraschung wurde Nancy senior drei Jahre später selbst schwanger. Tommy wurde am 15. September 1953 geboren. Er ist verheiratet und arbeitet bei der Post in Ontario. Ein Jahr später, am 1. Dezember 1954, wurde Barbara geboren. Wieder ein Jahr darauf kam Susan zur Welt, am 12. März 1956. Beide Töchter heirateten jung und zogen von zu Hause weg. Eineinhalb Jahre nach Susan wurde Nancy am 11. November 1957 geboren. Das letzte Kind, Timmy, kam am 31. Juli 1969 während der zweiten kurzen Ehe von Nancy senior zur Welt.

Nachdem ihre Ehe fünfzehn Jahre lang gedauert hatte, reichte Nancys Mutter die Scheidung ein. Sie erzählte, daß sie die ganze Zeit praktisch ohne Mann gelebt hatte. Linley arbeitete nachts, sie hatte tagsüber einen Teilzeitjob in einem Rechtsanwaltsbüro, um etwas dazuzuverdienen. Ihre Abende bestanden darin, die fünf Kinder zu baden und noch etwas aufzubleiben, nachdem sie sie zu Bett gebracht hatte, bis auch sie reif fürs Bett war. Sie wurde immer einsamer. Linley wollte, daß sie die Wechselschicht in der Fabrik zusammen mit ihm arbeitete. Er war auf die Männer im Anwaltsbüro, die dort mit ihr flirteten, eifersüchtig.

»Er war sehr eifersüchtig«, sagte sie, »aber ich war es ebenfalls. Er war freundlich und offen, im Restaurant neckte er immer die Bedienung. Er war treu, aber trotzdem war ich mißtrauisch.«

Als sie ihn das erste Mal aufforderte zu gehen, antwortete er: »Ich gehe nirgendwohin.« Schließlich war er damit einverstanden, sich ein Zimmer in einem Haus auf der gegenüberliegenden Straßenseite, das Kostgänger aufnahm, zu nehmen, damit er die Kinder regelmäßig sehen und dasein konnte, wenn sie ihn brauchte. Aber nachdem er ausgezogen war, »lebte er sich aus wie ein kleiner Junge in einem Spielzeugladen«. Sie reichte die Scheidung ein.

Nach der Scheidung besuchte sie eine Beratungsstelle: »Ich war nie der Typ, der Kneipen besucht oder viel trinkt. Ich wollte wieder zur Schule gehen und weiterlernen.« Als man sie fragte, woran sie Interesse hätte, sagte sie: »Ich möchte Menschen helfen, vielleicht als Krankenschwester.« Man schickte sie zu einem Krankenhaus, aber dort sagte man ihr, daß sie »keine Berufung zur Schwester« habe. Man schlug die Polizeiarbeit vor, da sie sich auch dort um andere kümmern konnte. Die Idee gefiel ihr zuerst nicht, und zweieinhalb Jahre lang arbeitete sie in dem Beratungsbüro des Verwaltungsbezirks, eine Arbeit, die auch etwas mit dem Gesetz zu tun hatte.

Dort traf sie ihren zweiten Mann. Als Nancy elf Jahre alt war, heiratete ihre Mutter wieder und war bald mit Timmy schwanger. Nancy senior erzählte mir, daß dieser Mann »einen unwahrscheinlichen Charme hatte, man hatte das Gefühl, die einzige Frau auf Erden zu sein, aber eine halbe Stunde später würde er einer anderen Frau das gleiche erzählen. Er war ein Playboy-Typ«. Er war ein bekannter Posaunenbläser gewesen, zuerst in der Luftwaffenband von Glenn Miller und später in den Orchestern von Tommy Dorsey, Les Brown und Henry Mancini. Als er bei Mancini spielte, nahm er an mehreren Academy Awards in Hollywood teil. Dann wurde er Alkoholiker und verlor sein berufliches Ansehen.

Als er erfuhr, daß Nancy senior schwanger war, drohte er, sie zu verlassen, falls sie eine Abtreibung ablehnte. Sie weigerte sich, und er verließ sie nach viermonatiger Ehe. Sie erzählte mir: »Das Baby hatte Vorrang für mich. Ich half meinem Mann sogar beim Packen. Ich hatte drei Mädchen zu Hause, die alle gern selbst ein

Baby gehabt hätten und sich freuten, daß ich eins bekommen würde. Als ich mit Timmy aus dem Krankenhaus kam, hatte er vier Mütter. Aber als sich die erste Begeisterung gelegt hatte, hieß es immer: ›Junior, kümmere dich um das Baby.‹«

Nancy junior sagte über ihren Stiefvater: »Ich mochte ihn, er war gut zu uns, auch wenn er gelegentlich versuchte, mit meinen beiden Schwestern oder mir anzubandeln.«

Da Nancy senior so hart arbeitete, war es junior, die sich in erster Linie um Timmy kümmerte. Es machte ihr Spaß, und sie sagte: »Ich war diejenige, die sich einen kleinen Bruder am meisten gewünscht hatte. Ich stellte mir vor, daß ich seine Mutter sei.«

Kurz nach ihrer zweiten Scheidung lernte Nancy senior einen Mann kennen, von dem sie sagte, daß er von allen, die ihn kannten, respektiert wurde. Er war Professor an der *California State University* in Fullerton, ein Doktor der Philosophie für Sprachpathologie. Er war ein hochintelligenter Mann, der Museen liebte, Kunst, klassische Musik und exotisches Essen. Ihre Romanze war wechselhaft, und es kam nie zu einer Heirat. Während einer besonders stürmischen Phase, als Nancy zwölfeinhalb Jahre alt war, bat ihre Mutter sie, mit dem einjährigen Timmy mit dem Bus nach El Paso zu fahren und dort bei ihrem Bruder Tommy zu bleiben. Er war bei der Armee und lebte mit seiner Familie in Texas. Obwohl sie Angst davor hatte, von zu Hause wegzugehen und ganz für Timmy verantwortlich zu sein, machte Nancy, die ihrer Mutter nie widersprach, sich auf den Weg. Sie blieb mehrere Monate lang mit Timmy dort. In diesen Monaten verlor sie wieder Zeit, wie Nancy mir später erzählte, und Nancy/Sarah kam ihr zu Hilfe.

Obwohl Nancys Mutter aufgrund ihres hübschen Gesichts, ihrer schlanken Figur und freundlichen Art immer Verehrer hatte, gab sie zu: »Männer machen mir eigentlich tief im Innern angst.«

Dafür gab es Gründe genug. Nancys Mutter erinnerte sich: »Ich hatte Schwierigkeiten mit einem meiner Stiefväter – sexuelle Probleme – als ich zwölf Jahre alt war. Er hat mir eigentlich nie etwas getan, spielte aber immer darauf an, daß er gerne mit mir schlafen würde. Als ich ein Teenager war, kam er ins Badezimmer, wenn ich in der Badewanne saß, und wollte sich mit mir unterhalten. Meine Mutter hatte einen Verdacht und sprach ihn eines Tages darauf an. Er gab seine Gefühle für mich zu. Obwohl meine Mutter mit meiner jüngeren Schwester Florence schwanger war, ließ sie sich von ihm scheiden, als sie herausfand, daß er andere Frauen hatte.«

Von ihrer Kindheit berichtete sie: »Niemand liebte oder wollte mich. Ich wurde toleriert.« Ihre Mutter bezeichnete sie als »sehr schwierige Frau«, und fügte hinzu: »Sie hat mich nie geliebt, sie verachtete mich. Sie gab mir einen starken Minderwertigkeitskomplex. Als ich älter wurde, hatte ich immer das Gefühl, daß ich eine Adresse hatte, aber kein Heim.« Nancys Mutter erzählte mir, wie tief verwundet sie war, als ihre Schwester Jo-Anne eines Tages bei einem Unfall verletzt wurde. Ihre Mutter bemerkte ihr gegenüber: »Warum konnte dir das nicht passieren, warum ausgerechnet meinem Liebling?« Nancy senior sagte: »Ich war tief verwundet. Damals schwor ich mir, daß ich meine Kinder nie so behandeln würde. Aber selbst bei den schlimmsten Dingen kommt etwas Gutes heraus. Ich redete mir ein, daß es mir nichts ausmachte, daß sie so gemein zu mir war.«

Ihre Mutter heiratete insgesamt fünfmal. Den zweiten Ehemann ihrer Mutter beschrieb sie als »richtiges Schwein«. Sie erfuhren, daß er noch verheiratet war, denn eines Tages erschien eine vormalige Ehefrau an der Haustür. Es war der dritte Mann ihrer Mutter, den Nancy senior als »Vater« empfand. »An ihn erinnere ich mich am besten«, sagte sie. »Er hatte einige gute Eigenschaften, spielte mit uns Kindern Scrabble. Aber er konnte auch ganz schön zuschlagen und ging mit dem Gürtel auf uns los, wenn er wütend wurde. Wenn wir zum Beispiel beim Essen redeten, was wir nicht durften. Er begann, uns zu prügeln, als ich zehn Jahre alt war. Eines Tages nahm meine Großmutter mich mit zu ihr. Sie war schockiert, als sie die Striemen von seinem Ledergürtel auf meinem Rücken sah.« Sie fügte hinzu: »Er konnte der gemeinste Mensch auf Erden sein. Er schlug sogar meine Mutter.«

Er war nur einen Meter sechzig groß, wog 52 Kilo, aber mochte dicke Frauen. Nancy senior erzählte: »Meine Mutter wog 85 Kilo. Aber mein Vater verließ sie nach drei Ehejahren, als mein Bruder Harry achtzehn Monate alt war, wegen einer großen, sehr dicken Krankenschwester.«

Dieser Stiefvater machte Nancys Mutter auch mit anderen Dingen angst. Er war Pilot bei der Luftwaffe und hatte während des Zweiten Weltkriegs begonnen, Kampfpiloten zu trainieren. Er verdiente gut dabei. Manchmal nahm er Nancys Mutter, die damals ein Kind war, im Flugzeug mit, und obwohl er wußte, daß sie furchtbare Angst hatte, drehte er Loopings und flog auf dem Kopf weiter, auch wenn sie bettelte, »bitte, Daddy, hör damit auf.« Ihr Stiefvater »lebte vom Fliegen und starb beim Fliegen. Nachdem er die Krankenschwester geheiratet hatte, starb er eines Tages bei einem Flugzeugzusammenstoß. Niemand fand je heraus, ob es sein Fehler war oder die Schuld des anderen Piloten.«

Ihre Mutter heiratete noch zweimal, obwohl sie von ihrer Tochter als »richtige Männerhasserin« beschrieben wurde. »Sie haßte es, für einen Mann dazusein, für ihn zu kochen. Heute lebt sie allein und ist zufrieden dabei. Sie muß sich nicht mehr abrackern und für einen Mann und die Kinder kochen.« Das war also der tragische und chaotische Hintergrund bei Nancy juniors Mutter, die jetzt alles tat, um ihrer jüngsten Tochter eine hoffnungslose Zukunft zu ersparen. Oder ein Leben, dem vielleicht bald durch Selbstmord ein Ende gesetzt würde, wenn nicht die richtige Hilfe angeboten werden würde.

Nancy erzählte mir, daß ihr Vater nicht sehr häufig zu Hause war, als sie heranwuchs, daß es Spannungen zwischen ihm und ihrer Mutter gab. Sie sagte: »Trotzdem war ich unglücklich, als meine Eltern sich scheiden ließen. Ich verstand den Grund nicht. Wahrscheinlich wußten sie selbst nicht, warum.«

Bei diesem Hintergrund fragte ich mich, wie ich an Nancys Gefühle über das Trauma in ihrem frühen Leben herankommen konnte.

Ich hatte das Gefühl, eine Blinde zu führen, obwohl ich selbst den Weg nicht sehen konnte. Ich konnte aber die Führung nicht aufgeben, da Nancy es nicht zuließ, daß ein anderer sie übernahm. Von allen, die Hilfe anboten – Psychiater, Psychologen, Hypnotherapeuten, Berater –, hielt sie sich nur an mir fest. Wenn ich das Gefühl gehabt hätte, daß sie bei einem anderen besser aufgehoben gewesen wäre, hätte ich meine Rolle sofort aufgegeben. Es sollte eine leidenschaftliche Reise werden, oft auf einer unglaublich spannungsgeladenen Ebene, eine Aufgabe, bei der wir lernten, an der wir wuchsen und schließlich siegten. Mich führte die Reise ins Innere einer begabten, leidenden, emotional verkrüppelten jungen Frau. Langsam ging sie ihren bruchstückhaften Weg aus dem totalen Chaos und ihrem Todeswunsch zur Ganzheit, in eine Welt, die sie besser einordnen konnte.

Die Geschichte der Nancy Lynn Gooch ist gewissermaßen die Geschichte von uns allen. Dessen wurde ich mir bewußt, als ich tiefer und tiefer in Nancys Leben eindrang. Jeder baut in sich selbst Schutzwälle gegen verzweifelte Gefühle auf oder sucht nach Ventilen für diese Gefühle.

Ich versuchte immer wieder, Nancy zu vermitteln, daß ich auf ihrer Seite stand. Sie wußte, daß ich mir vom ersten Tag an, als ich sie im Schwesternzimmer in den Arm genommen hatte, Gedanken über sie gemacht hatte, daß ich versuchte, sie zu trösten. Ich kann leicht Gefühle zeigen, ich habe keine Angst vor Berührungen. Wenn ein Mensch Angst oder Schmerzen hat, möchte ich ihn festhalten, ihn beruhigen – es ist das, was ein verletztes Kind braucht. Die Wärme einer menschlichen Umarmung hilft mehr als Worte.

Selbst als Nancy meine Hilfe verzweifelt suchte, kämpfte sie gegen jeglichen Ausdruck von Nähe an. Sie gab zu: »Ich möchte Ihnen nah sein, aber ich habe auch Angst davor.« Ein Psychologe sagte einmal, daß sich sofort etwas in uns regt, wenn wir aufgefordert werden, unser Verhalten zu ändern, etwas, das sich gegen diese Änderung auflehnt. Bei einem durchschnittlichen Menschen sind diese Abwehrwälle wie Eisen, bei Nancy waren sie um ein Tausendfaches stärker.

In ihrer übertriebenen Art, es allen recht machen zu wollen, spürte ich Nancys Flehen, nicht allein gelassen zu werden. Nur vor ihrer Vernichtung hatte sie mehr Angst als vor dem Verlassenwerden – sie wollte am Leben bleiben. Ich entdeckte, daß all die Persönlichkeiten in Nancy eine gewisse Härte hatten, die sie am Leben erhielt. Diese Energie ermöglichte es mir, schwierige Zeiten durchzustehen, sie gab meiner Hoffnung Auftrieb, daß

Nancy eines Tages zu einer ganzen Persönlichkeit werden würde, die nicht mehr in feindliche Lager gespalten war.

Am Anfang, als ich den Persönlichkeiten half, ihr selbstzerstörerisches Verhalten aufzugeben, war ich ihr Feind, dann ein Versuchsgelände. Schließlich ein Anker in einem sicheren Hafen, in dem die schrecklichen Stürme der Vergangenheit in einem neuen Licht betrachtet werden konnten. Im Licht der Vernunft.

7. Herbst 1976

Nancy wurde am 11. November 1976 neunzehn. Sie beschrieb sich selbst immer noch als »das liebe, kleine Mädchen, das niemandem etwas zuleide tut«. Diane fragte Nancy/Sarah: »Warum fällt es Nancy so schwer, uns zu sagen, was sie fühlt?« Nancy/Sarah antwortete: »Sie ist recht ehrlich, aber sie muß immer ein Lächeln vorspielen, sonst bricht die Welt zusammen. Sie kann sich nur Emily gegenüber ein bißchen öffnen.«

Eintragungen in Nancys Tagebuch offenbaren das Leiden, das unter ihrem äußerlichen, unterwürfigen Verhalten lag. Ein Jahr, nachdem sie das Mahagonischlafzimmer bei den Gaffneys bezogen hatte, in ihrem ersten Jahr am *Chaffey Community College*, schrieb sie:

23. November 1976: Heute hatte ich im Umkleideraum des College einen Dämmerzustand. Die Frau, die dort die Aufsicht hat, fand mich und bekam Angst, weil ich so sehr zitterte. Sie dachte, es sei ein Anfall. Das erzählte sie mir später. Ich wußte bisher nicht, was während eines solchen Anfalls vor sich geht.

29. November 1976: Wieder eine Amnesie im College. »Nein! Nein!« Aber die Polizei, ein Lehrer und Herumstehende schleppten mich auf die Trage und schnallten mich fest. Mrs. Campbell, die von ihnen benachrichtigt worden war, kam dazu, nahm mein Gesicht in ihre Hände und sagte immer wieder: »Mein Liebes.« Sie brachten mich zum Krankenwagen. Ich schrie mehrmals: »Nein!« Mrs. Campbell war wütend. Sie haßte die Männer. Sie fragte mich, ob sie mit mir nach Hause kommen sollte. Sie hielt mich fest. Jetzt bin ich also wieder hier, nachdem man wieder nicht feststellen konnte, was mit mir los ist. Ich war eineinhalb Stunden lang in diesem verdammten Krankenwagen.

3. Dezember 1976: Ich habe Mrs. Campbell in ihrer Schule besucht. Sie kam herein, streichelte mein Gesicht und sagte »Hallo«. Wir setzten uns auf einen Knautschsack, und ich nahm ihre Hand. Ich begann zu weinen, und sie zog mich an sich. Sie legte ihre Hand auf mein Gesicht und saß einfach nur da, während ich still vor mich hinweinte. Ich versuchte, damit aufzuhören, aber sie sagte: »Warum läßt du die Tränen nicht einfach fließen, Nancy?« Sie sagte, daß ich stärkere Gefühle gezeigt hätte als jemals zuvor. Ich fragte: »Mögen Sie mich noch?« Sie antwortete: »Ich liebe dich.«

Eines Tages zeigte Nancy mir einen undatierten Brief, den Nancy/Jennifer an Zurdo, den Bandenführer, geschrieben hatte. Der Brief, den sie nie abgeschickt hatte, war nach der Polizeiaktion auf das Hauptquartier der Gruppe geschrieben worden. Er lautete:

Lieber Zurdo,
wo zum Teufel steckst Du. Ich habe gehört, daß man Dich gepackt hat. Ich habe ihnen gesagt, daß Du zu schlau für sie bist. Du kannst mich jetzt holen. Nancy wohnt in 5052 Moreno, die Frau heißt Nancys Mutter. Ich habe lange nichts gehabt (Drogen). Konnte nichts bekommen. Ich vermisse die Bande. Wo steckst Du denn? Ich weiß, daß Du rauskannst. Laß Dich nicht mehr erwischen. Paß auf, daß die Bullen Dich nicht kriegen.
Jennifer (Puppet)

Die Bande hatte sie »Puppet« (Marionette) getauft, aber die Tatsache, daß Nancy/Jennifer sich selbst so bezeichnete, machte deutlich, wie ein Teil von Nancy über sich selbst dachte – sie sah sich als tote, hölzerne Figur, deren Fäden von anderen oder von ihren inneren Persönlichkeiten gezogen wurden.

Nancy offenbarte noch mehr aus ihrem inneren Leben, als sie mir ein Blatt Papier gab, auf dem sie einen Dialog für eine kurze Show, die sie für die Kommunikationsstunde im *Chaffey Community College* plante, niedergeschrieben hatte. Wie im richtigen Leben spielte sie selbst alle Rollen in diesem Akt.

Hallo alle miteinander, ich bin Nancy. Ich bin die Hauptperson in diesem Stück. Die anderen spielen nur Nebenrollen, aber diese sind auch sehr wichtig und haben Auswirkung auf mein Leben. Es gibt noch vier andere Marionetten – Sarah, Lisa, Jennifer und John. Ich sage, es sind Marionetten, aber in Wirklichkeit sind es wirkliche Menschen mit eigenen Persönlichkeiten. Wenn ihr genau zuhört, wißt ihr schon etwas mehr über sie, falls und wenn ihr sie trefft. Was durchaus passieren kann! Es läßt sich nicht immer sagen, wann ihr sie trefft – denn sie sehen sich sehr ähnlich. Wißt ihr, sie leben in meinem Innern. Manchmal kommen sie heraus und treten an meine Stelle. Ich muß zugeben, daß sich diese Leute manchmal ganz anders benehmen als ich, aber versteht bitte, daß sie aus meinen verschiedenen Erfahrungen entstanden sind und nichts dafür können. Habt keine Angst vor ihnen. Sie tun keinem weh. Und was viel wichtiger ist: bitte, habt keine Angst vor mir. Ich mag Menschen und bin eigentlich ganz normal, abgesehen von meinen Helfern. Ich bin eigentlich auch ganz nett, wenn man mich näher kennenlernt. Vielleicht seid ihr euch bei den anderen nicht so sicher, ihr solltet sie einfach mal kennenlernen und selbst urteilen. Okay? Sarah ... Sarah, wo bist du?

Sarah: Hier bin ich, Liebling. Du liebe Zeit, mein Haar muß furchtbar aussehen! Ich heiße Sarah und nehme an, daß es wahrscheinlich das beste ist, wenn ich euch die wichtigsten Faktoren für meine Existenz mitteile. Ich bin neunzehn Jahre alt, genau wie Nancy, obwohl ich viel reifer und intelligenter bin als sie.

Bitte, versteht mich nicht falsch, es ist wirklich nicht ihr Fehler. Unser psychologisches Rüstzeug ist eben anders, und ich besitze einige der besseren Eigenschaften. Ich ziehe zum Beispiel klassische Musik diesem höllischen Lärm vor, der als Rockmusik bezeichnet wird.

Zuerst fragte ich mich, welchem Zweck die verschiedenen Persönlichkeiten dienten. Ich hatte während meiner Collegezeit Werke von Carl Rogers und Abraham Maslow gelesen und durch meine Nachforschungen in letzter Zeit stand ich der Vorstellung, daß Menschen in Not sich in ihrem Innern möglicherweise Wesen schaffen, um ihren Schmerz zu lindern, nicht mehr so skeptisch gegenüber.

Die einzige andere Persönlichkeit Nancys, die ich bisher neben der gut informierten Nancy/Sarah kennengelernt hatte, war Nancy/Jennifer, obwohl ich es damals noch nicht wußte. Es war nicht Nancy, die aus meiner Klasse gelaufen war, sich draußen hingekauert hatte und sich von mir im Schwesternzimmer trösten ließ, sondern der Teil ihrer Persönlichkeit, der Jennifer war. Sie war es auch, die mich drei Wochen später aufgesucht hatte, um sich zu bedanken.

Nach unserem ersten Zusammentreffen mit Nancy/Sarah rief Harold sie zu einer Sitzung, an der ich nicht teilnahm. Sie offenbarte, daß Nancy/Jennifer eine »Zeitreisende« war, daß sie »in der Zeit reisen« konnte. Sie konnte an einem Tag als Fünfjährige erscheinen, am nächsten als Fünfzehnjährige, was ihr Höchstalter war. Nancy/Sarah erklärte uns, daß keine Persönlichkeit älter als Nancy, die Kernpersönlichkeit, sein konnte.

Nancy/Sarah berichtete auch: »Jennifer entstand, als Nancy fünf Jahre alt war, möglicherweise auch schon, als sie zwei war. Es hatte eine Krise gegeben, die Jennifer hervorbrachte. Dann befand sie sich jahrelang im Untergrund. Im Alter von fünfzehn Jahren wurde sie wiedergeboren, während der Vergewaltigung durch den Mexikaner.«

Harold lehrte mich, wie man einer Persönlichkeit befehlen konnte zu erscheinen, oder es zumindest versuchen konnte, denn manchmal kamen sie nicht heraus. Der magische Befehl bestand aus zwei Worten: »Zenith, Zero.« Dadurch wurde Nancy signalisiert, in einen Hypnosezustand zu fallen, so daß wir dann eine ihrer Persönlichkeiten auffordern konnten, herauszukommen, um mit ihr zu reden.

Bisher war immer nur Nancy/Sarah erschienen. Aber eines Abends versuchte ich, Nancy/Jennifer in unserem abgedunkelten Hypnoseraum zu erreichen. Ich sagte zu Nancy, die in ihrem verstellbaren Stuhl saß: »Ich würde gerne Jennifer sehen.« Nancy nickte zustimmend. Ich sagte die beiden magischen Worte, und ihre Augen schlossen sich.

»Jennifer, bist du da?« fragte ich. »Jennifer, bist du da?« Wir möchten dich sehen. Bitte, komm heraus, Jennifer. Jennifer, komm heraus.«

Keine Reaktion. Nancys Körper blieb völlig ruhig.

Ich wiederholte meine Bitte mehrere Male. Plötzlich sackte Nancys Körper im Stuhl leicht zusammen, ihre Schultern fielen nach vorn, der Ausdruck ihres Gesichts wechselte von seiner üblichen Ernsthaftigkeit zu einem weicheren, jugendlicheren Ausdruck.

Die Stimme, die wir hörten, klang fast entschuldigend, ein Flüstern: »Ich bin Jennifer.«

»Wir sind sehr froh, dich zu sehen, Jennifer.« sagte ich. »Wir sind hocherfreut.« Harolds tiefe Stimme.

Ich fragte: »Warst du ein Mitglied in Zurdos Bande?«

»Ja.« Es war kaum hörbar.

»Und du hast mich in der Schule besucht, um dich zu bedanken, weil ich dir an dem Tag, an dem du aus meinem Klassenzimmer gerannt bist, versucht habe zu helfen?«

»Ja, das war ich.«

»Danke, Jennifer.« Dann fragte ich: »Wie geht es dir jetzt?«

»Ich mag mein neues Zuhause.« Sie sah sich in dem abgedunkelten Zimmer um. »Hier fühle ich mich sicher.« Dann: »Nancy läßt mich nur heraus, wenn sie in Not ist.«

»Du fühlst dich oft unsicher, nicht wahr?« Ich dachte an die Selbstmordversuche, die Nancy/Sarah und Nancys Mutter beschrieben hatten.

»Manche Orte sind sehr gefährlich.« Es war die Stimme eines kleinen Mädchens.

»Welche denn?«

»Diese letzte psychiatrische Anstalt. Ich mußte dort einfach weg. Und als ich weggelaufen war, wollte ich nur noch sterben. Ich hatte Entzugserscheinungen wegen der Drogen. Deshalb habe ich ein Glas Lysol getrunken.«

»Lysol?« Ich war schockiert.

»Ja, Lysol.« Sie sagte es mit Betonung, als ob es eine besondere Bedeutung hätte.

Es sollte später ein weiterer Hinweis auf das sein, was ich für mich als Nancys Seelenmord bezeichnete. Und jede einzelne Persönlichkeit gab ihren eigenen, besonderen Anhaltspunkt. Nancy/Jennifer fuhr fort: »Ich trank das Lysol, weil ich sterben wollte. Es tut mir leid, wenn das die Ursache für Nancys Magengeschwüre war.«

Die Blutungen hatten also keine »psychosomatische« Ursache, wie Harold vermutet hatte, sondern wurden absichtlich von Nancy/Jennifer durch eine Auflösung der Magenschleimhaut verursacht.

»Wolltest du schon öfter sterben, Jennifer?«

»Jedesmal, wenn ich in ein Krankenhaus eingeliefert wurde. Ich habe immer gedacht, daß sie mich für immer dort behalten wollen. Ich hatte schreckliche Angst vor den Verrückten dort. Und vor der Polizei, die mich jedesmal suchte, wenn ich weggelaufen war.«

Polizei und Sanitäter waren ihre Feinde, immer wenn sie Nancy eingeholt hatten, kämpfte sie wie eine Wildkatze. Jetzt

verstand ich ihre Reaktion bei mir in der Schule, als sie sich aufgeführt hatte, als ob es um ihr Leben ging. Ich dachte an die
Worte von Dr. Walter B. Cannon, einem berühmten Wissen-
schaftler. Er entwickelte die Theorie, daß wir bei der Konfrontation mit einer Gefahr ein »Kampf- oder Fluchtverhalten« an den
Tag legen. Nancy/Jennifer empfand die Polizei als Gefahr, ihr
einziger Gedanke war zu fliehen, sie wußte, daß sie als Mitglied
einer Drogenbande das Gesetz gebrochen hatte.

»Erzähl uns, wann du noch aus Krankenhäusern ausgebrochen bist«, sagte ich.

»Eines Nachts kam im *San Bernardino Hospital* eine andere
Patientin an mein Bett, als ich versuchte zu schlafen, und ur-
inierte über mich. Ich geriet in Panik. Ich zerschmiß ein Fenster
und kroch hinaus. Ich rannte eine dunkle Straße hinunter auf die
Berge zu, ich wollte mich dort verstecken. Das Krankenhaus be-
nachrichtigte die Polizei, und sie verfolgten mich mit zwei Wagen. Ich stellte mir selbst eine Falle, als ich in eine Sackgasse lief.
Ich versuchte, mich zu wehren, aber sie waren kräftiger. Sie
brachten mich ins Krankenhaus zurück.«

»Bist du noch aus anderen Krankenhäusern weggelaufen?«
fragte ich.

»Aus *Gateways*. Ich habe nachts ein Fenster aufgebrochen
und bin in die Stadt gerannt. In etwa einer Meile Entfernung
fand ich eine Drogerie und stahl eine Packung Rasierklingen.
Dann lief ich in den nahegelegenen Park. Ich nahm eine der Klingen heraus. Langsam zerschnitt ich mir beide Handgelenke. Ich
schaute zu, wie das Blut herausspritzte, fast bis zu den Büschen
hin. Dann wurde ich ohnmächtig.«

Nancys Mutter hatte diesen Selbstmordversuch beschrieben.
Nancy/Jennifer wäre gestorben, wenn ihr nicht das schwarze
Ehepaar zu Hilfe gekommen wäre.

Ich fragte: »Wie siehst du aus? Wie siehst du dich selbst?«

»Ich habe schwarze Haare und dunkle Augen«, sagte sie.

Harold fragte: »Wie der Mann, der dich vergewaltigt hat?«

»Weiß ich nicht«, sagte sie, und dann: »Ich kann Spanisch.«

Ich dachte an das, was Anna Freud als »Identifikation mit dem
Aggressor« bezeichnete. Nancy/Jennifer sah sich selbst als Ver-
körperung des Mannes, der sie vergewaltigt hatte. Wir neigen

dazu, uns unbewußt mit denen zu identifizieren, die stärker sind als wir, wir wollen zumindest in unserer Phantasie Sieger in einer Situation, die uns einschüchtert, bleiben.

Nancy/Jennifer sagte: »Der Mann, der mich vergewaltigte, roch nach Schweiß. Seitdem kann ich den Geruch von Schweiß nicht mehr ertragen. Mir wird übel davon.«

»Kannst du dich noch an etwas anderes erinnern in der Nacht, als du vergewaltigt wurdest?« fragte Harold.

Sie dachte einen Augenblick lang nach und sagte dann: »Nur, daß er seinen Fuß auf meine Brust setzte, als ich auf dem Boden lag, und den Reißverschluß seiner Hose öffnete. Die Cowboystiefel taten mir weh. Dann hatte ich das Gefühl, erstickt zu werden, ich konnte kaum atmen, als er auf mir lag. Und er schlug mich. Hinterher blutete mein Gesicht ziemlich stark.«

Ein wild gewordener Fremder hatte Nancy vergewaltigt, kein Zeichen von Zärtlichkeit oder Liebe. Nur Brutalität und Macht – Cowboystiefel, die auf ihren zerbrechlichen Körper gedrückt wurden. Nancy/Jennifer nahm den Schrecken des vergewaltigten Opfers auf sich, aber tief in ihrem Innern vergraben regte sich auch das brennende Verlangen nach Rache – ein Gefühl, das durch Selbstmord verdeckt wird. Nancy trug die Maske des kleinen, immer fröhlichen Mädchens, das nie einer Fliege etwas zuleide tat, so daß niemand die Tiefe ihrer Rachegefühle erkennen konnte.

Nancy/Jennifer schien müde zu werden, wir ließen sie wieder gehen. Ich freute mich, daß ich sie endlich getroffen hatte, sie, die Nancy dazu gebracht hatte, zu mir in die Schule zu kommen, um sich zu bedanken.

In der darauffolgenden Woche, als wir Nancy/Jennifer wieder riefen, war sie zu einem fünfjährigen Mädchen geworden, das wir trösten und mit dem wir schmusen mußten. Sie spielte mit ihrem Lieblingsspielzeug, das Harold und Diane ihr gekauft hatten – dem Affen Bobby Joe und der Gummischlange Rattles. Ich fragte mich, ob das vielleicht die Namen von Nancys ersten Spielzeugen waren.

Nancy/Jennifer liebte Tiere, sie schien in besonderer Verbindung zu ihnen zu stehen. Das galt nicht nur für Eichhörnchen und Vögel, sondern auch für Eidechsen und Schlangen. Sie pflegte ganz ruhig in den Wäldern der Berge zu sitzen und darauf zu warten, daß die Tiere langsam näher kommen würden und sich aus ihrer Hand füttern ließen. Sie markierte ein Gebiet, das sie als ihren »Kreis« bezeichnete, einen Teil des Buschwerks in der Nähe des oberen Parkplatzes am *Chaffey Community College*, am Fuß der Bergkette. Warnschilder forderten Fußgänger auf, wegen der Gefahr durch Klapperschlangen nur auf gepflasterten Wegen zu gehen. Nancy/Jennifer konnte nur Spanisch lesen, und sie hätte die Warnung ignoriert, wenn sie sie hätte lesen können. Dort draußen in ihrem Kreis fühlte sie sich völlig angenommen und sicher. Sie kannte keine Angst vor Klapperschlangen und wurde wie durch ein Wunder nie gebissen – Nancy dagegen konnte nicht das kleinste Insekt ertragen und Schlangen schon gar nicht. Nancy/Jennifer verteidigte ihre Freundschaft mit den Klapperschlangen: »Schlangen tun mir nichts, nicht so wie die Menschen. Deshalb sind mir Schlangen lieber.«

Wenn sie vor einem Menschen Angst hatte, pflegte sie davonzulaufen – aus dem Krankenhaus, vor der Polizei, vor den Schulbehörden, manchmal aus dem Haus ihrer Mutter und nun bisweilen von den Gaffneys. Wenn sie niedergeschlagen war, weigerte sie sich zu essen und hungerte. Oder sie fügte sich mit Zigaretten Verbrennungen zu, trank Rostentferner oder Lysol.

Harold und Diane gewannen Nancy/Jennifer sehr lieb. Manchmal kam sie nachts als ängstliches Kind zum Vorschein, lief in das Schlafzimmer der Gaffneys und kuschelte sich zwischen beiden in das große Ehebett. Sie nannte Harold »Papsan« und Diane »Mamacita«. Für Harold war sie die Tochter, die er nie gehabt hatte (Dianes Sohn, der unter einer Lähmung der Wirbelsäule litt, war blind und lebte in einem Pflegeheim). Zu ihrem Geburtstag kauften die Gaffneys ihr einen Opel und bezahlten die Versicherung für den Wagen.

Nancy/Jennifer sprach liebevoll von ihrem Zwillingsbruder John. John wurde von Nancy/Sarah und Nancy/Jennifer als Überlebender der Straße beschrieben. Er war auch Mitglied in Zurdos Bande gewesen, beide waren drogenabhängig und hatten mit Drogen gehandelt. Nachts stahl er sich aus dem Haus, wenn alle schliefen und traf sich mit der Bande.

Offenbar wurden Nancy/John und Nancy/Jennifer von der Bande als Zwillinge akzeptiert – Zwillinge, die nie gemeinsam auftraten. Nancy/John trug eine Baseballkappe verkehrt herum, hatte das Haar darunter hochgesteckt und sprach Nancy/Sarah zufolge mit einer tiefen Stimme, wobei er Silben verschluckte. Nancy/Jennifers Haare reichten fast bis zu den Hüften, ihre Kleidung war sehr weiblich, ihre Stimme weich, sie trug kein Make-up. Sie erzählte uns, daß sie in der Nacht, als die Bande verhaftet wurde, Polizisten mit Ferngläsern sah, die sich in den Eingängen in der Nähe versteckt hielten, mit Ferngläsern auf Dächern standen, als Liebespaare in Autos saßen (männliche und weibliche Polizeibeamte), bevor sie das Versteck der Bande stürmten.

Nach der Trennung von Zurdos Bande war Nancy/Jennifer wie ein kleines Kind. Sie vermied es in den Spiegel zu sehen, weil sie glaubte, dann eine Mexikanerin mit langem, schwarzem Haar zu erblicken. Aber es war ein traumatisches Erlebnis für sie, als Nancy »ihr« hüftlanges Haar abschnitt.

Diane und Harold mußten die Krisen in Nancys Leben, die von Nancy/Jennifer verursacht wurden, jeden Tag ertragen. Ich war ja nur bei den wöchentlichen Sitzungen anwesend oder kam, wenn man mich brauchte. Zum Beispiel an dem Nachmittag, als ich vor meiner dritten Unterrichtsstunde einen Telefonanruf erhielt. Nancy/Sarah war am anderen Ende. Ich erkannte ihre Stimme.

»Bei den Gaffneys hat gerade jemand eine Überdosis Tabletten genommen«, verkündete sie und hing auf.

Ich rief die Polizei von Montclair an und berichtete: »Man hat mich angerufen und gesagt, daß jemand im 5052 Moreno Drive bei der Familie Gaffney eine Überdosis Tabletten genommen habe. Würden Sie das überprüfen und mich benachrichtigen?« Ich hinterließ die Telefonnummer der Schule.

Nach einer halben Stunde rief die Polizei an. Sie berichteten, daß sie ein Fenster zerschlagen hatten, um in das Haus zu gelangen. Sie hatten es durchsucht, aber niemanden gefunden.

Ich war beunruhigt. Nach dem Ende des Unterrichts rannte ich zu meinem Wagen und fuhr zum Haus der Gaffneys. Ich stieg durch das zerbrochene Fenster ein. Alles war ruhig, gespenstisch ruhig, man konnte den Tod spüren. Ich durchsuchte das Haus Zimmer für Zimmer. Niemand.

Aber ich habe schon erwähnt, daß ich nicht so leicht aufgebe. Ich öffnete jede Schranktür. Hinter der letzten, im Schlafzimmer der Gaffneys, fand ich Nancy/Jennifer, die auf dem Boden zusammengesackt war. Sie sah mehr tot als lebendig aus. Ich hob sie auf, trug sie zum Wagen und fuhr sie zum *Doctor's Hospital*, das man in fünf Minuten erreichen konnte.

Die Schwestern rollten sie in die Notaufnahme, wo ihr Magen ausgepumpt wurde, und schickten sie abends wieder zu den Gaffneys zurück. Wenn ich sie nicht gefunden hätte, wäre Nancy/Jennifer wahrscheinlich gestorben. Die Gaffneys waren erst Stunden später wieder nach Hause gekommen.

Ein anderes Mal nahm Nancy/Jennifer eine Überdosis, und Diane war es, die sofort half. Sie machte eine Mund-zu-Mund-Beatmung und eilte mit ihr ins Krankenhaus. Als ich das nächste Mal mit Nancy/Jennifer während einer Sitzung sprach, sagte ich ihr immer wieder in beschwörendem Ton: »Du darfst dich nicht töten. Es gibt Menschen, die dich sehr liebhaben und dich davon abhalten möchten. Du mußt lernen, dich selbst zu mögen.«

Durch Nancy/Jennifer lernte ich, was die einzelnen Persönlichkeiten brauchten – jemanden, der ihnen ihre Grenzen aufzeigte, so daß sie sich nicht weiterhin zerstören würden. Ich verkündete fünf Regeln, die für alle galten: 1. Keine Drogen. 2. Kein Alkohol. 3. Keine sexuellen Auswüchse. 4. Keine Verletzung des Selbst. 5. Keine Verletzung anderer. Diese Regeln waren wesentlich, wenn die zerstörerischen Handlungen aufhören sollten. Gute Eltern würden solche Forderungen ebenfalls stellen.

Es reichte nicht aus, nur Grenzen festzulegen. Ich mußte sie ständig wiederholen, um damit zu ihr durchzudringen und ihr zu sagen, wie wichtig das Überleben war. Nancy/Jennifer hatte fünf Selbstmordversuche unternommen, der sechste konnte tödlich sein. Bisweilen verbrachte ich Stunden mit ihr – einmal sieben Stunden – um ihr den Wunsch zu sterben auszureden, sie davon zu überzeugen, daß ihr Leben lebenswert war.

»Wie konnten Sie das nur durchhalten?« fragten mich Menschen, die wußten, wieviel Zeit ich für Nancy/Jennifer und die anderen aufbrachte.

»Ich konnte einfach nicht aufgeben«, war meine Antwort. Wenn ich es zugelassen hätte, daß der Wunsch zu sterben die Persönlichkeiten beherrschte, hätte Nancy verloren und ich ebenfalls. Es war eine Kraftprobe – ein Kampf zwischen dem Innern von Nancy, das sich selbst zerstören wollte, und mir.

Nancy/Jennifer war eine der wenigen Persönlichkeiten, die mir sofort vertrauten. Ich spürte, daß das auf unser erstes Zusammentreffen in dem Schwesternzimmer zurückzuführen war. Sie nannte mich »die Dame mit dem Ring«, da sie von meinem Ehering mit den sechs Elementen, in denen sich Gold und Silber abwechselten, fasziniert war.

Nancy/Jennifer hatte Angst vor Männern und mißtraute ihnen – der Polizei, dem Mexikaner, Psychiatern. Wenn ein Mann den Raum betrat, versuchte sie zu fliehen. Genau wie sie an jenem Tag in der Schule aus meinen Armen geflohen war, als die Männer eintrafen, um sie in das psychiatrische Krankenhaus zu bringen. Man hatte das Gefühl, daß es ihr Todesurteil bedeutete. Eine Ausnahme machte sie nur bei Harold und Clint.

Als wir mit der Arbeit begannen, war Nancy/Jennifer zu verstört, um Nancy oder jemand anders gegenüber Loyalität zu zeigen. Ihr Zwillingsbruder John war eine Ausnahme. Langsam lernte sie, sich selbst und den anderen gegenüber rücksichtsvoller zu sein.

Wir wußten immer noch nicht, was der Grund für Nancys Amnesien beim Ertönen einer Sirene war. An einem Donnerstagabend erzählte uns Nancy/Jennifer, daß Andrew, der Junge, den sie wirklich liebte und der ein echter Freund war, beschlossen hatte, sich von der Bande zu trennen. Er schämte sich für ihre Taten und sagte Zurdo, dem Anführer, daß er nichts mehr mit ihnen zu tun haben wolle. Zurdo beschloß, Andrew einen »goldenen Schuß« zu setzen, eine Überdosis. Zurdo ließ es nicht zu, daß irgend jemand seine Bande verließ, das war Verrat. Er wußte, daß die Polizei den Mord nicht auf ihn zurückführen konnte.

Nancy/Jennifer erzählte uns, daß sie beobachtete, wie ein Bandenmitglied den »goldenen Schuß« in Andrews linken Arm setzte. Sie sah, wie er zu Boden sackte, auf eine Matratze in ihrem Versteck. Sie glaubte, daß er tot sei, aber Hal, einer seiner

Freunde flüsterte ihr zu: »Geh in die Telefonzelle gegenüber, wenn wir hier weg sind, und ruf die Vermittlung an. Sag, daß ein Krankenwagen kommen soll. Gib die Adresse an. Wir legen ihn in die Nähe der Zelle ab.«

An dieser Stelle füllten sich Nancys/Jennifers Augen mit Tränen, und sie rutschte auf den Boden, als ob sie Andrews Körper sei. Dann sprach sie weiter.

Sie sagte: »Ich wählte die Nummer der Vermittlung. Man versprach, sofort einen Krankenwagen zu rufen. Hal und ein anderes Bandenmitglied trugen Andrews Körper aus dem Versteck und ließen ihn neben der Telefonzelle fallen. Es war dunkel. Niemand sah sie.«

Tränen strömten über ihr Gesicht, als sie die Szene noch einmal durchlebte. »Ich setzte mich neben Andrews Körper. Ich nahm ihn in die Arme. Ich bettelte: ›Bitte, bitte, bleib am Leben. Ich liebe dich.‹ Ich wiegte ihn in meinen Armen. Ich berührte seine blonden Haare, seine blauen Augen, seine hohe Stirn, obwohl ich wußte, daß er schon aufgehört hatte zu atmen. Ich fühlte, daß er noch leben würde, wenn ich ihn hätte überzeugen können, Zurdo nicht zu verärgern.«

Sie hielt inne und schluckte. »Dann hörte ich die Sirene. Der Krankenwagen raste die Straße hinunter. Ich wußte, daß man mich nicht bei Andrew finden durfte. Man würde mich festnehmen. Ich legte seinen Körper vorsichtig auf den Boden und rannte über die Straße. Ich sah, wie der Krankenwagen anhielt. Die Sirene heulte immer noch. Zwei Männer mit weißen Kitteln stiegen aus, sie gingen zu Andrew hinüber. Sie hoben ihn auf, packten ihn in den Krankenwagen und nahmen ihn mit.«

Jetzt verstanden wir, warum Nancy/Jennifer jedesmal beim Ertönen einer Sirene einen Schock erlitt. Sie bedeutete Tod. Sie rief ihr den Mord an dem ersten und vielleicht einzigen Jungen, den sie jemals geliebt hatte, ins Gedächtnis zurück. Sie hatte außerdem Angst, daß man ihr als nächste einen »goldenen Schuß« setzen würde, weil sie die Bande verlassen hatte. Ihre Mutter, die damals bei der Polizei arbeitete, hatte dies von ihr verlangt, nachdem ein Beamter ihr mitgeteilt hatte, daß ihre Tochter Mitglied war.

Nancy/Jennifer mußte also nicht nur mit dem Schrecken der

Vergewaltigung im Echo Park fertig werden, sondern auch mit dem Mord an ihrem Freund und Geliebten. Ich fragte mich, welche anderen, schrecklichen Erlebnisse in Nancys Kindheit noch auf Nancy/Jennifers Schultern lasteten.

Nancy/Sarah hatte uns erzählt, daß Nancy ihre erste Persönlichkeit mit zwei Jahren geschaffen hatte. Was konnte damals mit ihr geschehen sein, das sie so in Angst versetzt hatte, daß sie einen Teil von sich abspaltete?

Nancy/Jennifer hatte es nach eineinhalb Jahren bei den Gaffneys fertiggebracht zu sprechen. Sie hatte etwas von ihrem unterwürfigen, ängstlichen Wesen verloren. Jetzt brachte sie es fertig, zu Harold zu sagen: »Ich hasse dich. Ich hasse alle Männer. Ihr wollt mich fortschaffen.«

Ihr wachsendes Vertrauen in mich gestattete es ihr, freier zu sprechen, zuzugeben, daß sie existierte. Durch sie erkannte ich, daß es die größte Verpflichtung der Persönlichkeiten war, einen Außenseiter nie wissen zu lassen, daß sie existierten.

Sich zu offenbaren hieß, zu sterben. Dieses war, obwohl ich es damals nicht wußte, ein wichtiger Schlüssel zu dem frühen Terror in Nancys Leben.

8. *Juli 1977*

Kurz nachdem Nancy/Jennifer zum ersten Mal mit uns gesprochen hatte, hielten Harold und Diane am 4. Juli 1977 eine Sitzung ab, an der ich nicht teilnahm. Die Sitzung wurde per Tonband aufgezeichnet und dann zu einem Protokoll verarbeitet.

Harold zeigte es mir. Die Sitzung konzentrierte sich auf das Auftreten unserer Mit-Therapeutin Nancy/Sarah.

Harold rief sie, nachdem er Nancy in Hypnose versetzt hatte. Er sagte, daß er sie sofort erkannte, als sich Nancys Haltung änderte, sie saß aufrecht und würdevoll da.

Harold fragte: »Wie fühlst du dich, jetzt wo du herausgekommen bist?«

»Es ist immer gut, hierzusein«, antwortete sie.

»Meinst du, daß du morgen kommen könntest? Ich möchte,

daß du Dr. Robert Postman kennenlernst.« Dr. Postman von der *Voorman Clinic* sollte auf Anraten von Ted Baldick die Hypnotherapie übernehmen. Er hatte Harold geraten, nicht gleichzeitig die Eltern- und Therapeutenrolle für Nancy zu übernehmen. Diane hatte Nancy zu ihrem ersten Besuch bei Dr. Postman in seine Praxis gefahren. Nancy/Jennifer kam zum Vorschein, sprang durchs Fenster und versuchte, sich vom Balkon zu stürzen, so groß war ihr Zorn, daß man sie zwingen wollte, Harold, den sie liebte, aufzugeben. Aber langsam gewöhnte sie sich an Dr. Postman, der für einige Zeit zur Gruppe stieß.

Nancy/Sarah sagte, während sie den Kopf zurückwarf: »Ich würde ihn sehr gerne kennenlernen, aber ich möchte keine Therapie bei ihm machen.«

»Ich werde ihm sagen, daß keine Therapie stattfinden soll«, erklärte Harold. »Dies ist ein privates Treffen. Ich hoffe, daß wir dabeisein dürfen. Ich möchte sehen, wie er mit dir umgeht.«

»Mit mir geht niemand um.« Aus ihrer Stimme klang Stolz.

»Wie bitte?« Harold war ausnahmsweise einmal überrascht.

Sie wiederholte: »Mit mir geht niemand um.«

»Ich habe Dr. Postman schon mitgeteilt, daß du bei ihm unter keinen Umständen eine Therapie machen sollst.«

»Ich werde mich nicht hypnotisieren lassen.«

»Für eine Hypnose besteht keine Notwendigkeit. Der einzige Grund, warum wir Hypnose benutzen, ist der, Zugang zu den anderen Persönlichkeiten zu finden. Und du bist ja herausgekommen. Ich möchte, daß du uns erzählst, was deiner Meinung nach mit Jennifer passiert.«

»Ich bin völlig überrascht von ihr.« Erstaunen lag in ihrer Stimme. »Ich bin es wirklich.«

»Angenehm oder unangenehm?«

»Angenehm. Ich habe wirklich nicht geglaubt, daß die Kraft, die sie jetzt zeigt, in ihr steckt.«

»Sie beschuldigt mich, ein Geizhals zu sein.«

»Das habe ich mitbekommen. Sie hat einen merkwürdigen Sinn für Humor.« Nancy/Sarah hatte uns gesagt, daß sie alle Persönlichkeiten hören und beobachten konnte.

Harold sagte: »Das letzte Mal, als du hier warst, Sarah, hast du uns davor gewarnt, Jennifer zu sehr zu vertrauen. Ist das richtig?«

»Der Meinung bin ich immer noch.«

»Glaubst du, daß sie ein Spiel mit uns spielt?«

»Ich glaube nicht, daß sie versucht, ein Spiel zu spielen. Sie will es nicht. Wenn sie es doch tut, ist es sicher nicht sehr förderlich.«

»Förderlich für wen?«

»Für alle Betroffenen.« Sie spielte auf die Selbstmordversuche an.

Harold fragte: »Wußtest du, daß in diesem Herbst für Nancy das zweite Jahr am College beginnt?«

»Richtig.« Dann sagte sie: »Nancy ist im Augenblick in einem Dämmerzustand. Ich habe darauf gewartet, daß Jennifer herauskommt, aber als das nicht geschah, habe ich übernommen. Wenn Nancy einen bestimmten Punkt erreicht, übernehme ich normalerweise automatisch die Kontrolle, bevor ich überhaupt die Chance habe, zum Vorschein zu kommen.«

»Jennifer kommt dir oft zuvor, nicht wahr?« fragte Harold.

»Sie ist stärker als ich. Und sie wird immer stärker. Aber das Vertrauen, das sie hat, die Grundlage ihrer Kraft, kann leicht zerstört werden. Sie ist übersensibel.«

»Darum achten Diane und ich auch darauf, daß wir unsere Versprechen immer halten«, sagte Harold.

»Ich glaube, das ist sehr klug.«

Harold fuhr fort: »Jennifer haßt Nancy nicht mehr so sehr. Obwohl wir Tonbandaufzeichnungen haben, in denen sie sagt, daß Nancy tot umfallen soll.«

Dann wechselte er das Thema: »Ich bin froh, daß du hier bist. Es ist dein fünftes Erscheinen, nicht wahr? Das erste Mal bist du vor zwei Jahren im November zu uns gekommen. Erinnerst du dich noch an den Sonntagnachmittag, als wir alle im Wohnzimmer zusammensaßen?«

»Ich erinnere mich.« Sie sagte es mit sicherer Stimme.

»Hast du eine Vorstellung davon, wie lange du draußen bleibst, wenn du herauskommst?«

»Wenn ich tagsüber herauskomme, habe ich beobachtet, daß ich auch tagsüber wieder gehe. Oft ist mein Verschwinden ähnlich wie meine Ankunft. Wenn ich in Nancys Schlaf herauskomme, kehre ich auch wieder während des Schlafs zurück.«

Dann fügte sie hinzu: »Dies ist das fünfte Mal, daß ich bei Ihnen bin, aber ich selbst war schon öfter da.«

»Du kommst heraus, seit Nancy elf Jahre alt ist, richtig?«

»Richtig.«

Harold lächelte. »Nun, als Diane und ich geheiratet haben, habe ich ihr gesagt, daß das Leben nie langweilig sein würde.« Dann sagte er: »Ich wäre sehr enttäuscht, wenn du morgen nicht hier sein könntest. Ich möchte, daß du Dr. Postman kennenlernst. Er ist ein sehr netter Kerl.«

»Wie ich bereits erwähnt habe, habe ich keine Kontrollmöglichkeit.« Wieder diese ruhige, gleichmäßige, sichere Stimme.

Er fragte: »Wirst du heute abend duschen oder deine Haare waschen, bevor du Dr. Postman morgen triffst?«

»Ich will Nancys Haar frisieren.«

Harold klang überrascht, als er sagte: »Du willst ihr Haar frisieren? Es ist auch – «

»Mein Haar.«

»Dein Haar. Richtig, ihr habt beide das gleiche Haar.«

Diane bemerkte: »Nancy hat dein Haar heute morgen gewaschen.«

»Das habe ich bemerkt«, sagte Nancy/Sarah. »Ich habe es gekämmt, aber ich möchte es hübscher frisieren.«

»Und heute abend schläfst du in ihrem Bett?« fragte Harold.

Nancy/Sarah lachte. »Das nehme ich doch an.«

»Nackt, wie üblich?«

Nancy/Sarah kicherte. »Wie üblich.«

»Du schläfst nicht gerne in Nancys Nachtwäsche – in ihren Schlafanzügen und Slips und Büstenhaltern. Nancy würde es nie zulassen, daß Diane sie nackt sieht. Aber du scheinst nicht unter falscher Scham zu leiden.«

Es war eine Weile ruhig, dann fuhr Harold fort: »Warum seid ihr alle über die Jahre zum Vorschein gekommen?«

»Nun, wir sind das Ergebnis vieler verschiedener Erfahrungen.«

Sie dachte einen Moment nach und fuhr fort: »In dem Augenblick, in dem wir entstanden, brauchte Nancy eine Art Schutz, eine Art Verteidigung. Wir dienen ihrer Abwehr. Jedesmal, wenn wir geboren wurden, gab es bestimmte empfindliche Bereiche. Nancy kam mit einer Situation nicht zurecht, aber es gibt Teile in ihr, die es können. Sie mußte uns zu Hilfe rufen, um den völligen Zusammenbruch ihrer selbst zu verhindern. Sie wußte nie, daß sie diese Art der Kontrolle hatte – daß sie uns erschaffen konnte.«

Harold sagte: »Ich habe mit Bob Postman gesprochen und ihn gefragt: ›Sind dies alle Teile derselben Persönlichkeit?‹ Er sagte: ›Sie alle sind Nancy.‹ Und erinnerst du dich, Sarah, daß du über die Idee, dich zu integrieren und zu verschwinden, überhaupt nicht glücklich warst? Daß du deine Eigenständigkeit nicht aufgeben wolltest?«

»Das ist richtig.«

»Anders ausgedrückt. Du willst so bleiben, wie du bist. Du willst nicht Teil von Nancy werden. Obwohl Dr. Postman sagt, daß du Teil von Nancy bist?«

»Ich will meine Eigenständigkeit nicht verlieren, aber ich bin ein Teil von Nancy. Nancy ist gewissermaßen meine Mutter. Sie hat mich erschaffen. Und deshalb kann ich nicht von ihr getrennt sein. Keiner von uns kann das. Obwohl ich glaube, daß viele von uns gegen diese Mutter ankämpfen würden. Ich kann nicht bestreiten, daß ich ein Teil von Nancy bin. Wir sind alle ein Teil von ihr. Aber wir drücken uns alle selbst aus, machen verschiedene Erfahrungen, manchmal macht es Spaß. Ich kenne Nancy in- und auswendig. Nicht viele Leute kennen sie so gut wie ich.«

Du hast mir vor drei Wochen auch erzählt, daß du eigentlich noch Jungfrau bist, daß du noch keinerlei sexuelle Erfahrung hast. Stimmt das?« fragte Harold. »Was Nancys Körper betrifft, ist sie keine Jungfrau mehr. Aber du sagtest, daß du als Persönlichkeit noch keinerlei sexuelle Erfahrung gemacht hast.«

Nancy/Sarah zuckte mit den Schultern. »Ich möchte nicht, daß Sie Nancys moralische Maßstäbe an meinen messen, obwohl sie sehr ähnlich sind. Ich habe einen hohen moralischen Maßstab und Nancy ebenfalls. Wenn sie sexuelle Beziehungen hat, legt sie ihre moralischen Werte zur Seite, aber die Schuldgefühle, die sie danach hat, beweisen, daß diese Werte existieren. Sie ist nicht sie selbst, sie spielt eine Rolle, wenn sie sexuelle Beziehungen hat.

Ich glaube, die Vergewaltigung ist der Grund dafür. Wenn Nancy nicht zu irgendeinem Zeitpunkt vergewaltigt worden wäre, wäre sie heute noch Jungfrau. Immer wenn sie Geschlechtsverkehr hat, tut sie dies, um damit die Vergewaltigung zu verbergen. So kann sie glauben, daß es eigentlich nicht wichtig ist, weil sie ihre Jungfräulichkeit sowieso schon verloren hat.«

»Aber hast du das Gefühl, daß du eine eigenständige Person bist, Sarah?«

»Ja.« Es klang überzeugt.

»Du bist also nicht Nancy?«

»Es ist wie beim rechten und linken Arm. Sie gehören beide zum selben Körper, aber sie können verschiedene Dinge tun. Sie wären überrascht, wie verschieden man jeden einzelnen Arm für sich betrachten kann. Die meisten Menschen können mit ihrer linken Hand nicht schreiben. Wenn man den rechten Arm nicht mehr gebrauchen könnte, wäre man sehr eingeschränkt und müßte sich auf den linken verlassen. Das ist im Prinzip genau das, was mit uns geschehen ist.«

Harold wechselte das Thema. »Weißt du, jedesmal, wenn ich zu Jennifer sage: ›Ich möchte, daß du mich magst‹, antwortet sie: ›Das macht fünfzehn Dollar.‹ Soviel hat sie genommen, als sie bei der Straßenbande war und auf den Strich ging. Uns sagt sie, daß sie der Meinung ist, sie sieht alltäglich aus. Wir haben ihr geraten, mal in den Spiegel zu schauen.«

Nancy/Sarah bemerkte: »Ich war dabei.«

»Erinnerst du dich, wie sie sich etwa fünfzehn Minuten lang anstarrte? Sie hat sich von oben bis unten betrachtet. Wie ein Affe, der zum ersten Mal neugierig in einen Spiegel sieht. Dann sagte Jennifer: ›Ich bin immer noch häßlich! Und deshalb kriege ich nur fünfzehn Dollar, während die anderen Mädchen zwanzig machen.‹«

Harold bemerkte: »Es ist schwer zu sagen, was sie von sich hält. Wir können keinen Intelligenztest bei einer Siebenjährigen machen, und das ist ihr Alter zur Zeit.«

»Ich habe in der sechsten Klasse einen Intelligenztest gemacht«, sagte Nancy/Sarah stolz. »Ich hatte einen IQ von 166.«

Harold pfiff durch die Zähne. »Das ist hochintelligent.« Dann fragte er: »Kennst du auch Nancys Intelligenzquotienten?«

Diane warf ein: »Das Krankenhaus sagte, 128.«

Nancy/Sarah wiederholte ungläubig: »Das Krankenhaus sagte 128?«

»Versteh uns nicht falsch, Sarah«, sagte Harold. »Nancy ist nicht dumm. Nur verwirrt.« Dann fragte er: »Meinst du, daß wir mit Jennifer einen Ausflug nach Disneyland machen sollten?«

»Zuerst würde es ihr wahrscheinlich nichts ausmachen, aber wenn zu viele Menschen um sie herum sind, gerät sie in Panik.« sagte Nancy/Sarah.

»Sie hat uns gesagt, daß sie Menschenmengen nicht mag. Sie will nicht, daß irgend jemand sie berührt. Ich habe ihr gesagt, daß niemand sie in Disneyland anfassen würde. Jemand kann zufällig mit ihr zusammenstoßen, aber niemand wird sie absichtlich berühren.«

Dann fügte Harold ernst hinzu: »Wir möchten, daß Jennifer uns vertraut. Wir möchten auch, daß sie erkennt, daß es noch andere Dinge als Drogen gibt. Sie spricht immer nur über Drogen, Drogen, Drogen. Wenn ich sie bitte, nach draußen zu gehen und die schönen Bäume zu betrachten, die wunderbaren Blumen, die eindrucksvollen Berge und die phantastischen Sonnenuntergänge, sagt sie: ›Ich kann immer schöne Dinge sehen, wenn ich high bin.‹ Ich sage zu ihr: ›Aber danach kommt die furchtbare Niedergeschlagenheit.‹ Sie sagt: ›Nein, dann kann man Tabletten nehmen.‹ Ich sage: ›Wenn du immerzu Tabletten schluckst, zerstörst du Nancys Körper.‹ Und weißt du, was sie geantwortet hat? ›Dann gebe ich ihr den Körper eben zurück.‹ Mit anderen Worten: sie ruiniert Nancys Körper, und dann kann Nancy ihn zurückhaben.«

»Jennifer ist – «

Harold unterbrach sie: »Ein kleines Scheusal, ein richtiges kleines Biest. Aber sie hat mir gesagt, daß ich sie berühren könne, vorausgesetzt, daß ich ihr nicht zu nahe komme. Sie will von Diane in den Schlaf gewiegt werden. Weißt du«, es klang überrascht, »wenn sie einschläft, überkommt sie eine starke, unwiderstehliche Müdigkeit. Sie wird immer müder und schläft dann plötzlich ein. Ihr Gesichtsausdruck ändert sich, und Nancy ist wieder da.«

Dann fragte er: »Wie bist du an deinen Namen gekommen,

Sarah? Wir wissen, daß Jennifer nach dem Schlafmohn genannt wurde, sie hat uns das erklärt. Kannst du dich an den Namen des Mohns erinnern?«

»Ja. Papaver somniferum.« Es ist die Mohnart, aus der Opium gewonnen wird.

»Wir danken dir wie immer für deine unschätzbare Hilfe, Sarah.« Mit diesen Worten schloß Harold die Sitzung.

Als ich das Protokoll las, war ich mir sicher, daß ich auf der richtigen Spur war. Nancy/Sarah hatte gesagt, daß sie »äußerst überrascht« darüber war, wie Nancy/Jennifer sich veränderte, daß Nancy/Sarah nicht »ernsthaft« glaubte, daß Nancy/Jennifer »die Kraft hatte«, die sie jetzt zeigte. Es gab mir ein Gefühl von Sicherheit. Egal, was kommen würde, ich war bereit, mit den Ausbrüchen der anderen Persönlichkeiten fertig zu werden.

Die regelmäßigen Sitzungen bei den Gaffneys wurden bald zu einem psychischen Krieg der Sterne, als zwei weitere verborgene Persönlichkeiten von Nancy uns wie Raketen trafen. Es waren zornige Rebellen, voller Haß auf sich selbst, die sich und andere zerstören wollten. Ich sollte mich über den großen Unterschied zwischen Nancys äußerer Person und den versteckten Persönlichkeiten, die in Streßsituationen an ihre Stelle traten, wundern.

Nancy/Jennifer wandte ihren Zorn nach innen, bestrafte sich selbst für ihre Rachegefühle und Schuld. Die beiden neuen Persönlichkeiten dagegen schrien ihren Zorn in die Welt hinaus.

9. *August 1977*

Die Persönlichkeit, die ich unbedingt kennenlernen wollte, war Nancy/John, der Zwillingsbruder von Nancy/Jennifer. Bedauerlicherweise war ich im Urlaub, als die Gaffneys überraschend Besuch von ihm erhielten.

An jenem Tag hatte Harold beschlossen, Nancy/Jennifer zu rufen. Er und Diane wußten, daß »Jenny« wütend sein würde, weil sie sie vernachlässigt hatten. Sie hatten ihr versprochen, sie alle sieben Tage zu sich zu bitten, aber da sie stark mit anderen Dingen beschäftigt waren, hatten sie den Besuch um sechzehn Tage verschoben und wollten sich jetzt entschuldigen.

Harold begann mit seiner eindrucksvollen, musikalischen Stimme: »Jennifer, du wirst deinen Namen schreiben. Jennifer, du wirst deinen Namen schreiben.« Er wollte sichergehen, daß es auch wirklich Jennifer war, die herauskam. Jede Persönlichkeit schrieb ihren Namen in ihrer ganz eigenen Handschrift, die jüngeren in Druckbuchstaben.

Harold, der Nancy/Jennifer erwartete, fuhr fort: »Du wirst herauskommen, Jennifer. Nancy hat ihre schriftliche Erlaubnis gegeben, daß du herauskommen kannst. Der heutige Tag soll nur dir gewidmet sein, komm ganz ruhig, ganz friedlich heraus, damit es ein schöner Besuch wird.«

Er gab den hypnotischen Befehl: »Nummer 1, fertigmachen zum Herauskommen. Nummer 2, ein großartiges Gefühl. Nummer 3, du fühlst dich sicher, weil du weißt, daß wir dich lieben, und wir wissen, daß du uns liebst. Nummer 4, du bist bereit, die Augen für einen schönen Besuch zu öffnen. Nummer 5, öffne deine Augen weit, Jennifer.«

Harold hielt inne und fragte dann: »Hallo, Jenny. Noch böse auf uns?«

Schweigen.

»Es tut mir leid, daß wir unser Treffen verschieben mußten. Es lag nicht an uns. Ich mache dir keine Vorwürfe, wenn du böse auf uns bist. Die Frage ist, bist du bereit, uns zu verzeihen, Jennifer?«

Später berichtete er mir, daß Nancys Körper eine jungenhafte Haltung einzunehmen schien, die Kopfhaltung war arrogant. Harold wartete ab, da er nicht wußte, wen er erwarten sollte. Die Stille hielt an, dann sagte eine tiefe, harte Jungenstimme, die Silben verschluckte, leicht herausfordernd: »Ich bin nicht Jennifer, ich bin John.«

Nancy/John war noch nie zum Vorschein gekommen, wir hatten von ihm nur über Nancy/Sarah und Nancy/Jennifer gehört. Als ich das Protokoll las, versuchte ich mir den Schock auf Dianes und Harolds Gesicht auszumalen.

Harold, der jede Situation überblickte, egal wie unvorhersehbar sie war, erwiderte mit Aufregung in der Stimme: »Bist du wirklich John?« Dann: »Wir sind Nancys Freunde.«

Die herausfordernde Stimme sagte: »Das bedeutet nichts für

mich.« Es klang vorwurfsvoll. »Ihr kümmert euch nicht um mich, wenn die andern draußen sind.«

»Ich kümmere mich um jeden, der herauskommt«, versicherte Harold ihm.

»Hängt davon ab, wer es ist.«

Harold wechselte das Thema. »Dies ist das erste Mal, daß du dieses Haus siehst, nicht wahr, John?«

»Ja, aber ich weiß von euch.«

»Wir sind Nancys Pflegeeltern. Wir kennen dich schon fast zwei Jahre aus Erzählungen. Du kennst doch Jennifer?«

»Klar.«

»Ich nehme an, daß du auch Sarah kennst.«

»Mmh.«

»Was für einen Eindruck macht Sarah auf dich?«

Schweigen, dann: »Was soll das? Ist das hier 'ne Umfrage oder so was? Schreibt ihr ein Buch?«

»Vielleicht. Möchtest du, daß wir ein Buch schreiben?«

»Interessiert mich einen Scheißdreck. Was soll die Fragerei? Vielleicht seid ihr vom Rauschgiftdezernat oder so.«

Harold sagte langsam: »Ich bin nicht vom Rauschgiftdezernat. Hast du schon mal einen Kripobeamten ohne Beine gesehen?«

»Ich hab' schon 'ne Menge gesehen.«

»Aber du hast noch keinen Beamten gesehen, dem beide Beine fehlen, oder?«

»Nein.«

»Wie du siehst, habe ich keine Beine. Außerdem bin ich achtundsechzig. Ziemlich alt für einen von der Polizei. Stimmt's?«

Keine Antwort.

»Ich versichere dir, John, wir sind nicht von der Polizei.«

»Und was soll das Tonband da?« Er war mißtrauisch.

»Ich möchte aufnehmen, was du uns zu sagen hast, weil wir sehr interessiert sind – «

Nancy/John unterbrach ihn verärgert: »Ich brauch' keine Aufzeichnung. Ich will es nicht. Zurdo hat uns gesagt ›Keine Aufzeichnungen‹.«

Diane fragte: »Weißt du, wo Zurdo ist?«

»Nein, verdammt. Ist lange her.«

Harold fragte: »Weißt du, welches Jahr wir haben, John?«

»Nein.« Dann: »Ihr seid ganz schön merkwürdig.«

Harold wiederholte: »Weißt du, welches Jahr wir haben?«

»Dreiundsiebzig.«

»Es ist neunzehnhundertsiebenundsiebzig, John.«

»Quatsch. Was für'n Trick soll das sein?«

»Es ist kein Trick. Sollen wir eine Zeitung holen, damit du das Datum lesen kannst?«

Keine Antwort. Dann sagte er: »Habt ihr mal 'ne Zigarette?«

»Welche Marke rauchst du?« fragte Harold.

Verächtlich, als ob es die einzige Zigarettenmarke sei: »Marlboro.«

»Genau wie Jennifer.«

»Ja.«

»Du weißt, daß ihr Zwillinge seid, du und Jennifer?«

»Ja, weiß ich.« Seine Stimme klang geringschätzig.

»Wir sind mit Jennifer sehr gut ausgekommen. Und wir haben sehr darauf gewartet, dich kennenzulernen.«

»Sie wollte heute nicht kommen.«

Harold fragte: »Warum wollte sie nicht kommen?«

»Woher soll ich das wissen?«

»Vielleicht weil sie eine typische Frau ist?«

Keine Antwort.

Harold fuhr fort, denn Schweigen schüchterte ihn nicht ein: »Ich weiß, daß ihr Zwillinge seid, du und Jennifer. Ihr seid während Nancys Vergewaltigung entstanden. Was empfindest du dabei, hierzusein?

»Ich hab' es nur für Jennifer getan.«

»Warum hast du es für Jennifer getan?«

»Weil ich nicht gekommen bin, als sie mich brauchte.«

»John, beginnen wir am Anfang«, schlug Harold vor. »Kennst du Nancy?«

»Ja.«

»Wußtest du, daß Nancy seit zwei Jahren bei uns lebt?«

»Ich zähl' nicht nach«, bemerkte er verächtlich.

»Wir lieben Nancy sehr. Sarah haben wir etwa sechsmal getroffen. Jennifer ist sehr oft zu uns gekommen. Aber trotzdem haben wir auf dich gewartet, John, weil Jennifer uns von dir erzählt hat und Sarah ebenfalls. Ich weiß, daß die Frage blöd klingt, aber du bist doch ein Mann?«

Mit einem leichten Lachen sagte er: »Ja.«

»Du bist das fehlende Glied in der Kette. Zuerst einmal das Wichtigste: Könntest du dir vorstellen, Diane und mir zu vertrauen?«

Ohne nachzudenken sagte Nancy/John: »Mann, ich hab' keine Zeit für so 'nen Scheiß.«

Harold sagte geduldig: »John, würdest du bitte meine Frage beantworten? Könntest du lernen, einem Menschen zu vertrauen?«

Mißtrauisch: »Weiß nicht. Zurdo hat gesagt, daß wir niemandem vertrauen sollen.«

Diane sagte: »Zurdo hat niemandem vertraut, und Zurdo ist längst Vergangenheit.«

»Is' mir egal.« Es klang herausfordernd.

Diane bat ihn: »Wir haben Jennifer nicht gesagt, daß er im Gefängnis sitzt. Wir würden es lieber sehen, wenn du es ihr sagst.«

»Ich erzähl' ihr keinen Scheiß, Mann.« Dann warnte er: »Paßt besser auf. Sie hört zu.«

Harold sagte: »Wir wissen, daß sie zuhört und Sarah ebenfalls. Und bis zu einem gewissen Grad hört auch Nancy zu. Weißt du, daß du ein Teil von Nancy bist, John?«

»Klar weiß ich das.«

»Du teilst Nancys Körper mit ihr. Und weißt du auch, daß in Nancy fünf verschiedene Leute wohnen, und daß du einer von ihnen bist? Ist dir das klar, John?«

»Mmh.«

»Wie denkst du darüber?«

»Is' mir egal.«

»Könntest du uns einige Fragen beantworten, jetzt, da du schon mal hier bist?«

»Ich muß niemandem 'was beantworten.« Er schien leicht verärgert.

»Unter keinen Umständen?«

»Verdammt, ich hab' keine Ahnung, wer ihr seid.«

»Ich habe es dir schon gesagt, John. Wir sind Nancys Pflegeeltern.«

Diane erklärte: »Nancy ist aus dem psychiatrischen Krankenhaus zu uns gekommen.«

Harold fragte: »John, bist du drogenabhängig?«

Ohne zu zögern: »Ja.«

»Was nimmst du?«

»Alles.«

»Was nimmst du am liebsten?«

»Junk.«

»Also Heroin, Horse, ja?«

»Ja.«

»Auf der Straße sagt man auch ›Shit‹ dazu, ist das richtig?«

»Mmh.«

Harold fragte: »Wieviel brauchst du pro Tag?«

Keine Antwort.

»Wir sind nicht von der Polizei, John. Wir wollen Nancy helfen, und du bist ein Teil von ihr.«

»So für vierzig Dollar am Tag.«

»Wie kannst du das finanzieren?«

»Zurdo.«

»Was heißt das, Zurdo?«

»Wenn Jennifer dafür arbeitet.«

»Das heißt also, daß Jennifer die Abhängigkeit von euch beiden finanziert, ja?«

»Ich klau' manchmal, und sie geht auf den Strich. Wir arbeiten zusammen.«

»Was für Dinge hast du gestohlen?«

»Tonbandgeräte. Radkappen. Alles.«

Harold sagte langsam: »Ich kann nur das eine sagen, John. Ich bin sehr überrascht, daß du hier bist. Und ich freue mich, daß du hier bist. Weil wir wußten, daß du in Nancys Innerem gesteckt hast. Wir haben Sarah und auch Jennifer sehr oft gefragt, warum du dich nie zeigst. Jetzt hast du es also gewagt.«

»Ich komm' nicht wegen Sarah.« Es klang feindlich.

»Für wen kommst du dann?«

»Jennifer. Ich kümmer' mich nur um Jennifer.«

Diane fragte: »Das letzte Mal, als ich mit Jennifer gearbeitet habe und versuchte, zu dir vorzudringen, warst du damals da? Für kurze Zeit?«

»Zeit kenn' ich nicht. Jennifer ist ein bißchen dumm. Sie geht zurück in der Zeit, sie vertut sich manchmal. Sie hat sich wieder beruhigt, als sie dachte, daß ich komme, aber ich wollte nicht.«

Harold fragte: »Warum zögerst du so sehr herauszukommen, John?«

»Jennifer muß selbst klarkommen.«

»Wir lieben Jennifer wirklich sehr. Wir haben sie fast jede Woche gerufen, um ihr zu helfen. Bist du dir dessen bewußt?«

»Ich hör' nicht oft zu. Ich weiß, wenn sie Schwierigkeiten hat. Scheint so, als ob sie dauernd welche hat.«

Harold fragte: »Wie gut kennst du Nancy?«

»Ganz gut.«

»Bemerkst du alles, was mit ihr geschieht?«

»Manchmal merk' ich es. Am meisten pass' ich auf, wenn Jennifer draußen ist. Wenn sie mich dann braucht, komm' ich manchmal raus.« Er fügte trocken hinzu: »Irgendwann wird sie mal 'nen Scheck ausstellen, für den sie mit'm Arsch nicht bezahlen kann.«

Harold rief bewundernd aus: »Das hast du schön gesagt: Du weißt, wie man mit Worten umgeht, John.«

»Ist 'n alter Spruch von der Bande, Mann.« Es klang verächtlich.

»Du und Jennifer, ihr seid Zwillinge. Aber du bist viel reifer als sie. Jennifer ist geistig und gefühlsmäßig etwa acht oder neun Jahre alt.«

»Sie ist sich gleichgültig.«

»Du bist etwa sechzehn oder achtzehn?«

»Fünfzehn.« Er bemerkte es herablassend.

»Wie gut kennst du Nancy?«

»Gut genug.«

»Sie hat zwei verschiedene Arten von Alter, John. Ihr chronologisches Alter und ihr emotionales Alter.« Dann fügte Harold hinzu: »Ich bin froh, daß wir jetzt alle Teile des Puzzles auf dem Tisch liegen haben.«

»Mann, ich bin doch kein Teil von 'nem Rätsel.« Das klang verärgert.

Harold wechselte schnell das Thema und fragte: »Wie fühlst du dich draußen.«

»Okay. Jennifer hat 'ne Wahnsinnsangst vor allem. Mensch, sie muß lernen, hier irgendwie zurechtzukommen.« Nachdenklich fügte er hinzu: »Sie wird es nicht schaffen.«

Harold fragte: »Was meinst du damit, sie wird es nicht schaffen? Was meinst du, wird mit ihr passieren?«

»Weiß ich doch nicht, verdammt. Sie ist schwach.«

»Das hat sie uns gesagt. Und sie hat uns auch gesagt, daß sie von dir abhängig ist und daß sie unglücklich darüber ist, daß du nicht gekommen bist, als sie dich brauchte.« Nachdenklich fügte Harold hinzu: »Du bist gekommen und hast die Führung übernommen, als Nancy vergewaltigt wurde, stimmt's?«

»Nur, weil sie nicht stark genug war.«

»Ich habe gehört, daß du den Kerl, der sie vergewaltigt hat, ganz schön verprügelt hast. Stimmt das?«

»Ja.«

»Was hast du mit ihm gemacht?«

»Nicht viel. Verdammt, als ich dazukam, konnte ich mich kaum bewegen.«

»Weil Nancy so geschlagen worden war?«

»Ja.«

»Aber die Tatsache bleibt bestehen, daß du herauskamst, um Nancy zu helfen. Richtig?«

»Nee. Um Jennifer zu helfen.«

»Liebst du Jennifer?«

Abschätzig: »Ich liebe niemanden.«

»Warum bist du dann gekommen, um Jennifer zu helfen?«

»Weil sie meine Schwester ist. Wir sind ein Team.«

»Du meinst, daß ihr als Geschwister gegenseitige Verpflichtungen habt.«

»Wenn sie's nicht schafft, Mann, schaff' ich's auch nicht.« Seine Stimme war wehleidig. »Wenn sie Nancy tötet oder so, bin ich auch dran. Sie scheint das nicht zu begreifen. Scheiße.«

Harold versicherte ihm: »Wir haben ihr schon unzählige Male gesagt, daß sie Nancy auch tötet, wenn sie sich tötet. Und weißt du, was sie darauf geantwortet hat?«

»Nein.« Es klang interessiert.

»Sie hat jedesmal gesagt: ›Ist mir egal, ich will sowieso nicht mehr leben.‹«

Er machte eine Pause und sagte dann: »Möchtest du weiter-leben?«

»Na klar.«

»Wie lebst du denn so, wenn du nie herauskommst, John?«

»Ich lebe, wenn ich high bin. Und damit hat sich's. Ist das ein-zige, das was bringt.«

»Das heißt, wenn wir wollen, daß du herauskommst, müssen wir dich ködern – mit Drogen?«

»Dann komm' ich.« Darauf sagte er jämmerlich: »Mann, Jen-nifer hat viele Chancen gehabt. Aber sie gibt 'nen Scheiß drauf. Verkriecht sich irgendwohin. Sie könnte überallhin, alles krie-gen. Sie weiß, wie sie es anstellen muß.«

Harold fragte: »Wie muß sie es denn anstellen?«

»Du kannst aus der Ferne erkennen, ob sich ein Kontakt lohnt. Zurdo hat ihr alles beigebracht. Scheiße, wahrscheinlich hat sie alles wieder vergessen.«

»Ich glaube nicht, daß sie etwas vergessen hat. Aber du, John, du bist fünfzehn und hast viel mehr Wissen und Erfahrung. Jen-nifer ist genauso alt, aber in Wirklichkeit ist sie wie ein achtjähri-ges Kind.«

»Sie haben versucht, ihr was beizubringen. Sie hat die Gruppe immer durcheinandergebracht.«

»Meinst du damit, daß sie zwei linke Hände hatte?«

»Ja. Sie hatte immer 'ne Wahnsinnsangst. Auf den Strich zu gehen war wie Zähneziehen für sie.«

»Nun, es hat ihr weh getan.«

Verächtlich: »Es hat ihr nicht weh getan.«

Harold sagte nachdrücklich: »Mir hat sie gesagt, daß es weh tat, wenn sie mit einem Freier schlief. Oft haben die Jungens zu ihr gesagt: ›Mensch, du bist ganz schön eng.‹«

»Sie ist nur zu eng, weil sie so 'ne verdammte Angst hat.«

»Ich meine damit, daß sie unter Vaginismus leidet. Beim Ge-schlechtsverkehr verkrampft sich die Scheide, weil Jennifer Angst hat.«

Verächtlich sagte er: »Die meiste Zeit hat sie nicht mal das Geld gekriegt.«

»Heißt das, daß sie übers Ohr gehauen wurde?«

»Ja. War ihre eigene Schuld.«

»Hat sie das Geld nicht vorher kassiert?«

»Sie hat doch keine Ahnung gehabt. Schließlich hat sie es kapiert. Aber trotzdem wurde sie beschissen. Am Ende hat sie die Kunden geangelt, und ich habe dann die Kontrolle übernommen, wenn sie fertig war. Kein Scheißtyp hätte ihr Geld genommen und wäre davongekommen.«

»Bist du auch mal auf den Strich gegangen?«

»Nein, verdammt! Niemand zahlt für Jungens!«

»Es gibt genug Männer, die für Strichjungen bezahlen. Hast du noch nie etwas von männlicher Prostitution gehört?«

»Mann, ich geh' nicht auf den Strich.«

»Es gibt genauso viele männliche wie weibliche Prostituierte, wenn ich der Zeitung Glauben schenken kann.«

»Das kann man auch leichter umsonst bekommen.«

Harold schwieg und sagte dann: »Wir sind sehr froh, daß wir dich endlich kennenlernen konnten, John. Die Frage ist, wie lange wirst du bleiben?«

»Weiß nicht.«

»Wie lange möchtest du draußen sein? Sarah sagt, daß sie keine Kontrolle darüber hat, wie lange sie bleibt. Kannst du bestimmen, wie lange du bleiben möchtest?«

»Wenn ihr es wollt, gebe ich jederzeit an Jennifer zurück. Aber ich glaub' nicht, daß sie rauskommt.«

»Ich denke, daß sie kommen wird, wenn du sie läßt.«

»Kann ich noch 'ne Zigarette haben?«

»Diane, würdest du John bitte noch eine Marlboro geben?« Dann sagte Harold langsam mit seiner ruhigen Stimme: »Ich habe noch nie jemanden getroffen, der so von sich eingenommen ist wie du, John, und ich mag dich. Ich mag dich, weil du Jennifer wirklich gern hast. Und wenn du einen Menschen liebst, kannst du auch andere lieben.« Dann: »Können wir mit Jennifer in Kontakt treten, wenn du deine Zigarette zu Ende geraucht hast?«

»Ja.«

»Wie sollen wir mit Jennifer umgehen? Sollen wir streng mit ihr sein, oder sollen wir sie liebevoll behandeln?«

»Verdammt, das einzige, was sie versteht, ist ein Tritt in den Arsch.«

»Soll das heißen, daß wir sie schlagen sollen?«

»Nein.« Er rauchte schweigend weiter. »Man kann ihr nichts beibringen, das ist alles.«

»Ich möchte dich etwas fragen, John. Was für ein Gefühl ist das, wenn man als Fünfzehnjähriger geboren wird? Du bist ja nicht herangewachsen, du warst plötzlich da. Richtig?«

»Ja.«

»Wie fühlt man sich, wenn man plötzlich existiert, ohne die Welt irgendwie zu kennen?«

»Ich lern' schnell.«

»Dem kann ich nur zustimmen. Amen.« Harold sagte es beifällig. »Ihr seid zwar Zwillinge, aber ich würde sagen, daß du etwa 80 Prozent des Verstandes hast. Jennifer hat nur zwanzig Prozent.«

Nancy/John sagte nachdenklich: »Das liegt nur daran, daß sie so 'ne verdammte Angst vor allen hat.«

»Glaubst du, daß sie vor uns Angst hat?«

»Sie hat sogar vor ihrem eigenen Schatten Angst.«

»Was hältst du von Diane und mir, John? Du kennst uns erst seit zwanzig Minuten. Glaubst du, daß wir in Ordnung sind?«

»Weiß nicht. Ich hab' euch noch nicht in Aktion gesehen.«

Harold fuhr fort: »In Jennifer sehe ich ein sehr verantwortungsloses Mädchen. Du besitzt sehr viel kalte Selbstdisziplin. Liege ich da richtig?«

»Das lernt man auf der Straße.«

»Jennifer sagt in ihrer Angst: ›Ich liebe niemanden. Ich brauche niemanden. Ich vertraue niemandem. Ich verspreche niemandem etwas.‹«

»Mann, da hat sie recht.«

»Machst du auch niemandem Versprechungen?«

»Brauch' ich nicht.«

»Glaubst du, daß du ganz alleine zurechtkommst?«

»Verdammt, wenn du dich nicht auf dich selbst verläßt, bist du verloren, Mann.«

Diane warf ein: »Du mußt dich auf deine Kontakte verlassen, um an Drogen zu kommen, oder nicht?«

»Kontakte gibt's immer.«

Harold sagte: »Ich habe gehört, daß die Preise stark gestiegen sind. Nebenbei bemerkt, gibt es einen Unterschied zwischen einer Tüte und einem Brief?«

»Ja, verdammt. In einer Tüte kriegst du Pillen. In einem Brief Heroin.«

»John, wenn du glaubst, daß man dich nie kriegen wird, irrst du dich gewaltig.« Harolds Stimme klang warnend.

Nancy/John sagte einen Augenblick lang nichts und dann: »Mann, du hättest es bei uns nie geschafft.«

Diane fragte: »Was willst du tun, John?«

»Ich sitz' nicht gern rum. Ich will nach draußen und Scheiß machen. Rumhängen. Klauen. Solche Sachen.«

Harold sagte ruhig: »John, wir wollen dich nicht belehren, aber die Dinge haben sich geändert, seit du das erste Mal zum Vorschein gekommen bist. Die Szene ist härter geworden.«

»Damals war es schon hart genug, Mann.«

»Die Polizei ist überall. Außerdem sind die Preise für den Stoff um 200 bis 400 Prozent gestiegen. Du kannst es dir nicht mehr leisten.«

»Deshalb is' man doch in 'ner Bande, Mann. Alleine schafft man's nicht.«

»Du wirst im Gefängnis landen, John.«

»Ich hab' noch nie gesessen.«

»Einmal ist immer das erste Mal. Erinnerst du dich daran, als du das erste Mal gedrückt hast?«

Dann sagte Harold zu Diane: »Ich glaube, John ist eine sehr fähige und sehr zynische Persönlichkeit. Aber ich glaube nicht, daß er der Typ ist, der sich die Pulsadern aufschneidet oder aus dem Fenster springt.« An John gewandt: »Du bist ein sehr kalter, praktisch denkender Mensch, John.«

»Ich komm' schon durch.« Es klang selbstsicher.

Harold sagte voller Bewunderung: »Ich glaube, du hast kein Gehirn, sondern einen Computer im Kopf, John. Stimmt das?«

»Mann, man muß lernen, schnell zu denken.«

»Noch etwas. Wie können wir dich erreichen, wenn wir dich brauchen?«

»Ich hab' alles gesehen, was ich sehen wollte.« Er ließ die Frage unbeantwortet.

Harold fragte: »Möchtest du gehen?«

»Ja, verdammt.«

Harold sagte: »Zenith, Zero. Schlaf wieder ein, John. Ich will, daß du die Augen schließt. Hole tief Atem. Jetzt sollst du ausatmen. Schlafe noch fester. Fünf, noch fester. Vier, ganz tief innen. Drei, du fühlst dich wohl. Zwei, fester und fester. Eins, du schläfst.«

Hier endete das Protokoll. Ich lernte Nancy/John einige Wochen später über Nancy/Jennifer kennen. Sie gab mir einen Notizzettel von Nancy/John. Er hatte in großen Druckbuchstaben hingekritzelt: »Scheiß Irrenärztin!« Das war auf mich gezielt. Er hatte wahrscheinlich zugehört, wie ich Nancy/Jennifer behandelte und mit Nancy/Sarah sprach, da sie sich untereinander alle belauschten.

Unter den großen Buchstaben stand: »Sag ihnen (den Gaffneys), daß sie sich ›My Life‹ von Billy Joel anhören sollen. Sag der Frau (damit meinte er mich), darum brauche ich keinen Erwachsenen in meinem Leben, weil es durcheinander ist. Sag dem Klapsdoktor, er soll sich verpissen. John.«

Er war ins Leben gerufen worden, wie Nancy/Sarah sagte, um bei der Vergewaltigung gegen den Mexikaner zu kämpfen. Ein zartes Mädchen hätte keine Chance gehabt, jemanden zu überwinden, der ihr ein Messer an die Kehle drückte. Sie brauchte jemanden, der stark war, der »Mumm« hatte. Nancy/John würde eine harte psychische Nuß sein.

10. *September 1977*

Eines Nachts gegen elf Uhr, als ich gerade einschlafen wollte, nachdem ich mir überlegt hatte, was am nächsten Tag in meinen fünf Unterrichtsstunden anstand, klingelte das Telefon. Es war eine ungewöhnliche Zeit für Bekannte, mich anzurufen.

Vielleicht war es Nancy. Aber die Stimme klang heiserer, dreister als Nancys. Sie verkündete ohne Umschweife: »Hier ist Sherry. Bist du die Verrückte, die sich in mein Leben einmischt?«

Ich schluckte und sagte dann: »Ich will Nancy doch nur helfen.«

Die Stimme schnitt mir das Wort ab: »Warum verpißt du dich nicht? Du bist total verrückt. Mach, daß du aus unserem Leben verschwindest, du altes Miststück. Oder ich sag' der Polizei, daß du ohne Erlaubnis als Therapeutin arbeitest.«

Ich hörte das Klicken des Telefons – man hatte mir die Botschaft mitgeteilt. So lernte ich also Sherry kennen und begriff schnell, daß sie mit ihren Gefühlen nicht hinter dem Berg hielt oder ein Blatt vor den Mund nahm. Wieder war eine Persönlichkeit zum Vorschein gekommen, von der ich nichts wußte. Welche Rolle spielte wohl Sherry in Nancys Leben?

Während der nächsten Sitzung bei den Gaffneys befahl ich Nancy/Sarah hervorzukommen. Sie kannte alle Persönlichkeiten gut. Ich erzählte ihr von dem Telefongespräch und fragte: »Wie sieht Sherry aus?«

Nancy/Sarah sagte: »Sie hat lange, blonde Haare, weich und glänzend und trägt einen Pony. Sie benutzt kaum Make-up. Ihr unschuldiges Aussehen paßt überhaupt nicht zu ihrem schmutzigen Mundwerk. Es fällt ihr leicht, ihren Zorn auszudrücken, wie Sie gesehen haben, Mrs. Campbell. Sie ist niemandem nah. Sie denkt nur an sich selbst.«

Sie lachte und fügte hinzu: »Sherry hat Nancys Haare blond gefärbt, was bedeutet, daß wir alle blond sind. Einmal hat sie Nancys Haare rot gefärbt, und das hieß, daß wir für kurze Zeit alle Rotschöpfe waren.«

Ich fragte: »Hat sie Erfahrungen mit Männern?«

Nancy/Sarah sagte: »Sherry gibt offen zu, daß sie häufig wechselnden Geschlechtsverkehr hat, Mrs. Campbell. Unter ihren Freundinnen ist bekannt, daß man als Prostituierte Geld mit Fernfahrern verdienen kann, die auf der Bundesstraße 66 am Interstate 10 halten. Das ist die Autobahn zwischen San Bernardino und Los Angeles. Diese Raststätte für Fernfahrer ist eine Mischung aus Tankstelle, Café und kleinem Hotel. Fernfahrer lesen dort Prostituierte auf und umgekehrt. Unter den Fernfahrern ist Sherry als ›Sunshine Sherry‹ bekannt. Sie gibt damit an, daß sie vier bis fünf Freier pro Nacht hat, manchmal an vier oder fünf Nächten pro Woche, wenn sie will.«

Das waren eine ganze Menge Informationen über einen Teil von Nancys Leben, von dem ich nichts wußte, Informationen, die ich erst verarbeiten mußte. Ich hatte Nancy, die sehr anstän-dig schien, nie für eine Prostituierte gehalten. Nancy/Sarah fügte hinzu: »Sie fühlt sich als Frau, wenn sie zu der Raststätte geht, und sie verdient gern etwas dazu.«

Die Gaffneys hatten Nancy/Sherry erwähnt, aber sie war noch nie bei einer Sitzung vom Vorschein gekommen. Ich nahm an, daß sie stolz auf ihre sexuellen Erfahrungen war und kein schlechtes Gewissen dabei hatte, sich sexuell auszuleben, egal wann und mit wem. Sie war ein Gegensatz zu der konservativen Nancy, die nur wenige Male Geschlechtsverkehr gehabt hatte und es nicht genossen hatte.

Nancy/Sherry zog sich aus gefährlichen Situationen zurück, wie Nancy/Sarah mir erzählte, und ließ die naive Nancy/Jenni-fer an ihrer Stelle zurück, genau wie Nancy es tat, wenn sie Angst hatte. Wenn ein Fernfahrer, ein »Freier«, wie die Mäd-chen sagten, betrunken war und es nicht schaffte, mit ihr zu schlafen, und begann, Nancy/Sherry zu schlagen, »ging« sie »hinein« und ließ Nancy/Jennifer in einem Trauma zurück, eine Fünfjährige, die sehen sollte, wie sie mit der Situation fertig wurde. Jennifers Alter hatte sich jetzt bei fünf Jahren stabilisiert.

Wir baten Nancy/Sherry, bei einer Sitzung zum Vorschein zu kommen, nachdem wir Nancy vorher von unserem Plan erzählt hatten. Nancy/Sherry erschien in Stöckelschuhen, hauteng er grüner Seidenhose, passender Seidenbluse, unter der sich ihr Bu-sen abzeichnete, und langen Ohrgehängen. Ihre Haltung verriet, daß sie stolz auf ihren Körper war, daß sie ihn zur Schau stellen wollte. Für mich schien es, als ob sie Nancys Zorn über ihre vie-len Frustrationen zum Ausdruck bringen wollte – diese Genera-tion schien ein »Null-Bock«-Stadium zu durchleben. Sherry war das Gegenteil von Nancy, die still, schüchtern, verwundbar und großzügig war und immer an andere dachte. Aber ich wußte, daß auch in Nancy, wie in uns allen, diese »unendlichen Tiefen« existierten, wie Emerson es beziehungsreich ausge-drückt hatte. Tiefen, die wir vorsichtig verbergen und nieman-dem zeigen, manchmal nicht einmal uns selbst.

Als erstes sagte ich zu Nancy/Sherry: »Es ist nicht fair von dir, Jennifer zurückzulassen, wenn du in Schwierigkeiten gerätst.«

Ihre Antwort lautete einfach: »Verpiß dich.«

»Du mußt an die anderen denken«, verlangte ich.

»Die sollen für sich selbst sorgen«, erwiderte sie. »Das muß ich schließlich auch.«

Ich sah eine schwierige Wegstrecke vor mir, sagte während dieser ersten Stunde wenig und überließ es den Gaffneys, die Fragen zu stellen. Ich wußte, daß ich viel Zeit mit Nancy/Sherry verbringen mußte, damit sie ihr zerstörerisches Verhalten aufgeben würde – zerstörerisch für sich selbst und für die anderen Persönlichkeiten.

Sie war intelligent, obwohl es lange dauerte, bis sie erkannte, daß sie an Nancy und die anderen denken mußte, wenn sie in Schwierigkeiten steckte. Immer wieder machte ich ihr klar: »Du mußt aufhören, mit Männern herumzuhuren. Du tust nur dir selbst und Nancy weh damit.« Zuerst weigerte sie sich zuzuhören. Dann kam es fast zu einer Tragödie, die ihr zerstörerisches Verhalten änderte.

Nancy/Sherry sah in Nancys Innerem wie ein Engel aus, mit langem blondem Haar, blauen Augen, schlank und gleichzeitig sinnlich. Eines Nachts »kam sie heraus« und fuhr mit Nancys Opel zu der Raststätte. Sie stellte den Wagen auf dem großen Parkplatz ab und ging in das Café, in dem sie normalerweise Männer auflas. (Sie erzählte mir die Geschichte einige Tage später.)

Das Café war wie immer überfüllt, aber ein Fernfahrer stand auf und bot ihr seinen Platz an der Theke an. Sie befahl der Bedienung: »Einen Kaffee. Ohne Milch.« In ihrem Tonfall lag wie immer eine gewisse Härte, ihre Worte waren grob. Sie hatte das Gesicht einer Madonna und benahm sich wie eine Frau von der Straße.

In ihrer selbstsicheren, leicht anmaßenden Art sah sie sich um, um einen Mann für den Augenblick zu suchen. Drei oder vier Plätze von ihr entfernt saß ein Fernfahrer, der sie anstarrte. Er war Ende Dreißig, er hatte ein dickliches Gesicht mit einem schwarzen Schnurrbart und war etwa einen Meter fünfundsiebzig groß. Sein Wunsch war offensichtlich. Sie warf ihren Kopf zurück, lächelte leicht und streckte ihre Brust noch weiter heraus.

Er stand auf und ging zu ihr hinüber. »Mein Laster steht

draußen. Fünfundzwanzig Dollar. Wie wär's?« Einfach und direkt, die Stimme grob.

»Von mir aus. Nur noch einen Schluck.« Affektiert hob sie die Tasse an.

Er griff in seine Tasche und warf einen Dollar für ihren Kaffee auf die Theke. Sie war sich der Tatsache bewußt, daß Dutzende von Augen sie anstarrten, als sie aufstand. Sie folgte ihm zu seinem Truck, der auf einem Sonderparkplatz inmitten von anderen Lastern stand.

Er öffnete die Hintertür des Lastwagens und zog eine Leiter herunter. Sie stieg hinein. Drinnen war es dunkel, eine kleine Kabine war zum Schlafen abgeteilt, eine Matratze lag auf dem Boden, ohne Bettzeug oder Decke. Ein Schlupfwinkel für den müden Fahrer, um kurz zu schlafen oder sich für eine Stunde zu entspannen, aber auch ein Ort für ein kurzes Abenteuer. Sie trat ein und begann, sich die weiße Seidenbluse aufzuknöpfen. Er kam zu ihr, sie roch Alkohol.

Im Befehlston sagte er: »Laß die Bluse. Zieh die Hose aus und leg dich auf den Bauch.«

Sie erstarrte. Er schmiß sie auf die Matratze. Dann befahl er wieder, diesmal wütend: »Los, zieh dich aus, du Nutte! Und dreh dich um.«

Nancy/Sherry verwandelte sich plötzlich von der selbstsicheren Dirne in ein verängstigtes kleines Mädchen. Aber immer noch versuchte sie, hart zu sein, und sagte mit Bestimmtheit: »Das geht zu weit. Auf keinen Fall.«

Sie zog sich hoch und versuchte aufzustehen. Nancy/Sherry war eine Kämpferin. Sie fragte sich, wie sie aus dieser Situation herauskommen könnte. Sie drehte sich um und blickte zur Tür, die verschlossen war. Er sah, was sie vorhatte.

Sein Gesicht wurde noch zorniger, er stieß hervor: »Ich bekomm' schon, was ich will.«

Er kam näher, der Geruch von Alkohol wurde stärker, sie fühlte, wie eine starke Angst in ihr aufstieg. Plötzlich schlug er ihr mit der Faust ins Gesicht.

In einer Mischung aus blinder Panik und kämpferischer Beherrschung stürzte sie auf die Tür zu und versuchte, ihre Bluse zuzuknöpfen. Er ergriff ein großes Küchenmesser, das auf

114

einem schmutzigen Holztisch neben der Matratze lag, und holte sie ein. Er erhob das Messer, stieß es in ihre Brust und zerriß die weiße Seidenbluse.

Er zog das Messer aus ihrem Fleisch und starrte es an, als ob er überlegte, was als nächstes zu tun sei. Das Blut tropfte herab. Sie gelangte zur Tür, stieß sie auf. Sie rannte die Treppe hinunter und zu ihrem Wagen auf dem Parkplatz.

Fieberhaft suchte sie in ihrer Handtasche nach dem Schlüssel, schloß die Tür auf, kroch auf den Fahrersitz und verriegelte die Tür von innen. Er holte sie ein. Sie sah sein wütendes Gesicht mit dem Schnurrbart, das durchs Fenster schaute, während er versuchte, sie irgendwie zu erreichen. Er schlug mit der Faust gegen die Scheibe, als sie den Motor anließ. Sie trat aufs Gaspedal und ergriff die Flucht.

In diesem Moment kam Nancy zurück. Sie sah, daß sie am Steuer ihres Wagens saß und versuchte sich zu erklären, was geschehen war. Sie erkannte, daß Nancy/Sherry in irgend etwas verwickelt war, sich wieder zurückgezogen und sie zurückgelassen hatte, um mit der Situation fertig zu werden. Sie fühlte sich erschöpft, ausgepumpt, als ob sie bei starkem Gegenwind zwei Meilen gelaufen sei.

Nancy nahm die Geschichte an dieser Stelle auf, als ich sie bat, über das, was passiert war, einen Bericht zu schreiben. Ich tat dies öfter, da sie gerne schrieb und sich an Einzelheiten erinnerte, die sie vielleicht auslassen würde, wenn sie mündlich von ihren Erfahrungen erzählte. In der darauffolgenden Woche gab sie mir ihren Bericht:

Eines Nachts kam ich zurück und saß allein in meinem Auto. Der Motor lief. Es war dunkel. Irgendwie kam mir der Ort bekannt vor. Ja, es war die Raststätte. Ich zitterte, wußte aber nicht, warum. Mir war irgendwie schlecht. Etwas war nicht in Ordnung.
Ich legte einen Gang ein und fuhr aus der Parklücke heraus. Ich fuhr den Berg hinauf in Richtung Autobahn San Bernardino, die nach Hause führt. Mein Herz schlug bis zum Hals, alles drehte sich, mein Körper bebte. Ich sagte mir: »Alles in Ordnung, Gooch, beruhige dich. Es war nur eine Amnesie. Es ist vorbei.«
Ich fühlte, daß unter meiner weißen Bluse etwas von meiner Brust heruntertropfte. Zuerst dachte ich, es sei Schweiß. Ich faßte an meinen Kopf, um den Schweiß wegzuwischen. Auf meiner Stirn fühlte ich eine große Beule.

Ich befühlte mein Gesicht, meine Wange war geschwollen, es tat weh, wenn ich sie berührte. Ich leckte über meine Lippen. Auch sie schienen geschwollen. Ich dachte, jemand hat mich geschlagen. Wie schlimm war es diesmal? Ich fühlte keinen Schmerz. Was wird Mom sagen? Verdammt. Ich kann nicht nach Hause fahren. Nicht in diesem Zustand. Ich würde Timmy Angst einjagen. Was sollte ich nur tun? Ich weinte nicht, dafür war es zu schlimm. Wieder dieses Tröpfeln. Ich berührte meine Brust, sie fühlte sich völlig naß an. Meine Finger waren naß. Ich fuhr unter eine Straßenlampe und sah auf meine Finger. Blut. Mein Blut, dachte ich. Hoffentlich.

Selbst in der Dunkelheit konnte ich es erkennen. Nichts auf der Welt fühlt sich so an wie Blut.

Ich begann zu zittern. Ich fuhr von der Autobahn, weil ich mich schwach fühlte. Ich schaltete den Wagen ab. Ich saß einfach nur da, wußte nicht, was ich tun sollte. Minuten verrannen. Ich weiß nicht, wie lange ich so dasaß. Es war dunkel. Ich fuhr zu einer Tankstelle, ich wollte dort zur Toilette gehen, um zu sehen, wie schlimm mein Gesicht zugerichtet war. Vielleicht konnte ich nach Hause fahren, ohne irgend jemanden zu erschrekken. Ich wollte nach Hause. Meine Mutter sollte mir helfen. Die Tankstelle war geschlossen, die Toiletten abgeschlossen. Ich mußte nachdenken. Vielleicht konnte ich besser denken, wenn ich nach Padua Hills im nahegelegenen Claremont fuhr. Ja! Es ist ein ruhiges Waldgebiet, das ich immer aufsuche, wenn ich durcheinander bin. Dort würde mir schon etwas einfallen. Ich ging zurück zum Wagen. Es mußte spät sein. Ich sollte eigentlich um elf Uhr an meinem Arbeitsplatz sein. War es schon spät? Mom würde in dem Restaurant sein, sie arbeitete auch dort. Sie würde Bescheid wissen, wenn ich vorbeikäme. Ich bekam Angst. Würde sie schreien, wenn sie mein Gesicht sah? Nein, nur das nicht. Ich mußte nachdenken. Ich sah eine Telefonzelle an einer geschlossenen Tankstelle. Mrs. Campbell. Ich hörte auf zu zittern. Sie würde wissen, was zu tun war. Sie würde mir sagen, was ich tun sollte, damit ich keine Angst mehr haben mußte. Aber was sollte ich sagen? Ich wählte ihre Nummer. Ein Mann kam vorbei. Ich drehte mich um. Das Telefon klingelte einmal, zweimal. Bitte, Mrs. Campbell, bitte seien Sie zu Hause. Bitte. Das Blut tropfte von meiner Bluse auf die Schuhe.

»Hallo? – Mrs. Campbell?«

»Hallo, mein Liebes. Was ist los?«

»Mrs. Campbell?«

»Irgend etwas nicht in Ordnung?«

»Ich … ich bin in eine Schlägerei geraten.«

»Bist du verletzt?«

»Ich weiß nicht.«

»Vielleicht solltest du ins *San Antonio Hospital* gehen und dich untersuchen lassen.«

»Nein!«

»Warum nicht?«

»Die Polizei. Die Polizei wird kommen. Ich kann nicht. Ich habe Angst.«

»Bist du schwer verletzt?«

»Ja. Nein. Nein, ich glaube nicht. Ich weiß es nicht. Es tut nicht weh. Aber mein Gesicht fühlt sich so an, als ob ich zusammengeschlagen worden bin.«

»Nancy, ich komme und hol' dich ab. Du mußt ins Krankenhaus gehen.«
Panik. »Nein! Bitte kommen Sie nicht.«

»Warum nicht?«

»Ich ... ich will nicht, daß Sie mich so sehen.« Ich schämte mich.

Ich fühlte die Schwellung unter meinem Auge. Ich schaute auf meine blut-durchtränkte Bluse. Ich sah, wie das Blut auf meine Schuhe tropfte, immer weiter tropfte. Plötzlich war mir übel.

»Möchtest du nach Hause, Nancy?«

Ich schwankte. Nicht nach Hause, nach Padua Hills. Die Berge. Dort würde ich sicher sein.

»Mrs. Campbell? ... Ich ... ich glaube, ich habe eine Stichverletzung.«

»Was?« Dann: »Du mußt sofort ins Krankenhaus, verstehst du?«

»Okay, okay ... ich werde hinfahren.«

»Ich hole dich ab, wenn du mir sagst, wo du bist.«

»Nein! Bitte, ich fahre zum Krankenhaus. Ich verspreche es.«

»Ruf mich in einer Stunde wieder an und sag Bescheid. Rufst du mich an, wenn du nicht zurechtkommst?«

»Ja.«

»Versprichst du es mir?«

»Ja.«

»Ich werde auf deinen Anruf warten.«

Unsicher ging ich zu meinem Auto. Verdammt. Mir war schwindelig. Ich fuhr auf die Autobahn zu. Ich richtete mich nach dem Verkehr. Wie sollte ich das Krankenhaus finden? Ich war schon einmal dort gewesen. Aber ich war aus der anderen Richtung gekommen. Mir war übel. Ja, es war richtig, zum Krankenhaus zu fahren. Ich war verletzt. Schwer verletzt. Ich fuhr von der Straße, hielt den Wagen an.

Ich war so müde. Niemand hat soviel Blut im Körper, dachte ich, ich hatte soviel Blut verloren. Ich mußte nachdenken. Ein helles Licht. Ein Polizei-wagen. Nein, nur das nicht. Bitte. Ein Polizeibeamter stieg aus dem Wagen und kam herüber. »Irgend etwas nicht in Ordnung?«

»Nein. Ich denke nur nach.« Er konnte das Blut in der Dunkelheit nicht sehen, und ich war froh darüber.

»Ärger mit Ihrem Freund?«

Ich nickte.

»Wir machen nur eine Überprüfung. Es hat Fälle von Vandalismus hier gegeben. Wir müssen allem nachgehen.«

»Klar, versteh' ich doch. Ist in Ordnung.«

»Hoffentlich klappt es wieder mit Ihnen und Ihrem Freund.«

»Klar, wird schon werden.«

Er ging weg. Ich schloß die Augen. Dann riß ich sie voller Panik wieder weit auf, sie sollten nicht geschlossen bleiben. Ich ließ den Motor an und fuhr wieder in Richtung der Lichter. Einige Minuten später wußte ich, wo ich war. Ich fuhr direkt auf das Krankenhaus zu. Ich parkte und stieg aus. Ich griff nach dem Mantel auf dem Sitz. Ich drückte ihn an mich, um das Blut zu verstecken. Nur nichts überstürzen, ich mußte ruhig bleiben.

Ich ging durch die Doppeltüren. Die Schwester am Schreibtisch fragte mich, ob sie mir helfen könne. Nein, dachte ich, das kann niemand.

»Ich ... habe einen Unfall gehabt. Ich bin verletzt. Mein Gesicht ... Vielleicht sollte ein Arzt mal nachsehen.«

»Wie heißen Sie?«

»Nancy Gooch.«

»Bitte setzen Sie sich einen Moment. Der Doktor wird in einigen Minuten hier sein.« Sie deutete mit der Hand auf eine Sitzbank.

Ich drehte mich um. Gute Idee. Ich wollte mich setzen, bevor ich umfiel.

»Ist das Blut?« Die Stimme einer Schwester.

Wo kamen nur all die Schwestern her – zwei, drei, vier. Sie griffen nach dem Mantel, nach mir, um mich wegzubringen. Das Zimmer drehte sich. Die Schwestern hatten Blut an ihren Händen und ... der Mantel. Alles drängte sich jetzt um mich. Ich sah das Blut, meine ganze Kleidung war blutdurchtränkt. Ihre weißen Kittel ... Wenn sie mir zu nahe kamen, würden auch sie blutbefleckt sein. Sie wollten mich anfassen. Ich versuchte mich zu befreien, um ihre Kittel zu retten.

»Telefon ... ich ... muß ... eine ... Bekannte ... anrufen. Bitte ... alles ... ist ... in ... Ordnung.« Meine Stimme klang weit entfernt.

Sie brachten mir ein Telefon. Ich wählte eine Nummer und sagte, nachdem sie mich begrüßt hatte: »Mrs. Campbell ... ich komme hier im Krankenhaus nicht zurecht.«

»Ich komme sofort. Laß nichts mit dir machen, bis ich da bin.«

Ich fühlte Schwäche, Erleichterung. Alles würde in Ordnung sein. Aber es hörte nicht auf zu bluten. Merkwürdig, all das Blut ... eigentlich müßte es weh tun.

Ich hatte keine Schmerzen. Die Schwestern legten mich auf einen weißen Tisch, zogen meine blutverschmierte Bluse und meinen Büstenhalter aus und versuchten, die Blutung mit Mulltupfern zu stoppen.

Innerhalb von zehn Minuten kam Mrs. Campbell herein und nahm wortlos meine Hand. Ich wurde ruhig. Eine Schwester tupfte meine Brust weiter mit Mulltupfern ab. Ich wollte den blutdurchtränkten Verband nicht sehen.

Plötzlich stand ein Polizist neben mir. Er sprach mit Mrs. Campbell. Ich hörte nicht zu. Dann stellte er mir Fragen. Das Krankenhaus war durch Gesetz verpflichtet, die Polizei zu informieren, wenn bei einer Verletzung eine Waffe im Spiel war.

»Wer hat das getan?«

»Ich weiß es nicht.« Ich wußte es wirklich nicht. Nur Sherry wußte es.
»Wie sieht er aus?« Das wußte nur Sherry.
»Wo ist es passiert?«
»Möglicherweise an der Raststätte.« Dort hatte ich ja »die Zeit wieder-erlangt«, als ich im Auto saß. Ich wußte nicht, was passiert war, seit ich am späten Nachmittag »Zeit verloren« hatte.
»Was haben Sie an der Raststätte gemacht?«
»Weiß ich nicht.«
Nur Sherry konnte diese Fragen beantworten. Auf einmal schien alles wahnsinnig komisch. Würde man mir überhaupt glauben? Ich begann zu lachen. Ich konnte nicht aufhören. Ich dachte, lachen kann ich, aber nicht reden.
Aber ich redete, als der Arzt kam. Er schien sehr groß zu sein, zumindest von meiner Warte aus. Kurz angebunden. Ich sagte: »Entschuldigen Sie, bitte. Es war ein Fehler. Eigentlich sollte ich nicht hier sein.« Ich fühlte mich schwer, müde. »Ich muß weg von hier. Mir geht es gut.«
Ich sah sein Gesicht über mir. Er klang verärgert und sagte: »Ich muß Sie bitten, das Krankenhaus nicht zu verlassen. Sie könnten sterben. Jemand hat Sie in die Brust gestochen. Das Messer hat das Herz knapp verfehlt. Die Lunge könnte verletzt sein. Sie könnten verbluten. Wenn Sie nicht rechtzeitig Hilfe bekommen, kann man Sie nicht retten. Sie wären tot.«
Wieder fing ich an zu lachen. Ich konnte nichts dafür. Ich durfte nicht wei-nen. Aber das Lachen tat weh. Ich war also doch ein Mensch. Ich lachte immer weiter.
»Nancy, du wirst hysterisch!« Das war Mrs. Campbell.
Richtig. Ich holte tief Luft. War ich hysterisch?
Sanitäter. Die Schwestern sagten, daß ich ins *San Bernardino Hospital* ver-legt werden müßte, um genäht zu werden. Es liegt etwa eine halbe Stunde entfernt. Mrs. Campbell sagte: »Du mußt gehen, Nancy.« Alles wartete. Ich sah Mrs. Campbell an. Nein, diesmal wird sie mir nicht helfen. Vor-sicht, Gooch, du fühlst dich hilflos. Du bist doch erwachsen. Nicht wei-nen. Du mußt dich entscheiden. Sei stark, zumindest dieses eine Mal in deinem Leben.
»Gehen wir.«
Anweisungen in der letzten Minute. »Rufen Sie meine Mutter an. Bringen Sie es ihr ruhig bei. Jagen Sie ihr keinen Schreck ein. Sagen Sie ihr, daß es mir gutgeht. Ich muß sicher sein, daß sie sich keine Sorgen macht.« Ich vertraue Mrs. Campbell. Sie würde wissen, wie sie es ihr beibringen kann.
Es regnete. Die Fahrt im Krankenwagen schien ewig zu dauern. Die bei-den Fahrer stritten sich über die Fahrtrichtung. Das Blut lief meinen Hals entlang, an der Seite hinunter. Sollten die Männer nicht vielleicht versu-chen, es zu stillen? Der Mann, der bei mir saß, erzählte dem Fahrer von dieser hochnäsigen Ziege auf Station drei, die nur mit Ärzten ausging. Der Tropf, der über mir an einem Haken hing, wurde wild hin und her ge-schüttelt. Ich beobachtete ihn und fragte mich, wann er wohl auf mich

fallen würde. So fest ich konnte, drückte ich meine Hand auf die blutende Wunde. Die Blutung schien etwas nachzulassen. Der Krankenwagen schlingerte und rutschte auf der nassen Straße hin und her. »Verdammter Mist!« Der Fahrer fluchte. Ich schloß die Augen.

Plötzlich fühlte ich, wie man mich heraushob. Ich öffnete die Augen. Sie legten mich auf einen Tisch. Noch mehr Schwestern. Eine kam und begann, die Wunde zu säubern. Es tat weh. Zum ersten Mal spürte ich einen wahnsinnigen Schmerz. Wahrscheinlich war die Wunde ziemlich tief. Die Schwester sagte, daß sie sie säubern müsse. Ich wollte doch keine Infektion bekommen, oder? Ich griff nach den Stangen und blinzelte, Schweiß lief mir in die Augen. Natürlich nicht. Sie mußten nicht operieren. Nur einige Stiche. Dann ein Pflaster, mit dem die Haut zusammengehalten wurde. Es würde nur eine kleine Narbe geben.

Einige Tage im Krankenhaus. Nein. Ich wollte nicht bleiben. Bitte. Ich würde mich in acht nehmen, ja. Mich ausruhen, ja. Meine Mutter kam herein. Sie schrie nicht und sah auch nicht verängstigt aus. Sie legte ihren Arm um mich. Wir gingen zusammen nach draußen, es war Nacht. Ich hatte überlebt.

Nancy hatte mich angerufen, und ich war ihr dankbar dafür. Ich telefonierte mit ihrer Mutter, da sie mich darum gebeten hatte, dann fuhr ich bei ihrer Mutter vorbei, holte sie ab, und wir rasten zum Krankenhaus, um zu helfen, so gut wir konnten. Dieses tragische Ereignis war ein entscheidender Wendepunkt in Nancy/Sherrys emotionaler Entwicklung. Es war das erste Mal, daß sie nicht Nancy/Jennifer, die jüngste Persönlichkeit zurückgelassen hatte, um mit einer Situation fertig zu werden, die sie keinesfalls meistern konnte, um mit einem Schmerz fertig zu werden, den Nancy/Sherry sich selbst zugefügt hatte. Sie hatte bewußt die Entscheidung getroffen, die Kleine zu schützen. Ich wußte, daß dies für Nancy/Sherry, die nur nach dem Lustprinzip lebte, sehr schwer war. Ich war stolz darauf, daß sie die Jüngeren und Schwächeren nicht weiter zerstören, sondern ihnen helfen wollte.

Obwohl sie nicht wissen konnte, daß dieser Fernfahrer versuchen würde, sie zu töten, hätte ihr sechster Sinn ihr sagen müssen, daß dieser Mann sehr gefährlich war. Kurze Zeit später tötete er eine Bordellwirtin, für die vier Mädchen an der Raststätte gearbeitet hatten. Vielleicht hatte er sich von einem der Mädchen betrogen gefühlt und seinen Zorn an ihr ausgelassen, und ihr war es, im Gegensatz zu Nancy/Sherry, nicht gelungen zu entkommen. Die Polizei suchte nach ihm, er wurde aufgegriffen, verhaftet, des Mordes angeklagt und kam ins Gefängnis.

Einen Tag bevor er verhaftet wurde, stand Nancys Mutter zusammen mit ihrer Tochter in der Post Schlange. Sie standen einen Moment an einer Wand mit Fotos von gesuchten Verbrechern. Nancys Mutter erzählte: »Ohne Warnung kam Jennifer plötzlich zum Vorschein. Sie war so aufgeregt, daß sie nur mit Mühe ihre Stimme unterdrücken konnte. Erregt zeigte sie auf eins der Fotos und sagte völlig außer sich: ›Das ist er! Das ist er! Das ist der Mann, der Sherry niedergestochen hat. Mommy, da ist er!‹ Ich sah das Gesicht eines dicken Mannes mit Schnurrbart. Ich wußte nicht, daß eine andere Persönlichkeit beobachten konnte, was die eine tat. Auch wußte ich nicht, daß sie miteinander in Verbindung stehen konnten.« Von unserem ersten Treffen an war Nancy/Sherry offen zu mir gewesen. Sie hatte mit einem Schulterzucken zugegeben: »Ich benutze Männer, genauso wie sie mich benutzen. Ich nehme ihr Geld. Es gibt mir Macht. Und Macht ist genau das, was die ängstliche Nancy braucht.«

An diese Worte sollte ich in der Endstufe der Therapie denken. *Macht ist genau das, was die ängstliche Nancy braucht.* Ich dachte, daß Nancy/Sherry auf seltsame Weise Nancy ein falsches Gefühl von Selbstachtung gab, mehr noch als die anderen Persönlichkeiten. Das Gefühl, daß jemand sie für eine gewisse Zeit will, selbst wenn es nur ein unattraktiver, sadistischer Fernfahrer ist. Nancy fühlte sich wertlos, beneidete Nancy/Sherry, hatte aber gleichzeitig furchtbare Angst, daß sie einen Fernfahrer in Wut bringen würde, nicht entkommen könnte und so ihrer beider Leben beenden würde.

Ich respektierte Nancys/Sherrys Wunsch, eine eigenständige Persönlichkeit zu sein, wußte aber, daß die Prostitution für Nancy gefährlich war. Sie wies auf einen selbstzerstörerischen, feindlichen Versuch hin, mit ihrer Sexualität als Jugendliche fertig zu werden. Zuerst versuchte ich, vernünftig mit Nancy/Sherry darüber zu reden, aber sie stieß nur verächtlich hervor: »Der Teufel soll dich holen!« Oder sie nannte mich (was öfter geschah) ein »gottverdammtes, geiles Miststück«. Teilweise war dies eine Beschreibung ihrer selbst, eine Projektion, wie man sie nicht häufig erlebt.

Während unserer nächsten Sitzungen war ich von ihrem Verhalten überrascht, ich schwieg still, ich mußte vorsichtig sein. Einmal hatte ich mit ruhiger, autoritärer Stimme gesagt: »Noch nie hat jemand so mit mir gesprochen, wie du es tust. Ich will, daß du diese Sprache nicht mehr gebrauchst und daß du dein zerstörerisches Verhalten aufgibst. Es ist unerträglich.«

Zuerst hörte sie mich nicht an. Es sollte lange dauern, bis sie sich zu einer selbstbeherrschten jungen Frau entwickelte, die Gefühle für andere hatte. Durch den Zwischenfall wurde ich in gewisser Weise ermutigt. Sie hatte mir zugehört, sie hatte endlich an die jüngere, hilflose Nancy/Jennifer gedacht, die sie vorher immer an ihrer Stelle zurückgelassen hatte, wenn sie in Panik war. Statt dessen hatte sie Nancy zurückgelassen, die eher in der Lage war, mit der Situation zurechtzukommen.

11. *1978*

Als ich die Verantwortung übernahm, für die Persönlichkeiten eine Mutter zu sein und sie zu erziehen, lud ich bisweilen ihren Zorn auf mich. Ich erinnere mich besonders an eine Sitzung an einem Donnerstagabend, als ich Nancy/Sherry rief. Ich sagte zu ihr: »Du mußt damit aufhören, als Prostituierte zu arbeiten.«

Sie fauchte mich an: »Verpiß dich!«

Ich sprach ruhig weiter: »Du sollst mit mir nicht so sprechen. So etwas dürftest du auch nicht zu deinen Eltern sagen.«

»Du bist aber nicht meine Mutter.« Und dann mit einem Grinsen auf dem Gesicht: »Gott sei Dank.«

Der Kampf drehte sich immer um diesen einen Punkt: Wer trägt die Verantwortung? Du oder ich? Das Bestreben jeder Persönlichkeit war es zu fühlen: Ich gebe die Befehle hier, ich kann nur mir selbst vertrauen. Ich kann keinem Erwachsenen vertrauen. Ich habe nie Liebe oder Schutz von einem Erwachsenen erfahren. Ich kann mich nur auf mich verlassen, um zu überleben.

Nancy zeigte mir, was sie in ihrem Tagebuch im Jahr 1978 über Nancy/Sherry aufgeschrieben hatte:

7. Mai 1978: Sherry kam heraus und ging auf den Straßenstrich.
9. Mai 1978: Mrs. Campbell war wundervoll, wir haben uns lange unterhalten. Sie sagte mir, daß ich nicht an einem leeren Zustand litt. Ich liebe
sie. Wir sprachen über Zorn. Sie versprach, daß sie mir immer sagen
würde, wenn sie böse auf mich sei. Sie sagte, daß Sherry vielleicht meine
Verweigerung sei, mich mit meiner Sexualität auseinanderzusetzen, oder
eine Erinnerung an sexuelle Handlungen. Sie sagte »Liebling« zu mir und
sagte, daß ich etwas Besonderes sei.
24. Oktober 1978: Heute abend hat Jennifer Mrs. C. angerufen. Sie haben
sich lange unterhalten. Mrs. C. fragte Jennifer, ob sie Drogen genommen
habe. Sie sagte nein, und Mrs. C. sagte, daß sie sehr stolz auf sie sei. Sherry
kam. Mrs. C. hat stundenlang mit ihr geredet! Die Unterhaltung wurde
sehr heftig. Einmal sagte Mrs. C. sogar: »Ich werde dich töten, bevor du
Nancy und Jenny und die anderen umbringst.«
Sherry sagte zu Mrs. C., daß sie ein verdammtes Miststück sei und daß sie
Jenny keine Scheiße erzählen solle. Mrs. C. sagte: »Doch, genau das werde
ich tun.« Sie sagte, daß Sherry gemein und hinterhältig sei. Sie sagte, daß
Sherry nur auf der Welt sei, um zu bumsen, und daß sie wahrscheinlich der
dümmste Mensch sei, den sie kenne. Sie sagte, daß das, was Sherry Jennifer
antat, schrecklich sei (sie ließ sie manchmal an ihrer Stelle bei den Fernfah-
rern zurück). Mrs. C. sagte, daß sie mit Sherry kämpfen würde, bis sie damit aufhören würde, anderen weh zu tun. Mrs. C. war wirklich hart zu
Sherry und ließ kein bißchen locker.
Sie nannte Sherry einen Feigling und sagte ihr, daß sie Angst habe. Mrs. C.
sagte, daß sie Sherry stoppen müsse, weil sie nicht wolle, daß wir sterben.
Als Sherry ihr erzählte, sie habe drei bis vier Freier pro Nacht, war Mrs.
Campbell schockiert. Sie versuchte Sherry zu erklären, warum sie mich
mag, respektiert, bewundert und sich um mich sorgt, aber Sherry wollte
nichts davon wissen. Mrs. C. sagte immer wieder zu Sherry, daß sie ein
wertvoller Mensch sei, wenn sie nicht immer versuchte, anderen weh zu
tun.

Woche für Woche, Monat für Monat fochten die Persönlichkeiten und ich unseren Kampf aus – leidenschaftliche Sitzungen,
denen verschiedene, intensive Emotionen zugrunde lagen, Haß,
Liebe, Widerstand, Trotz – das war für den Patienten wie für den
Therapeuten anstrengend. Manchmal suchte ich die Konfrontation, gab einer Persönlicheit Befehle, wenn sie höhnte: »Ich tue
das, was ich will. Du hast keine Macht über mich.« Ich sagte
dann: »Du wirst die Konsequenzen tragen müssen, wenn du
nicht damit aufhörst, dich und die anderen zu zerstören.«
Manchmal verteilte ich auch Schläge, um die Persönlichkeiten
dazu zu bringen, ihr selbstzerstörerisches Verhalten aufzu-

geben. Ich behandelte sie wie meine eigenen Kinder. Ich habe meine Töchter nur selten geschlagen, und wenn, dann nur leicht und nicht mehr nach dem vierten Lebensjahr. Ich schlug die Persönlichkeiten nicht dafür, daß sie mir drohten oder den Gedanken oder Wunsch hatten, etwas Destruktives zu tun. Ich tat es nur, wenn sie ihre Drohungen tatsächlich wahrmachten. Wenn eine Persönlichkeit einen Tobsuchtsanfall hatte, nahm ich ihre Hand und sagte: »Hier ist deine Hand. Ich will, daß du diese Hand langsam hebst. Du mußt nicht im Zorn handeln. Du kannst dich bewußt dafür entscheiden, nicht im Zorn zu handeln. Du sollst deinen Zorn unter Kontrolle haben, wie du deine Hand unter Kontrolle hast.« Sie waren wie böse Kinder, die nie gelernt hatten, ihre Wut, ihre primitiven Wünsche oder ihr kindliches Gefühl der Ohnmacht zu handhaben. Nancy war in ihrer emotionalen Entwicklung durch das frühe Trauma auf mannigfache Art verkrüppelt worden.

Ich mußte darauf achten, daß Grenzen gezogen wurden, damit keine der Persönlichkeiten sich zerstören würde, was bedeutete, daß auch Nancy vernichtet werden würde. Wenn ich gelegentlich eine Persönlichkeit schlug, so hielt dieser Schmerz nur für Sekunden an, und ich tat es nicht aus Haß, sondern aus Sorge. Ich wollte, daß diese Persönlichkeit reifen und Respekt vor sich und den anderen haben würde. Alle Persönlichkeiten außer Nancy/Sarah hatten ein Reservoir an Haß und Zorn, sie mußten ein gewisses Maß an Selbstkontrolle und Selbstachtung erlernen, damit sie nicht sterben würden. Schließlich hatte Nancy/Jennifer bereits fünf Selbstmordversuche hinter sich. Diane und Harold, die die Rolle von Eltern übernommen hatten, schlugen niemals zu, aber sie hatten nicht meine Last zu tragen, sie mußten keine Grenzen setzen. Ich war Elternteil und gleichzeitig Therapeutin und mußte Nancy helfen, die ständigen, überwältigenden Phantasien, die durch einen schrecklichen Seelenmord entstanden waren, aufzudecken und sich mit ihnen auseinanderzusetzen. Aus Notwendigkeit spielte ich eine Doppelrolle, wobei ich mich hauptsächlich auf meine Intuition verließ, auf die Liebe zu diesem verängstigten Mädchen und auf mein inneres Bedürfnis, die Wurzeln ihrer Qual zu entdecken und die Qual zu beenden.

Ich habe immer an Ehrlichkeit geglaubt. Ich belog die Persönlichkeiten oder Nancy niemals. Wenn ich etwas sagte, wußten sie, daß ich es ehrlich meinte. Es war meine Überzeugung, und ich sagte immer wieder: »Deine Gefühle sind eine Erklärung für das, was du tust, keine Entschuldigung. Man erwartet von dir, daß du dein Verhalten kontrollierst. Wenn du es nicht tust, werde ich diese Aufgabe für dich übernehmen, bis du es lernst.«

Während ich eine Beziehung zu jeder einzelnen Persönlichkeit aufbaute, half ich ihr dabei, die Verantwortung für die eigenen Taten zu übernehmen. Meine Philosophie bestand darin: Wir kümmern uns erst einmal um das Verhalten und dann um das, was es verursacht hat. Langsam lernten die einzelnen Persönlichkeiten, Kontrolle auszuüben. Zuerst versuchten sie, Widerstand zu leisten oder mich irgendwie zu umgehen. Dann erkannten sie, daß diese Selbstkontrolle auch ein Gefühl von Stolz mit sich brachte, während ein Fehlen von Selbstkontrolle das Selbst erniedrigte. Nancy hatte nie sehr viel Stolz besessen.

Sie mußte lernen, bewußt die Kontrolle auszuüben. Es war ein Gegensatz zu dem, was sie früher gefühlt hatte, wenn etwas oder jemand sie außerhalb ihres Kontrollbereiches tief verletzt hatte. Sie lebte, als ob sie von anderen kontrolliert würde, sie hing wie eine Marionette an Fäden. Um zu verhindern, daß die »anderen« ihr weiter weh taten oder sie völlig zerstörten, mußte sie den leidenschaftlichen Gefühlen, die sie den verschiedenen Persönlichkeiten zugeordnet hatte, ins Gesicht sehen.

Immer wieder war ich frustriert, in manchen Augenblicken auch ängstlich. Spielte ich Gott? Ich fühlte mich nicht wohl in meiner Rolle, aber es schien keinen anderen Weg zu geben, um den impulsiven, selbstzerstörerischen Teil in Nancy aufzuhalten. Jemand mußte sie davon abhalten, sich weiter sexuell auszuleben, Zuflucht in Drogen zu suchen oder Fremde auf der Straße anzusprechen, um dann mit ihnen zu schlafen. Ich konnte die verzweifelten Gefühle verstehen, die das zerstörerische Verhalten verursachten, aber nicht das Verhalten selbst. Ich wußte, daß ihre Rachegefühle für echte Feinde stark waren, aber unglücklicherweise ließ sie diesen Zorn an sich aus, nicht an den Feinden.

Von den intensiven Gefühlen jeder einzelnen Persönlichkeit, die zum Vorschein kam, wußte ich, daß sie Angst hatten zu sterben, wenn jemand von ihnen erfuhr. Sie durften mit niemandem sprechen, sondern nur untereinander. Nancy/Sarah hatte beschlossen, diese feste Regel zu brechen, als sie sich uns eröffnete.

Die Persönlichkeiten mußten lernen, daß Wunsch und Tat nicht das gleiche sind – wir alle müssen dies lernen, wenn wir erwachsen werden. Nancys tiefsitzende Angst vor ihrer eigenen Gewalttätigkeit und ihrem Wunsch nach Rache basierten auf dem Glauben, daß Wunsch und Tat dasselbe waren. Unser Unbewußtes denkt so, denn es ist unabhängig. Das Unbewußte kennt die Bedeutung von »Nein« nicht. Es besteht darauf, daß alle seine Wünsche erfüllt werden, und zwar sofort. Es war Teil meiner Aufgabe, einen Sinn für ein bewußtes »Nein« einzugeben, wie es bei zerstörerischen Wünschen notwendig ist. Ich mußte Nancy langsam helfen, sich ihrer starken Wut und Angst bewußt zu werden, die sie viele Jahre lang unterdrückt hatte.

Ihre Blackouts, ihre »verlorene Zeit«, waren ein Zeichen für den Zusammenbruch der Kommunikation zwischen den bewußten und unbewußten Teilen ihres Verstandes. Nancy durfte sich aus einer überwältigenden Furcht vor ihren starken sexuellen und gewalttätigen Trieben und Wünschen heraus nicht der Selbstmordversuche, der Prostitution, der Drogenabhängigkeit und ihrer Rachegefühle bewußt sein. Sie hatte ihre Gefühle ins Unbewußte verbannt – es diente als Überlaufventil für ihren Verstand.

Bevor sie sich des Unbewußten bewußt werden konnte, mußte ich ihr dabei helfen, die Angst vor den Gefühlen zu verlieren, die in Teilen ihrer Persönlichkeit wohnten, die sich von ihr abgespalten hatten. Erst dann konnten sich die Persönlichkeiten »integrieren« und ein Teil von ihr selbst werden. Dann würde sie die Emotionen oder Bedürfnisse akzeptieren können, die diese Persönlichkeiten hervorgebracht hatten.

Es war nicht nur Widerstand und Haß, der mir von den Persönlichkeiten entgegengebracht wurde. Einige der jüngeren wollten umarmt und liebkost werden, wenn sie erschienen. Ich glaube, daß man Menschen, die man liebt, berühren muß. Jeder hat einmal das Bedürfnis, in den Arm genommen zu werden, egal ob er einen Monat oder achtzig Jahre alt ist. Das Bedürfnis nach Zärtlichkeit und schützender Wärme verlieren wir nie. Wenn diese Zärtlichkeit im Leben fehlt, kann nichts diesen Verlust aufwiegen. Liebevoll und zärtlich in den Arm genommen zu werden, ist das größte und wichtigste Geschenk, das ein Mensch einem anderen machen kann. Ein Baby braucht diesen Kontakt besonders zu seiner Mutter.

Die Persönlichkeiten, die als Babys zum Vorschein kamen, fütterte ich mit der Flasche, hielt sie im Arm, bis sie einschliefen. Vielleicht hatte Nancy als Baby nie viel Zuwendung erfahren. Sie war das jüngste von fünf Geschwistern, die alle im Abstand von einem bis eineinhalb Jahren geboren worden waren. Wie hätte ihre Mutter, die mitarbeitete, um ihre große Familie durchzubringen, viel Zeit für sie haben können?

Unabhängig von ihrem Alter waren alle Persönlichkeiten, abgesehen von Nancy/Sarah, zuerst kindlich in ihrer Hemmungslosigkeit. Ich wußte, was gut für Kinder war – Dinge, die ich als Kind haben wollte und nicht bekam. Ich versuchte, für die Persönlichkeiten genau das Gegenteil von dem zu tun, was meine Mutter für mich getan hatte, möglicherweise genau das, wofür Nancys Mutter keine Zeit gehabt hatte. Unsere Mütter hatten uns geliebt, wußten aber nicht, wie sie diese Liebe zeigen konnten. Ich sagte zu den Persönlichkeiten: »Ich bin erwachsen. Ich werde euch beschützen und lieben. Es ist meine Aufgabe, mich um euch zu kümmern, damit ihr starke, glückliche Erwachsene werden könnt. Und wenn ihr nicht das tut, worum ich euch bitte, wird das Folgen haben.« Erst wenn sie sich selbst und andere schützen würden, konnte Nancy die Persönlichkeiten und die Rollen, die sie unbewußt für sie geschrieben hatte, annehmen. Es waren Rollen, die ihre erotischen und aggressiven Phantasien und Wünsche ausdrückten. Gott sei Dank hatte ich es normalerweise nur mit einer Persönlichkeit auf einmal zu tun. Es gab Augenblicke, in denen ich meine ganze Kraft brauchte, um mich gegen eine Persönlichkeit durchzusetzen, die ihre ganze Kraft aufbrachte, um gegen das Reiferwerden anzukämpfen. Ich mußte der Persönlichkeit helfen, sich emotional bis zu dem Punkt zu entwickeln, an dem sie die frühe Qual akzeptieren konnte, egal wie teuflisch ihre Ursache war. Ein Bejahen bedeutete Gefahr für Nancy. Sie wollte, daß jede Persönlichkeit so blieb, wie sie war, wollte, daß die schrecklichen Erinnerungen für immer versiegelt blieben.

Aber damit Nancy überleben konnte, mußten die Persönlichkeiten sich mit der Wirklichkeit auseinandersetzen. Und bevor sie dies tun konnten, mußten sie sich sicher und geliebt wissen. Außer Nancy/Sarah waren sie ausgelassene Kinder. Sie stellten Nancys »unwirkliches« Selbst dar, ihr unzivilisiertes und verletztes Selbst.

Zu meiner großen Verwunderung war Nancy/John der erste, der sein Verhalten änderte. Er zeigte Gefühle von Zärtlichkeit, Verantwortung und Mut, sogar als er gegen die Grenzen, die ich ihm setzte, rebellierte. Er weigerte sich, die Drogen aufzugeben, widersetzte sich meinem Ausgehverbot, nahm an Straßenkämpfen teil und bedachte mich gelegentlich mit Flüchen.

Obwohl er Zärtlichkeiten vermied, sagte er jetzt am Ende einer Sitzung lässig: »Bis bald.« Musik in meinen Ohren nach Nancys/Sherrys »Verpiß dich!«

An einem Nachmittag nach Schulschluß spazierte Nancy/John in mein Klassenzimmer, als ich am Pult saß und Arbeiten korrigierte. Die nach hinten gedrehte Baseballmütze, unter der die Haare versteckt waren, das rowdyhafte Verhalten und der trotzige Gang sagten mir sofort, wer es war. Er stand schweigend vor mir.

Ich sah ihm in die ruhigen braunen Augen und sagte »Hallo!«

»Hallo.« Die Stimme klang tief.

Er drehte sich um, lief im Klassenzimmer umher, sah sich die Zitate von Hemingway an, die ich an die Tafel geschrieben hatte, um den neuen Literaturstil dieses Jahrhunderts zu verdeutlichen. Irgend etwas schien Nancy/John zu beunruhigen.

»Ist irgendwas?« fragte ich.

»Nein.« Er kam zurück und sah mir ins Gesicht.

Die Hände steckten in den Taschen, sein Kopf war gesenkt, so daß die Mütze fast sein ganzes Gesicht verdeckte. Er wußte nicht, wie er anfangen sollte. Es war für alle Persönlichkeiten schwer, über ihre Gefühle zu reden.

Ich fragte sanft: »Was ärgert dich, John?«

Er zuckte mit den Achseln und sagte nichts.

Ich stand auf, nahm seine Hand, hob seinen Kopf und sah ihm in die ernsten Augen. Wir standen schweigend da, seine Augen suchten die meinen und sahen mich fragend an.

Plötzlich sagte die rauhe, jungenhafte Stimme: »Sherry sagt, daß du nicht meine Mutter bist. Das stimmt doch nicht, oder? Sag ihr, daß sie aufhören soll zu lügen.« Körper und Stimme bettelten: *»Du bist doch meine Mutter, oder?«*

Darauf war ich nicht vorbereitet. Ich hatte nie zu ihm gesagt, daß ich seine echte Mutter sei, auch nicht andeutungsweise. Dann erkannte ich, daß ich mich als Autoritätsperson über ihn gestellt hatte, Regeln aufgestellt und ihn bestraft hatte, wenn er sie brach. Ich hatte ihm gesagt, daß ich ihn liebte, wenn er litt. Er lernte, etwas mehr Selbstdisziplin zu zeigen. Ich wußte, daß es Mut von seiner Seite erforderte, etwas von seinem starken Willen aufzugeben und auch an andere zu denken, zu lernen, auf sich stolz zu sein, wenn er sich rücksichtsvoll verhielt. Ich konnte ja eigentlich nur seine Mutter sein. Er wollte, daß es so war.

Ich war versucht, ihm zu sagen, daß Nancy/Sherry log und daß ich tatsächlich seine Mutter sei. Aber egal, wie groß die Versuchung war, seinen Schmerz zu erleichtern, ich konnte es nicht tun. Das Vertrauen zwischen uns basierte auf der Tatsache, daß wir uns immer die Wahrheit sagten. Dieses Vertrauen wollte ich nicht in Gefahr bringen.

»Sherry lügt nicht«, sagte ich, »John, ich bin nicht deine Mutter.«

Sofort zog er seine Hand weg und stürzte auf die Tür zu. Ich dachte: Laß ihn gehen. Er wird mit diesem neuen Wissen zurechtkommen, und dann können wir weitersehen. Aber ich erkannte, daß er tief verletzt war, immer weiter weglaufen würde, vor allem, was er tat, die Flucht ergreifen würde, damit er nicht mit der Wahrheit konfrontiert würde. Genau wie die anderen auch.

Ich rannte hinter ihm her und holte ihn in einer Ecke des Gebäudes ein. Ich drückte ihn an mich und sagte: »Ich bin deine *Adoptiv*mutter.«

Er entspannte sich und ließ sich zum ersten Mal in den Arm nehmen. Eine Adoptivmutter war besser als gar keine Mutter. Auf diese Weise entstand das Ritual der Adoption bei den Persönlichkeiten. Nancys/Johns Durchbruch bedeutete, daß die anderen seinem Beispiel folgen würden – ihm, dem harten Kerl, dem Drogenabhängigen, der niemandem gegenüber Verpflichtungen hatte. Seine veränderte Haltung deutete auch auf den wachsenden Mut hin, den Nancy jetzt hatte, sich mit der Realität auseinanderzusetzen, egal, wie gefährlich sie war.

Die letzte Persönlichkeit, die damals zum Vorschein kam, war der siebenjährige Nancy/Danny. Er legte Feuer, aber zum Glück wurde nie jemand verletzt. Ich ging mit ihm zu einer Feuerwehrwache, erklärte den Feuerwehrleuten, daß er eine Verwarnung bräuchte, weil er ein verlassenes, baufälliges Haus angezündet hatte. Niemand war verletzt und nichts Wertvolles zerstört worden. Ein Feuerwehrmann erklärte sich bereit zu helfen. Er fuhr mit uns zu einem Haus, das abgebrannt war, und sagte zu Nancy/Danny, daß »er« keine Feuer legen dürfe, weil »er« dann bestraft würde. Ich wußte, daß er innerlich fror, in ihm herrschte eine eisige Leere, verursacht durch Nancys frühe Erfahrung. Er wollte Wärme fühlen und suchte gleichzeitig nach einem Ventil für seinen brennenden Zorn. Immer wieder erklärte ich ihm, daß er nicht zerstören dürfe, was anderen gehörte. Er legte keine Feuer mehr und zündelte statt dessen mit Streichhölzern, er mußte unbedingt etwas brennen sehen. Wenn jemand mir vorher erzählt hätte, daß ich schließlich sechsundfünfzig Persönlichkeiten, von denen die meisten allerdings nur kurze Zeit zum Vorschein kamen, gegenüberstehen würde, weiß ich nicht, ob ich in der Lage gewesen wäre, das Problem zu bewältigen. Ich nahm mir jede Persönlichkeit einzeln vor. Ich akzeptierte sie so, wie sie auftraten, die Zerstörer wie die Helfer. Ich wußte, daß Nancy im Moment beide brauchte. Ich hoffte auch, daß eine Persönlichkeit uns vielleicht helfen würde zu verstehen, warum sie alle geschaffen worden waren.

Während einer der Sitzungen am Donnerstagabend hörte ich zum ersten Mal von Nancy/Carmen, als Nancy/Sherry von »einem merkwürdigen Weib da drinnen« erzählte. Sie fügte hinzu, daß ihr Name Carmen sei.

Ich fragte Nancy/Sarah nach Nancy/Carmen. Sie sagte: »Mit ihr werden Sie nicht weit kommen. Sie ist blind und taubstumm.«

»Wie alt ist sie?« fragte ich.

»Das weiß niemand. Sie scheint alle Leitungen zu ihrem Gehirn ausgeschaltet zu haben, zeigt keinerlei Reaktion. Es sieht so aus, als habe Nancy ihrem Körper durch sie die größte Fluchtmöglichkeit gegeben. Carmen hat die Welt draußen völlig ausgeschlossen. Sie sendet nichts hinaus, läßt nichts zu sich herein. Es hat den Anschein, als ob sie sich auslöschen will. Sie hat den Willen aufgegeben, zu sehen, sich zu bewegen, zu sprechen und zu hören. Sie hat Krampfzustände, leidet unter Muskelstarre, ist steif. Sie besitzt keinerlei sinnliche Wahrnehmung. Man könnte sie mit Nadeln stechen, und sie würde nichts merken.«

Ich dachte an eine Kurzgeschichte im Literaturkursus am College, die als ein Beispiel für gute Erzählungen gilt. Sie trägt den Titel *Die Geburt des Selbst* und ist von Dr. Bruno Bettelheim. Sie beschreibt ein autistisches Kind, das mit niemandem sprach oder in Verbindung stand. Bettelheim war überzeugt davon, daß die Forderung seiner Eltern nach »Perfektion« zuviel für den Jungen war. Seine Antwort auf ihr Verlangen nach Vollkommenheit bestand darin, sich in einen mechanischen Roboter zu verwandeln. Diese Theorie half mir, Nancys/Carmens Ängste zu verstehen. Sie war für Nancy Überlebensmechanismus genau wie der *mechanische Junge* in dem von Bettelheim beschriebenen Fall.

Ich rief Nancy/Carmen, und es folgte eine Szene, die sich in den nächsten Monaten immer wiederholen sollte. Ich wußte, daß Nancy/Carmen erschienen war, wenn eine völlig regungslose Gestalt den Platz der vorhergehenden Persönlichkeit einnahm. Ich ging dazu über, zu der Person, die weggehen wollte, zu sagen: »Leg dich bitte flach auf den Boden«, oder »Bitte setz dich bequem aufs Sofa«. So konnte ich einfacher mit Nancy/Carmen arbeiten. Ich versuchte es immer so einzurichten, daß die Persönlichkeit, die wegging, sich im Wohnzimmer der Gaffneys befand. So hatte ich mehr Platz, um Nancy/Carmen zu bewegen. Ich hob ihren scheinbar leblosen Körper vom Boden oder aus dem Stuhl, bis sie steif dastand. Dann legte ich meinen Arm um ihre Taille und schleifte sie so durch das Zimmer. Ich hob einen ihrer Füße an, setzte ihn vor den anderen und lief mit ihr herum, ein Training, das auch Schlaganfallpatienten machen müssen. Ich wollte, daß sie sich irgendwie bewegte, statt die ganze Sitzung über nur unbeweglich dazuliegen.

Nancy/Sarah hatte recht. Nancy/Carmen schien völlig ohne Gefühl zu sein. Bei einer Gelegenheit bewegte ich sie etwas ungeschickt, sie schlug mit dem Kopf hart auf der Marmortischplatte auf, aber ihr Gesicht zeigte keinerlei Ausdruck von Schmerz. Damit sie die Augen auf etwas richtete, befahl ich ihr: »Carmen, sieh mich an. Sieh mich an.« Zuerst hielt sie die Augen fast völlig geschlossen, bis auf einen kleinen Schlitz, durch den sie etwas zu sehen schien. Ich drückte ihr Kinn nach oben und sagte: »Du wirst sehen. Ich nehme dich so nicht an, wie du jetzt bist. Du wirst hören. Du wirst sprechen.« Durch die ständige Stimulierung ihrer Sinne durch meine Stimme und durch Berührung erweckte ich sie langsam zum Leben.

Ich konnte sie davon überzeugen zu hören, zu sprechen, zu sehen, zu gehen, zu lernen, ihren und meinen Namen zu schreiben, mit mir einkaufen zu gehen und zu essen, was das größte Symbol für ihren Lebenswillen war. Sie hatte die anderen Persönlichkeiten blockiert, jetzt waren sie frei und konnten herauskommen. Ich glaube, daß Nancy, indem sie Carmen schuf, einen Teil ihres Selbst zeigte, einen Teil, der das Leben für hoffnungslos hielt und die Welt für einen gefährlichen Ort, den man nicht erforschen konnte. Nancy/Carmen benahm sich wie die drei weisen Affen: »Nichts sehen, nichts hören, nichts sprechen.«

Nancy/Sarah schrieb mir einen Brief, der sich hauptsächlich mit Nancy/Carmen befaßte und adressierte ihn förmlich an »Mrs. Campbell«:

Ich habe eine Nachricht für Nancy hinterlassen, die erklärt, daß ich für sie gearbeitet habe (Sarah trat manchmal als Nancy auf, wenn diese zu müde war, um im *Chaffey Community College* als Jugendberaterin zu arbeiten) und daß Sie sie gebeten haben, sich mit Ihnen in Verbindung zu setzen. Ich habe Nancy auch erklärt, was geschieht, wenn Carmen zum Vorschein kommt. Obwohl Carmen sich wieder in ihr Schneckenhaus zurückgezogen hat, ist sie doch geistig so wach, daß ich beobachten konnte, wie sie versuchte, sich mit ihren Augen auf etwas zu konzentrieren, und sogar versuchte, einige Worte, die sie gelernt hat, zu wiederholen. Ihre Frustration über diese schwierige Aufgabe war die Hauptursache dafür, daß sie sich zurückgezogen hat, aber sie hat jetzt einige Lebensgefühle erfahren und kann ihr Staunen und ihre Neugier fühlen.

Ich glaube nicht, daß sie sich für die Dunkelheit und das Schweigen entscheiden wird. Carmen ist in der Lage, zu denken und zu fühlen, ich bin mir dessen aufgrund meiner Beobachtungen ziemlich sicher. Ich habe in meiner Nachricht an Nancy betont, daß sie keine Angst mehr vor Carmen haben muß. Wenn sie langsam frei wird, sich wie ein normaler Mensch ausdrückt und fühlt, wird Carmen die Welt als einen realen Ort kennenlernen und Nancy natürlich auch. Es scheint mir, daß Carmen früher in Augenblicken gekommen ist, wenn Nancy mit der Realität einfach nicht zurechtkam. Vielleicht ist Carmen der Schlüssel. Carmen war in der Vergangenheit Nancys stärkste Ablehnung der Lebenswirklichkeit. Ihr Rückzug war so vollständig, daß selbst diejenigen von uns in ihrem Innern, die es versuchten, nicht zu ihr durchdringen konnten.

Nancy ist voller Groll auf Carmen; sie hat das Gefühl, daß sie sich mit einer weiteren Persönlichkeit auseinandersetzen muß, aber ich hoffe, daß sie erkennt, daß Carmen ein wichtiger Schlüssel für unsere Existenz überhaupt ist. Carmens Entwicklung in der letzten Zeit ist ein großer Schritt nach vorn für Nancy, auf ein normales und vollständiges Leben hin. Nancy wird nie die Verantwortung übernehmen, wenn sie die Welt ausschließen kann. So wie Carmen gezwungen wurde, zu gehen, zu sehen und zu berühren, so kann auch Nancy nicht länger entfliehen, sie muß dem Leben ins Gesicht sehen. Ich glaube jetzt, daß sie die Kraft dazu hat; wenn sie doch nur selbst daran glauben würde. Es ist wirklich faszinierend für mich zu beobachten, wie Carmen tastend nach Verständnis sucht und es in gewissem Grad auch findet. Ich weiß, daß Nancy verzweifelt ein »ganzer« Mensch sein will, und ich fühle, daß Carmen ihr dabei helfen wird, wenn Nancy sie als Person akzeptiert und Carmen lernt, akzeptabel zu sein, so wie John, Jennifer und Sherry.

Sherry ist immer noch verzweifelt. Sie weiß nicht, wie sie sich selbst helfen soll. Sie hat Angst, kann es aber nicht zugeben, obwohl ich einmal geglaubt habe, daß sie Sie rufen würde. Sie weiß nicht, wie sie sich gehenlassen oder um Hilfe bitten kann. Ich weiß nicht, wie ich ihr jetzt helfen soll, ich habe das Gefühl, keiner weiß es. Wenn Sie von Sherry hören, helfen Sie ihr bitte, sich zu entspannen. Lassen Sie sie wissen, daß alles in Ordnung sein wird.

Ich spare meine Kräfte, falls ich bald wieder einmal für Nancy arbeiten muß. Ich glaube daher nicht, daß wir in der nächsten Zeit miteinander sprechen werden, aber falls Sie mich für irgend etwas brauchen, wissen Sie ja, wie Sie mich erreichen können.

Viele Grüße,
Sarah

Eine weitere jüngere Persönlichkeit, die auftauchte, war Nancy/Regan, die zwischen vier und sieben Jahre alt war. Sie verkörperte den Haß in seiner gröbsten Form. Sie war die erste, die mich voller Verachtung anschrie: »Ich hasse dich! Ich hasse dich! Ich hasse dich!« Mit einem wilden Ausdruck im Gesicht machte sie sich daran, Dinge mutwillig zu zerstören. Mit einem verzerrten, primitiven, ja unmenschlichen Gesichtsausdruck schien sie von dem Wunsch besessen zu sein, alles, was sie sah, zu zerfetzen. Sie ergriff die schwarzen Vorhänge, versuchte, sie von den Wänden zu reißen. Sie riß Harolds Zeitschriften und Bücher in Stücke. Sie stand mit dem Rücken zur Wand, die Hände hinter dem Rücken, und zerkratzte die Tapete. Mehrere Male warf ich sie zu Boden und setzte mich auf sie, um ihrer Gewalttätigkeit Einhalt zu gebieten.

Immer wieder sagte ich zu ihr: »Nein! Nein, Regan!« Du darfst nicht alles zerstören. Du darfst es nicht.« Zuerst konnte ich sie nicht daran hindern, sie litt unter einer übermächtigen Wut, an deren Ursache sie sich nicht erinnern konnte, und war wie eine wild gewordene Katze. Ich habe noch nie ein Kind so zornig gesehen, es war, als ob sie sogar um die Luft zum Atmen kämpfen mußte.

Sie gab mir einen Eindruck von dem gigantischen Zorn, der in Nancy brodelte und der durch sie, Nancy/Regan, an die Oberfläche kam. Welche dämonischen Gefühle mochten in Nancy verborgen sein, dem »guten kleinen Mädchen«, durch welche Mißhandlungen an ihrem Geist und Körper mochten sie wohl verursacht sein?

Wenn *eine* Persönlichkeit ihren Zorn ausdrückte, schienen die anderen sich zu beruhigen, als ob ihr Zorn ein Ventil hatte. Die Ausbrüche von Nancy/Regan retteten wahrscheinlich Nancys emotionales Leben, dachte ich. Ohne ein derartiges Ausleben ihres inneren Zorns hätte sie sich wahrscheinlich schon längst das Leben genommen.

Nancy erlangte internationale Berühmtheit, als ein Bericht über sie im *Progress Bulletin*, der örtlichen Zeitung, erschien. Bob Nagey, Mitarbeiter der Zeitung, beschrieb darin ihre Therapie. Der Bericht wurde später von nationalen und einigen internationalen Zeitungen nachgedruckt. Nagey erwähnte Clint. Er schrieb, daß ein ortsansässiger Psychiater den Fall auf Einladung der Pflegeeltern hin verfolgte, und zitierte Clint mit den Worten: »Es gibt keine allgemein anerkannte Behandlungsmethode für multiple Persönlichkeiten. Alles muß durch Versuche herausgefunden werden. Das endgültige Ziel bei der Behandlung ist, die Persönlichkeiten in eine Einheit zu integrieren und dabei hoffentlich die besten Eigenschaften der einzelnen Personen miteinander zu verbinden.«

Das bedeutete, wie ich gerade gelesen hatte, die »Integration« jeder Persönlichkeit in die Kernpersönlichkeit. Bevor dies geschehen konnte, mußte die Persönlichkeit den *Wunsch* äußern, integriert zu werden. Sie mußte zerstörerische Wünsche ablegen. Im wesentlichen hieß das, daß Nancy diesen Wunsch haben mußte.

Ich spürte, daß die Persönlichkeiten sich erst um sich selbst und dann um andere sorgen mußten, um ihr mutwilliges Verhalten ablegen zu können. Erst dann konnte die Integration stattfinden. Dies konnte nur erreicht werden, wenn sie sich geliebt und akzeptiert fühlten. Ich mußte die Rolle der liebenden, fürsorglichen Mutter spielen, sie mußten mich als ihre »Mom« annehmen und mir gehorchen, mich lieben, wissen, daß ich zu ihrem Besten handelte.

Ich dachte daran, wie verschieden die einzelnen Hauptpersönlichkeiten waren. Nancy/Sarah war eine Gelehrte, reif, fürsorglich allen anderen gegenüber. Nancy/Jennifer war kindlich, liebenswert, aber sehr depressiv, bisweilen akut selbstmordgefährdet. Nancy/John war stolz auf seine gespielte Tapferkeit, aber fürsorglich seiner Zwillingsschwester gegenüber, er zeigte eine tiefe Verletzbarkeit. Nancy/Sherry war eigensinnig, lebte ihre sexuellen Triebe aus. Nancy/Carmen war eine Unbekannte und würde es vielleicht immer bleiben. Nancy/Regan war ein Ausbund von Zorn. Nancy handelte immer noch selbstzerstörerisch, wie ich aus einem Brief erfuhr, den sie mir schrieb. (Sie und die anderen schrieben oft, statt sich auszusprechen, wenn sie einen bestimmten Konflikt aufklären wollten – Nancy war im Grunde eine Schriftstellerin. Manchmal dachte ich, daß Schriftsteller sich vielleicht in den Charakteren, die sie sich erträumen, ihre eigenen »multiplen Persönlichkeiten« schaffen.) Ich hatte mit Nancy darüber gesprochen, daß sie gewisse Mitglieder der örtlichen Straßenbande nicht treffen sollte. Sie verkauften Nancy/John Drogen, die das Gehirn schädigen konnten. Chico war der Anführer und Hauptdealer, Jim und Jerry waren Freunde von Nancy gewesen.

Sie schrieb, daß sie über Jerrys Tod, der an Drogen gestorben war, trauerte:

Liebe Mom,
es ist eine dieser langen Nächte, in denen ich nicht schlafen kann, und wie gewöhnlich kann ich nicht abschalten. Es war eine harte Woche; ich muß die ganze Zeit an Jerry denken, alles erinnert mich an ihn.
Als Jim anrief, wurde meine Trauer durch seine noch verstärkt, aber ich konnte verstehen, daß er mit jemandem reden mußte. Er war wirklich erschüttert – er sagte, daß er jemanden brauchte, der Jerry auch gemocht hatte. Schließlich war Jerry sein bester Freund gewesen, Mom; sie sind zusammen aufgewachsen.
Mom, bitte sag mir doch, wie ich über Jerrys Tod trauern kann. Ich habe tiefe Schuldgefühle, Zorn und Trauer in mir, Gefühle, die ich nicht ausdrücken kann. Ich habe keine einzige Träne geweint. Ich glaube nicht, daß Du verstanden hast, was ich für Jerry gefühlt habe oder wie wichtig es für mich war, daß er überleben sollte. Ich nehme an, daß ich die Sache mit Andrew irgendwie wiedergutmachen wollte. Sie sind sich in vielen Dingen ähnlich gewesen. Als ich erfuhr, daß Jerry tot war, hat mir das sehr weh getan. Ich wußte nicht, wie ich mit dem ganzen Schmerz fertig werden sollte. Ich brauchte Dich, aber irgend etwas in mir hinderte mich daran, Dir meinen Schmerz zu zeigen – schließlich warst Du nicht damit einverstanden, daß ich mich mit ihm traf. Ich war böse auf Dich, als Du mir verboten hast, zu ihm zu gehen, obwohl ich das Gefühl hatte, daß er mich brauchte.
Ich weiß, daß ich Jerrys Tod nicht verursacht habe, aber ich habe auch nichts getan, um ihn zu verhindern. Und das ist das Schreckliche daran.
Ich bin auch traurig darüber, daß Du mir gegenüber so mißtrauisch bist. Ich weiß ja, daß ich Dir Grund genug dazu gegeben habe, aber es macht mir angst, daß ich Dir nicht eine gute Tochter sein kann, der Du vertrauen kannst. Ich versuche mein Bestes, Mom. Selbst wenn ich es wieder mal falsch mache, gebe ich mir doch alle Mühe. Ich weiß, daß das schwer zu verstehen ist. Ich muß mir oft ins Gedächtnis rufen, daß ich ja jetzt eine echte Mutter habe und nicht einfach alles das tun kann, wozu ich Lust habe. Es ist schwer, sich das abzugewöhnen.
Meistens ist es einfach, das zu tun, was Du für richtig hältst, weil ich weiß, daß es richtig ist. Ich weiß, daß Du Dir Sorgen machst, daß ich Stoff nehme, wenn ich mich mit Jim treffe. Aber diesmal war es etwas ganz anderes. Es war nicht nur so zum Spaß oder zum Vergnügen. Es war wirklich wichtig. Auch wenn es jetzt zu spät ist, möchte ich, daß Du das weißt. Bitte, glaube nicht von mir, daß ich so oberflächlich bin. Und von Jim auch nicht. Er ist auch ein Mensch. Ich würde gern einen anderen Weg finden, als immer nur high zu sein. Das ist nur ein Ausweg für mich.
Bitte, glaube mir, Mom.
Alles Liebe, Nancy

Dieser bewegende Brief war die Bitte, ihr zu helfen, den Tod eines Freundes zu betrauern, ihr zu helfen, mit »tiefen Schuldgefühlen, Zorn und Trauer« fertig zu werden. Sie war nicht in der Lage gewesen zu weinen, obwohl sie tiefe Trauer fühlte. Ich wußte, daß dieses Unterdrücken von Tränen ein wichtiger Teil von Nancys Schmerz war. Sie drückte es so aus: »Ich wußte nicht, wie ich mit dem ganzen Schmerz fertig werden sollte.« Schmerz bei dem Gedanken an den Tod ihres Freundes. Und verschütteter Schmerz, den sie so sorgsam vor sich und der Welt versteckt hielt, wofür sie einen hohen emotionalen Preis zahlte.

Nancy und Clint wurden gute Freunde, sie schätzte seine Intelligenz und Sympathie. Er sah sie nicht als Verrückte, die sich von anderen Menschen unterschied, sondern als gequälte junge Frau, die Hilfe brauchte, die voller Angst und Konflikte war, denen sie sich noch nicht stellen konnte. Er gab keinen Augenblick lang die Hoffnung auf, daß sie ihnen eines Tages ins Gesicht sehen würde.

Clint war eine Bereicherung für mich – ein Lehrer, ein Verbündeter, ein Freund. Er sagte, daß ich eine »Offenbarung« sei, und einmal erklärte er nach einer Sitzung, daß er das, was ich ertrug und erreichte, stärker bewunderte als Nancys Fortschritte. Er lobte meine Fähigkeit zu geben, beschrieb multiple Persönlichkeiten in vielerlei Hinsicht als »schikanös« und lobte meine Geduld und das Grundvertrauen, das ich in Nancy hatte. Er sagte, daß sich diese Interaktion zwischen uns »nicht mit Worten beschreiben läßt«. Eines Abends sagte er zu mir: »Ihre Geduld, Emily, die ganze Zeit, die Sie aufwenden, Ihre Energie und die Fähigkeit, Rückschläge zu akzeptieren, sind unglaublich. Ich weiß, was es heißt, mit multiplen Persönlichkeiten zu arbeiten. Man glaubt, daß man etwas Boden gewonnen hat, und in Wirklichkeit wurde man um Meter zurückgeworfen.«

Clint beschrieb, wie er Nancy/Jennifer zum ersten Mal traf. Nancy saß ihm in einem Lehnstuhl gegenüber, und Harold befahl ihr, rückwärts zu zählen, und sagte die beiden Schlüsselwörter »Zenith, Zero«.

Nancys Lippen entspannten sich, wurden voller, ihre Augen öffneten sich weit, immer weiter, während sie sich auf mich konzentrierte. Das Gesicht und die Stimme eines verwirrten, ängstlichen Kindes kamen zum Vorschein, als sie mit zitternder Stimme sagte: »Wer bist du?« Dann verkroch sie sich wieder in den großen Lehnstuhl.

Er antwortete: »Ich bin Onkel Clint. Wir haben vor zwei Tagen miteinander telefoniert.«

Sie entspannte sich ein bißchen und sagte: »Steh auf.«

Er schob seinen Stuhl zurück, so daß er sie nicht noch mehr ängstigen würde, und richtete sich dann zu seiner vollen Größe von einem Meter neunzig auf.

Sie sagte voller Furcht: »Du bist ja riesig!« Sie sah ihm ins Gesicht und lehnte sich nach vorne. Von dem Moment an waren sie Freunde.

Ich fand eine lange Notiz vom November. Ich hatte sie etwa fünf Jahre nach dem Vorfall in meinem Klassenzimmer, als Nancy im Herbst 1973 davongerannt war, für mich aufgeschrieben:

Sherry hat mich heute besucht. Sie lächelte und schien entspannter, als ich sie jemals gesehen hatte. Sie erzählte mir, was mit Jennifer geschieht. Jennifer ist geschwächt, ihre Lebenskraft läßt nach, sie kann nicht mehr nach Belieben zum Vorschein kommen. Sie kann ihr Lieblingsstofftier Bobby Joe nicht mehr umarmen oder greifen. Sie ist sich keinerlei Gefühle, Wünsche oder Ängste mehr bewußt. Für Sherry existiert ein großes Loch, wo einmal Jennifers Substanz war. John hat Angst und glaubt, daß mit ihm das gleiche geschehen wird. Er malt viele Bilder von Jennifer. Jennifer weint.

Jennifers Lebenskraft scheint auf Nancy überzugehen. Nancy erinnert sich jetzt an Jennifers Erfahrungen und erlebt die Gefühle, die mit Jennifers Erfahrungen einhergingen. Sherry zufolge kommt Nancy mit diesen Erinnerungen und den sie begleitenden Gefühlen ganz gut zurecht. Sherry sagt, daß es für Nancy nicht so traumatisch sein wird, wenn sie sich integriert.

Sherry hat folgende Möglichkeit zur Sprache gebracht: Vielleicht kann Nancy nie mehr zurückkommen, wenn Jennifer völlig verschwindet, weil Jennifer die notwendige Stufe zwischen den anderen und Nancy ist. Mir kam der bedrückende Gedanke, daß möglicherweise Carmen die immer dominierende Persönlichkeit werden könnte, wenn Jennifer erst verschwunden ist. Weder Sherry noch John können durch Carmen erscheinen.

Sherry scheint jetzt zu akzeptieren, daß sie Nancy helfen muß. Ich hätte Sherry heute gerne an mich gedrückt, aber ich wagte es nicht, wegen der Gefühle, die sie mir gegenüber hat, wenn ich sie berühre. Sie hat gesagt, sie wüßte, wie sie Geld verdienen kann, ohne etwas zu tun, dem Nancy widersprechen würde.

Diese Notiz beschrieb einige wichtige Veränderungen. Sherry begann, an andere zu denken und die Integration zu verstehen. Nancy/Jennifer schien fast vollständig integriert zu sein. Nancy/John nutzte sein künstlerisches Talent und wandte seine Energien für künstlerische Arbeiten auf. Und Nancy kam »ganz gut« mit der ersten Integration und auch mit den Gefühlen, die Nancy/Jennifer durchlebte, zurecht.

Aber es war ein schmerzhafter Prozeß, ein langsamer Durchbruch für jede einzelne Persönlichkeit und auch für Nancy. Bisweilen fühlte sich Nancy/Regan gequält von »den Bildern in meinem Kopf«. Voller Verzweiflung stieß sie mit dem Kopf gegen die Wand. Ich vertraute darauf, daß sie aus dieser Hoffnungs- und Hilflosigkeit als Siegerin hervorgehen würde. Die Erinnerungen durften nur in kleinsten, sicheren Mengen durchbrechen.

Ich wußte nie, welche Persönlichkeit plötzlich zum Feind werden würde. Nur Nancy/Sarah war immer Co-Therapeutin. Sie kam jetzt nicht mehr oft zum Vorschein, aber gelegentlich erhielt ich eine Nachricht von ihr als unpersönliche Beobachterin der Wesen im Innern. Sie sagte dann zum Beispiel: »Dieses Kind hat die Regeln verletzt.« Sie war das Gewissen, die oberste Helferin, Beschützerin aller anderen. So hatte ich immer das Gefühl, mindestens eine Bündnispartnerin zu haben. Ein Teil von Nancy wußte, wie er überleben konnte.

Nancy war meine allergrößte Herausforderung. Manchmal hatten wir Sitzungen, die vier oder fünf Stunden lang dauerten – einmal haben wir die ganze Nacht hindurch gearbeitet, als sie keinen Lebenswillen mehr hatte. Morgens ging ich völlig erschöpft zum Unterricht in die Schule. Manchmal war ich überrascht von meinem Mut, und ich machte unverdrossen weiter und versuchte herauszufinden, was ich noch tun konnte.

Ich versicherte Nancy und den Persönlichkeiten immer wieder, daß das Zutagetreten unterdrückter Erinnerungen mich nicht dazu bringen würde, sie aufzugeben, egal wie schrecklich diese Erinnerungen waren. Da ihre Taten das Wissen um eine schreckliche Vergangenheit versteckten und sie glaubten, daß die Aufdeckung von Erinnerungen den Tod bedeutete, mußte ich sie davon überzeugen, daß das Gegenteil wahr war. Sich zu offenbaren bedeutete leben.

Mehrere brennende Fragen verfolgten mich und mußten Nancy noch viel mehr quälen. Warum waren ihre natürlichen Gefühle und Wünsche so unterdrückt worden? Was hatte sie in das Unterbewußte verbannt? Was war in ihrer frühen Kindheit geschehen, das sie uns nicht erzählen konnte, da sie glaubte, daß sie dann sterben müßte? Was hatte ihre Psyche so sehr erschüttert, daß sie jetzt ihre Sinne, ihre Gefühle, ihre Vernunft verneinen mußte?

Eine Persönlichkeit hatte jahrelang in ihr gelebt, die nie ein Wort sagte, sondern nur beobachtete. Ich wußte nichts von ihrer Existenz. Aber sie hatte zugehört, hatte mir bei der Arbeit zugesehen.

Diese Persönlichkeit würde es sein, die Nancy befreien konnte, indem sie die Ursache für ihren Schmerz offenlegen würde, die frühen schrecklichen Erfahrungen, die Nancy zerstört und emotional zu einem gefühllosen Wesen gemacht hatten.

Teil 3

Die fehlgeschlagene Reise

12. *Januar und Februar 1979*

Obwohl ich der Meinung war, daß Nancy schon einen großen Teil ihrer Furcht besiegt hatte, überlegte ich, ob es nicht schneller ginge, wenn sie von jemandem therapiert würde, der bei der Behandlung multipler Persönlichkeiten internationale Anerkennung genoß – etwa Dr. Cornelia B. Wilbur, die Therapeutin von Sibyl. Sie hatte die *Wilbur Clinic* in Lexington, Kentucky, eröffnet, wo sie lebte und arbeitete.

Die Gaffneys und ich besprachen die Angelegenheit und fragten Nancy, was sie von der Idee hielt. Sie hatte die Geschichte von Sibyl, die von Flora Rheta Schneider aufgeschrieben worden war, gelesen, und war von Sibyls Gesundung beeindruckt. Nancy schien die Chance, nach Lexington zu gehen, nutzen zu wollen, um sich dort von Dr. Wilbur oder einem von ihr ausgebildeten Psychiater behandeln zu lassen. Ich wollte dort im Sommer studieren, um das so Gelernte dann bei Nancys Behandlung anzuwenden, wenn wir beide nach Ontario zurückkehren würden.

Harold hatte einen guten Freund in Lexington, Dr. Lloyd Mayer, einen Spezialisten für Allergien, der uns drängte, Nancy in die *Wilbur Clinic* zu schicken. Er bot an, sich nach einer Wohnung in der Nähe der Klinik umzusehen und auf jede erdenkliche Weise zu helfen.

Nancy war einige Monate vorher bei den Gaffneys ausgezogen und versuchte jetzt, für sich allein zu leben. Die Sitzungen im Hypnotherapieraum fanden jedoch nach wie vor statt. Die Gaffneys planten, in diesem Jahr nach San Antonio del Mar in Mexiko zu ziehen. Sie bauten sich dort ein Haus auf einer Klippe mit Blick auf den Pazifik und besuchten oft die Baustelle, um die Arbeiten zu überwachen.

Nancy plante, irgendwann im Winter 1979 nach Kentucky zu

fliegen. Ich wußte, daß es schwer für sie werden würde, wegzugehen. Unsere Gruppe setzte die Arbeit mit den verschiedenen Persönlichkeiten fort und bereitete sie auf die Veränderung vor. Wir glaubten, daß sie sich möglicherweise aus Protest zurükkentwickeln und ihr frühes selbstzerstörerisches Verhalten wieder an den Tag legen würden, weil sie, wie sie es empfanden, von den Gaffneys und mir im Stich gelassen wurden. Wir hielten am 22. Februar, einem Feiertag, eine Sitzung ab. Clint war auch anwesend, und wir erzählten ihm von unseren neuen Plänen. Zuerst riefen wir Nancy/Jennifer, die sich darauf vorbereitete, sich zu integrieren, wie wir glaubten. Aber durch das Erstarren von Nancys Körper wußte ich, daß Nancy/John gekommen war. Die Stimme, die uns mit einem »Hallo« begrüßte, war tief, kurz angebunden, jungenhaft.

»Hallo, John«, begrüßte ich ihn. »Ich glaube nicht, daß du Dr. Clinton Johnson schon einmal getroffen hast. Ich habe dir ja versprochen, daß ich ihn dir vorstellen würde.«

Harold sagte: »Dr. Johnson, das ist John.«

Clingt sagte mit seiner warmen Stimme: »Ich freue mich, dich kennenzulernen, John. Ich habe schon lange auf diese Gelegenheit gewartet.«

Ich fragte: »Wie geht es dir, John?«

»Mir geht's ganz gut.« Ein angedeutetes Lächeln.

»Bekommst du immer noch Telefonanrufe?« Er hatte die Kontakte zur Drogenbande aufgegeben, aber sie verfolgten ihn weiterhin.

»Nein.«

»Sie haben es einfach aufgegeben?«

»Sherry hat mit ihnen geredet, Mann.«

»Weißt du, was sie gesagt hat? Hast du zugehört?«

»Nein. Sherry wird es wissen.«

»Vielleicht werde ich sie selbst fragen, um zu erfahren, was sie gesagt haben. Sie scheinen sich jedenfalls nicht mehr so sehr zu bemühen.«

»Ja, hoff' ich auch.«

»Weißt du noch, daß ich dich gefragt habe, ob ich dir wegen der Drogen irgendwie helfen könnte?«

»Ja.«

»Möchtest du es versuchen?«

»Mensch, ich nehm' doch nichts.«

»Das weiß ich. Aber ich frage mich, ob sie irgendwie an dich herankommen und dich dazu bringen können, Drogen zu nehmen, ohne daß du es willst. Weißt du darüber irgend etwas?«

»Na ja, irgend so 'n paar Kerle könnten einem was aufzwingen, aber sie können einen nicht zwingen zu bezahlen, wenn man kein Geld hat.«

Ich fragte: »Ist es schwer, nein zu sagen? Ich glaube, mir würde es schwerfallen, wenn ich in einer Gruppe wäre, in der alle Drogen nehmen.«

»Ich würde nichts nehmen, wenn man es mir aufzwingen würde.«

Ich fragte: »Hast du schon einmal beobachtet, daß jemand gezwungen wurde, Drogen zu nehmen?«

Er dachte einen Moment lang nach und sagte dann: »Na ja, in Los Angeles hab' ich's mal gesehen.«

»Es kommt also vor.« Ich überlegte, ob er, so wie ich, an die Überdosis dachte, die Zurdo Andrew gegeben hatte, um ihn zu töten. Ich erklärte: »Dr. Johnson arbeitet mit Menschen, die drogenabhängig sind.«

Ich wandte mich an Clint und fragte: »Wissen Sie, ob es vorkommt, daß Menschen gezwungen werden, Drogen zu nehmen?«

Clint sagte nachdrücklich: »Sehr selten. Ich spreche nur aus allgemeiner Erfahrung, aber ich glaube, daß es höchstwahrscheinlich nicht vorkommt.«

Harold fragte: »John, du hast doch Nancys Auto repariert, oder?«

»Ja.«

»Wo hast du das gelernt?«

»Als wir in Los Angeles ein Auto hatten, hab' ich ein bißchen dran rumgebastelt.«

»Du hast es sehr gut gemacht.«

»Hab' ich nirgendwo gelernt. Hab' nur die andern beobachtet, die Autos hatten und sie repariert haben.«

Harold fragte: »Zeichnest du immer noch gerne?«

»Ja, aber ich hab' keine Bilder gemalt.«

Ich wechselte das Thema. Ich wollte auf die Integration zu sprechen kommen. Es war mein langfristiges Ziel, die Persönlichkeiten mit dem Gedanken vertraut zu machen.

»Jennifer ist sich ziemlich sicher, daß sie bald in Nancys Innerem sein wird und nicht mehr zurückkommen kann. Fühlst du, daß das wirklich so ist?«

»Ja.«

»Es stimmt also tatsächlich?« Ich war ziemlich aufgeregt. Es war ein Teilsieg, nachdem wir uns alle bis zur Erschöpfung verausgabt hatten.

»Ja.«

Harold fragte: »John, was glaubst du, wird mit dir passieren?«

»Na ja, Jennifer und ich sind zusammen gekommen. Vielleicht gehen wir auch wieder zusammen.«

Ich warf ein: »Daran habe ich noch nie gedacht! Glaubst du, daß diese Möglichkeit wirklich besteht? Daß du ebenfalls gehst, wenn Jennifer geht?«

»So läuft das eben ab. Ich meine, so wie wir auch zusammen gekommen sind.« Seine Stimme klang resigniert.

Ich sagte unglücklich: »Ich möchte dich nicht verlieren. Wir haben uns ja gerade erst kennengelernt.« Er war etwas Besonderes für mich. Er hatte mich zuerst erbittert bekämpft und dann aus Liebe sein selbstzerstörerisches Verhalten aufgegeben. Auf diese Weise lernen Kinder, primitive Triebe zu kontrollieren, dachte ich.

Dann fragte ich: »Jennifer kann also fühlen, daß sie weggeht. Spürst du etwas Ähnliches?«

»Früher war ich ziemlich stark und konnte lange draußen bleiben. Aber jetzt ist alles ganz anders.«

Ich sagte nachdenklich: »Weißt du, was anders geworden ist? Es hat nichts damit zu tun, daß du nicht mehr so stark bist. Du hast es dir eben anders überlegt. Du willst jetzt etwas anderes, das stimmt doch, oder?«

»Ich weiß nicht. Drogen und so, ich hab' das Gefühl, daß sie mir nichts mehr bedeuten.«

Harold fragte: »Würdest du uns ein Bild malen? Ich möchte, daß Clint sieht, was für ein Talent du hast. John, mein Junge, du bist wirklich begabt. Nur eine kleine Zeichnung, bitte.«

»Später, Mann.«

Ich wußte, daß er sich nicht zwingen lassen wollte, etwas zu produzieren, der künstlerische Drang müßte von ihm kommen.

Harold fragte: »Du erinnerst dich an Sarah, John?«

»Ja.« Nichtssagend sprach er es aus.

»Was ist mit ihr geschehen?«

»Sie ist immer noch da.«

»Sie ist schon lange nicht mehr gekommen.«

Ich fragte Nancy/John: »Hast du das Gefühl, daß sie weit weg von dir ist?«

»Na ja, sie ist nicht mehr so oft da, aber sie ist immer noch anwesend.«

»Weißt du, was in ihr vorgeht?«

»Nee.«

»Du kannst sie nicht fühlen?«

»Doch, ich fühle, daß sie da ist, aber ich kann nicht sagen, was sie denkt, wenn sie nicht rauskommt.«

Harold fragte: »Als Nancy noch hier lebte, bist du oft nachts herausgekommen. Stimmt das, John?«

»Ja, ich war oft nachts draußen.«

»Was hast du dann gemacht? Bist du durchs Haus geschlichen und hast nach Drogen gesucht? Sarah hat uns erzählt, daß du dieses Haus besser kennst als wir.«

Nancy/John zuckte mit den Schultern und blieb still. Ich schlug daher vor: »John, sprich doch mal mit Dr. Johnson. Er wird dein Freund sein, wenn du ihn brauchst.«

Clint fragte: »Übt irgend jemand Druck auf dich aus, John, irgend jemand draußen?«

»Glaub' ich nicht.« Er zuckte wieder mit den schmalen Schultern.

»Hast du irgend jemanden geleimt?«

Ich unterbrach ihn: »Was bedeutet das? Kann mir jemand erklären, worum es geht?«

Clint sagte: »Es ist möglich, daß jemand den Stoff an sich nimmt, ohne dafür zu bezahlen. Umgekehrt ist es natürlich auch möglich. Man bekommt nicht das, wofür man bezahlt hat.«

Er wandte sich an Nancy/John: »Hat man dich schon mal aufs Kreuz gelegt, John?«

»Ich deale doch nur, sonst nichts.«

Harold fragte: »John, was hast du vor einigen Wochen gefixt? Heroin?«

Nancy/John antwortete nicht. Ich warf schnell ein: »Wenn Dr. Johnson dir helfen soll, muß er wissen, was los ist.«

Harold bemerkte: »John wirkt heute abend sehr nachdenklich und sehr erwachsen.« Dann wandte er sich an Nancy/John: »Was hat Sherry denn so getrieben?«

»Weiß ich nicht. Sie hat mit Jim gesprochen. Hat ihm gesagt, er soll mich in Ruhe lassen.«

Ich wußte, daß Jim versuchte, Nancy/John dazu zu überreden, erneut Drogen zu nehmen. Ich sagte: »Ich würde gerne wissen, was Sherry zu Jim gesagt hat. Denk daran, John, wenn irgend etwas passiert, Dr. Johnson ist hier, um dir zu helfen.«

Harold fragte: »Willst du wieder gehen und Sherry zurücklassen?«

Nancy/John antwortete: »Okay.«

Ich fragte: »Soll ich sie rufen?«

»Ich kann sie zurücklassen«, sagte Nancy/John. Das bedeutete, daß sie sich nah waren und sie durch ihn erscheinen konnte, was sie auch tat, als er bei den Worten »Zenith, Zero« die Augen schloß und Nancys/Sherrys Gegenwart bald offensichtlich war. Die Augen öffneten sich weit, sie saß aufrecht im Stuhl, befeuchtete ihre Lippen, als wollte sie feststellen, ob sie Lippenstift trug.

Harold sagte: »Hallo, Sherry.«

»Hallo.« Die Stimme war tiefer als Nancys, der Tonfall viel aggressiver.

Harold fuhr fort: »Sherry, darf ich dir Dr. Johnson vorstellen?«

Clint sagte: »Hallo, Sherry.«

Ich erklärte: »Das ist der Mann, der helfen wird, wenn John verhaftet wird oder in Schwierigkeiten gerät. John hat uns erzählt, daß Jim dich angerufen hat.«

»Ja.« Ein Schulterzucken.

»Was hat er gesagt?«

»Na, daß sie ihn verarschen wollten und solche Sachen.«

»Kannst du dir vorstellen, was sie damit meinten?«

»Ich nehm' so was nicht ernst.«

»Sie sind also nicht mehr gefährlich?«

»Ich glaube, daß sie nur groß reden.«

»Das ist sehr wahrscheinlich.« Dann fragte ich: »Was hast du Jim gesagt?«

»Na, ich hab ihm gesagt, er soll die Finger von John lassen. Er sagte, daß sie ihm nichts tun würden. Sie hätten schon längst was unternehmen können, wenn sie gewollt hätten.«

»Das stimmt«, sagte ich. »Je länger es dauert, desto geringer ist die Wahrscheinlichkeit, daß sie etwas unternehmen. Dr. Johnson behandelt Menschen wie Jim.«

Ich wandte mich an Clint: »Die Bande war seit zwei Wochen hinter John her, weil es ihnen nicht paßt, daß er nichts mehr mit der Szene zu tun haben will. Sie haben ihn angerufen, ihn bedroht. Es scheint, daß sie ihn bei der Polizei denunziert haben. Ein Polizeiwagen hat Nancy und Sherry eine Zeitlang verfolgt, das scheinen sie jetzt aufgegeben zu haben.«

Clint fragte: »Was wollen sie von John?«

»Sie wollen, daß er wieder für sie dealt«, sagte Sherry. »Daß er selbst was nimmt und wieder für sie verkauft.« Dann sagte sie nachdenklich: »Vielleicht weiß John irgendwas, was er nicht wissen soll. Oder er steckt zu tief drin.«

Ich fragte: »Weißt du etwas darüber?«

»Nee, ich wollte nicht sehen, wie er drückt oder so. Davon will ich nichts wissen. Ich hab' nur mit ihnen gesprochen, weil ich dachte, wenn sie mit John reden, würde er wieder zu ihnen gehen. Ich glaube, er schafft es nicht mehr.«

»Du meinst also, daß er nicht mehr so stark ist wie früher?«

»Ja, besonders wegen der Sache mit Jennifer.«

»Macht er sich Sorgen deshalb?«

»Ja.«

»Er hat etwas gesagt, woran ich noch nicht einmal gedacht habe«, sagte ich nachdenklich. »Es ist möglich, daß auch er verschwindet, wenn Jennifer geht. Wie denkst du darüber?«

»Ist schon möglich. Ich meine, das einzige, woran er gedacht hat, war, was mit Jennifer passiert. Ich weiß nicht, warum er so denkt. Ich gehe nicht, wenn sie geht.«

Ich erklärte: »Er glaubt das, weil sie zur gleichen Zeit zum ersten Mal auftraten. Sie sind doch Zwillinge. Es scheint so, daß

Jennifer bald geht. Kannst du es John irgendwie anmerken, daß er auch gehen wird?«

Nancy/Sherry dachte kurz nach und sagte dann: »Er ist nicht mehr so begeistert wie früher. Er zieht sich immer mehr zurück.«

Harold fragte: »Bist du in letzter Zeit für Nancy eingesprungen?« Er spielte damit auf Nancys Job in Alfie's Restaurant an.

Clint warf ein: »Scheint so, als ob Nancy dich manchmal wirklich braucht, Sherry.«

»Ich tu nichts für sie.« Ihre Stimme klang arrogant.

Harold sagte: »Doch, das tust du. Du beschützt sie.«

»Quatsch! Das glaubt ihr vielleicht!«

Ich sagte zu Sherry: »Aber das ist doch sehr schön von dir.«

Sie seufzte: »Ich hab' euch doch gesagt, ich pass' auf mich selber auf. Ich tu nichts für andere.«

Mir kam es so vor, als klänge dies sehr nach Nancy/John, bevor wir angefangen hatten, miteinander zu arbeiten und er nachdenklicher geworden war. Es würde einige Zeit dauern, bis Nancy/Sherry es aufgeben würde, wie ein Kind zu denken, das glaubte, daß die Welt nur zu seinem Spaß geschaffen worden war.

Harold fragte: »Glaubst du immer noch, daß du mehr Geld verdienen könntest als Nancy? Für sie?«

»Ja.«

Harold fuhr fort: »Weißt du noch, daß du mal gesagt hast, du könntest in einer Nacht mehr verdienen als Nancy in einer Woche?«

Sie zog die schmalen Schultern hoch. »Vergiß es, wenn es alles versaut. Ich versuche nur, alle zusammenzuhalten. Ich hab' keinen Bock darauf, daß irgendeiner Selbstmord begeht.«

»Das bezeichnet man im allgemeinen als Überlebenswillen«, sagte ich.

Sie betonte: »Nancy heult die ganze Zeit, so wie Jennifer es immer gemacht hat.«

»Sie zeigt Jennifers Gefühle«, erklärte ich. »Nimmt Nancy sie auf sich?«

»Ja. Sie ist sehr verwundbar und so. Früher war sie nie so. Sie scheint viel durchzumachen. Und sie ist unsicher oder so. Es ist, als ob sie versucht, sie selbst zu bleiben. Sie hat diese Schallplatte gekauft. Sie heißt *Don't Cry Out Loud*. Sie spielt sie in einer Tour.«

Ich nahm an, das war der Leitspruch von Nancys Leben. Sie war beherrscht von dem Befehl, nicht laut zu weinen, in gewissem Sinn weinte sie durch ihre Persönlichkeiten.

Harold fragte Nancy/Sherry: »Was hältst du davon, mit Nancy nach Lexington zu gehen?«

»Ist mir egal.«

»Ich habe dort einen sehr lieben Freund, den Arzt Dr. Lloyd Mayer, sein Fachgebiet sind Allergien. Ich habe gerade einen Brief von ihm erhalten. Er besteht darauf, daß Nancy ihn anrufen soll, wenn sie in Lexington eintrifft. Er wird alles tun, damit ihr euch wohl fühlt, du und Nancy.«

Ich fragte Harold: »Weiß er von Sherry?«

»Nein, aber ich werde ihm von ihr berichten«, sagte Harold. »Ich wollte ihm keine Einzelheiten mitteilen, bis wir Nancys Erlaubnis hatten. Jemand muß die Geschichte kennen, falls Jennifer zum Vorschein kommt und verlorengeht. Was sicherlich ab und zu passieren wird.«

Harold fragte Nancy/Sherry: »Meinst du, daß Jenny langsam ausgeblendet wird?«

»Ja, und es würde mich nicht überraschen, wenn John mit ihr ginge. Ich meine, sie waren sich wirklich nahe. Jetzt führt er sich auf, als ob er sie nicht mag. Na ja, sie ist nicht so schlau wie er. Früher war sie es.«

»So schlau wie John?« fragte ich überrascht.

»Ja. Sie hatte auf der Straße gelernt. Sie kam mit allem zurecht. Und dann kam sie in die Drogenszene, hat dies und das gepusht. Sie wußte nicht, was sie tun sollte, daher hat sie eben so was gemacht.«

Harold fragte: »Sie ist auch mal auf den Strich gegangen, nicht wahr?«

»Ja. Aber sie hatte überhaupt keine Ahnung.«

Er bemerkte dazu: »Sie ist recht jung, um auf den Strich zu gehen. Und jedesmal, wenn wir Jenny sehen, scheint sie jünger zu werden.«

»Ich weiß nicht, warum das so ist«, sagte ich.

»Das weiß keiner«, sagte er.

Ich fragte: »Ich würde gerne wissen, ob Nancy direkt über dich kommen kann, Sherry, würdest du es versuchen?«

»Klar, warum nicht.«

Harold sagte spaßend: »Ich muß mal einen Abend in das Restaurant kommen und dir bei der Arbeit zusehen, Sherry. Kann ich mich darauf verlassen, daß du mir nicht den Kaffee über die Hose gießt?«

Sie antwortete nicht, sondern konzentrierte sich darauf, uns zu verlassen. Einige Minuten vergingen, während sie die Augen geschlossen hielt und wir auf Nancy oder Nancy/Jennifer warteten. Nancys/Sherrys Haltung und ihr Gesichtsausdruck veränderten sich. Ein verängstigtes Kind saß jetzt vor uns, und ich wußte, daß Nancy/Jennifer zur Stelle war.

Ich sagte: »Hallo, Kleines.« Dann beruhigend: »Es ist alles in Ordnung. Weißt du, was wir herausgefunden haben? Nancy hatte eine Nachricht für dich hinterlassen, und wir wußten nichts davon. Wir wollten es dir sagen. Ich glaube, sie steckt in ihrer Handtasche.«

Nancy/Jennifer versuchte zu sprechen, aber sie brachte keinen Ton heraus. Ich fragte: »Soll ich sie dir vorlesen?«

Schwach sagte sie: »Okay.«

»Da steht: ›Jennifer, ich weiß, was neulich nachts passiert ist. Es tut mir leid, daß es Dir so weh getan hat. Du kannst zu mir hereinkommen, und ich werde Dich beschützen. Ich verspreche Dir, daß Deine Mommy Dich weiter lieben wird. Denk daran, daß Dir niemand mehr weh tun wird. Du wirst immer in mir drin sein. Ich werde Dich fühlen und die anderen auch. Du wirst nicht sterben. Das verspreche ich Dir. Ich weiß, daß Du ein liebes Mädchen bist. Und ich werde versuchen, Dich glücklich zu machen. Bitte, vertrau mir. Alles wird in Ordnung sein. Nancy.‹«

Ich sah von dem Brief auf und sagte: »Das klingt recht gut. Sie wird auf dich aufpassen. Sie hat dich gern und will, daß du keine Schmerzen mehr hast. Und ich werde dich auch weiter lieben.«

»Sie ist nicht böse auf mich?« Es war die Stimme eines kleinen Mädchens.

»Nein, sie ist dir nicht böse. Wenn sie es wäre, würde sie nicht schreiben, daß du ein liebes Mädchen bist und daß sie versuchen wird, dich glücklich zu machen. Außerdem hast du immer noch mich.«

»Aber du kannst nicht mehr meine Hand halten.«

»Wenn Nancy hier wäre und ich sagen würde: ›Ich möchte Jennifers Hand halten‹, meinst du, daß ich das dann nicht tun könnte?«

»Ich weiß nicht, wie das funktionieren soll.«

»Es geht einfach so.«

Dann sagte ich zu ihrer Beruhigung: »Ich glaube nicht, daß es so schlimm sein wird.«

»Du wirst mir fehlen.« Es klang wie ein schwacher Protest.

»Ich weiß. Ich werde dich auch vermissen. Ich verspreche dir, daß du keine Angst haben mußt, falls ich dich nicht mehr sehe, bevor du gehst. Ich weiß, daß dir nichts passieren wird.«

»Es ist wahrscheinlich genauso, als ob man sich verläuft, und niemand findet einen.« Es klang traurig.

»Ich glaube nicht, daß es so ist, Jenny. Verloren zu sein, bedeutet, daß man vor etwas Angst hat, und ich glaube nicht, daß du noch vor irgend etwas Angst haben mußt. Wenn ich Nancy sehe, sehe ich dich auch und weiß, daß du da bist.«

»Bist du ganz sicher?« Sie sagte es mit klagender Stimme.

»Ja, ganz sicher, mein Liebling. Das versuche ich dir ja die ganze Zeit zu erklären. Ich weiß, daß du da bist, und ich werde dich lieben.«

»Ich kann dich kaum noch hören.«

Harold fragte: »Kannst du mich verstehen, Jenny?«

»Mmh. Aber in Nancys Innerem kann ich nichts hören, auch wenn ich es ganz stark versuche. Ich will nicht, daß ihr glaubt, daß ich ungezogen bin.«

Ich sagte: »Ich weiß, daß du das nicht bist. Zwischen uns ist jetzt alles klar.«

»Aber vielleicht will Nancy, daß die Leute in ihrem Innern sich schlecht fühlen.«

Ich fragte: »Warum sollte sie das wollen?«

»Sie will, daß du ihre Mommy bist. Und John will der Boß sein.«

»Ich glaube nicht, daß Nancy das absichtlich tut, meine

Kleine«, sagte ich. »Ich glaube nicht, daß Nancy weiß, was sie tut.«

Nancy/Jennifer begann zu weinen und sagte dann, was sie wirklich bedrückte. »Ich will nicht in eine fremde Stadt geschickt werden. Ich werde auch immer lieb sein. Ich werde auch niemandem weh tun.«

Ich versicherte ihr: »Liebling, du sollst doch nicht nach Lexington gehen, weil du irgend etwas verbrochen hast. Du hast nichts getan.«

Sie begann zu schluchzen. Ich sagte zu ihrer Beruhigung: »Du mußt nicht weinen.« Dann fügte ich hinzu: »Weißt du, was John denkt? John glaubt, daß er vielleicht auch verschwindet, wenn du gehst. Wenn das stimmt, wird er vielleicht bei dir sein.«

»Er ist zu niemandem nett. Wieso eigentlich?« Sie schluchzte immer noch.

»Ich wünschte, ich könnte dir das beantworten. Ich weiß es nicht.«

»Er mag dich.« Das Schluchzen ließ nach.

»Er möchte auch gerne eine Mommy haben. Ich bin froh, daß ich deine Mommy bleiben kann.«

»Auch wenn du manchmal nicht lieb warst. Erinnerst du dich daran, daß ich dir gesagt habe, ich könnte dich lieben, auch wenn ich mit dem, was du gemacht hast, nicht einverstanden war?« Dann fragte ich: »Glaubst du, daß Nancy so fühlen wird wie du, wenn du in ihrem Inneren lebst?«

»Ich weiß nicht.« Flehend sagte sie: »Wirst du dich um Bobby Joe kümmern?« Es war ihr Lieblingsspielzeug. »Und um Rattles?« Die Spielzeugschlange.

Clint versicherte ihr: »Ich mag Rattles. Ich habe früher als Pfadfinder in meinen Taschen Schlangen mit mir herumgetragen.«

Durch ihre Tränen hindurch sagte Nancy/Jennifer stolz: »Ich habe einmal eine Klapperschlange gefangen.«

Harold fragte lachend: »Erinnerst du dich, wie du einmal die Eidechse in Nancys Tasche gesteckt hast? Sie ist fast an die Decke gegangen. Sie hatte keine Ahnung, wie das Tier dorthin gelangt war.«

Nancy/Jennifer wischte ihre Tränen mit der Hand weg und

sagte zu mir: »Willst du mit Nancy sprechen?«

»Ja, gerne.«

»Ich kann sie herholen.«

Ich fragte: »Du wirst dich doch bei dem Doktor in Lexington gut aufführen, nicht wahr?«

»Ja, weil du es willst.«

Ich sagte langsam und nachdenklich: »Ich bin froh, wenn alle nicht mehr die Probleme haben, die sie jetzt haben. Aber ich denke ganz anders darüber, Jenny. Ich glaube, daß alle da sein werden, tief drinnen. Ich glaube nicht, daß irgend jemand verschwinden wird. Es wird nur anders sein, weil ihr nicht mehr einzeln zum Vorschein kommen könnt. Daran glaube ich.«

»Aber werden wir das sein, was wir jetzt sind?« Es klang traurig.

»Es kann natürlich passieren, daß Nancy so wie du sein will, weil sie dich so sehr mag«, sagte ich. »Vielleicht gehst du aus diesem Grund in ihr Inneres.«

»Warum sollte sie mich mögen?« sagte sie mit trauriger Stimme.

»Weil man dich einfach mögen muß«, versicherte ich ihr.

»Aber ich war böse, ich habe ihr weh getan.« Sie dachte zweifellos an die Zeit, als sie sich die Pulsadern aufgeschnitten, sich der Polizei widersetzt, Drogen genommen hatte und auf den Strich gegangen war.

»Sie war dir nicht böse. Aber sie hat in ihrer Nachricht geschrieben, daß du in ihr Inneres gehen sollst. Und sie will auf dich aufpassen. Sie will nicht, daß dir irgend jemand etwas tut. Ich glaube, sie liebt dich jetzt, Jenny.«

»Aber wieso weint sie dann auch?«

»Vielleicht ist sie traurig, weil du gehst. Vielleicht ist sie fast so traurig wie du.« Dann fügte ich hinzu: »Meine Kleine, ich weiß, daß es seltsam klingt, aber es gibt auch eine gute Art von Trauer. Manchmal passiert etwas Schönes, und trotzdem ist man traurig. Ich kann mir vorstellen, daß Nancy traurig ist, weil du nicht mehr du selbst sein wirst, aber trotzdem ist es gut, weil du dann ein Teil von ihr bist. Vielleicht ist es wie eine Heimkehr, wenn du in Nancys Inneres gehst. Du weißt doch, daß du aus ihrem Inneren stammst, nicht wahr?«

»Ich weiß nicht genau, was du meinst.« Sie machte einen verwirrten Eindruck.

»Früher warst du einmal in Nancys Innerem. Dort hast du sehr lange gelebt. Deshalb ist es vielleicht ganz schön, wieder dorthin zurückzukehren. Es ist wie das Gefühl, wieder an den Ort zu gehen, an den man eigentlich gehört.«

Traurig sagte sie: »Du wirst mich vergessen.«

»Ich werde immer an dich denken. Ich werde Bobby Joe behalten. Und ich werde mich an dich erinnern, so wie du jetzt bist.«

»Du wirst nicht an die Zeiten denken, als ich böse war?«

Harold sagte: »Nein, wir denken nur an die guten Dinge.«

Ich ergänzte: »Ich werde mich auch an die Zeit erinnern, als du böse warst, Jenny. Denn als du böse warst, wurde ich deine Mommy und deine Freundin. Es ist also etwas Gutes daraus entstanden. Als ich deine Mommy wurde, war ich manchmal böse auf dich, weil ich wollte, daß du mit den bösen Dingen aufhörst. Hast du damit aufgehört?«

»Mmh.«

»Und jetzt fühlst du dich viel besser. Weil du eigentlich nicht einverstanden warst mit den Dingen, die du getan hast. Als ich böse auf dich war, hast du dich nicht wohl gefühlt, aber es ist etwas Gutes dabei herausgekommen. Plötzlich hast du dich besser gefühlt.«

»Werde ich mich an dich erinnern?« Ihre Stimme klang verloren.

»Ich weiß nicht.« Ich fühlte mich selbst etwas verloren.

»Wird Nancy sich an die Zeit erinnern, als ich dich kannte und sie nichts davon wußte?«

»Ich glaube, daß es so sein wird, aber ganz sicher kann ich es dir nicht sagen. Der Teil von ihr, der eigentlich du bist, wird weiterbestehen. Die Zeit, als du zum Vorschein gekommen bist, wird weiterbestehen, aber nur Nancy wird sich daran erinnern können.«

»Ich weiß noch, als wir uns einmal lange unterhalten haben. Am Anfang hast du mir wirklich weh getan«, sagte sie. »Damals habe ich erkannt, daß du anders als die anderen bist. Und dann wollte ich mit dir sprechen, weil du gesagt hast, daß es sehr wichtig sei. Daß mit mir verschiedene Dinge geschehen würden. Ich konnte die furchtbaren Orte, an die ich geschickt wurde, nicht ertragen. Ich habe immer versucht zu fliehen, wegzurennen. Aber es hat nicht geklappt.«

»Diesmal gehst du an einen Ort, an dem du sicher bist. Nancy wird deine Gefühle wahrnehmen, und du wirst die ihren spüren«, versicherte ich ihr.

»Werde ich mich ganz erwachsen fühlen?« In ihrer Stimme lag Hoffnung.

»Ich denke schon.«

Dann fragte ich: »Möchtest du jetzt schlafen, Jenny?«

»Ich muß zur Toilette.«

Sie stand auf, ging zur Tür hinaus und in das Badezimmer, das Nancys gewesen war, als sie noch bei den Gaffneys wohnte. Ich sagte mit einem Seufzen zu unserem Team: »Ich habe noch nie vorher eine Todesszene mit Testament miterlebt.«

»Es besteht kein Zweifel: sie entwickelt sich immer mehr zurück«, bemerkte Harold.

»Sie glaubt, daß sie sich vorbereitet, um für immer zu gehen«, sagte ich. »Sie scheint sich langsam an die Idee zu gewöhnen.«

Clint warf ein: »Ich zögere etwas, es auszusprechen, aber ich habe das Gefühl, daß wir durch das Niederreißen der Trennwände zwischen den Persönlichkeiten Sicherheit gewinnen, aber es hat auch etwas Bedrohliches. Da ist Angst und die Ahnung, daß ein Notfall eintreten könnte – dieselbe Furcht und Ahnung, die das Erscheinen der verschiedenen Persönlichkeiten verursacht hat. Ich glaube, daß Jenny diese Angst spürt.«

»Ich glaube auch, daß das passieren könnte«, stimmte ich zu.

»Es ist wahrscheinlich unbewußt«, fügte Clint hinzu. »Sie weiß nichts davon.«

Harold wandte sich an Clint: »Jetzt haben Sie die ganze Bande kennengelernt. Sie haben John getroffen und Sherry. Wie Sie gehört haben, hat Sherry eine recht kräftige Ausdrucksweise. John hat nichts gesagt, weil Sie hier waren und er Psychiater nicht mag.«

Clint lachte: »Zumindest war er höflich.«

»Das war nicht immer so«, sagte Harold. »Emily hat ihn schon sehr verändert.« Dann fügte er hinzu: »Es reißt mir fast das Herz aus dem Leib, weil ich Jennifer so lieb habe.«

Clint sagte: »Sie ist ein liebes Wesen. Ich glaube, wir alle spüren die Angst, die sie hat, sich zu integrieren. Ich nehme aber an, daß sie immer erreichbar sein wird, weil sie in bestimmten Dingen anders ist als Nancy.«

Ich stimmte mit Clint überein, sagte aber nichts.

Harold fragte Clint: »Was halten Sie von Emilys Arbeitsweise?«

Clint dachte einen Moment lang nach und erklärte dann: »Ich möchte nichts dazu sagen, weil es ein ganz primärer Prozeß ist. Man sollte nicht versuchen, das in den Intellekt zu übersetzen.«

Ein großes Kompliment, dachte ich. Dieser Psychiater versteht tatsächlich die Macht des Unbewußten, wenn in der Kindheit ein starker Schmerz verursacht wurde.

Harold fuhr fort: »Das letzte Mal, als Jennifer hier war, hat Emily ihr wegen ihres zerstörerischen Verhaltens den Hintern versohlt.«

»Was auch ein primärer Prozeß war«, sagte ich lachend.

Clint wandte sich an mich: »Das ist ein Gefühl von Sicherheit. Wenn die Persönlichkeiten verstehen, daß sie bestraft werden, wenn sie destruktiv sind, bedeutet das Liebe.«

Jennifer kam aus dem Badezimmer zurück. Harold sagte: »Jenny, ich werde dich immer lieben. Bitte denke daran. Und Onkel Clint auch.«

Clint sprach für sich selbst: »Egal ob du uns hören kannst oder nicht, wir werden es wissen und mit dir da drin sprechen. Wir lieben dich.«

Ich sagte: »Liebling, ich lasse dich jetzt wieder schlafen. Ich sage ›jetzt‹, dann sage ich die Worte, und du kannst schlafen.«

»In Ordnung.«

»Halte dich gut fest. Alles klar. Jetzt. Du gehst nicht für immer weg, weißt du.«

»Tut es dir leid, daß du böse auf mich warst?« Sie brauchte immer noch unsere Zusicherung.

»Liebes, ich war doch nur eine Mommy für dich. Ich wollte, daß du dich anders verhältst. So, daß du dir nicht weh tun würdest. Es tut mir leid, wenn du durcheinander und unglücklich warst. Ich liebe dich noch immer. Jetzt, Zenith, Zero. Jenny schläft langsam ein. Jenny wird sich wohl fühlen.«

Wir beschlossen, die Sitzung zu beenden. Langsam konnten wir also den Prozeß der »Integration« beobachten, der nötig war, damit Nancy ein ganzer Mensch werden konnte. Wir wußten, daß dieser wichtige Schritt nicht einfach war für die Persönlichkeiten, die ihre Macht aufgeben mußten. Das gleiche galt für Nancy, die sich jetzt den Konflikten stellen mußte, die der Grund für die Erschaffung dieser Wesen gewesen waren.

13. *März 1979*

Zwei Wochen später verdunkelte sich der vertraute Hypnotherapieraum, als wir eine neue Sitzung begannen. Diane, Harold, Clint, ich selbst und eine Frau, die damals die Beratungsabteilung am *Chaffey Community College* leitete, wo Nancy gelegentlich arbeitete, waren anwesend. Wir konzentrierten uns voll und ganz auf die Persönlichkeit, die in Nancys Stuhl saß.

Zuerst sprachen wir mit Nancy, um herauszufinden, wie sie sich fühlte. Sie beschwerte sich darüber, daß Nancy/Sherry trank und Nancy mit einem Kater zurückließ, was ihre Arbeit in Alfie's Restaurant behinderte.

Nancy sagte: »Gestern abend bei der Arbeit ging es mir nicht gut, und ich konnte nicht einschlafen, als ich nach Hause kam.«

Ich machte ihr klar: »Sherry kann mit anderen Menschen nur zurechtkommen, wenn sie Alkohol trinkt.«

»Ich weiß, daß sie trinkt, um einschlafen zu können«, sagte Nancy. »Schon seit Tagen habe ich das Gefühl, daß ich nur Alkohol getrunken habe.«

Diane fragte: »Hast du heute nachmittag Zeit verloren?«

»Mmh.« Dann: »Mir wird übel, wenn sie trinkt.«

Ich sagte: »Ich werde Sherry erzählen, daß du nach Lexington gehst und nicht willst, daß sie sich dort in irgendeiner Weise einmischt.«

»Langsam bekomme ich das Gefühl, daß sie (sie meinte die Persönlichkeiten) bestimmen, was geschieht.«

»Das stimmt auch in gewisser Weise«, erklärte ich. »Denn sie sagen jetzt, daß sie dorthingehen werden, wohin du sie mit-

nimmst. Sie weigern sich nicht, in Dr. Wilburs Klinik mitzu-
kommen, obwohl sie Angst haben, daß das ihre Integration bedeutet – daß sie für immer verschwinden werden. Sie sagen: ›Ja,
wir wollen nach Lexington gehen.‹ Das Recht mußt du ihnen
einräumen.«

»Ich fliege, egal was sie denken.« Es klang trotzig.

»Ich werde Sherry sagen, daß du fliegen wirst«, versicherte ich
ihr. »Sie braucht keine Angst zu haben, daß sie irgendwo zwischen hier und Kentucky mitten in einem Schneesturm per Anhalter fahren muß.«

»TWA fliegt direkt nach Lexington«, sagte Nancy.

Diane fragte: »Haben Sie Sherry von Harolds Freund erzählt,
der dort sein wird, um zu helfen?«

»Ich habe Sherry von ihm erzählt«, sagte ich. »Sie fragte: ›Ist
das ein Irrenarzt?‹ Ich sagte: ›Er ist kein Psychiater, er ist ein
Hautarzt, das ist etwas ganz anderes.‹ Ich habe ihr auch gesagt,
daß der Name von Dr. Wilbur, ihre Telefonnummer und Adresse in Nancys Tasche sein werden. Und auch die von Mr. Gaffneys Freund, dem Dermatologen, falls irgend etwas passiert.«

Dann sagte ich zu Nancy: »Wir möchten mit Sherry sprechen.«

»Okay.« Sie sah ruhig und gelassen aus.

Ich zählte wie üblich von fünf auf eins zurück, ermütigte sie,
sich zu entspannen und zu schlafen. Nach etwa zwei Minuten
öffneten sich die nußbraunen Augen weit, die Lippen nahmen
einen trotzigen Ausdruck an. Offensichtlich war Nancy/Sherry
da. Sie schlug die Beine übereinander und nahm eine verführeri-
sche Haltung an.

»Hallo.« Es klang kurz angebunden.

»Hallo, Sherry«, sagte ich. »Ich glaube, du kennst alle bis auf
die Dame vom Beratungsservice am *Chaffey College.*« Ich stellte
sie vor. Dann sagte ich: »Die neueste Vereinbarung ist, daß
Nancy allein nach Kentucky fliegen wird. Es wird also keine
Probleme mit dem Fahren geben.«

»Okay.« Die gelassene Stimme einer Primadonna.

»Ich werde später mit John sprechen. Ich werde versuchen,
ihn davon zu überzeugen, daß er keine Drogen nehmen soll.
Dann werde ich mit Jennifer reden, um sie auf dem laufenden zu
halten und um zu sehen, wie es ihr geht.«

»Sie war doch draußen.«

»Wirklich?« Ich war überrascht. »Ganz alleine?«

»Ich meine, sie kommt zu uns. Aber sie verliert ihr Gedächtnis. Sie kommt in Nancys Zimmer zu sich, sieht umher und weiß nicht, wo sie ist.«

»Langsam scheint sie uns zu verlassen«, sagte ich. »Wenn wir sie bei uns behalten können, bis es nach Kentucky geht, ist alles in Ordnung. Kannst du mir sagen, was sie davon hält, sich zu integrieren?«

»Ich glaube nicht, daß sie überhaupt Gefühle hat.«

»Nancy läßt dir ausrichten, sie kann abends nicht richtig arbeiten, wenn du nachmittags trinkst«, sagte ich.

»Es ist gut für sie!« Es klang verächtlich.

»Sie sagt, es fällt ihr dann schwer, sich zu konzentrieren und ihre Arbeit richtig zu erledigen. Der Alkohol setzt ihr mehr zu als dir. Wenn du gerade etwas angeheitert bist, ist sie richtig betrunken. Sie möchte, daß du das weißt.«

»Ja, aber sie tut auch eine Menge Dinge, die ich nicht mag.«

»Sie wollte nur, daß du weißt, daß deine Trinkerei ein Problem für sie ist«, wiederholte ich. »Was trinkst du, wenn du ausgehst? Wenn du Whisky trinkst, solltest du vielleicht auf Bier umsteigen.«

»Ich trinke Wein oder Cocktails. Nichts Starkes. Und außerdem trinke ich nicht viel. Zwei oder drei Drinks.«

Ich wechselte das Thema. »Es war großartig, als du in dem Restaurant gearbeitet hast, um für Nancy auszuhelfen.« Manchmal, wenn Nancy erschöpft war, sprang Sherry für sie ein, statt in eine Bar zu gehen oder einen Fernfahrer aufzugabeln.

Sie sagte mit dem üblichen Schulterzucken: »Gestern abend hat ein Typ Theater gemacht und versucht, drei Mädchen anzuquatschen. Sie gingen zur Toilette, und er ging ihnen nach. Ein Mädchen kam raus und bat mich, die Polizei zu verständigen. Sie sagte, der Mann hätte eins der Mädchen geschlagen. Ich ging ihm hinterher. Ich sagte, daß er kein Recht habe, dort zu sein, und daß ich die Bullen rufen würde, wenn er nicht verschwände. Das Mädchen, das geschlagen worden war, bat mich, die Polizei auf jeden Fall zu rufen, ihre Nase blutete. Ein Polizist saß im Restaurant, und ich holte ihn. Er nahm den Mann mit.«

»Das war nett von dir, Sherry«, sagte ich.

Diane fragte: »Bevor ich es vergesse, Sherry, was war das für ein Einstich an Nancys Arm? Sie war deshalb sehr aufgeregt. Wir versuchen, es herauszubekommen. Weißt du, was den Einstich verursacht hat?«

»Ja, weiß ich.«

Harold sagte: »Erzähl es uns.«

Nancy/Sherry antwortete: »Ich nehm' nichts.«

Ich sagte: »Wir dachten, daß du vielleicht Blut gespendet hast. Belassen wir es dabei.« Ich glaubte nicht, daß Nancy/Jennifer Drogen nahm, aber vielleicht hatte Nancy/John es möglicherweise getan.

Nancy/Sherry fragte: »Was wird Nancy tun, wenn sie in Kentucky ist?«

»Sie wird sich einen Job suchen, damit sie Geld verdienen kann. Vielleicht wieder in einem Restaurant. Und dann wird sie einen Termin bei Dr. Wilbur haben, um herauszufinden, wer sie behandeln wird.«

Nancy/Sherry fragte die Frau vom *Chaffey College*: »Arbeitet Nancy nicht mehr bei Ihnen im College?«

Die Frau antwortete: »Sie hat es versucht, aber sie war immer zu müde.«

Ich erklärte Nancy/Sherry: »Nancy hat den Job behalten, bei dem sie das meiste Geld verdienen konnte.«

»Es gab also keine Beschwerden oder so vom College?« Nancy/Sherry klang überrascht.

»Nein«, sagte ich. »Man sagte ihr, daß sie ihre Arbeit gut machte. Sie wußten natürlich nicht, daß sie damit auch ausdrückten, daß du deine Arbeit gut gemacht hast.«

Auch Harold sprach auf die Zeiten an, wenn Sherry für Nancy eingesprungen war, und bemerkte: »Sherry, wir sind dir alle dankbar, daß du für Nancy ausgeholfen hast. Gibt es irgendeine Arbeit, die du gerne in Lexington übernehmen würdest?«

»Bestimmt keine Arbeit, die Nancy gefallen würde.«

Ich sagte in scharfem Ton: »Wir sprechen von einer Arbeit, die man wirklich gerne tut, ohne Angst haben zu müssen, daß man verprügelt wird. Oder vielleicht getötet. Also laß dir was anderes einfallen, Sherry.«

Verteidigend sagte sie: »Ich verdiene gerne viel Geld. Ich will frei und unabhängig sein. Ich will tun, was mir gefällt.«

Ich sagte: »In Ordnung.« Dies war nicht der Zeitpunkt, um mit ihr über moralische Fragen zu diskutieren. »Wahrscheinlich könntest du allen hier dieselbe Frage stellen, und sie würden das gleiche antworten. ›Ich würde gerne viel Geld verdienen.‹« Dann: »Wenn Nancy in Kentucky als Serviererin arbeitet, kann sie vielleicht einen Job in einem Restaurant bekommen, in dem auch alkoholische Getränke ausgeschenkt werden. Das heißt, daß das Trinkgeld sehr hoch ausfällt.«

»Ich kenne die regelmäßigen Gäste bei Alfie's. Es sind Rabauken, aber sie geben gute Trinkgelder. Ich verdiene mehr Geld als Nancy. Einer von denen, die immer an der Bar sitzen, hat mir acht Dollar gegeben.«

»Toll!« sagte ich. »Er hatte wahrscheinlich zuviel getrunken.«

»Ja, er war ganz schön besoffen.« Sie lachte, es war einer der wenigen Augenblicke, in denen sie richtig herzlich lachen konnte.

Harold fragte: »Hast du schon Heiratsanträge bekommen, Sherry?«

Diane warf ein: »Nancy sagte so etwas in der Richtung.«

»Ich kann euch von einem erzählen«, gab Nancy/Sherry zu. »George, der Koch, der nachts im Restaurant kocht, will, daß ich ihn heirate.«

»Mag Nancy ihn?« fragte Diane.

»Ich glaube schon«, antwortete Nancy/Sherry. Ich glaube nicht, daß sie sich ihn als Freund vorstellen kann. Für sie ist er ein Arbeitskollege.«

Ich fragte: »Hast du ihn gern, Sherry?«

Sie zuckte mit den Schultern. »Er ist in Ordnung.«

Harold sagte: »Du bist eine sehr kluge junge Dame. Ich bin mir sicher, daß du hinter Nancy stehen wirst, wenn sie in Lexington in Schwierigkeiten gerät. Ich hab' dich sehr gern. Ich glaube, das geht uns allen so. Sobald sich Nancy etwas eingewöhnt hat, werden wir mit dir telefonieren. Wir können doch nach dir fragen, oder?«

»Klar.«

»Wirst du den Anruf annehmen?«

»Ich werde dort sein. Was denn sonst?«

Diane sagte zu Nancy/Sherry: »Ich hätte dich gern besser kennengelernt, bevor du weggehst.«

»Da gibt es nicht viel mehr zu sehen.« Es klang respektlos. Ich machte einen Vorschlag: »Falls du die Gelegenheit hast, mit Dr. Wilbur oder einem anderen Arzt zu sprechen, könntest du vorschlagen, daß John Zeichenunterricht nimmt, wenn er noch daran Interesse hat? Ich glaube nicht, daß Nancy das arrangieren könnte.«

»Okay.«

Ich fragte: »Ist Carmen noch da?«

»Ja, ab und zu kommt sie«, sagte Nancy/Sherry.

Diane warf ein: »Und meistens ist sie in einer fötalen Position zusammengerollt. Das ist wahrscheinlich der Grund dafür, daß Nancy manchmal so erschöpft ist.«

Nancy/Sherry sagte: »Mann, diese Carmen ist wie ein Stein. Da ist einfach nichts. Als wenn man sich Watte in die Ohren stopft und Klappen vor den Augen hat.«

»Das ist ja unheimlich«, sagte ich.

»Nee, es ist nicht unheimlich, wenn sie nichts tut.«

»Wenn sie immer die Persönlichkeit draußen wäre, würden alle erstickt«, erklärte ich. »Und das ist unheimlich.« Dann fragte ich: »Hast du irgendeine Idee, wie man zu ihr durchdringen kann?«

»Es gibt keinen Weg zu ihr. Es ist genau wie mit Jennifer. Man kann nur abwarten, bis sie einen schwachen Punkt hat, wenn sie nicht stark nachdenkt oder überängstlich ist, und dann muß man übernehmen. Aber bei Carmen kann man das nicht machen. Von dem Zeitpunkt an, wenn sie kommt, bis sie wieder geht, bleibt sie immer dieselbe. Sie kann sich einfach nicht entspannen.«

Ich fragte: »Hast du irgendeine Vorstellung, warum sie kommt und warum sie wieder geht?«

»Nun, ich glaube, sie ist gekommen, als Nancy etwas wirklich Schlimmes passiert ist. Als Nancy mit etwas Schwerem nicht zurechtkam. Es war nichts, mit dem ich mich beschäftigen würde oder Jennifer. Es scheint, daß Carmen jetzt für Jennifer einspringt.«

162

»Das heißt also, daß Jennifer für Nancy immer dann eingesprungen ist, wenn etwas Schlimmes mit ihr geschah, und jetzt hat Carmen diese Rolle übernommen?«

»Jennifer springt immer noch ein. Sie kommt schließlich durch Carmen.«

Diane bemerkte: »Vielleicht muß Dr. Wilbur Nancy dazu bringen, daß Carmen keine Angst mehr hat, Dr. Wilbur zu treffen.«

Ich hatte meine Zweifel. »Vielleicht. Aber ich glaube nicht, daß Carmen die Person ist, die zum Vorschein kommen sollte.«

Nancy/Sherry sagte ernsthaft: »Mann, die Sache mit Carmen ist die, daß wir ohne Jennifer alle bis zum Hals in der Scheiße stecken. Wir können überhaupt nicht herauskommen.«

Nancy/Sherry erzählte uns, daß Carmen das verletzte Kind in Nancy repräsentierte, ihre Seele, die früh verwundet worden war. Nancy, die als Kind mißhandelt worden war und nicht in der Lage war, zu sprechen oder zu weinen.

Harold fragte: »Willst du uns damit sagen, Sherry, daß Nancy nicht zurückkehren könnte, falls Jennifer sich integriert und Carmen an ihre Stelle tritt? Mit anderen Worten, daß Carmen die endgültige Persönlichkeit sein würde? Eine Persönlichkeit, die taubstumm ist?«

Nancy/Sherry sagte: »So ist es.«

»Das macht mir angst.« Ich hatte noch nicht an diese Möglichkeit gedacht.

Nancy/Sherry fuhr fort: »Es ist auch nicht möglich, von außen irgendwie durchzukommen. Weil Carmen nicht hören und nicht sehen kann. Man kann sie nicht bequatschen, man kann sie nicht anschreien, gar nichts.«

»Ich verstehe, was du meinst«, sagte ich. »Wir werden mit Jennifer reden.«

»Sie hat eigentlich keine Wahl.«

Harold sagte: »Sherry, ich weiß nicht, ob du dir dessen bewußt bist, aber wir haben Jenny jede Woche zu uns gerufen. Sie kam immer donnerstags zu uns. Ich glaube, so haben wir ihre Kraft erhalten. Wenn wir sie riefen, war es wie ein Training für sie, und sie hat sich gut unterhalten. Aber als wir damit aufhörten, wurde sie schwächer und immer weniger.«

Ich sagte: »Dahinter steckt wahrscheinlich noch mehr. Ich glaube, die Integration findet statt, und weder Nancy noch Jennifer können sie kontrollieren. Sie können sie nicht beeinflussen.«

»Nancy erinnert sich langsam wieder«, sagte Nancy/Sherry. »Jetzt ist Jennifer völlig zusammengebrochen.«

»Es ist, als ob man ihr das Gedächtnis genommen hat«, ergänzte ich.

»Ja.« Dann sagte sie: »Ich möchte, daß sie noch etwas bleibt, bis wir zu dieser Ärztin kommen. Wißt ihr, Carmen wird nirgendwohin gehen.«

»Ich weiß.« Ich seufzte. »Und das macht mir angst.«

»Sie kann nicht ins Flugzeug steigen, sie kann überhaupt nichts tun.«

Harold sagte: »Ich glaube, sie kann nur liegen.«

»Sie kann nicht hören und nicht sehen«, erklärte ich.

Harold sagte nachdenklich: »Sie ist blind, taubstumm und gelähmt. Sie vegetiert dahin.«

Clint fragte (es waren seine ersten Worte bei dieser Sitzung): »Hat sie irgendwelche Gefühle?«

Nancy/Sherry erwiderte: »Mann, das kann ich nicht wissen. Wenn einer nicht denkt, bekommt man nichts mit. Es ist einfach nichts da. Ich meine, sie ist nicht unglücklich, sie ist nicht glücklich, einfach gar nichts.«

Diane sagte zu Nancy/Sherry: »Wenn wir uns nicht wiedersehen, möchte ich dir jetzt schon sagen, wie sehr ich alles, was du getan hast, bewundere.«

»Ich habe schon gesagt, daß ich es nicht für sie getan habe.« In ihrer Stimme lag Verachtung, als sie auf Nancy anspielte. »Nur, um zu überleben.«

Diane fragte: »Kannst du mir sagen, Sherry, durch welches Ereignis du geboren wurdest?«

»Ich scheine irgendwas mit John zu tun zu haben. Es war eigentlich keine große Sache, nicht wie bei Jennifer und John, die wegen der Vergewaltigung kamen. Vielleicht habe ich von Nancys Schwester die Energie bekommen. Die ist richtig klasse. Sie hat 'ne Menge Sachen gemacht, die ich gut fand und die Nancy nicht mochte. Sie ging mit Männern aus. Nancy sah das alles und wurde damit nicht fertig. Sie ging weg, und dann bin ich herausgekommen.«

»Heißt das, daß du viel von Nancys Schwester über Männer gelernt hast?« fragte Harold.

»Das mußte ich nicht lernen. Das ist einfach so da. Man spürt es, wißt ihr.«

»Man macht einfach das, was natürlich ist, stimmt's?« sagte Harold.

»Aber Sherry tut Dinge, die nicht zu Nancys Lebensart gehören«, machte Diane klar.

Ich dachte, es mag nicht Nancys Lebensart sein, aber vielleicht sind es ihre verborgenen Wünsche. Sie sieht, daß eine ältere Schwester, die sie bewundert, mit Männern ausgeht, und möchte es ihr gleichtun, wagt es aber nicht.

Diane fragte: »War es die Schwester, die dir von dem Rastplatz erzählt hat?«

»Nein. Das war eine Klassenkameradin von Nancy. Ein paar von den Mädchen sind dort regelmäßig hingegangen.« Dann wechselte sie das Thema. »Ich dachte, Nancy wollte mit dem Bus nach Lexington fahren.«

Diane sagte: »Sie fliegt hin. Sie haßt Busfahrten. Eine ihrer schlimmsten traumatischen Erfahrungen hängt mit dem Bus zusammen.«

Nancy/Sherry fragte: »Was ist denn im Bus passiert?«

»Immer, wenn sie mit dem Bus zum College fahren mußte, trat ein Dämmerzustand ein«, erklärte Diane. »Sie führt es auf die Zeit zurück, als sie zwölf Jahre alt war. Damals mußte sie Timmy, der ein Jahr alt war, die ganze Strecke von Los Angeles nach San Antonio in Texas im Bus mitnehmen.«

Harold fügte hinzu: »Tommy, ihr älterer Bruder war bei der Armee dort stationiert. Seine Frau und seine Kinder lebten bei ihm. Nancys Mutter hatte Schwierigkeiten mit ihrem Freund, dem Professor, sie wollte ihn heiraten, aber es kam nie dazu. Auf jeden Fall kam Nancy mit dem Baby im Bus nicht zurecht, und wir glauben, daß Sarah damals zum ersten Mal erschien. Es reicht schon, das Wort ›Bus‹ zu erwähnen, und Nancy gerät in Panik. Jedesmal, wenn wir sie mit dem Bus zum *Chaffey College* schickten, bevor sie ihren Wagen hatte, litt sie unter einer Amnesie. Vor allen Dingen in der Nähe der Bushaltestelle San Antonio Avenue. Ich bin oft hingegangen, um Jennifer an dieser Bushaltestelle zu Hilfe zu kommen.«

Nancy/Sherry warf ein: »Es ist am einfachsten, per Anhalter zu fahren, so wie ich es mache.«

»Diesmal wirst du fliegen«, sagte ich.

»Ich glaube nicht, daß John in Lexington mit dem Auto fahren sollte«, warnte Nancy/Sherry. »Er ist erst fünfzehn, hat keinen Führerschein, und es klappt nicht, wenn man ihm Nancys gibt.«

Ich schlug vor: »Können wir mit John sprechen, Sherry?«

»Klar.« Sie schloß die Augen und bereitete sich darauf vor, wieder zu gehen.

Wir verabschiedeten uns, und Nancy/John kam heraus. Ich fragte mit sanfter Stimme: »Wie geht es dir?«

»Ganz gut.« Dann: »Bist du sauer auf mich, weil ich mit den Jungs Billard gespielt habe?« Er meinte damit Jim und andere Mitglieder der Bande.

»Ich bin dir nicht böse«, sagte ich. »Nancy wird in ungefähr zehn Tagen nach Lexington fliegen. Ich werde dich vorher noch treffen, aber anschließend werden wir uns für eine Weile nicht sehen. Wir können uns schreiben. Wir können miteinander telefonieren. Ich habe es Sherry schon gesagt und werde auch noch einmal mit Nancy darüber reden: Wenn du immer noch Lust dazu hast, kannst du in Kentucky Zeichenunterricht nehmen, weil die Zeit nicht mehr reicht, hier damit zu beginnen.«

»In Ordnung.«

Dann fragte ich die anderen: »Könnte ich wohl einen Moment mit John allein sein?«

Alle gingen hinaus und verabschiedeten sich von ihm. Ich fragte: »John, kannst du dich erinnern, daß ich einmal gesagt habe, ich würde dich soweit bringen, daß du keine Drogen mehr brauchst?«

»Vertraust du mir nicht?« Er sagte es mit einem Unschuldsblick, unter dem er seine Schuldgefühle nur schlecht verbarg.

»Es hat nichts damit zu tun, ob ich dir vertraue oder nicht. Du hast dein Wort besser gehalten, als ich erwartet habe, denn du hast dich von Drogen ferngehalten. Aber ich habe mitbekommen, daß du neulich Drogen genommen hast und du dich dabei so wohl gefühlt hast, daß du mehr besorgen wolltest.«

Er sagte nichts. Ich fuhr fort: »Ist dir klar, daß ich nicht richtig böse, ich meine wirklich böse, auf dich bin, weil ich verstehen kann, wie schwer es ist, nein zu sagen? Ich weiß, wie stark man sein muß, um nein sagen zu können. Diesmal warst du nicht stark genug.«

»Ich hätte nein sagen können.«

»Aber du hast es nicht getan.«

»Ich hab' mir nichts weiter dabei gedacht. Ich hab' keine harten Sachen genommen.«

»Aber du hast gesagt, daß du mehr wolltest.«

»Ich hab' gesagt, daß ich versuchen wollte, ohne auszukommen.«

»Aber das war kein Versprechen.«

»Nein, aber – «

»Einen Augenblick, John. Wenn du die Regeln verletzt, kann ich mir nicht sicher sein, ob du ein Versprechen überhaupt halten kannst. Du bist schuld an meinem Mißtrauen.«

»Ich glaub' trotzdem nicht, daß es so was Besonderes war.«

»Aber ich bin dieser Meinung. Du nimmst Drogen, wenn dir danach ist, und darum muß ich mir Sorgen machen. Ich will nicht, daß du von irgend etwas abhängig bist.«

»Von Hasch kann man nicht süchtig werden.«

»Falls das das einzige ist, das du nimmst. Aber wenn du einmal Hasch geraucht hast, genügt dir das dann?«

»Ich kann da aufhören.«

»Sherry glaubt es nicht.«

»Sherry weiß auch nicht alles. Du tust ja geradeso, als ob ich drücke.«

»Ich will, daß dein Verstand klar bleibt. Ich will, daß du jeden Moment intensiv erlebst. Ich will, daß du voll da bist. Ich will nicht, daß du die halbe Zeit benebelt bist. Ich will, daß du ganz du selbst bist.«

»Ich bin nicht weg. Es ist einfach ein gutes Gefühl, das ist alles.«

»Ich wünschte, ich hätte ein Bild hier, auf dem du sehen könntest, wie Leute aussehen, wenn sie stoned sind. Hast du schon einmal einen Betrunkenen über die Straße torkeln sehen?«

»Ja.«

»So siehst du auch aus. Was würde ich wohl denken, wenn ich dich so herumtorkeln sähe?«

»Manchmal gibt es eben nichts anderes zu tun.«

»Aber jetzt gibt es etwas anderes. Du gehst nach Kentucky. Dort kannst du Zeichenunterricht nehmen, wenn du willst. Es gibt andere Dinge, als nur high zu sein.«

Er schwieg. Ich fuhr fort: »Ich weiß, daß das, was ich von dir verlange, sehr, sehr schwer ist. Die meisten Menschen würden es nicht fertigbringen. Ich möchte dir gerne helfen. Übrigens, Sherry ist sehr stolz auf dich. Sie weiß, wie schwer es ist, das Zeug aufzugeben.«

»Wenn ich in Kentucky bin, kann ich sowieso nichts bekommen.«

»Überall, wo du hingehst, gibt es Leute, die dir etwas beschaffen können. Ich weiß das. Es wird sehr schwer sein, nein zu sagen.«

Dann fragte ich: »Mußt du unbedingt high sein? Mußt du immer benebelt sein?«

»Na klar, wenn du high bist, hast du Spaß. Alles ist ein Trip. Sonst paßt du nicht dazu.«

»John, du möchtest doch nicht wirklich, daß ich so mit dir rede, nicht wahr? Du möchtest dir das Recht vorbehalten, high zu sein.«

»Ich glaub' einfach nicht, daß es einen großen Unterschied macht.«

»Ich erwarte nicht, daß du perfekt bist. Ich erwarte nicht, daß du so stark bist, wie du es vielleicht für nötig hältst. Ich erwarte nicht, daß du in 100 Prozent der Fälle ablehnst. Aber ich möchte, daß du die Fähigkeit entwickelst, nein sagen zu können.«

Dann fügte ich hinzu: »Ich bin stolz darauf, daß du die meiste Zeit so stark bist und standhältst. Und ich hoffe, daß du in Kentucky standhalten wirst.«

»Weil ich dann allein bin?«

»Du bist nicht ganz auf dich allein gestellt. Ich werde dir schreiben, und du kannst mir antworten. Und Sherry wird mir schreiben, und auch Nancy. Und wenn Jennifer schreiben möchte, wird sie es ebenfalls tun. Aber ich werde nicht in deiner Nähe sein, ich kann mich nicht persönlich mit dir unterhalten.«

»Du mußt mir vertrauen.« Er sagte es ernsthaft.

»Das würde ich gerne tun. Aber es ist keine Frage des Vertrauens, John.«

»Du glaubst also nicht, daß ich es schaffen kann.« Er klang geschlagen.

»Es ist eins der schwierigsten Dinge auf der Welt, nein zu dem Zeug zu sagen.«

»Ich bin stark. Ich hab' auf der Straße gelebt. Ich weiß, wie das ist.«

»Aber du glaubst auch, daß du nur Freunde finden kannst, wenn du high bist. Und Freunde wirst du haben wollen, weil du einsam sein wirst. Du wirst Leute treffen wollen.«

»Ich weiß, daß Sherry mich verraten wird. Sie will, daß alle irgendwie zusammenhalten.«

»Aber sie tut immer das, was sie will.«

»Zum Beispiel?«

»Sie trinkt noch immer. Ihr ist es egal, wie die anderen denken.«

Ich sagte: »So wie ich sie verstanden habe, ist sie sehr besorgt darum, daß alle am Leben bleiben und zusammenhalten. Und Drogen gehören nun einmal nicht dazu, John.«

»Du hast also Angst, weil ich allein auf mich gestellt wäre?«

»Ich weiß, daß es schwer ist, John, sehr schwer.«

»Mensch, alles ist schwer. Nichts ist leicht. Aber ich schaffe es. Kein Problem.«

»Was passiert, wenn du nicht nein sagen kannst? Ich werde weit weg sein. Früher waren Drogen mal das einzige, wofür du gelebt hast, nicht wahr? Nichts anderes hat dir etwas bedeutet.«

»Ja, aber heute ist das nicht mehr so.«

»Was passiert, wenn die Polizei dich in Lexington aufgreift und du bist total zu? Du könntest im Gefängnis landen. Einmal hast du beim Zurücksetzen mit dem Auto den Wagen von Nancys Mutter total demoliert. Du hattest keine Kontrolle über dich, du warst völlig benebelt. Darum mache ich mir Sorgen.«

»Ich werde nicht high sein. Ich weiß nicht, warum du so einen Aufstand machst. Das ist nicht fair. Du glaubst mir nicht.«

»Ich glaube dir. Aber ich versuche, dir zwei verschiedene Dinge zu erklären. Ich bewundere deine Kraft. Sie zeigt sich in den Dingen, die du bisher schon erreicht hast. Aber ich mache mir auch Sorgen, weil schon ein kleiner Fehler dich töten könnte.«

»Hasch tötet einen nicht.« Er war gekränkt.

»Auch Hasch kann dich töten. Weißt du wie? Wenn du Auto fährst und nicht mehr weißt, was du tust, kannst du in einem Verkehrsunfall umkommen. Oder du kannst einfach auf der Straße vor ein Auto laufen. Jeden Tag kommen Menschen um, weil sie nicht wissen, was um sie herum vorgeht, und weil sie Dinge tun, die sie normalerweise nicht tun würden.«

»Ich bin daran gewöhnt, high zu sein. Ich tu so was Blödes nicht.«

»Aber du bist schon einmal in ein Auto gefahren, und du fährst über die Bordsteinkanten.«

»Okay, du sagst mir also, daß ich kein Hasch und keine Drogen nehmen soll, und ich werde es nicht tun. Warum kannst du mir dann nicht glauben?«

»Na gut«, sagte ich. »Ich werde noch einmal mit dir sprechen, bevor du nach Lexington gehst. Aber ich will, daß du immer daran denkst, daß ich mir Sorgen um dich mache.«

»Brauchst du aber nicht. Nur wenn ich Ärger mit der Polizei kriege.«

Ich fragte: »Was passiert, wenn sie in Kentucky hinter dir her sind?«

»Meinst du, wenn sie mich einlochen für etwas, das ich nicht getan habe? Oder für Sachen, die vorher passiert sind?«

»Wenn du in Kentucky Schwierigkeiten bekommst, mußt du dich an Dr. Wilbur wenden. Nancy wird die Adresse in ihrer Tasche haben. Es ist die Therapeutin, die sie aufsuchen wird. Den Namen von Dr. Mayer, einem Freund von Mr. Gaffney, wird sie auch bei sich tragen. Er weiß von den verschiedenen Leuten, die in ihrem Körper wohnen.« Dann schlug ich vor: »Warum rufst du mich in den nächsten zehn Tagen nicht an, bevor du weggehst? Danach wirst du allein sein.«

»Darf ich denn auch rausgehen, wenn ein paar Freunde mich mitnehmen wollen?«

»Ja, dann darfst du gehen. Aber du mußt Rücksicht auf Nancys Job nehmen. Sie arbeitet von elf bis sieben.«

Er schien verwirrt. »Ich weiß nicht, wann das ist.«

»Du weißt nicht, wann sie arbeitet?« Ich war überrascht.

»Ich meine, ich weiß es nicht vorher.« Er wollte damit sagen, daß er nie wußte, wann er zum Vorschein kommen würde.

»Sie arbeitet nachts.«

»Genau dann, wenn alle meine Freunde zusammenkommen.«

»Vielleicht findest du eine Möglichkeit, deine Freunde zu sehen, ohne daß es ihre Arbeit irgendwie stört«, sagte ich. »Wenn sie ihren Job verliert, würde sie sehr leiden.«

»Was passiert, wenn die Polizei hier wieder hinter mir her ist? So wie gestern abend. Ich hab' nicht mal was gemacht.«

»Sie haben wahrscheinlich geglaubt, daß du Drogen bei dir im Auto hattest.«

»Hatte ich aber nicht.« Er widersprach heftig.

»Das weiß ich. Gott sei Dank. Ein Glück, daß du das Zeug losgeworden bist.«

»Sie wollten mich durchsuchen.« Er schwieg lange Zeit und sagte dann: »Ich dachte, daß du sauer auf mich bist, weil ich mich wieder mit den Jungs getroffen habe. Ich wußte nicht, wo ich sonst hingehen sollte.«

»Ich hatte wieder Angst, John«, sagte ich. »Was wäre denn passiert, wenn Jim und die anderen da gewesen wären? Ich weiß immer noch nicht, was sie mit dir anstellen würden, wenn sie dich kriegen könnten. Ich wollte, daß du dort schnell wegkommst. Sie machen mir angst. Sie würden dir weh tun. Sie haben dich bedroht.«

»Wärst du sauer auf mich gewesen, wenn die Polizei mich eingelocht hätte? Wenn sie mich dortbehalten hätten, um herauszufinden, wo ich mein Zeug herbekommen habe?« In seiner Stimme lag ein Flehen.

»Ja, ich wäre böse gewesen«, sagte ich.

»Auf mich?«

»Nein, auf die Polizei, John.«

Ich verabschiedete mich von Nancy/John und fragte: »Kann ich mit Nancy sprechen?«

Sie kam sofort zum Vorschein und sagte: »Sie sehen völlig erschöpft aus.«

»Ich könnte etwas Schlaf gebrauchen«, gab ich zu.

»Ich kriege auch nicht genug Schlaf, seit Sherry sich ständig mit George trifft. Das ist der gutaussehende Koch bei uns im Restaurant«, sagte Nancy.

»Sherry geht mit George?« Ich war überrascht. Das war ein beachtlicher Fortschritt im Vergleich zu den Kunden am Rastplatz.

Ich war wirklich so müde, daß ich kaum noch denken konnte. Wir umarmten uns zum Abschied.

Auf der Heimfahrt dachte ich über die geplante Reise nach Lexington nach und hoffte, daß sie Nancy etwas bringen würde. Einige der Persönlichkeiten schienen das zu bezweifeln. Andere schienen keine Spielverderber sein zu wollen.

Wir mußten einfach abwarten, dachte ich. Wenn es in der *Wilbur Clinic* nicht klappen würde, müßten eben alle wieder nach Hause kommen, und wir würden unsere Arbeit dort fortsetzen, wo wir aufgehört hatten.

14. *April 1979*

Die Reise nach Lexington wurde von Nancy immer wieder verschoben. Ich fragte mich, ob Nancy oder Nancy/Sherry George, dem Koch, von den multiplen Persönlichkeiten erzählt hatte. Als wir uns am 3. April alle bei den Gaffneys trafen, fragte ich Nancy: »Weiß George über die Persönlichkeiten Bescheid?«

»Sherry hat es ihm erzählt«, sagte sie und fügte hinzu: »Ich habe gestern die ganze Nacht mit George im Restaurant gearbeitet. Er schien glücklich zu sein.«

Ich dachte, daß Nancy die Reise nach Kentucky möglicherweise immer wieder verschob, damit Nancy/Sherry die ersten Monate einer normalen Beziehung genießen konnte. Ich fragte Nancy: »Wie hat George reagiert, als er von den Persönlichkeiten hörte?«

»Er schien es zu akzeptieren. Er hat nicht viel gesagt.«

Diane fragte Nancy: »War es schwer, mit den Erinnerungen zurechtzukommen?« Sie spielte auf die Integration Jennifers an. Es bedeutete, daß Nancy sich jetzt an die Angst erinnern würde,

die Jennifer gefühlt hatte und die sie zu den Selbstmordversuchen und zur Flucht aus den Krankenhäusern verleitet hatte.

Nancy sagte: »Ich nehme es langsam in Angriff. Man kann
nicht an zwei Dinge gleichzeitig denken. Das ist ziemlich
schwer.«

Diane fuhr fort: »Jennifer sagte, daß ihre Gefühlsebene dich
mehr als alles andere beunruhigen würde. Besonders die
schrecklichen Verfolgungen durch die Polizei.«

»Kannst du dich daran erinnern, Nancy?« fragte ich. »Als Jennifer versuchte, die Berge zu erreichen, wo sie sich sicher
fühlte?«

»Ja, all die Polizeiwagen, die hinter mir herjagten, als ich aus
dem Krankenhaus davonlief und über die Euclid Street rannte.
Ein Polizeiwagen stellte sich plötzlich mit quietschenden Reifen
quer. Ein Polizist sprang heraus, und ein zweiter Wagen kam um
die Kurve. Auch seine Reifen quietschten.«

Ich sagte dazu: »Als ob sie hinter einem gefährlichen Verbrecher her waren. Als ob du einen bewaffneten Überfall begangen
hättest.« Für die Polizei war ein geistig gestörter Mensch so unheimlich wie ein Einbrecher.

»Ich wußte nicht, wohin«, erinnerte sich Nancy. »Ich bin in
eine Sackgasse gelaufen. Ich hatte einen Fehler gemacht.«

Harold sagte dazu: »Nancy, ich sage dir, das Schlimmste ist
vorbei. Der Prozeß ist in Gang gesetzt. Er hat von alleine begonnen und geht aus eigener Kraft weiter, wie Sarah sagt. Wir haben
ein Fließband in Gang gesetzt.«

Nancy lachte: »Gestern abend bei der Arbeit war es wirklich
merkwürdig. Es war wie ein Flashback. Plötzlich fühlte ich mich
high, und ich hatte vorher keine Zeit verloren. Ich ging zur Kaf-
feemaschine, und aus den Augenwinkeln heraus sah ich diese
Tarantel darauf sitzen. Ich erstarrte. Ich wagte es nicht hinzu-
schauen, aber gleichzeitig wollte ich es sehen. Dann bewegte sie
sich. Sie kroch die Maschine hinauf. Als ich wieder hinsah, war
nichts mehr da. Es ist wirklich merkwürdig, ich weiß nicht, ob
die Tarantel tatsächlich da war oder nicht.«

»So etwas soll bei LSD vorkommen.«

»Wir wissen nicht, ob John gestern irgend etwas bekommen
hat, nicht wahr?« fragte Diane.

»Ich glaube nicht«, sagte Nancy.

»Vielleicht hast du auch zwischen zwei Persönlichkeiten hin und her gewechselt und hast es nicht bemerkt«, war meine Erklärung. »Oder vielleicht lag es an deinem Medikament.« Dr. W. E. Sigurdson, ein Psychiater, hatte ihr ein Mittel verschrieben, das sie von ihren Depressionen befreien und ihr mehr Energie geben sollte.

»Von Medikamenten fühle ich mich nie so. Und die Sache mit der Tarantel spielte sich gegen fünf Uhr morgens ab.«

»Dann war es Übermüdung«, sagte Diane.

»Aber ich fühlte mich gar nicht müde. Mir war nur schwindelig.«

»Wenn du Medikamente nimmst, fühlst du dich nicht müde. Das ist das Gefährliche daran«, sagte Diane. »Aber wenn man zu müde ist, kann man Halluzinationen bekommen.«

»Vielleicht war es das«, stimmte Nancy zu. Dann fügte sie hinzu: »Als ich die Medizin das erste Mal nahm, war ich wie elektrisch geladen. Ich konnte mich gut konzentrieren, und die Zeit schien wie im Flug zu vergehen. Eine zweistündige Unterrichtsstunde war im Nu vorbei. Ich habe mir seitenweise Notizen gemacht. Ich konnte nicht schnell genug schreiben. Jetzt bekomme ich vielleicht gerade eine Seite voll und kann mich nicht einmal mehr daran erinnern.«

»Dein Bewußtsein braucht Schlaf, Nancy«, warf ich ein.

»Mein Körper scheint ständig nach Eis zu verlangen«, sagte sie. »Während ihr alle Kaffee braucht, habe ich Hunger auf Eis. Auf diese Weise habe ich auch etwas zunehmen können.« Sie war bisweilen dünn wie ein Skelett.

Diane fragte: »Möchten Sie Kaffee, Emily?«

»Ja, bitte.«

Diane und ich tranken unseren Kaffee, und Nancy fuhr fort: »Sarah hat mir eine Nachricht zukommen lassen und fragt darin, wann wir nach Lexington gehen. Ich will dorthin, das steht fest, aber ich will warten, bis John sich integriert hat.«

Dann sagte sie: »Meine Mutter brachte das Buch *Sybil* mit. Darin steht, daß Dr. Wilbur nicht mehr praktiziert.«

Harold sagte: »Sie ist siebzig Jahre alt.«

»Vielleicht beobachtet sie noch einige Fälle«, sagte ich.

»Wahrscheinlich hat sie keine eigenen mehr.«

»Clint sagte, daß sie die meiste Zeit gar nicht da ist, weil sie Vorträge hält«, meinte Diane.

Nancy, die mit Dr. Wilbur telefoniert hatte, berichtete: »Als ich mit ihr gesprochen habe, sagte sie, daß sie bei meinem Fall die Beratung übernehmen würde. Sie wird mich kennenlernen und dann mit den Ärzten sprechen, und wenn sie mit irgendeiner Sache nicht zurechtkommen, wird sie eingreifen.«

»Sie hat eine Menge Ärzte selbst ausgebildet«, bemerkte ich.

Nancy sagte nachdenklich: »Ich würde sehr gerne von ihr lernen.«

Harold sagte: »Ich habe meinem Freund Lloyd Mayer gesagt, daß deine Mutter bei dir sein wird, damit du dich einleben kannst und er sich nicht darum kümmern muß. Aber wenn du irgend etwas anderes brauchst, sollst du ihn anrufen. Er kann dich mit Leuten zusammenbringen, die dir helfen können.«

Nancys Mutter hatte beschlossen, Nancy nach Lexington zu fahren. Unterwegs wollte sie in Cleveland, Ohio, wo sie aufgewachsen war, die Reise unterbrechen, um ihre Mutter und andere Verwandte zu besuchen. Nancy war erleichtert. Sie hatte Angst vorm Fliegen, genau wie ihre Mutter, die jedoch das Flugzeug für den Rückweg benutzen wollte, damit Nancy den Mietwagen behalten konnte.

Nancy wandte sich an mich: »Ich habe Dr. Wilbur von Ihnen erzählt. Daß Sie meine Therapeutin sind.«

Ich sagte: »Timmy hat mich auch heute gefragt, ob ich deine Therapeutin bin.«

»Timmy?« Sie schien überrascht.

»Ich habe bei deiner Mutter angerufen und fragte: ›Ist Nancy Junior da?‹ Timmy war am Apparat. Er sagte: ›Ist dort ihre Therapeutin?‹ Ich lachte und sagte: ›Hier ist Emily Campbell.‹ Er sagte: ›Die meine ich.‹«

Diane fragte: »Nancy, möchtest du uns etwas zu deiner Abreise nach Lexington sagen?«

»Ich habe beschlossen, daß ich keinen bestimmten Termin ins Auge fassen werde«, erwiderte sie. »Immer wenn ein Termin festgelegt war, haben wir alle unter Druck gestanden. Meine Mutter geriet in Panik.«

Ich sagte: »Erzähl ihr doch, wie sehr man dir in der *Wilbur Clinic* helfen kann. Die Therapie dort verläuft wie eine natürliche Entwicklung, die Behandlung beginnt und endet dort. Du hörst nicht mitten drin auf.«

Nancy fragte: »Gehört es zu Johns Entwicklung, daß er die Drogen aufgibt?«

»Es ist ein Grund dafür, daß die Integration stattfinden kann«, sagte ich. »John gibt die Drogen auf und kann sich mehr an der wirklichen Welt orientieren. Er lebt nicht nur egoistisch wie ein verwöhntes Kind.«

Diane schlug vor: »Nancy – ich denke gerade an die Zeit, wenn du in Kentucky bist –, solltest du merken, daß du dich einer Situation entziehst, dann mußt du dich hinsetzen und eine Bestandsaufnahme machen. Versuche, mit deinen Gefühlen im Einklang zu bleiben, und betrachte sie als Warnsignale. Gib dir selbst Anregungen. Führe Tagebuch in Dialogform. Dein einziges Zwiegespräch sind deine Gefühle.«

»Ich habe schon Tagebuch geführt«, sagte Nancy.

»Wie klappt es?« fragte ich.

»Es ist völlig verrückt. Ich will nicht, daß irgend jemand es liest. Es ist nur so eine laufende Sache.«

Ich sagte dazu: »Insgesamt betrachtet, wird man ein Muster feststellen können. Einige Dinge würden sofort auffallen. Grundlegende Gefühle zum Beispiel.«

»Wenn ich lese, was ich geschrieben habe, scheint es mir ohne jede Verbindung zu sein. Ich meine, ohne Verbindung an die Vernunft.« Sie sagte es wie eine Entschuldigung.

»Aber es ist gut, daß du das sehen und erkennen kannst«, sagte ich. »Du solltest weiterschreiben.«

Diane sagte zu Nancy: »Das wichtigste für mich bist du, wenn du in Kentucky bist. Sherry und Sarah interessieren mich nicht so sehr. Das Schlimmste für sie ist vorüber. Mir liegt daran, daß du lernst, im Leben zurechtzukommen, damit du nicht immer neue Persönlichkeiten erschaffen mußt. Darum ist es so wichtig für dich, daß du nach Kentucky gehst. Dort bist du vor allen äußeren Einflüssen geschützt.«

»Dazu zählen auch wir«, warf Harold ein.

Diane fügte hinzu: »Ich glaube, diese Reise ist wirklich wichtig. Du bekommst die Möglichkeit herauszufinden, wer du wirklich bist. Ohne uns.«

»Das ist eine Lebensaufgabe«, sagte Nancy nachdenklich.

»Vielleicht lerne ich ja in Kentucky, meinen eigenen Kopf zu gebrauchen.«

»Ich will damit sagen, daß du frei sein mußt, Nancy«, erklärte Diane.

»Ich spüre, daß Kentucky Freiheit bedeutet«, erwiderte sie.

»Dort hast du die Gelegenheit, dich körperlich viel zu bewegen«, fuhr Diane fort. »Ich habe einen Artikel ausgeschnitten, in dem steht, daß Bewegung das beste Mittel bei Angstzuständen ist.«

Nancy erinnerte sich: »Als ich noch auf der *Junior High-School* war, habe ich nie geglaubt, daß man mich in die Schulhockeymannschaft aufnehmen würde, weil ich nicht wußte, wie man spielt. Aber dann war ich doch in der Mädchenmannschaft. Allerdings glaube ich nicht, daß ich es wirklich war.«

»Wer war es denn?« fragte ich.

»Ich nehme an, daß es John war.«

»John würde doch nicht in einem Mädchenteam spielen. Wie stellst du dir das vor?« Ich war erstaunt, daß ihr das überhaupt in den Sinn kam.

»Es war bestimmt nicht Jennifer.« Nancy schien verwirrt.

Diane sagte: »Vielleicht war es doch John.«

Ich beharrte: »John hätte niemals in einer Mädchenmannschaft mitgespielt. John können wir außer acht lassen.«

»Bleiben also noch Sarah oder Carmen«, sagte Nancy. »Und bei beiden kann ich mir nicht vorstellen, daß sie Hockey spielen.«

Wir mußten alle bei der Vorstellung lachen, daß die kluge Sarah oder die zweijährige Carmen mit einem Hockeyschläger in der Hand herumrennen würde. Nancy fuhr fort: »Ich kann mir aber nicht vorstellen, daß Jennifer sich mit anderen abstimmen könnte. Sie scheint nicht der Typ zu sein, der auf dem Feld einen Hockeyschläger schwingt. Aber ich habe im Mittelfeld gespielt – was auch immer das heißen mag.«

»Vielleicht warst du es ja tatsächlich selbst, wer weiß?« sagte ich.

»Ich habe Sport immer gemocht. Aber Hockey? Bis auf den heutigen Tag kenne ich die Regeln nicht.«

»Doch, du kennst sie«, sagte ich. »Irgendwo in deinem Innern. Genauso wie du einen Tambourstab herumwirbeln kannst, obwohl du es nie gelernt hast.«

»Ich glaube, Hockey ist wohl etwas schwieriger.« Nancy war skeptisch.

Diane versicherte ihr: »Ich glaube, in Kentucky wirst du wegen der Drogensache keine Angst haben müssen, Nancy.«

»Mmh.« Dann: »Es ist schwer für mich, mich da hineinzufühlen«, sagte sie, »weil ich nicht das Gefühl habe, daß ich es bin, die die Kontrolle über die Drogen hat.«

»Die berühmten letzten Worte«, sagte ich sarkastisch.

Diane machte Nancy klar: »Aber du warst es, die unter den Auswirkungen der Drogen leiden mußte.«

»O ja!« Sie sagte es mit Nachdruck.

Diane fuhr fort: »Wenn John sich dort einsam fühlt, könnte er Verbindung zu Leuten aufnehmen, genau wie hier auch.«

»Ich bin sicher, daß er zur nächsten Bowlingbahn gehen würde«, sagte ich. Dann schlug ich vor: »Bevor irgendeine andere Persönlichkeit herauskommt, möchte ich, daß Nancy uns durch automatisches Schreiben zeigt, wie sie zur Zeit über die Integration denkt.«

»Und was passiert, wenn ich im Unterbewußtsein ›nein‹ zu Drogen sage und John doch macht, was er will?« fragte Nancy. »Solltet ihr nicht lieber John rufen?«

»Ja, eigentlich müssen wir noch mit ihm sprechen.« Diane war einverstanden.

»Wir werden mit ihm sprechen, aber ich glaube nicht, daß sich irgend etwas mit Drogen abspielen wird, wenn du nein sagst«, versicherte ich Nancy. »Das versuche ich dir die ganze Zeit klarzumachen.«

»Ich weiß nicht so recht.« Sie war unsicher.

Ich machte Diane und Harold einen Vorschlag: »Sollen wir Nancy in Hypnose versetzen, damit sie uns etwas aufschreiben kann? Damit wir wissen, was in ihrem Inneren vorgeht? Sherry, Sarah oder John werden erscheinen.«

Harold fragte Nancy: »Bist du bereit für die Hypnose, Miss

Gooch? Wir sagen nur wieder Zenith, Zero.«

Nancy sah mich mit flehendem Blick an. Ich fragte: »Bist du noch nicht soweit?«

»Noch nicht.«

»Du willst also in letzter Minute einen Rückzieher machen, Nancy?« fragte Harold.

»Ich habe Angst.« Ein nervöses Lachen folgte.

»Hast du Angst unterzugehen?« fragte Diane.

Harold schlug vor: »Emily, vielleicht könnten Sie diese Aufgabe übernehmen.«

Ich sagte zu Nancy: »Wir warten noch ein bißchen. Beruhige dich erst mal. Wir werden langsam darauf hinarbeiten. Ich werde ›jetzt‹ sagen, und wenn ich es gesagt habe, weißt du, wann es passieren wird. Wir warten noch etwas ab.«

»Versuche, dir vor deinem geistigen Auge etwas vorzustellen, Nancy. Eine Lichtkugel«, schlug Diane vor. »In dieser Lichtkugel bist du ganz sicher. Es ist nicht mehr dunkel.«

Nancy fragte: »Hat jemand heute morgen die Regenbogen gesehen? Zwei auf einmal. Oben in den Bergen.«

»Stell dir vor, daß du von diesem wunderschönen Regenbogen umgeben bist. Dieser Regenbogen ist dein Schutz«, fuhr Diane fort. »Der Regenbogen ist wunderschön. Laß dich einfach fallen, du bist ganz sicher.«

»Ich werde jetzt die Worte sprechen«, sagte ich zu Nancy. Ich wartete einige Sekunden und sprach dann die üblichen Worte: »Zenith, Zero.«

Der Induktionsprozeß dauerte mit Harolds Hilfe etwa zehn Minuten. Ich zählte von 25 rückwärts bis null. Ich hatte eine besonders hohe Zahl gewählt, weil Nancy diesmal solche Abneigung zeigte. Ich dachte, daß es vielleicht die Abneigung war, nach Kentucky zu fahren.

Als Harold davon überzeugt war, daß sich Nancy im Hypnosezustand befand, sagte er: »Die erste Frage, Nancy, ist im eigentlichen Sinn keine Frage, sondern eine Antwort. Du hattest uns gesagt, daß du bereit warst, Jennifer aufzugeben, und du hast es getan. Es war zwar nicht schön, aber auch nicht so furchtbar, wie du es dir vorgestellt hast. Jetzt wollen wir dich fragen, ob du bereit bist, John aufzugeben. Du sollst nur ja oder nein schreiben. Ich zähle bis drei, und dein Unterbewußtsein wird deine Hand führen. Deine Hand wird die Antwort zu dieser Frage schreiben: ›Bist du bereit, John aufzugeben?‹ Eins, zwei, drei. Schreibe.«

Sie schrieb das Wort »Nein«. Er sagte: »Sehr schön, Nancy.« Er wandte sich an mich und fragte: »Möchten Sie jetzt übernehmen, Emily?« Dann sagte er zu Nancy gewandt: »Wir nehmen dir den Stift aus der Hand, und du schläfst noch tiefer ein.«

Ich sagte: »Nancy, ich möchte, daß du dich entspannst. Du bist ganz sicher. Entspanne dich. Ich würde gerne mit Sherry sprechen. Wenn ich bis fünf zähle, sollst du weiterschlafen, und ich möchte mit Sherry reden. Eins, zwei, drei, vier, fünf.«

Dann sagte ich: »Hallo.«

Nancys/Sherrys heisere Stimme antwortete: »Hallo.«

»Wie geht es dir?«

»Ganz gut.«

Harold fragte: »Wie sieht dein Liebesleben aus?«

»Du fragst immer dasselbe.«

»Nun, es interessiert mich. Du hast dich ja erst verliebt.«

Sherry zuckte mit den Schultern. »Was soll ich dazu sagen?«

»Die Antwort sagt mir schon alles.«

Ich fragte: »Sherry, was für einen Eindruck hast du von den Dingen, die vorgehen?«

»Zum Beispiel?«

»Zum Beispiel, was mit John passiert. Was mit Nancy los ist. Mit dir und mit George.«

Sie sagte gereizt: »Bekommt ihr denn keine Berichte?«

»Ja, aber jeder hat natürlich seine eigenen Eindrücke. Ich würde gerne deine hören.«

»Wo ist Nancys Tasche?« fragte sie.

Diane sagte: »Ist es die schwarze dort drüben?«

»Ja.« Sherry klang erleichtert.

Ich fragte: »Hat George sie dir gekauft?«

»Ja.«

»Sie ist sehr hübsch.« Soviel ich wußte, war es das erste Mal, daß ein Mann ihr ein Geschenk gemacht hatte.

Sie schien nervös. Ich sagte: »Entschuldige bitte, ich hatte nicht geglaubt, daß du dich so unbehaglich fühlen würdest.«

»Mir ist nicht unbehaglich.« Wieder dieser gereizte Tonfall.
Ich fragte: »Wie geht es John?«

»Was kann ich denn dazu sagen?«

»Ich möchte es gerne hören. Es ist wichtig für mich.«

»Na ja, er geht langsam weg. Was soll ich sonst noch dazu sagen?«

»Weißt du, wann er ganz verschwunden sein wird?«

»Läßt sich schwer sagen. Aber er hat nicht mehr viel Zeit, Mann. Verdammt noch mal, er hat nichts mehr. Er ist genauso, wie sie war.« Sie meinte damit Nancy/Jennifer. »Aber Hasch und das Zeug vergißt er nicht. Aber er ist nicht mehr der Kerl, der er mal war.«

»Bist du meistens draußen oder er?«

»Er kommt auch noch raus.«

»Habt ihr etwa gleich viel Zeit?« fragte ich. »Ihr drei?«

»Nein, ich bin die meiste Zeit draußen. Länger als die anderen.«

»Triffst du dich immer noch mit George?«

»Ich hab' ihn neulich abends getroffen.«

»Ist es besser? Insgesamt?«

»Weiß nicht. Was soll das heißen, ›besser‹?«

»Er hat dir das Leben schwergemacht«, sagte ich. »Du siehst ihn jetzt nicht mehr so häufig, da er nachts arbeitet. Ich dachte, vielleicht hast du mit ihm über die geplante Reise nach Kentucky gesprochen.«

Ich stellte mir vor, daß es sehr schwer für ihn sein mußte zu begreifen, geschweige denn zu tolerieren, daß unbekannte, eingebildete Personen sich einen Körper teilten. Ich bewunderte Nancy/Sherry, die ihr Leben als Prostituierte aufgegeben hatte, um sich diesem einen Mann zuzuwenden. Aber ich bezweifelte ihre oder Nancys Fähigkeit, zu diesem Zeitpunkt eine Beziehung aufrechterhalten zu können, die selbst ohne die multiplen Persönlichkeiten schon schwer genug war.

Nancy/Sherry sagte: »George und ich haben darüber gesprochen, daß ich nach Kentucky fahren soll und so. Er äußerte sich nicht dazu.«

George mußte ein stiller Mensch sein, dachte ich, Nancy und Nancy/Sherry sagten beide, daß er nicht viele Worte verlor.

»Nancy hat noch nicht festgelegt, an welchem Tag sie fährt«, erzählte ich Nancy/Sherry. »Sie will das Datum noch offenlassen, um zu sehen, was passiert.«

Diane fragte Nancy/Sherry: »Wußtest du, daß Nancys Mutter in Alfie's Restaurant arbeiten wird?«

»Scheiße.« Es klang sehr zornig. Dann sagte sie: »Welche Schicht wird sie arbeiten?«

»Nachts.«

»Mit der werde ich nicht arbeiten. Verdammter Mist. Auf keinen Fall werde ich mit ihr zusammen arbeiten.«

Ich sagte: »Ich habe schon geahnt, daß du so darüber denken würdest.« Nun wurde also deutlich, daß ein Teil von Nancy solche Gefühle ihrer Mutter gegenüber hatte. Ich fügte hinzu: »Du könntest aber George öfter sehen, wenn du nachts arbeitest. Nancys Mutter wird mindestens zweimal die Woche frei haben.«

Diane sagte: »Ich glaube, es ist wichtig, daß wir mit Nancy darüber sprechen und du mit George, damit ihr euch treffen könnt.«

»Ich kümmer' mich schon darum. Ihr wißt, das hat nichts mit Nancy zu tun.« Es war wie ein Befehl, uns aus ihrem Leben herauszuhalten.

»Sie würde sich sicher nach dir richten«, sagte ich.

»Sie hat überhaupt keine andere Wahl. Wenn ich Zeit brauche, nehm' ich sie mir. Ich sehe ihn morgens. Wir treffen uns meistens morgens, wenn er mit der Arbeit fertig ist.«

Harold fragte: »Wußtest du, daß Nancy dir die Pille besorgt hat? Die Packung liegt drüben auf dem Tisch.«

Diane meinte: »Vielleicht ist es besser, wenn du sie nimmst, an Nancy Stelle.«

»Okay«, sagte Nancy/Sherry.

Diane gab ihr die Packung. »Die reicht drei Monate lang. Und du solltest sofort mit der Einnahme beginnen. Dr. Johnson hat sie für dich besorgt.«

Harold fragte: »Wie sehen die Vorbereitungen aus, die Nancy für ihre Abreise trifft? Hast du irgend etwas beobachtet?«

»Ja, sie hat schon gepackt.«

Dann fragte er: »Was meinst du dazu, daß Jennifer nicht mehr da ist? John scheint es ziemlich schwerzunehmen.«

»Ich nehme an, er ist der nächste, und dann bin ich wohl an der Reihe, stimmt's?« Wieder diese gereizte Stimme. »Ihr habt schuld daran. Wenn ihr nicht wärt, würde gar nichts passieren. Als ich zum ersten Mal mit euch gesprochen habe, habe ich doch gesagt: ›Laßt Jennifer in Ruhe.‹ Jetzt arbeitet ihr an John. Mann!« Sie schien angewidert.

Diane sagte: »Meinst du nicht, daß es besser sein wird? Du wirst mehr Zeit haben.«

»Da wird nicht mehr viel Zeit sein.« Sie war wütend.

Ich sagte: »Kann ich irgendwie weiterhelfen? Wenn ich mit Nancy überhaupt nicht mehr arbeiten würde, würde die Integration aufhören. Willst du das?«

»Wenn ihr doch nur Jennifer und John in Ruhe gelassen hättet. Ich glaube, für John ist es jetzt zu spät. Wenn ihr vorher aufgehört hättet, ja.«

»Ich dachte, die Integration würde eintreten, unabhängig davon, was ich mache«, erklärte ich. »Das habt ihr, du und Sarah, uns doch die ganze Zeit gesagt.«

»Irgendwann wäre es passiert. Aber es wäre nicht so abgelaufen.«

Harold sagte: »Sherry, John hat nichts als Ärger gemacht. Aber du hast uns immer geholfen.«

»Sprechen Sie bitte nur für sich selbst, Harold«, sagte ich. »John ist mein ganzer Stolz.«

»Wenn er nur die Finger von den Drogen ließe«, war Harolds Erwiderung.

Diane sagte zu ihrem Mann: »Das tut er doch, Liebling. Er gibt sich wirklich alle Mühe. Zur Zeit repariert er das Auto von Mrs. Gooch, damit sie nach Kentucky fahren können. Ich glaube, du bist nicht ganz fair.«

»Vielleicht ist es nicht fair, aber ich denke eben so über Drogen.«

»Er hat uns Ärger gemacht, aber welche Kinder machen keinen?« Dianes Stimme klang sanft.

»Das stimmt.« Ich unterstützte sie.

Harold entschuldigte sich: »Ich nehme meine Bemerkung zurück. Sie war nicht durchdacht. Wir alle treten mal ins Fettnäpfchen.«

Diane fragte Sherry: »Freust du dich auf Lexington?«

»Früher hab' ich geglaubt, daß es alles ändern würde.«

»Auf welche Weise?«

»Weiß nicht. Dieser ganze Mist wäre nicht passiert.«

Ich fragte: »Du meinst also, daß die Integration aufhört, wenn Nancy in Lexington ist?«

»Ja. Ich meine, ihr wußtet doch, was ihr tut.«

»Ich habe alle meine Informationen von dir, Sarah und John bekommen.«

»Das hat nichts mit Informationen zu tun. Es ist das, was ihr mit Jennifer und John angestellt habt.« Sie fügte hinzu: »Und mit mir.«

»Weil wir euch alle lieben, meinst du das?«

Diane sagte: »Sherry, du bist die letzte, die aufgetaucht ist. Schon davor haben wir hart mit Jennifer und John gearbeitet. Es hat lange gedauert, bis wir Jenny für uns gewinnen konnten.«

Nancy/Sherry sagte sarkastisch: »Darum geht es ja. Ihr gewinnt sie für euch und löscht sie dann aus.«

Diane sagte ruhig: »Damit hat es überhaupt nichts zu tun. Es ist Nancys Bereitschaft, ihr ganzes Wesen zu akzeptieren. Ich glaube, sie ist bereit, Jennifer und John aufzunehmen, weil sie emotional nicht so ist wie sie. Als ich Nancy vor vier Jahren kennenlernte, war sie drogenabhängig. Es hat vier Jahre gedauert, bis sie nicht mehr süchtig war.«

Nancy/Sherry sagte immer noch feindlich gestimmt: »Ich rede überhaupt nicht von Zeit. Ich rede davon, was ihr damit macht.«

»Was meinst du denn damit? Ich verstehe dich nicht«, sagte ich.

»Mensch, ihr bringt Jennifer dazu, das zu tun, was ihr wollt, euch zu vertrauen und zu glauben, und dasselbe geschieht mit John.«

»Glaubst du, das war eine Täuschung? Glaubst du, daß ich betrüge, daß ich unehrlich bin?«

»Mann, was hat es ihnen denn gebracht? Wo ist Jennifer jetzt?«

»Ich hatte keine Vorstellung davon, was geschehen würde.«

Harold fragte: »Sherry, wo ist Jennifer?«

Sarkastisch: »Sie ist nicht mehr.«

Harold sagte: »Sie ist in Nancys Innerem.«

Ich fragte Sherry: »Du meinst also, daß die beiden verschwunden sind, nur weil ich sie geliebt habe?«

In spöttischem Ton: »Es hat nichts damit zu tun, was sie tun, es hängt damit zusammen, welche Gefühle sie dir gegenüber haben. Und sich selbst gegenüber.«

»Welche Gefühle haben sie denn sich selbst gegenüber, daß sie einfach verschwinden?«

»Sie haben einfach angefangen, an sich selbst zu glauben und so 'nen Mist.«

»Aber aus diesem Grund verschwinden sie. Weil sie an sich glauben. Willst du damit sagen, daß dasselbe auch mit dir passiert?«

»Nee, jetzt nicht mehr. Aber für John ist es zu spät. Von mir fehlt nur die Hälfte.«

»Sherry, ich möchte, daß du über die erste Hälfte deines Lebens nachdenkst und was damals mit dir geschah. Wie du verprügelt wurdest. Und die Leute, die du damals kanntest, und wie sie dich behandelt haben. Erinnere dich daran, jetzt, in diesem Moment. Und dann sollst du an deine Beziehung zu George denken. Auch wenn es manchmal schmerzhaft ist, er ist für dich da, verrückt nach dir, er will alles für dich tun, er liebt dich so sehr, daß er dich heiraten will. Und du willst mir weismachen, daß dein früheres Leben besser war als dein jetziges?«

Sie schwieg.

Ich fuhr fort: »Ich weiß, daß das, was John auf der Straße getan hat, nicht gut für ihn war.«

»Ja, Mann, aber das war eben er. Und jetzt ist er nicht mal mehr das. Er ist ein Nichts. Vielleicht war sein Leben nicht besonders gut, aber er hat wenigstens gelebt.«

»Nur um zu leben – willst du das damit sagen? Er lebte, aber er wäre nicht sehr alt geworden. Er wäre an den Drogen zugrunde gegangen. Oder jemand hätte ihn umgebracht.«

Sie sagte mit mürrischer Stimme: »Er kann auf sich selbst aufpassen.«

»Nicht, wenn es um gefährliche Drogen geht, Sherry. Drogen, die das Gehirn schädigen«, sagte Harold.

»John hat miterlebt, wie Andrew und andere an Drogen starben, Sherry, das geschah schon, bevor du da warst«, sagte Diane.

Ich fügte hinzu: »Und er hat gesehen, wie andere Überdosen nahmen.«

Diane fuhr fort: »Andrew starb in Jennys Armen durch einen goldenen Schuß.«

Ich erklärte: »John kannte Leute, die anderen absichtlich eine Überdosis gaben, weil sie ihnen im Weg standen oder weil sie sie aus irgendeinem Grund haßten. Ich glaube nicht, daß John damals glücklicher war.«

»Wie fühlt er sich wohl jetzt, verdammt noch mal? Und wie hat sich Jennifer gefühlt? Was ist daran gut?« Wieder kam ihr Zorn hoch.

Ich erkannte, wie wirklich diese Persönlichkeiten einander gegenüberstanden. Sie stellten sich über Nancy, für sie war sie die Bestie, die sie verschlingen wollte. Ich sagte: »Sherry, ich verstehe ja, daß du sauer bist. Wahrscheinlich wäre ich es an deiner Stelle auch. Die ganze Sache scheint dir unfair.«

Sie schniefte. »Wenn ihr sie in Ruhe lassen könntet, würde alles wieder so sein wie früher.«

»Ich habe versucht, John und Jennifer am Leben zu erhalten. Und damit Nancy.«

Voller Verachtung sagte sie: »Wahrscheinlich willst du auch versuchen, mich am Leben zu erhalten?«

»Du und ich, wir haben nichts dergleichen ausgemacht. Du mußt nicht so beschützt werden wie diese beiden.«

»Na ja, ich sehe eben nur, daß sie durcheinander waren. Sie haben euch vertraut.«

»Das war auch meine Absicht«, sagte ich. »Ich habe versucht, ihr Vertrauen zu gewinnen, weil ich sie beschützen wollte. Ich wollte sie am Leben erhalten, und das habe ich erreicht. Aber die Dinge, die sie dazu brachten, mir zu vertrauen, waren es auch wert. Ich habe alles gehalten, was ich versprochen habe. Aber ich habe nicht alles von Anfang bis Ende durchdacht, weil ich die Situation eigentlich immer noch nicht ganz verstehe. Und ich werde nicht versuchen, dir deinen Zorn auszureden, weil du ein Recht darauf hast, zornig zu sein. Es ist ganz normal, daß du jetzt wütend bist.«

Nancy/Sherry fragte mißtrauisch: »Weil du es fertiggebracht hast, daß sie dir vertrauten, konntest du sie dazu bewegen, alles zu tun, was du wolltest?«

»Sherry, alles, was ich wollte, war, daß sie an sich selbst glaubten. Das scheint mir kein schlechtes Ziel zu sein.« Und dieses Ziel konnte durch den Prozeß, den wir im Moment durchmachten, erreicht werden, dachte ich bei mir.

»Sie glauben dir?« Sie war immer noch mißtrauisch.

»Richtig. Ich habe sehr hart daran gearbeitet. Man muß schwer arbeiten, wenn andere an einen glauben sollen. Man muß sagen, was man vorhat und dieses Versprechen halten. Und man muß hart für ihr Zutrauen arbeiten. Ich verstehe nicht, wie die Persönlichkeiten dadurch sterben können.«

»Sie sterben, weil sie an dich glauben. Sie glauben alles, was du sagst und tust. Sie können nicht mehr sie selbst sein.«

»Weil sie glauben, was ich sage?«

»Ja, genau wie Nancy.«

»Glaubst du denn, daß ich sie anlüge?«

»Nein, das behaupte ich ja nicht.« Sie schien bedrückt.

»Wenn ich sie also nicht anlüge, dann sage ich die Wahrheit.«

»Ja, aber dabei verändern sie sich die ganze Zeit.«

»Da hast du recht. Wenn sie mir und dem, was ich sage, glauben – und was ich sage, ist die Wahrheit –, meinst du, daß sie dann wieder so sein wollen wie vor drei Jahren?«

»Sie haben ja keine Wahl.«

»Was wäre, wenn sie eine Wahl hätten?«

»Wenn sie wüßten, was mit ihnen passiert? Vielleicht hätten sie sich dann anders entschieden. Aber sie wußten ja nicht, was los war.«

»John wußte es.«

»Klar, am Ende.«

»John hat mir gesagt, wie er sich fühlt. Ich glaube, John will, daß ihn jemand liebt und sich um ihn kümmert. Ich glaube nicht, daß er zurück auf die Straße gehen würde. Ich bin mir nicht hundertprozentig sicher, aber ich hoffe es. Ich glaube, daß du mit George zusammenbleiben willst. Er liebt dich und sorgt sich um dich. Du möchtest nicht wieder so sein wie früher. Seine Liebe könnte das gleiche bewirken, wenn du ihm vertraust.«

»Er arbeitet nicht daran. Wir verbringen unsere Zeit anders als du mit John und Jennifer.«

»George tut es nicht auf die gleiche Weise, weil er nicht weiß, wie man das macht. Aber er arbeitet daran, daß du ihm vertraust und daß du weißt, daß er dich liebt. Ich bin mir sicher, daß er sich darum bemüht.«

»Vertrauen hilft gar nichts, Mann. Vertrauen tötet.« Ihre Stimme war kalt.

»Jennifer und John vertrauen dir. Sie glauben alles, was du sagst. Sie glauben, daß du alles in Ordnung bringst.«

»Ich habe nie behauptet, daß ich das kann «

»Nein, aber sie glauben es. Ich will damit nur ausdrücken, daß ich sie lieben werde.«

»Das wissen sie aber nicht, verdammt noch mal. Ich meine, das wird ihnen nicht viel nützen. Willst du mir weismachen, daß in diesen ganzen Stunden, die du mit ihnen verbracht hast, nichts anderes dahintersteckte? Es gibt keinen Grund für das Ganze?«

»Ja, einen Grund gibt es.«

Mißtrauisch fragte sie: »Und der wäre?«

»Sie sollten mir vertrauen, damit ich John von der Straße holen konnte und damit Jennifer ohne ihre verzehrende Angst leben konnte.«

»Und was kam für dich dabei heraus?«

»Ich habe es dir gesagt, Sherry. Ich mache mir Sorgen um sie. Das ist die Wahrheit.«

»Aber du hast ihnen auf die Beine geholfen. Sie sind von dir abhängig.«

»So siehst du es.«

Harold fragte: »Sherry, meinst du etwa, daß wir eine Macht haben, die wir in Wirklichkeit gar nicht besitzen?«

»Hat mit Macht nichts zu tun. Es hat nur was mit John und Jennifer zu tun. Wie sie sich fühlen und wie sie auf alles reagieren. Sie glauben und vertrauen euch.«

»Glaubst du uns? Hast du Vertrauen zu uns?«

»Scheiße, nein!«

Harold zuckte mit den Achseln. »Eine ehrliche Antwort.«

Ich sagte: »Vielleicht glaubst du mir, Sherry.«

»Du willst mir doch nicht weismachen, daß es nicht die ganze

Zeit dein Ziel war, daß Nancy als einzige überlebt?«

»Ich habe immer geglaubt, daß es am besten ist, wenn es nur eine Persönlichkeit gibt.« Es war meine feste Überzeugung, daß das passieren mußte, damit Nancy ein ganzer Mensch werden konnte.

»Wie hast du es dann so schnell geschafft, wenn du nichts davon wußtest?«

»Keine Ahnung. Ich kann immer noch nicht erklären, was überhaupt passiert.«

»Mann, das läuft doch nicht einfach so ab.« Ihr Zorn war wieder da. »Sie waren sehr lange da. Und die ganze Zeit, die du mit ihnen verbracht hast und so. Stundenlang. Ich hab's doch beobachtet.«

»Selbst wenn ich Stunden mit ihnen zusammen war – wenn da nicht die lange Zeit vorher gewesen wäre, als Nancy und Jennifer bei Ärzten waren, hätte es nicht geschehen können.«

»Es wäre doch passiert, Mann. Ich habe Ärzte kennengelernt.«

Ich wiederholte: »Ich verstehe, warum du böse bist. Aber als ich John und Jennifer zum ersten Mal traf, hatte ich keine Ahnung, daß es die Möglichkeit der Integration gab. Soviel ich wußte, hätte es für den Rest von Nancys Leben so weitergehen können. Eine Integration muß in derartigen Fällen nicht unbedingt stattfinden. Wenn in Nancys Leben viele verschiedene Menschen existieren mußten, wollte ich, daß jeder von ihnen das bestmögliche Leben haben sollte. Ich habe es ernst gemeint, als ich sagte, daß du nicht ein Leben führen solltest, in dem du wertlos bist. Ich möchte, daß andere dich schätzen. Ich glaube, jeder Mensch hat ein Recht darauf.«

Sie schwieg und starrte mich an.

Ich fuhr fort: »Ich bin sicher, daß du den Unterschied zwischen den Männern, die du früher kanntest, und George fühlen kannst, Sherry. Er schätzt dich als Mensch. Und darauf hast du ein Recht.«

»Ja, aber er arbeitet nicht so stark daran, mich zu ändern, nicht so wie ihr. Er nimmt mich einfach so, wie ich bin.«

»Verstehst du, daß er dich akzeptiert, weil du eine solche Wandlung durchgemacht hast? Weil du dich verändert hast? Du hast mir vertraut, als ich dir sagte, daß die Menschen dich nicht schätzen würden, wenn du dich an Fernfahrer verkaufst und Männer, die Killer sind, aufgabelst.«

Verteidigend sagte sie: »Vielleicht hätte ich George kennengelernt, vielleicht auch nicht. Ich habe mich nicht so stark verändert.«

»Nun hör aber auf, Sherry. Als Prostituierte hättest du ihn niemals getroffen, und er hätte dich nicht geliebt. Das weißt du auch. Du hast mir genug von ihm erzählt, daß ich ihn einschätzen kann.

»Das, was zwischen George und mir ist, ist etwas ganz anderes als die Sache mit John und Jennifer.« Sie wollte damit ausdrücken, daß sie mit George eine sexuelle Beziehung hatte.

»Na gut, du kannst mir glauben oder auch nicht, aber ich war der Meinung, daß jeder auf anständige Weise existieren sollte, solange sich so viele Persönlichkeiten denselben Körper teilen.«

»Wieso?«

»John führte kein anständiges Leben, Jennifer führte kein anständiges Leben und du ebenfalls nicht. Als sie merkten, daß jemand sie schätzte, begannen sie, sich zu verändern.«

»Ja. Sie lösten sich in Nichts auf.«

»Darüber habe ich keine Kontrolle. Meinst du, ich hätte sie einfach wieder fallenlassen sollen? Willst du das damit sagen? Sollte ich Jennifer wegschicken, damit die Polizei sie wieder aufgreifen konnte oder sonst jemand, der sie jagen wollte? Und John sollte wieder auf die Straße gehen, wo er kämpfen mußte, um zu überleben?«

»Du hättest helfen können, ohne so hart daran zu arbeiten. Diese vielen Stunden, die du mit ihnen verbracht hast.«

Ich sagte kalt: »Ich glaube, du solltest dich für deine Bemerkung entschuldigen. Ich habe hart für etwas gearbeitet, für das es meiner Meinung nach einen guten Grund gab. Ich mochte John und Jennifer so sehr, daß ich viele Stunden mit ihnen verbringen wollte. Ich glaube, du bringst zwei Dinge durcheinander, aber ich weiß nicht, ob das eine Ursache des anderen ist. Du bist der Meinung, daß die Zeit, die ich mit ihnen verbracht habe, die Ursache dafür ist, daß sie sich integriert haben. Ich bin der Überzeugung, daß die Veränderungen, die aus der Zeit, die ich mit ihnen verbracht habe, resultieren, in ihnen den Wunsch wach-riefen, sich zu integrieren. Oder es war Nancys Wunsch nach Integration.«

»Sie verschwinden alle für immer«, murmelte sie.

»Vielleicht hast du recht. Möglicherweise ist das Nancys Wunsch.«

»Du hast irgendwas mit ihr angerichtet.« Es klang wie eine Anschuldigung.

»Ich rede mit Nancy. Aber was tue ich ihr an? Was passiert mit ihr deiner Meinung nach?«

»Deinetwegen denkt sie viel mehr über John und Jennifer und mich und alles nach.« Sie sagte es, als ob das eine verwerfliche Tat sei.

»Sie weiß also, was vor sich geht. Ich glaube, das ist fair. Ihr alle wißt, was mit ihr passiert. Deshalb sollte sie auch verstehen, was mit euch los ist.«

»Ja, aber wenn sie es weiß und ändert, haben wir keine Macht mehr. John und Jennifer haben auch die Kontrolle verloren. Sie konnten nicht mehr ums Überleben kämpfen. Es stand nicht mehr an erster Stelle für sie.«

»Vielleicht war etwas anderes wichtiger als diese Art des Überlebens«, sagte ich. »Ich weiß, daß ihr in ihrem Innern vorhanden seid und Gefühle habt.«

»Ich weiß, daß John und Jennifer richtig stark waren und alles in der Hand hatten. Ich meine, es war manchmal ganz schön hart, oder nicht?«

»Jennifer kam nicht damit zurecht«, sagte ich. »Man würde niemanden dazu verurteilen, so zu leben wie sie. Sie war vor allem auf der Flucht, immerzu. Das war sehr grausam. Niemand sollte ein solches Leben führen müssen.«

»Und wie, glaubst du, haben sie sich gefühlt? Es war, als ob sie die Antworten nicht mehr wußten. Es galt nur noch, was du sagtest.«

»Jennifer wußte die Antworten nie. Sie kannte nur Angst. Sie war fast immer in Panik. Vielleicht bedeutet dir das nichts, aber mir hat es weh getan. Ich war auch bestürzt, weil John drogenab-hängig war und die Drogen zum Überleben brauchte und sogar dealte.«

»Ich behaupte ja nicht, daß das gut war.« Ihre Stimme klang mürrisch.

»Ich will dir nur erklären, was meine Motive waren. Ich habe nur zwei Menschen gesehen, bei denen ich das Gefühl hatte, daß sie in großen Schwierigkeiten steckten.«

»Ja, aber sie wußten von Anfang an, daß du kein Doktor bist. Ein Punkt für dich. Aber du hast alles gemacht, was ein Doktor tut, und noch mehr. Ich wette, daß es mehr war, als ein Doktor jemals für sie getan hat.«

»Aber weißt du, was dieses ›Mehr‹ bedeutet, Sherry? Hast du überhaupt eine Vorstellung, was dieses ›Mehr‹ ist? Es heißt, daß ich selbst mich um diese Persönlichkeiten sorge. Nicht nur um Nancy, sondern um jede von euch. Ihr seid mir alle wichtig.«

»Ja, aber wenn wir erst das Gefühl haben, wichtig zu sein, müssen wir nicht mehr kämpfen.«

Ich dachte darüber nach – Kampf bedeutete: zu existieren; wenn sie nicht mehr kämpfen mußten, bedeutete das den Tod. Ich sagte: »Vielleicht hast du recht. Aber ich tue eben andere Dinge als die Ärzte, weil ich euch wirklich mag.«

»Der verdammte Mist dabei ist, daß John und Jennifer noch nicht mal wissen, was mit ihnen passiert. Ich will nicht in diese Lage kommen, Mann.«

»Ich versuche auch gar nicht, irgend jemanden in diese Situation zu bringen, Sherry. Du mußt nicht beschützt werden.«

»Du redest immer nur vom ›Beschützen‹.«

»John und Jennifer waren sehr jung und wußten nicht, was sie sich antaten.«

»Das stimmt allerdings!«

»Sie brauchten jemanden, der sie beschützen konnte.«

»Und jetzt sind sie weg. Es ist das Wichtigste für uns, weiterzumachen, weiter zu existieren. Je öfter du sie gesehen hast und etwas mit ihnen angestellt hast, um so weniger mußten sie kämpfen. Es war nicht mehr das Wichtigste für sie. Sie mußten sich nicht mehr darum kümmern.«

»Ich weiß nicht, ob das stimmt.« Ich versuchte zu verstehen, welche Rolle sie alle in Nancys Leben spielten und wie sie dazu standen, sich zu integrieren, für immer zu »verschwinden«, zu sterben.

Nancy/Sherry beschuldigte mich weiter: »Du zerstörst das ganze verdammte System. Du hast Nancy völlig umgedreht.«

»Wie konnte ich sie umdrehen? So wie ich es sehe, läßt sie dich dein eigenes Leben leben, mehr als jemals zuvor in der Vergangenheit.«

»Sie macht die gleiche Scheiße wie du.«

»Und das wäre? Die Tatsache, daß ich dich mag?«

Sie sagte mürrisch: »Ich weiß nicht, was es ist. Aber ich weiß, daß du sie dazu bringst.«

»Ich gebe ihr nur Informationen. Ich kann sie nicht zwingen, sich um irgend jemanden zu kümmern.«

»Ja, aber sie sieht, was du machst.«

»Okay. Ich weiß, daß du wütend bist, aber Wut ist ein Gefühl, sie ist nicht rational. Gefühle sind emotional. Sie sind einfach da. Soll ich so tun, als ob ich mir um niemanden Sorgen mache?«

»Wir wissen, daß du uns magst. Das ist nicht das Problem. Es ist die Zeit, die du mit ihnen verbringst.«

»Aber selbst als wir uns nicht gesehen haben, haben sie mich dauernd angerufen. Sie haben mit mir telefoniert. Es gab Tage, an denen ich sie überhaupt nicht sah, aber ich habe mit ihnen gesprochen, weil sie mich angerufen haben.«

»Na, du hast doch gerade selbst gesagt, daß sie noch jung sind. Sie können sich nicht selbst so etwas ausdenken. Das war neu für sie.«

Ich fragte: »Niemand hat sich jemals um sie gekümmert?«

»Weiß nicht. Auf jeden Fall haben sie sich verändert.«

Ich lächelte: »Bitte sehr! Du kannst ruhig sauer auf mich sein.«

Harold fragte: »Sherry, wie viele Persönlichkeiten teilen sich Nancys Körper? Oder haben es getan, wenn man alle mitzählt?«

Sie sagte überheblich: »Du kannst doch selbst zählen, oder?«

Harold sagte: »Es gab sieben Hauptpersonen, richtig? Nancy – «

Sherry unterbrach ihn: »Die würde ich nicht mitzählen.«

»Aber insgesamt waren da sieben Hauptpersönlichkeiten und viele, die nicht soviel Bedeutung hatten. Bist du dir darüber im klaren, daß das sehr, sehr ungewöhnlich ist? Daß die meisten Menschen ihren Körper nicht teilen müssen? Daß in den meisten nur eine Persönlichkeit steckt?«

»Ja, weiß ich.« Sollte das soviel wie »na und?« heißen?

»Und plötzlich haben wir hier jemanden, dessen Körper von sieben Hauptpersönlichkeiten bewohnt wird. Das ist äußerst selten. Ich glaube nicht, daß du begreifst, daß mehrere dieser Wesen versucht haben, Nancy zu töten. Einige Male war es ganz schön knapp. Sieben Leute können einfach nicht in einem Körper wohnen, Sherry.«

Ich warf ein: »Wenn sie versuchen würden, sie zu töten, würden alle sterben. Das wußten sie wohl nicht.«

Harold fuhr fort: »Jenny hat einmal gesagt, daß sie zusehen wollte, wie alle sterben. Emily sagte zu ihr: ›Du wirst nicht mehr existieren und dabei zusehen können.‹ Daran hatte Jenny nie gedacht. Wenn Nancy nicht vor vier Jahren in unser Leben getreten wäre, würde heute von euch keiner mehr leben. Wegen der Selbstmordversuche und Drogen.«

Diane sagte: »Ich habe sie eines Nachts gerettet, als sie einen Herzanfall hatte. Wenn sie gestorben wäre, wärst du heute nicht hier.«

»Schmerz gehörte zu Johns und Jennifers Leben«, sagte Nancy/Sherry. »Sie verstanden es, sie wußten es.«

Ich erinnerte: »An einem Abend rannte Jennifer auf die Straße vor einen Lastwagen, weil sie panische Angst hatte, wie fast die ganze Zeit.«

»Ich sag' ja nicht, daß das gut ist. Ich sag' nicht, daß das, was sie darstellten und gemacht haben, das beste war. Ich meine nur, wenn ihr den Schmerz wegnehmt, sind sie nichts mehr. Schmerz ist das einzige, was sie kennen. Jennifer kannte eben nur Leute, die sie wie Scheiße behandelt haben. Leute, die ihr weh taten.«

Ich sagte ruhig: »Das weiß ich.« Ein Teil des psychischen Kartenhauses fiel zusammen. Die Persönlichkeiten spiegelten den Schmerz in Nancys Innerem wider, zusammen mit den Wünschen, denen sie nicht bewußt ins Gesicht zu sehen wagte. Wie Nancy/Sherry gerade gesagt hatte, existierten die Persönlichkeiten, damit Nancy »am Leben bleiben« konnte. Sie waren ein Ventil für Gefühle und Emotionen, die sie zum Wahnsinn oder in den Selbstmord getrieben hätten, wenn sie sie nicht hätte ausdrücken können.

Nancy/Sherry hatte auch gesagt: »Vertrauen tötet.« Jemand,

dem Nancy vor langer Zeit vertraut hatte, vielleicht sogar, bevor sie überhaupt denken konnte, hatte ihr so stark weh getan, daß sie niemals mehr einem Menschen Vertrauen schenken konnte. Jemandem zu vertrauen bedeutete, daß dieses Entsetzen zurückkehren würde.

Nancy/Sherry sagte: »John war da, um hart zu sein. Und ihr habt das geändert. Und was hat er jetzt davon? Vielleicht hat er sich gut gefühlt, als er hart war.«

»Vielleicht solltest du die Sache einmal anders betrachten, Sherry. Vielleicht sind John und Jennifer gerne auf den Handel, sich zu integrieren, eingegangen, weil sie nicht für immer so weiterleben wollten.

»Aber das ist die Hölle«, protestierte sie. »Sollten wir einfach zusehen, wie einer nach dem anderen verschwindet?«

»Dir scheint es nicht fair, das bezweifle ich nicht«, sagte ich.

»Diane und ich und Emily haben Nancy sehr lieb«, sagte Harold. »Wir lieben Jennifer und sind traurig, daß sie nicht mehr da ist. Ich mag auch John sehr.«

»Ich liebe John«, sagte ich.

Harold fuhr fort: »Sherry, ich wünschte, daß wir dich auch lieben könnten. Es liegt an dir, es zuzulassen.«

»Ihr braucht euch nicht die Mühe zu machen. Ich bin zur Hälfte John, ich komme durch ihn. Wenn er geht, geht eine Hälfte von mir auch.«

Harold sagte zu uns allen: »Jenny sagte, daß Nancy einen großen Teil von ihr weggenommen hatte. Und nun höre ich, wie Sherry sagt, daß eine Hälfte von ihr geht, wenn John verschwindet.«

»Ja, Mann. Als Jennifer ging, war das auch das Ende für John.«

Ich fragte: »Wieso meinst du, daß du eine Hälfte von John bist? Denn das stimmt nicht. Jennifer und John wurden durch dasselbe Trauma geboren.«

»Ich war auch da, weil Jennifer sich veränderte. John brauchte mich. Jennifer war nicht mehr die ganze Zeit für ihn da. Er konnte sich nicht mehr darauf verlassen, daß sie für ihn auf den Strich ging, damit er Geld für Drogen hatte.«

Nancy/Sherry fuhr fort: »John brauchte 'ne Nutte. Für seinen

Stoff. Er konnte ja nicht selbst auf den Strich gehen. Er konnte kein Geld verdienen und brauchte Drogen. Deshalb bin ich für ihn eingesprungen. Ich meine, er hat mich nicht dazu aufgefordert, herauszukommen oder so.«

Aber Nancy hatte es getan, ein weiteres Stück des Rätsels wurde gelöst. Zu der Zeit, als Nancy/John Geld für Drogen brauchte, begann Nancy/Sherry am Rastplatz zu arbeiten. Nancy/Sherry sagte: »Ich meine, wir hängen alle irgendwie zusammen. Jennifer und John sind zusammen. John und ich hängen zusammen. Sarah und Carmen sind es. Nancy und Carmen hängen zusammen. Nancy und Sarah ebenfalls. Jeder ist ein Teil von den anderen.«

Und irgendwie hängt jede Persönlichkeit mit einem Wunsch von Nancy zusammen, der so stark und bedrohlich ist, daß sie sich nicht bewußt damit abfinden konnte und nicht wie ein reifer Mensch mit ihm umgehen konnte, dachte ich. Der vernünftige Teil ihres Geistes, von den Psychoanalytikern als Ego bezeichnet, der zum größten Teil bewußt ist, konnte mit dem Wunsch nicht fertig werden.

»Ich kam von John«, erklärte Nancy/Sherry weiter. »Ich meine, nicht direkt von ihm. Aber ich habe seine Abhängigkeit lange unterstützt, Mann.«

Diane fragte: »Von wem hast du es gelernt, seine Abhängigkeit zu finanzieren?«

»Was heißt lernen? Ich hab's von einer Freundin von Nancy in der Schule gehört. Ich hab's besser gemacht als sie.«

Harold fragte: »Eine Freundin von Nancy hat dich eingearbeitet?«

»Jeder kann zu dem Scheiß Rastplatz fahren und auf den Strich gehen. Hängt nur davon ab, ob man 'ne gute Nutte ist, die beste Nutte.«

Ein Gedanke kam mir. Ich sagte zu Nancy/Sherry: »Du hast aufgehört, als Nutte zu arbeiten, obwohl John noch Geld für Drogen brauchte. Wie paßt das zusammen?«

Nancy/Sherry sagte ruhig: »Weil ich auf euch gehört habe.«

Ich hielt meine Überraschung zurück: »Heißt das auch – «

»Ich weiß, was du sagen willst«, sagte sie. »Dieses verdammte ›integrieren‹. Ich werde nur auf eine Weise wieder gehen. Genau wie die anderen auch. Nicht einfach nur so, weil ich nicht mehr auf den Strich gegangen bin. Jennifer war für John da, hat ihm ausgeholfen. Ich war auch für ihn da, hab' ihm auch geholfen.«

Ich fragte: »Wenn du nicht mehr für John auf den Strich gegangen bist, gab es da jemand anderen, der das Geld für seine Drogen verdient hat?«

»Wenn er weitergemacht hätte, vielleicht. Aber er begann, sich zu verändern.«

»Weißt du, Sherry, jemand muß dafür bezahlen. Zuerst warst du es eine Zeitlang. Du wurdest von anderen mißbraucht. Dann hast du beschlossen, daß du das nicht mehr wolltest. Deshalb wurde ein anderer Mensch ausgenutzt. Jennifer wurde die ganze Zeit mißbraucht. In Nancys Leben muß immer jemand ausgenutzt werden.«

Sie war wütend: »Ich wußte, was ich tat. Es hat mir auch was gebracht.«

»Jennifer wußte nicht, was sie tat.«

»Sie wußte es nicht, aber ich wußte es.«

»Was hast du dafür bekommen?«

»Geld.«

»Aber das schien ja nicht genug zu sein. Du hast als Nutte weitergearbeitet.«

»Ich könnte es morgen wieder tun, wenn ich wollte.«

»Sogar nach deiner Erfahrung mit George? Jetzt wo du den Unterschied zwischen der einen Sorte Mann und einer anderen kennst? Zwischen einem Mann, der dich liebt, und einem, der dich nur benutzt?«

»Ja, wenn ich es wollte.«

»Vielleicht wäre es möglich, aber es wäre nicht mehr aufregend, es würde keinen Spaß mehr machen.«

Harold sagte: »Sherry, hier in diesem Zimmer ist niemand, der glücklich über das ist, was geschieht. Aber wir haben keine Kontrolle darüber.«

»Mann, ich sag' doch nicht, daß es irgendein Hokuspokus ist. Es sind nur die kleinen Dinge, die alles verändern.« Sie seufzte: »Zum Beispiel ihr Vertrauen in euch. Das hat alles für John und Jennifer verändert. Sie waren hilflos.«

Er fragte: »Hilflos wogegen?«

»Nichts Bestimmtes. Ganz einfach hilflos.«

»Du willst uns also damit sagen, daß wir sie so geschwächt haben, daß sie nicht mehr überleben konnten? Willst du das ausdrücken?«

»Sie hatten keinen Mumm mehr.«

»Das ist dasselbe. Sie wurden so schwach, daß sie es nicht mehr schaffen konnten, und langsam sind sie verschwunden.«

»Weil ihr euch um sie gekümmert habt, deshalb. Wenn man ein Kind großzieht, entscheidet man, wie das Kind wird. Genau das habt ihr mit John und Jennifer gemacht. Und genau das sind sie. Ein Nichts.«

Ich sagte: »Ich habe mit ihnen gemacht, was ich auch mit meinen eigenen Kindern machen würde. Das Ziel dabei ist, daß sie als Erwachsene stark und anständig sind.«

»Aber John und Jennifer sind nicht deine eigenen Kinder.«

»Es sind Menschen, die wir lieben, Sherry. Ob du es glaubst oder nicht.« Harolds Stimme war voller Überzeugung.

Ich fügte hinzu: »John und Jennifer sind in gewissem Sinn meine Kinder. Ich behandle sie genauso.«

»Na, du hast ja jetzt erreicht, daß John hilflos ist wie ein kleines Kind.«

»Was er ja auch wirklich ist, nicht wahr? Er benimmt sich wie ein Kind, nicht wie ein Drogenabhängiger, der die Szene kennt.« Ich fügte hinzu: »Wie ich schon sagte, Sherry, ich verstehe deinen Zorn. Ich will nicht, daß du John aufgibst, aber ich weiß nicht, wie man das, was passiert, ändern kann.«

Verdrossen sagte sie: »Vielleicht kann er es schaffen, wenn ihr ihn jetzt aufgebt.«

»Damit er wieder zurück auf die Straße geht? Das wäre eine schlimme Wahl, die er treffen könnte. Ich muß ihn so oder so aufgeben. Ich kann ihn nicht behalten, wenn er wieder der wird, der er vorher war. Ich muß ihn also aufgeben, egal welchen Weg er einschlägt. Darüber bin ich aufgebracht.«

Harold sagte: »Ich bin sehr traurig. Alle machen ein schlechtes Geschäft dabei. Nancy macht ein schlechtes Geschäft. Sherry macht ein schlechtes Geschäft. Jennifer macht ein schlechtes Geschäft. Sarah macht ein schlechtes Geschäft. Aber es liegt nicht an uns. Wir können nichts daran ändern.«

Nancy/Sherry fragte ernst: »Soll ich mich wirklich von John zurückziehen?«

Ich sagte: »Zurückziehen? Damit er wieder in die Szene zurückgeht?«

»Es ist besser, als zu gehen wie Jennifer. So, wie es mit uns allen zu passieren scheint.«

»Meinst du wirklich, es wäre besser, vor ein Auto zu laufen und so zu sterben?«

Sie wurde sarkastisch: »Zumindest siehst du, wie der Wagen herankommt.«

Harold sagte: »Sherry, hast du bemerkt, daß mir beide Beine fehlen? Sie wurden amputiert, um mein Leben zu retten. Damit mein übriger Körper weiterexistieren konnte.«

»Ich finde, es ist Scheiße, daß das passieren mußte. Einfach Scheiße.«

Sie wandte sich an mich und fuhr mich an: »Ich habe angefangen, dir zuzuhören. Genau wie die anderen auch.«

»Ich habe euch von der wirklichen Welt erzählt«, sagte ich ruhig. »Dinge, die wahr sind.«

»Aber wir wollen nicht in der wirklichen Welt leben.«

»Aber du lebst jetzt darin. Du hast einen Freund. Du bist eine Frau. Du lebst in der wirklichen Welt.«

Sie gestand: »Aber ich kann nicht mit ihm leben.«

»Das weiß ich«, sagte ich. Es hätte an ein Wunder gegrenzt, wenn sie sich so schnell von einer Prostituierten in eine liebende, sorgende Ehefrau hätte verwandeln können.

»Ich kann keine Kinder mit ihm haben und nicht seine Frau sein. Ich könnte nicht wie eine verheiratete Frau empfinden.«

Dieses ehrliche Geständnis von Nancys/Sherrys Seite zeigte mehr als jeder Wutausbruch, daß sie mir vertraute. Ich war stolz auf sie.

Sie fuhr fort: »Weil ich nicht in der wirklichen Welt lebe.«

Harold fragte: »Würdest du gerne Kinder haben?«

»Im Moment nicht. Ich weiß nicht, ob ich jemals Kinder haben möchte. Aber ich habe sowieso keine Wahl.«

Harold war hartnäckig: »Wenn du in der wirklichen Welt leben könntest und für immer hier wärst, würdest du dann Kinder haben wollen?«

»Wie soll ich das wissen?«

»Wenn du es nicht weißt, wer dann?«

Sie reagierte verärgert: »Ich lebe nicht in einer wirklichen Welt, jedenfalls nicht ganz! Wie soll ich dann wissen, wie es ist? Mit den paar Stunden hier und da, die ich mir mit dem Mann, den ich liebe, stehlen kann.« Sie spielte auf die Zeit an, die sie draußen verbrachte, während Nancy im Innern war.

Harold sagte: »Du lebst nur zeitweise. Du hast etwas Zeit draußen, Nancy hat etwas Zeit und Sarah ebenfalls. Zwei Jahre lang haben wir Sarah nicht häufig gesehen, und jetzt kommt sie recht oft zu uns. Sie bleibt nicht lange, aber sie kommt.«

»Sie weiß doch immer alles, frag sie doch, ob dies alles euretwegen passiert.«

»Ich werde sie fragen«, sagte ich.

Harold wiederholte: »Sherry, wenn wir nicht getan hätten, was wir gemacht haben, wärt ihr alle tot.«

Ich fügte hinzu: »Ich glaube, Sherry will uns damit sagen, daß sie lieber tot wäre, wenn ich sie richtig verstehe.«

»Ich glaube, John und Jennifer auch«, sagte Nancy/Sherry. »Jetzt kriegen wir nur noch einen Arschtritt.«

Harold fuhr fort: »Ich werde mich nicht mit dir streiten. Egal ob du es verstehst oder nicht, ich respektiere dich und ich mag dich.«

»Ich brauche deinen Respekt nicht.« Es klang böse.

»Das weiß ich. Aber ich fühle eben so. Es ist ganz schön gemein, was ihr, du und die anderen, durchmachen müßt.«

Ich bemerkte: »Einige Dinge in der wirklichen Welt, von denen ich dir erzählt habe, Sherry, machen George erst möglich für dich. Und andere Dinge machen die Zeit mit George besser. Weil ich dir etwas über die wirkliche Welt erzählt habe, Dinge, die du als Prostituierte selbst nie herausgefunden hättest.«

»Vielleicht.« Sie schien widerwillig. »Aber dafür muß ich einen hohen Preis zahlen.«

»Da hast du recht«, stimmte ich zu.

»Ich meine, ich habe John jetzt ein paar Monate beobachtet. Wenn er auf Droge ist oder auf der Straße, ist er stark, und dann ist er wieder ein hilfloser kleiner Junge. Es ist, als ob er blöd wird.«

»Aber, Sherry, wir haben doch eigentlich nur mit ihm geredet. Wir lieben und schätzen ihn«, sagte Harold.

Ich fügte hinzu: »Er hätte sich und damit alle töten können. Oder er wäre als Dealer für viele Jahre im Gefängnis gelandet.«

Dann sagte ich: »Wenn ich es vorher gewußt hätte –« ich führte meinen Satz nicht zu Ende.

Nancy/Sherry fragte: »Hättest du dann das getan, was du gemacht hast?«

Ich sagte wahrheitsgemäß: »Ich weiß es nicht. Die Frage kann ich nicht beantworten.«

»Ihr hättet ja auch nur mit Nancy sprechen können, damit sie euch vertrauen und sich ändern kann. Nancy wäre ein ganzer Mensch. Die Integration würde trotzdem stattfinden, stimmt's?«

»Ich glaube nicht, daß es so abgelaufen wäre. Vielleicht hätte ich es versuchen können, aber ich glaube, ich wäre nicht glaubwürdig gewesen. Ich hätte etwas vorgespielt. Einer der Gründe, warum wir Nancy einmal pro Woche sehen, ist, weil sie sich große Sorgen wegen der Reise nach Lexington macht, wie du weißt. Darum sehen wir jeden von euch einzeln. Ihr sagt mir, wie ihr zu der Reise steht.«

»Ich sag' ja nicht, daß das verkehrt ist. Ich seh' ein, daß es gut ist, daß ihr euch um die Leute kümmert und daß sie euch vertrauen. Ich meine, das ist nichts Schlechtes. Ich glaube nur, daß es auf eine Sache hinausläuft.«

»Wir haben keinen Grund zur Klage. Aber ich kann nichts dafür, wie es abläuft. Ich bin nicht Gott, es steht nicht in meiner Macht, irgend etwas zu ändern.«

»Ich rede auch nicht von Macht.«

»Aber du tust so, als ob ich etwas tun könnte, damit die Dinge anders ablaufen. Das einzige, was ich tun könnte, ist, John wieder auf die Straße zu schicken, und ich glaube nicht, daß ich das fertigbringe. Ich müßte zu ihm sagen: ›John, ich will dich nicht mehr. Du bist mir egal, sieh zu, wie du mit allem fertig wirst.‹ Was würde er wohl davon halten?«

»Das würde funktionieren, denn John weiß Bescheid.«

»Was weiß er?«

»Daß alles vorbei ist. Ihr habt ihn hilflos gemacht, jetzt braucht er euch.«

»Aber ich will ihn nicht aufgeben. Mein Problem ist, daß ich zwei Wahlmöglichkeiten habe, und keine von beiden sagt mir zu. Entweder kümmere ich mich weiter um John und er integriert sich, oder ich höre auf, ihn zu lieben, und er geht wieder auf die Straße, zurück zu den Drogen. Welche Wahlmöglichkeit habe ich denn?«

»Ich glaube, eine Umkehr ist nicht mehr möglich. Vielleicht würde er nicht dorthin zurückgehen, wenn ihr ihn nicht mehr seht. Vielleicht würde er wieder stark werden und ums Überleben kämpfen. Denn er weiß, was überleben heißt.«

Ich sagte: »Sherry, erst in der letzten Woche war ein Mädchen bei mir in der Schule, die morgens vor dem Unterricht Engelsstaub genommen hatte. Sie fing an, Mitschüler und Lehrer zu schlagen, jeden, der ihr in den Weg kam. Sie ging auf die Leute los, egal ob sie sie kannte oder nicht. Fünf Männer mußten sie überwältigen, und sie ist nicht sehr groß. Weil sie durch die Droge völlig durchdrehte, wollte sie Menschen weh tun. Das gleiche könnte mit John passieren.«

»Vielleicht würde er keine Drogen mehr nehmen.«

»Glaubst du das wirklich?«

»Ich weiß nicht!« sagte sie abwehrend. »Ich kann nichts vorhersehen.«

Harold sagte: »John hat erst gestern nach Engelsstaub gefragt, wie Sarah uns erzählt hat. Er hat nichts bekommen, aber er hat es versucht.«

Ich machte Nancy/Sherry klar: »Du hast die Sache mit Chico erledigt, als er auf der Suche nach John war, um ihm Engelsstaub zu verkaufen.«

»Ich hab' ihm gesagt, er soll sich verpissen.«

»Du warst mutig. John hatte Angst, daß Chico ihn zusammenschlagen würde, wenn er ablehnt.«

»Ich glaube nicht, daß Chico wußte, daß ich es war. Ich hatte Johns Klamotten an.«

Ich wechselte das Thema: »Nancy glaubt, daß sie ruhigen Gewissens nach Kentucky fahren kann, wenn John sich integriert, weil sie Angst hat, daß er in Kentucky Drogen nehmen wird. Sarah sagte mir, daß er sich integrieren will, aber nicht in Kentucky. Wenn es passiert, passiert es eben. John will, daß es hier geschieht. In dem Fall würde Nancy nach Kentucky fahren.«

»Aber wenn ihr ihn am Leben erhaltet, dann geht das eben nicht. Nur Jennifer ist weg.«

»John und Sarah sind der Meinung, daß es sowieso passieren wird. Sehr bald schon. Sogar, wenn ich nicht da bin.«

»Ja, es könnte passieren. Ich hab' ja schon gesagt, daß er halbtot ist.«

Ich war erschöpft. Ich hatte versucht, ihr die Sache immer wieder zu erklären. Ich sagte: »Wenn du bereit bist, würde ich gerne mit Sarah sprechen und sehen, ob sie der gleichen Meinung ist.«

»Vielleicht kann sie es besser ausdrücken. Sie muß es ja wissen.«

»Sie sagte, daß John und Jennifer schnell hintereinander gehen würden, aber daß es bei den übrigen länger dauern könnte. Ich weiß nicht, ob sie jetzt anderer Meinung ist. Vielleicht braucht Nancy euch alle noch.«

»Nein, Mann. Sie hat nur John und Jennifer gebraucht. Wir sind von selbst gekommen, weil wir das anders machen wollten.«

»Sarah auch?«

»Weiß nicht. Ich war nicht dabei, als sie kam.«

»Ich glaube, daß John und Jennifer da waren, weil Nancy bestimmte Dinge wollte und sich weigerte, das zuzugeben. Und ich glaube, mit Sarah ist es genauso.«

»Ich verstehe nicht, was du damit sagen willst.«

»Nancy wollte die Drogen nehmen.«

»Aber John und Jennifer wurden doch geboren, als sie vergewaltigt wurde.«

»Das weiß ich. Aber warum dann die Drogen?«

»Weil John und Jennifer nicht mit der Vergewaltigung fertig wurden. Es betraf sie. Es war ihr Willkommensempfang hier.«

»Nancy kam auch nicht damit zurecht. Sie wollte genau wie John und Jennifer die Flucht in die Drogenwelt. Aber sie wollte es nicht zugeben. Darum brauchte sie die beiden, damit sie die Drogen für sie nahmen.«

Harold fragte: »Wie sah dein Willkommensempfang auf der Welt aus, Sherry?«

»Ich wollte einfach hiersein.«

Ich fragte: »Erinnerst du dich an das erste Mal?«

»Es war langsam. Es ging nicht ruck, zuck.«

»Du bist also langsam gewachsen?«

»Ja, dann bin ich rausgegangen und fand, was ich wollte.«

»Es muß seltsam sein, so zu beginnen.«

»Es ist nicht seltsam, wenn man so lebt.«

Harold fragte: »Du bist siebzehn Jahre alt, Sherry. Was ist das für ein Gefühl, als Siebzehnjährige geboren zu werden?«

»Weiß ich doch nicht! Wie ist es denn, wenn man bei Null geboren wird?« Es klang verächtlich.

Diane fragte, ob wir etwas trinken wollten. Sherry entschied sich für Wein, die anderen und ich nahmen Kaffee. Wir setzten unsere Unterhaltung fort. Ich begann: »Ich würde euch gerne eine Beobachtung mitteilen. Ich traf Nancy, als sie fünfzehn war. Sie war in einer schrecklichen Verfassung. Und mit achtzehn, neunzehn, zwanzig Jahren ging es ihr besser. Ich weiß nicht, ob es daran lag, daß sie in ärztlicher Behandlung war, oder einfach, weil sie lernte, besser mit allem umzugehen.«

Nancy/Sherry sagte fast neidisch: »Du weißt, welche Gefühle sie dir gegenüber hat. Sieh dir doch eure Beziehung an. Ich meine, du bist wahnsinnig wichtig für sie. Die Ärzte hatten nie so eine Bedeutung.«

»Aber trotzdem ist es ihr in all den Jahren immer besser gegangen. Die Ärzte müssen doch etwas erreicht haben.«

»Klar. Sie haben sie am Leben erhalten, haben sie in Krankenhäuser gesteckt, sie gefesselt, ihr Medikamente gegeben.«

»Das stelle ich mir nicht unter ›am Leben erhalten‹ vor. Wenn ich behaupte, daß sich ihr Zustand verbessert hat, dann meine ich das auch so. Nicht nur, daß sie noch am Leben ist, sondern daß sie sich insgesamt besser fühlt.«

»Mann, sie hat ganz schön mit den Ärzten gekämpft. Sie wollte nicht zuhören. Sie wollte ihnen nicht glauben. Dir glaubst sie und auf dich hört sie. Genau wie John und Jennifer. Sie haben sonst nie auf jemanden gehört.«

»Ich bin froh, daß sie mir zuhören. Sie lernen, daß das, was sie tun, das Leben von allen betrifft, und daß sie jetzt füreinander verantwortlich sind. Der Grund, warum John am Samstagabend nicht ausgegangen ist, um sich Engelsstaub zu besorgen, war, daß ich ihm gesagt hatte, daß entweder du oder Nancy darunter leiden würde, wenn er high wäre. Er hat sich zum ersten Mal für euch verantwortlich gefühlt. Das war einer der Hauptgründe, warum er keine Drogen genommen hat.«

Dann fügte ich hinzu: »Nancy will dir jetzt in deiner Beziehung zu George helfen.«

Schroff sagte sie: »Damit komm' ich schon allein zurecht. Es ist meine Beziehung. Mein Typ.« Mit sarkastischem Unterton fuhr sie fort: »Ihr würdet euren Freund ja wohl auch nicht mit einer anderen Frau teilen wollen.«

»Das stimmt«, sagte ich.

Diane bemerkte: »Aber Sherry, ich glaube nicht, daß du George mit jemandem teilst.«

»Nicht im sexuellen Sinn. Es ist nicht so, als ob Nancy mit ihm ins Bett geht oder so.«

»Sie hat überhaupt nichts mit ihm zu tun«, sagte ich. »Sie denkt, daß er nett und höflich ist.«

»Das meine ich nicht, es geht darum, was für Gefühle er für sie hat, wenn er denkt, daß wir, ich und sie, ein und dieselbe Person sind.«

»Aber du bist diejenige, die er liebt«, sagte ich.

»Und Nancy weiß das. Du besitzt deine eigene Kleidung, hast deine eigenen Geschenke. Deine eigene Liebe.«

»George hilft mir, ein ganzer Mensch zu sein«, gab sie zu. »Vielleicht nicht in dem Sinn, daß ich für ihn sorgen könnte oder so was. Oder Kinder mit ihm haben könnte.«

Dann seufzte sie. »Wir sind alle nur Ableger von Nancy. Wißt ihr, sie ist ganz. Sie kennt Liebe, Schmerz, Arbeit, Bildung, Beziehungen. Sie weiß, wie es ist, wenn man glücklich ist, wenn man sich schlecht fühlt, sie kennt eben alle Arten von Gefühlen.«

»Du fühlst diese Dinge doch jetzt auch, oder?«

»Nein.« Schweigen. »Und ich werde es auch nie können. Ich könnte morgen von George Abschied nehmen und würde nicht dasselbe Gefühl haben wie Nancy, wenn sie sich von euch verabschiedet.«

Ich war überrascht. »Wirklich nicht?«

»Mmh. Ich meine, ich kann mit der Situation fertig werden.

Wir planen, nach Kentucky zu gehen. Ich muß mich also von meinem Freund trennen. Vielleicht werde ich ihn nie wiedersehen. Was ist, wenn etwas passiert? Wenn wir uns integrieren? Dann sehe ich ihn niemals wieder.«

»Du meinst also, daß du nicht denselben Schmerz bei einer Trennung erlebst wie Nancy?«

»Nein, ich lasse es nicht zu, daß ich in eine solche Situation gerate.«

Diane fragte: »Was ist mit der schönen Erfahrung mit George? Mit ihm zusammenzusein, auszugehen, Dinge gemeinsam zu unternehmen?«

»Das ist in Ordnung. Ich habe gerne Spaß. Das ist alles. Ich brauche Vergnügen. Nicht so, wie Nancy es braucht. Und nicht so wie ihr. Für mich bedeutet es einfach, von einer Minute zur anderen zu leben.«

Sherry war lange bei uns gewesen. Wir verabschiedeten uns und riefen Nancy/Sarah. Wir brauchten wegen der Reise nach Kentucky ihren Rat und wollten erfahren, ob sie beabsichtigte, dorthin zu gehen. Wir konnten uns immer auf Sarahs kompetente, erfahrene Worte verlassen.

»Was erwartet Nancy heute von mir?« fragte ich sie.

»Vielleicht kann ich es so erklären.« Es war Nancys/Sarahs energische, sichere Stimme. »Es wird in der Zukunft Augenblicke geben, wenn Sie Kontakt mit Nancy haben und sie eine ganze Persönlichkeit ist, aber immer noch Ihre Unterstützung braucht. Es wird Zeiten geben, wenn sie ihren Zorn viel freier ausdrücken und mit ihren Gefühlen offener und schonungsloser sein kann.«

»So wie Sherry?« fragte ich.

»Richtig. Es wird sicher auch Zeiten geben, wenn Nancy Drogen nehmen will. Das ist das Problem mit John, weil er nicht eigentlich zweigeteilt ist, sondern von dem Wunsch nach Drogen und seiner Liebe für Sie hin und her gerissen ist.«

»Aber er scheint Liebe doch zu akzeptieren.«

»Das glaube ich auch. Einer der Gründe dafür, daß Jennifer sich integrieren konnte, war sicherlich die Liebe, die John von Ihnen entgegengebracht wurde. Eine Liebe, die Jenny vorher erhalten hatte, die sie verstand und annahm. Als auch John diese

Liebe annehmen konnte, waren die Zwillinge nicht mehr länger getrennt.«

Dann sagte Nancy/Sarah: »Ich muß eben zur Toilette gehen«, und entschuldigte sich.

Nachdem sie hinausgegangen war, sagte Harold: »Jetzt sitzen wir in der Klemme.«

»Das sehe ich gar nicht so. Ich habe bei alldem ein gutes Gefühl.« Diane lächelte.

»Ich verstehe Sherrys Gefühle.« In Harolds Gesicht lag Traurigkeit.

»Ja, natürlich«, bestätigte ich.

Dann fügte ich hinzu: »Aber sie sagte auch, daß es keine intensive Beziehung sei. Sie kann sie ohne großen Schmerz aufgeben.«

»Emily, das hier ist eine Sache, die vielleicht einer von hunderttausend Psychiatern jemals sieht«, staunte Harold.

»Wahrscheinlich nicht mal einer von einer Million, könnte ich mir vorstellen.«

Als Nancy/Sarah zurückkam, fragte ich: »Wird John sich integrieren?«

»Ich glaube nicht, obwohl es im Bereich des Möglichen liegt.«

Dann fragte ich: »Was können wir tun, um Nancy zu helfen?«

Nancy/Sarah erwiderte: »Ich glaube, im Moment haben positive Vorschläge keine große Wirkung. Nancy durchlebt zur Zeit überwältigende Gefühle, weil Jennifer sie verlassen hat. Bei John ist sie vorgewarnt. Die Gefühle sind bei jeder einzelnen Persönlichkeit anders. Wenn Sherry sich integriert, wird Nancy sehr zornig sein. Es ist der Zorn, den Sherry uns zeigt.«

»Nancy kann ihren Zorn nicht zeigen«, bemerkte Diane. »Sie wendet ihn gegen sich.«

»Darum ist Sherry hier«, erklärte Nancy/Sarah. »Wenn Sherry sich integriert, muß Nancy in der Lage sein, ihren Zorn auszudrücken. Und ihn zu akzeptieren.«

»Was wird in Kentucky geschehen?« fragte ich.

Diane sagte: »Vielleicht wird Nancy sich dort freier fühlen und ihre Wut ausdrücken können.«

»Ich bin anderer Meinung«, sagte Sarah. »Ich glaube nicht, daß John sich integrieren wird, wenn Nancy nach Kentucky geht. Zumindest nicht sofort. Und durch die Trennung von

Ihnen allen wird er möglicherweise sogar stärker werden. Weil Nancy Zuflucht in Drogen suchen müßte, wie John es getan hat, um den Schmerz der Trennung zu überwinden.«

»Nancy braucht ein Sprachrohr für ihren Zorn«, sagte Diane.

Nancy/Sarah fuhr fort: »Nancy ist ein sehr sensibler Mensch. Nicht unbedingt feinfühliger als John, aber in einer Art und Weise, daß Ärzte es schwer haben, ihr zu helfen. Ein Arzt kann nur die Therapie unterstützen und ihr helfen, ihre Gefühle zu verstehen, obwohl Nancy jetzt ihre Empfindungen recht gut einordnen kann.«

Diane fragte: »Sarah, gibt es auf lange Sicht irgend etwas, das wir besorgen können, bevor Nancy nach Kentucky geht? Ich meine materielle Dinge.«

»Ich glaube, in materieller Hinsicht hat sie alles. Ihre Mutter gibt ihr die notwendigen Dinge wie Geschirr für ihre Wohnung. Nancy wird nicht viel brauchen.«

Sarah fügte warnend hinzu: »Als Nancy am Anfang die Entscheidung traf, nach Lexington zu gehen, war sie sehr positiv eingestellt. Jetzt ist sie sich nicht sicher, ob sie überhaupt gehen will. Sie läuft davon, und wenn man davonläuft, findet man keine Antworten.«

Ich fragte: »Wie steht es mit Carmen? Wir sehen sie gar nicht mehr.«

»Es wäre furchtbar, wenn Nancy und Carmen allein wären«, sagte Nancy/Sarah. »Carmen lebt in einer völlig irrealen Welt.«

»Sie kann die Wirklichkeit nicht wahrnehmen«, sagte ich.

Nancy/Sarah sagte nachdenklich: »Carmen ist wie ein Mensch in einer Nervenheilanstalt, der mit der Realität nicht zurechtkommt. Ich nehme an, daß in einem Therapieprozeß für derartige Menschen der Betroffene in die Realität zurückgebracht wird, indem man ihn Erfahrungen machen läßt. Da Carmen nicht beobachten kann, sind es bei ihr nur Erfahrungen aus zweiter Hand. Und an Berührungen ist sie nicht gewöhnt.«

Diane fragte: »Könnte man Nancy den Vorschlag machen, ohne Carmen auszukommen?«

»Wenn das so einfach wäre, hätten wir dies alles nicht durchmachen müssen.«

Ich bewunderte wieder einmal Nancys/Sarahs Klugheit. Ein

Teil von Nancy wußte also, daß sie die multiplen Persönlichkeiten brauchte, und kannte auch ihren jeweiligen Zweck.

Sarah fuhr fort und bestätigte meine Annahme: »Nancy wird stärker werden. Aber das wird nur so schnell passieren, wie sie damit zurechtkommt. Unterbewußt wird sie akzeptieren, daß sie diese bestimmte Persönlichkeit nicht mehr braucht. Aber wenn die Persönlichkeit sich integriert, wird sie bestimmte Erinnerungen und Handlungen durchmachen, die ihr Angst eingejagt haben. Dann wird sie selbst mit dem Trauma ihrer Vergangenheit fertig werden müssen.«

Diane fragte: »Wenn wir Nancy stärken, wird sie dann schließlich allein mit diesen Situationen fertig werden?«

»Aber ja! Nancy ist schon durch das Vertrauen, das sie in Sie drei setzt, stärker geworden. Sie ist jetzt in der Lage, mit Zufällen, Risiko und dem emotionalen Trauma zurechtzukommen. Sie sind ja nun mal keine Ärzte. Ärzte haben ihr jahrelang Schmerzen zugefügt, und deshalb leistet sie ihnen Widerstand. Diejenigen, die sie vor Ihnen kennenlernte, ließen viel zu wünschen übrig. Nancy war zu dem damaligen Zeitpunkt sehr verzweifelt. Sie sagten ihr viele Dinge, die sie nicht verstehen konnte, und gaben sich keine Mühe, sie zu erklären. Das einzige, was sie spürte, war, daß ihre emotionalen Schmerzen schlimmer wurden. Sie hatte kein Selbstwertgefühl. Aber hier erhält sie Unterstützung von Freunden. Einer der Gründe, warum sie zur Zeit so gleichgültig ist, ist ihre Angst, daß sie sich verändern wird. Und ich habe gehört, daß Sie gesagt haben, es wird nichts daran ändern – «

»Wie wir zu ihr stehen«, warf ich ein.

»Richtig.«

Diane sagte: »Egal wie ihre Erinnerungen aussehen, wir lieben sie um so mehr wegen des Muts, den sie aufbrachte, um stärker zu werden. Außerdem lieben wir sie ganz einfach, weil sie Nancy ist.«

»Dabei sollten Sie vorsichtig sein, weil sie jetzt Nancy/Jennifer ist«, warnte Nancy/Sarah.

Ich sagte: »Ich liebe Jennifer. Denn wenn Jennifer ein Teil von Nancy ist, sollte dies überhaupt keine Schwierigkeiten bereiten. Wenn ich Jennifer liebe, kann ich auch den Teil von Nancy lieben, der früher einmal Jennifer war. Das gleiche gilt für John.«

Nancy/Sarah sah mich zustimmend an: »Ich würde sagen, das ist der einfachste Weg für Nancy, sich selbst zu akzeptieren. Sie hat Schwierigkeiten, dies zu verstehen.«

Ich gab zu: »Ich glaube, wenn ich einen Liebling habe, dann ist es John. Ich kannte ihn besser als Jennifer. Sehr oft, wenn ich mit ihr zusammen war, befand sie sich in einer blinden Panik. Ich sah sie nur unter sehr ungewöhnlichen Umständen. Diane und Harold haben sie im Alltagsleben erlebt. Zu John habe ich eine normale Beziehung.«

»Das ist es, womit Nancy gekämpft hat«, sagte Sarah. »Diese Dinge sind wichtiger, als sie selbst zu sein. Denn für Nancy spielt es eine größere Rolle, daß andere sie annehmen, als daß sie sich selbst akzeptiert. Und sie kann nicht begreifen, warum Sie all ihre Persönlichkeiten akzeptieren würden.«

Diane bemerkte dazu: »Es war schwierig für sie zu begreifen, wie ich sie lieben konnte. Das gilt für uns alle, die sie so annahmen, wie sie war.«

»Ich glaube nicht, daß sie es wirklich versteht«, sagte Nancy/Sarah. »Jennifer konnte Liebe einfach so akzeptieren. Dieser Mensch mag mich. Er wird sich darum kümmern, daß man mir nicht weh tut. Und dieser Mensch gibt mir seine Liebe. Für Jennifer genügt das.«

»Es war furchtbar einfach«, sagte ich. Alle lachten.

»Richtig.« Sarah fuhr fort: »Jennifer hatte dieses Gefühl hin und wieder, wenn sie draußen war. Sie hatte ein stärkeres Verlangen nach Liebe als die anderen. Nach mehr Liebe und mehr Körperkontakt. In gewissem Sinn war sie ein sehr ehrliches Kind, denn sie wußte, was sie brauchte. Nancy hat Schwierigkeiten, wenn es darum geht, Liebe zu fordern.«

Diane sagte dazu: »Genauso schwer, wie es für sie ist, Zorn auszudrücken.«

»Das hält sich in etwa die Waage.« Dann räumte ich ein: »Vielleicht ist es für Nancy einfacher, das Verlangen nach Zuneigung auszudrücken als ihren Zorn.«

»Das einzige Mal, als ich Nancy zornig erlebt habe, war, als sie das Gefühl hatte, daß ihre Mutter sie ausnutzte, ihr Befehle gab, die sie nicht befolgen wollte«, sagte Diane.

Ich betonte: »Sie läßt es also zu, daß ihr Unmut und ihre feindlichen Gefühle zumindest teilweise an die Oberfläche kommen.«

»Aber das ist ein wichtiger Punkt«, sagte Nancy/Sarah. »Ich mag Nancys Mutter wirklich sehr, und ich glaube, daß sie alles nur mit der besten Absicht tut. Aber durch die Scheidungen ihrer Mutter und all diese Dinge wurde Nancy mehr oder weniger vergessen. Vielleicht nicht vergessen, aber sie hat sicherlich nicht die Aufmerksamkeit bekommen, die sie brauchte.«

Ich mußte mir mit Staunen in Erinnerung rufen, daß dies ja in Wirklichkeit Nancy war, die über Nancy sprach, nicht ein Therapeut, der Nancy behandelte. Und wieder einmal fühlte ich, daß all diese quälenden Stunden, die wir mit den Persönlichkeiten verbracht hatten, nicht vergebens waren, sondern dazu beigetragen hatten, daß sie reifer geworden waren.

Diane sagte: »Ich mag Nancys Mutter sehr. Und ich habe versucht, ihr zu helfen. Aber zur Zeit bin ich der Prügelknabe für sie.«

»Das verstehe ich nicht.« Nancy/Sarah war verwirrt.

»Nancys Mutter braucht Unterstützung. Und sie läßt es nicht zu, daß irgend jemand ihr hilft. Niemand außer Nancy. Nancy ist die einzige, der sie es jemals gestattet hat, ihr zu helfen. Dies war das Problem, das sie mit ihrer eigenen Mutter gehabt hatte. Die Mutter von Nancy senior war sehr destruktiv. Nancy senior hat eine sehr schwere Kindheit gehabt.«

»Ganz bestimmt«, stimmte Nancy/Sarah zu.

Dann wechselte sie das Thema und versicherte uns: »Die Integration von Sherry wird positiv verlaufen. Sherry hat einen unabhängigen Lebensstil entwickelt, mit dem sie glücklich ist, sie kann ihre Gefühle frei ausdrücken. Es wird helfen, das Bild abzurunden. Was Carmen betrifft, kann man nichts Genaues sagen.«

Ich bemerkte: »Nancy hat eine sehr unrealistische Vorstellung von dem, was in Kentucky passieren wird. Kentucky bedeutet für sie grünes Gras und Pferde. Sie meint, daß es ihr gutgeht, sobald sie dort ankommt.«

Nancy/Sarah bemerkte dazu: »Ich glaube, sie macht sich nicht einmal Gedanken über die Therapie in Kentucky. Es geht um die

Reise dorthin.« Nachdenklich fügte sie hinzu: »Wenn irgend etwas in Kentucky danebengeht, wird sie nicht gezwungen, es wiedergutzumachen, sie muß der Sache nicht ins Auge sehen. Hier bei Ihnen weiß sie, daß sie es muß.«

»Willst du damit sagen, daß sie dort niemand mit ihrem Verhalten konfrontieren wird?« fragte ich nach.

»Nancys Verhalten in der Vergangenheit war es, sich zu verstecken«, antwortete Nancy/Sarah. »Aber ich habe gesehen, wie sich ihre Welt durch Sie verändert hat. Sie hat gekämpft, obwohl sie sich gleichzeitig auch widersetzt hat. Kampf ist das einzige, an das sie jemals wirklich gedacht hat. Er hat ihr ganzes Leben mit Beschlag belegt.«

Ein Kampf, ausgefochten von den Persönlichkeiten, die die liebe, sanfte Nancy versteckten, dachte ich bei mir. Persönlichkeiten, die jetzt damit drohten, sich zu integrieren, was bedeutete, daß sie ihre Gefühle jetzt handhaben und mit ihren Konflikten selbst fertig werden mußte.

Ich fragte Nancy/Sarah: »Kann ich John irgendwie helfen?«

»Ich glaube, es ist wichtig für John zu wissen, daß Sie die Sache leiten.«

»Soll ich hart sein?« fragte ich.

»Ganz hart.«

Dann sagte sie mit Besorgnis in der Stimme: »Ich hoffe, daß Sherrys Zorn Sie nicht zu sehr verärgert hat.«

»Meine persönliche Philosophie lautet, daß sich Gefühle nicht vermeiden lassen, selbst schlechte nicht.«

Sarah lächelte zustimmend und schlug vor: »Ich könnte jetzt gehen und John herauslassen. Wieviel Uhr ist es?«

»Viertel vor neun.« Wir hatten schon fast zwei Stunden in dem verdunkelten Raum zugebracht.

In dem Augenblick, als ich nach John rief, betrat Clint leise das Zimmer und setzte sich auf einen Stuhl. John kam schnell zum Vorschein und sagte »Hallo«, seine übliche Begrüßung.

Ich erwiderte: »Hallo, Liebling.« Dann sagte ich ihm: »Nancy wird noch etwas länger hierbleiben.«

»Heißt das, wir fahren nicht nach Kentucky?« Er schien erfreut.

»Vielleicht bald schon. Sie hatte geplant, in vier Tagen zu fahren, aber hat es jetzt um einige Zeit verschoben.«

»Um wie lange?«

»Das hat sie nicht gesagt. Ich weiß es selbst nicht genau. Diane meint, vielleicht hat sie noch nicht genug Geld zusammen. Es kann noch ein oder zwei Wochen dauern.«

Er lehnte sich vor, sein Gesicht nahm einen sanften Ausdruck an, als er sagte: »Ich wollte ein Bild von dir malen. Und eins von Jennifer, Sherry, Sarah und mir. Damit du eine Erinnerung an uns hast, wenn wir alle fort sind. Aber es hat nicht geklappt.«

Ich versicherte ihm: »Egal, was in Kentucky passiert, ich werde nie aufhören, dich zu lieben, John. Und ich werde hier sein. Ich verlasse dich nicht.«

Er bettelte mit leiser Stimme: »Verlaß mich nicht, bitte, verlaß mich nicht.«

Ich nahm ihn in den Arm und beteuerte: »Selbst wenn du mich nicht sehen kannst, kannst du dich an mir festhalten. Du wirst wissen, daß ich ganz in deiner Nähe bin. Wie immer. Du wirst meine Liebe fühlen können. Du brauchst vor nichts Angst zu haben.« Ich spürte, daß er große Angst hatte.

Er rief: »Mom! Mom!«

»Ja, John. Mein Liebling, ich bin doch hier.«

»Ich will mich nicht fürchten, Mom. Aber ich habe eine Höllenangst.« Er atmete tief und begann dann, sich zu schütteln und zu zittern, als ob er Krämpfe hätte. Ich nahm ihn in die Arme, hielt ihn ganz fest und versuchte, ihn zu beruhigen. Ich sagte sanft: »Es ist gut, John. Es ist doch gut.«

Er brach zusammen, weinte und wimmerte, atmete etwa eine Viertelstunde lang schwer, während ich versuchte, ihn zu trösten. Ich hörte, wie Clint zu ihm sagte: »Laß dich ruhig gehen, geh ruhig aus dir heraus.« Ich hörte Nancy/John unaufhörlich stöhnen.

Dann stieß er die Worte aus: »Es tut weh, Mom. Mom! Mom?«

»Ich bin bei dir«, sagte ich. »Ich bin hier, John.«

Ich hatte ihn noch nie so verloren erlebt, ich erkannte, welche starke Angst ein Teil von Nancy hatte, weil sie uns verlassen sollte. Das Stöhnen und Wimmern hörte nicht auf, während ich weiter versuchte, ihn zu beruhigen. Ich drückte ihn an mich. Ich war ganz ruhig, wollte, daß er sich selbst ausdrückt. Etwa zehn

Minuten lang sagte niemand ein Wort. Dann riß er sich zusammen und trocknete seine Tränen mit einem Taschentuch, das ich ihm reichte. Er sagte in seiner normalen, knappen Sprechweise: »Ich will jetzt gehen. Jetzt gleich.«

»Okay, John.« Ich ließ ihn los.

Er begann, vor sich hinzumurmeln, Satzfetzen, die ich nicht verstehen konnte, wie in Trance, um sich selbst zu beruhigen. Er flüsterte vor sich hin wie ein ängstliches Kind. Ich fing Worte auf wie »die Mauer«. Er zeigte auf einen entfernten Punkt im Zimmer, als ob er versuchen wollte, ihn zu erreichen. Dann sah er völlig entsetzt aus, als ob er diese Geste nicht hätte machen sollen. Es schien wie der Verrat an einem lieben Menschen.

Ich rief: »Sarah. Oder Sherry. Sarah oder Sherry. Dies ist zuviel für John oder Nancy. Ich möchte, daß einer von euch kommt.« Ich wiederholte die Botschaft. »Sarah oder Sherry. Dies ist zu schwierig für John oder Nancy. Ich möchte, daß ihr kommt.«

Das Wimmern hörte auf. Nancys/Johns Körper richtete sich auf. Ich hörte Nancys/Sarahs beruhigende Stimme: »Ich bin hier, Mrs. Campbell.«

Ich fragte: »War es zuviel für ihn?«

»Es war zuviel für beide, für John und Nancy.«

»Weißt du, um welches Problem es sich handelt?«

»Er hat Angst davor, nach Kentucky zu gehen und integriert zu werden. Er glaubt, daß er nur die Wahl hat, für immer zu gehen. Zu sterben.«

»Ich kann mir vorstellen, daß er in Panik gerät, weil er mit Nancy allein sein wird«, sagte ich. »Durch sein Stöhnen hindurch konnte ich die Worte ›die Mauer‹ verstehen. Jennifer hat einmal von einer Mauer gesprochen, die sie zu durchbrechen versuchte. Weißt du etwas darüber?«

»Sie alle haben eine Mauer gegen die Welt draußen errichtet. Sie dürfen sie nicht zerstören. Wenn sie es doch tun, müssen sie sterben. Die Außenwelt darf nicht wissen, daß sie existieren oder daß diese Mauer existiert.«

»John schien furchtbare Angst vor dieser Mauer zu haben.«

»Es ist ihr Schutzwall vor der Grausamkeit der anderen Menschen«, sagte Nancy/Sarah.

Wir alle errichten in unserem Inneren Schutzmauern gegen die Schmerzen des Lebens und halten so einen Teil von uns wie in einem Gefängnis gefangen, dachte ich. Nancys Mauer war eine psychische Festung. Sie bestand aus Beton, es war keine Phantasiemauer.

Clint sagte selten etwas, aber wenn er einen Beitrag leistete, zeugte er immer von seiner ausgezeichneten Beobachtungsgabe: »Da Jennifer nicht mehr da ist und es ihre Aufgabe gewesen zu sein scheint, Nancy vor Schmerz und Trauma zu schützen, muß John jetzt möglicherweise die ganze Last dieser Verlagerung tragen. Vielleicht schützt er Nancy vor den Erinnerungen, die Jennifer vorher auf sich genommen hat.«

»Daran habe ich auch schon gedacht«, sagte ich.

Clint sagte zu Nancy/Sarah: »Die Frage tauchte wiederholt auf, und du bist diejenige, die sie in Worte gefaßt hat, nämlich daß Nancy nicht bereit war, die Persönlichkeiten gehen zu lassen. Du sagtest, daß nicht John derjenige war, der bleiben wollte, sondern daß Nancy an ihm festhielt. Wäre es wohl möglich, Nancy zu versichern, daß sie nicht an John festhalten muß, wenn er bereit ist zu gehen?«

»Sie hat noch nie etwas derartiges erfahren wie das, was John gerade durchgemacht hat«, erwiderte Nancy/Sarah. »Was hier heute abend mit John passiert ist, ist neu für sie.«

Diese offene Darstellung des inneren Schmerzes, des Leids, verlassen zu werden von jemandem, den man liebt, war auch für mich neu. Ich wußte, daß es aus Nancys erstarrter Seele kam. Er war wie ein Baby gewesen, das nach seiner Mutter schrie. Clint fragte: »Hält Nancy diese Mauer, von der John sprach, aufrecht? Hat er das Gefühl, daß er sie nicht übersteigen kann? Daß das zu gefährlich für ihn wäre?«

»Das ist eine Möglichkeit«, sagte Nancy/Sarah.

Ich bemerkte: »Er sagte, daß die Mauer genau hier ist. Er griff nach ihr, als ob sie sich in diesem Raum befände. Und er hatte das Gefühl, daß er etwas Falsches tat.« Alle schwiegen. Schließlich fragte ich: »Was sollen wir tun? Sollen wir Jennifer rufen?«

»Sie wird erschöpft sein. Sie ist ausgelöscht«, sagte Sarah.

»Es wird langsam spät. Vielleicht hatten wir alle genug für heute.« Es war Dianes Stimme.

Ich seufzte: »Auf mich trifft das zu.«

So endete diese Sitzung, die uns viele Dinge offenbart hatte. Johns Zusammenbruch hatte uns alle überwältigt. Er hatte sich noch nie so offen ausgedrückt, mit solch roher Leidenschaft und in solch großer Bedrängnis. Dieser angeblich so harte Junge von der Straße hatte es zugelassen, sich in ein hilfloses Kind zurückzuentwickeln, das bettelte: »Laß mich nicht allein! Laß mich nicht allein!«

Ich hatte Bedenken wegen der Reise nach Kentucky. Zweifellos wollte ein starker Teil von Nancy diese Reise nicht unternehmen. Andererseits wußte ich, daß es für sie eine Herausforderung war, die sie annehmen mußte.

15. *Mai 1979*

Nach einer nochmaligen Verschiebung der Fahrt nach Lexington erklärte Nancy Ende April, daß sie nun am 7. Mai mit ihrer Mutter fahren würde. Diesmal war ich mir sicher, daß sie es ernst meinte, da sie sich selbst diesen letzten Termin gesetzt hatte.

Am 3. Mai, vier Tage vor dem Zeitpunkt, hielten wir eine letzte Sitzung ab. Zuerst sprach Nancy mit uns. Sie sagte: »Ich fühle mich nicht sehr wohl.«

»Ist Sherry zur Zeit da?« fragte ich.

Nancy ging es meistens nicht besonders gut, wenn Nancy/Sherry nachts aktiv war, denn Nancy mußte dann ohne Schlaf auskommen. Nancy/Sherry hatte es aufgegeben, ihre unsichere Beziehung zu George aufrechtzuerhalten, und hatte sich von ihm getrennt. Er war nicht in der Lage gewesen, mit einer jungen Frau zurechtzukommen, die von inneren Stimmen »besessen« war.

»Macht Sherry wieder ihre alten Dummheiten?« fragte Harold.

»Sarah hat berichtet, daß Sherry kam und George angerufen hat. Sie haben zehn Minuten lang miteinander telefoniert«, sagte ich.

»Um wieviel Uhr war das?« fragte Nancy.

»Um zwei Uhr morgens.«

»Ich habe um etwa ein Uhr Zeit verloren, wahrscheinlich hat sie George um diese Zeit angerufen. Vielleicht haben sie sich sogar getroffen. Wie kommt sie denn hin und zurück?«

»Per Anhalter«, sagte ich.

»Einfach so?« fragte Diane.

»Ja, sie fackelt nicht lange. Sie steigt aus, streckt den Daumen raus, steigt ein, wiederholt das Spielchen und sagt: ›Ich möchte da und da hinfahren, lassen sie mich dort aussteigen.‹«

Nancy fragte: »Wie sieht es mit ihrer Integration aus?«

»Sarah kann nicht mehr viel dazu sagen«, antwortete ich. »Es ist alles so durcheinander. Aber Sarah schien ganz glücklich darüber zu sein, wie sich alles entwickelt.«

»Sie ist immer so ruhig«, sagte Nancy.

Diane bemerkte: »Sie war nicht sehr ruhig an dem Tag, als sie wußte, daß Sherry per Anhalter mit diesen beiden Fernfahrern nach Yuma gefahren war.«

Am Anfang des Jahres hatte Nancy/Sherry plötzlich beschlossen, nach Arizona zu fahren. Sie hatte ihre hautengen Jeans, eine Pelzjacke und hochhackige Schuhe angezogen. Sie floh aus Protest gegen die Integration. Sie winkte einen Lastwagen heran, die Fahrer waren freundlich, sie machten keine unanständigen Bemerkungen. Aber als sie nachts in *Gila Bend* übernachten wollten, bekam sie Angst und ließ Nancy in Nancys/Sherrys Stöckelschuhen zurück. Nancy lief zu einer Telefonzelle und rief mich an. Ich riet ihr, selbst für ihr Zimmer zu bezahlen – Nancy/Sherry hatte Geld mitgenommen –, die Nacht über dort zu bleiben und am nächsten Morgen ihre Mutter anzurufen, damit sie sie abholen konnte, was sie dann auch tat.

»Sollen wir mit der Arbeit beginnen?« fragte Harold.

»Ich weiß nicht, woran wir arbeiten«, sagte ich.

»Das wußte ich noch nie«, erwiderte Harold. Wir lachten alle.

»Was schlagen Sie vor, Clint?« fragte Diane.

Bevor er antworten konnte, spaßte Nancy: »Sollen wir Lose ziehen?« Wir lachten wieder. Bei diesem ernsten Unterfangen gab es auch komische Momente.

»Wir wollen uns im Augenblick Clint nicht fügen, deshalb schlage ich vor, daß wir Sarah rufen«, sagte Harold.

Clint stimmte zu: »Sie hat uns immer gut informiert.«

Im April war eine neue Persönlichkeit auf der Bildfläche erschienen, sie hieß Julie-Renee. Ich erklärte Clint, der sie nicht kannte: »Immer wenn Nancy Schwierigkeiten mit den Augen hat, scheint Julie-Renee blind zu sein.«

Nancy fragte: »Wie lange ist Julie-Renee schon hier?«

»Sie weiß es nicht, Sarah weiß es ebenfalls nicht, und so haben auch wir keine Ahnung«, sagte ich.

»Es scheint, daß wir eine Menge Dinge nicht wissen«, meinte Nancy.

Dann fragte Harold: »Woher ist Julie-Renee überhaupt gekommen?«

»Daran wage ich nicht einmal zu denken«, sagte Nancy entschieden.

Harold wandte sich an Cint: »Ich freue mich darauf, Julie-Renee kennenzulernen. Es klingt, als ob sie eine interessante Persönlichkeit ist.«

Nancy sagte: »Ich habe heute mit George gesprochen. Es war sehr frustrierend, die Beziehung ist wirklich frostig. George hat kaum etwas gesagt. Er kam aus der Restaurantküche und sagte, daß er mich nicht sehen wolle. Ich erzählte ihm, daß ich in der nächsten Woche nach Kentucky gehen würde und wahrscheinlich längere Zeit nicht hier wäre. Er sagte nur: ›In Ordnung, ist ja auch egal.‹ Er schien nicht unglücklich darüber zu sein, es schien ihn nicht zu berühren. Ich habe auch mit meinem Chef dort gesprochen. Er sagt, es ist schade, daß ich gehe. Er will den Job für mich offenhalten.

»Ich kann mir vorstellen, daß es George weh getan hat«, sagte Diane.

»Da bin ich mir sicher«, sagte Nancy. »Aber er macht mir angst. Manchmal ist er wie ein Fremder. Ich scheine nicht in der Lage zu sein, mit ihm zu reden.«

»Wir möchten Sarah sehen«, sagte ich. »Bist du bereit, Nancy?«

»Ich bin bereit.« Sie lehnte sich in den bequemen Sessel zurück.

Wir gingen wie üblich vor, und innerhalb von zwei Minuten erschien Sarah. Ich fragte: »Welche Neuigkeiten gibt es?«

»Im Innern ist eine Menge Aufruhr«, berichtete sie. »Ich bekomme immer mehr das Gefühl, daß Nancy so bald wie möglich nach Kentucky fahren sollte. Sie kämpft noch mit ihrer Mutter darum, wie sie dorthin kommt. Sie möchte, wie am Anfang, allein mit dem Flugzeug hinfliegen, was ich persönlich für das klügste halte. Aber ihre Mutter besteht darauf, sie hinzufahren, und wie wir alle wissen, hat Nancy Schwierigkeiten, sich durchzusetzen, besonders gegen ihre Mutter.«

Harold unterbrach sie: »Entschuldige, daß ich etwas vom Thema ablenke. Es hat mit Sherrys Beziehung zu tun. Sarah, du hast mir gesagt, daß Sherry als Prostituierte wirklich sehr gut arbeitete. Von den Kunden kam nie eine Beschwerde. Ist das richtig?«

»Sie gibt damit an, ja.«

»Keine einzige Beschwerde?«

»Ich weiß nicht, ob Männer sich eine Akte anlegen.« Sie lächelte. »Aber keiner ihrer Kunden, abgesehen von dem Fernfahrer, der versucht hatte, sie zu töten, hat sich jemals beklagt. Sie hatte sich einen Kundenstamm aufgebaut. Männer, die immer wiederkamen, und sie hatte ihre eigene Art, sie zufriedenzustellen.«

»Danke, Sarah, ich bin froh, daß du wieder auf der Bildfläche bist.«

Ich fragte: »War Sherry gestern abend da?«

»Nein, sie war nicht da. Jim hat Nancy um Viertel vor eins morgens angerufen. Sie sagte ihm, daß sie sich nicht mehr treffen könnten, weil sie Ontario verlassen würde. Sie wollte keinen Kontakt mehr zu ihm haben. An dem Punkt zitterte sie, aber ihr war es ernst mit ihrer Entscheidung.«

Harold fragte: »Sarah, ist alles, was wir getan haben, umsonst gewesen?«

Nancy/Sarah und ich riefen im Chor: »Nein!«

Ich fügte hinzu: »Es spielt sich jetzt alles in ihrem Innern ab. Es ist ein Kampf Nancy gegen Nancy, glaube ich.«

Nancy/Sarah unterstützte mich: »Es findet ein sehr heftiger Kampf statt. Nancy mußte sich gegen viele Dinge zur Wehr setzen, gegen alles, was mit ihrem Menschsein zusammenhing, könnte man sagen.«

Ich hörte, was Nancy mir über sich selbst zu berichten hatte. Sie hatte das Gefühl, daß das Leben ein ständiger Kampf war, daß ihr nie etwas Spaß gemacht hatte oder wenigstens erträglich war.

Ich sagte: »Man muß den Druck bedenken, den wir auf sie ausüben. Sie wird uns alle verlassen und weit von zu Hause weggehen. Sie wird zum ersten Mal versuchen, allein zu leben, mit fremden Menschen. Sie wird von fremden Menschen behandelt werden. Sie muß furchtbare Angst haben.«

Nancy/Sarah bemerkte: »Gestern abend, als sie mit Jim sprach, erkannte sie, daß sie nicht in ihr altes Leben zurückkehren konnte und es auch nicht wollte. Sie muß herausfinden, was es in Kentucky für sie gibt.«

Amen, dachte ich. Ein weiterer Teil der Schlacht ist gewonnen. Nancy war bereit das Risiko auf sich zu nehmen, sich von ihrer Mutter zu trennen und fast bis ans andere Ende der Staaten zu gehen.

Nancy/Sarah berichtete: »John war wieder high.«

»Was hat er genommen?« fragte ich.

»Ich weiß es nicht, Mrs. Campbell. Ich kenne mich mit Drogen überhaupt nicht aus. Egal was es war, er und Nancy nahmen es zusammen. Wenn er Drogen nimmt, bedeutet das, daß sie sie nimmt.«

Ich sagte. »John nimmt alles, was er kriegen kann. Er nimmt Mittel zur Beruhigung, zur Anregung, er nimmt Speed, er hat Heroin genommen, Engelsstaub. Alles, was er kaufen kann.«

Clint fragte: »Wirken die Drogen bei jeder Persönlichkeit anders, Sarah?«

»Ja. Wenn Sherry trinkt, fühle ich mich etwas benommen, Sherry fühlt sich großartig, und Nancy wird es furchtbar übel. Ich weiß nicht, wie es bei Jennifer wirkt, aber es hat für uns alle andere Auswirkungen. John fühlt sich ganz gut, wenn er Drogen genommen hat, er scheint damit zurechtzukommen, wenn er high ist. Nancy leidet unter Verfolgungswahn. Sherry wird zornig, und ich glaube, daß sie dann etwas klarer im Kopf ist.«

Dann warnte Nancy/Sarah uns: »Ich nehme an, daß das Drogenproblem für Nancy in Kentucky so schwer sein wird wie hier. Nancy wird in beide Richtungen gezogen – zu den Drogen hin und von den Drogen weg.«

Ich dachte, Nancy will uns davor warnen, was vor uns liegt. Aber wir können sie nicht aufhalten, vielleicht wird das Experiment in Kentucky ein gutes Ende nehmen.

Diane stellte eine Frage, die uns alle beschäftigte: »Sarah, warum kann Nancy eigentlich nicht direkt mit Emily oder uns oder irgendeinem anderen sprechen und uns sagen, wie sie sich fühlt? Sie sagt immer nur, alles sei in Ordnung. Wenn sie das sagt, weiß ich, daß es wieder mal ganz schlimm ist.«

»Ich glaube, daß sie die ganze Zeit ziemlich ehrlich zu allen ist«, sagte Nancy/Sarah. »Sie ist daran gewöhnt, ein Lächeln aufzusetzen, weil sie glaubt, daß die Welt zusammenbrechen wird, wenn sie es nicht tut. Langsam lernt sie, daß das nicht unbedingt stimmt, aber sie muß noch daran arbeiten. Sie hat noch kein Vertrauen zu ihren Gefühlen. Ich meine nicht, daß Gefühle immer positiv sein müssen, aber Nancy scheint dieser Meinung zu sein.«

Bravo, Nancy/Sarah, dachte ich wieder einmal, du bist genau auf dem richtigen Weg.

Diane fragte: »Warum fürchtet sie sich davor wegzufahren?«

Harold antwortete: »Sie hat gestern abend mit mir darüber gesprochen. Sie hat furchtbare Angst, daß sie uns alle vermissen und daß Emily lange Zeit nicht dasein wird und daß niemand sie dann trösten kann.«

Ich hatte geplant, mit meinem Mann nach Europa zu fahren, es würde unser dritter Besuch im Ausland sein. Für uns war es die letzte Chance, uns darüber klarzuwerden, ob unsere Ehe weiterbestehen konnte oder ob wir uns scheiden lassen sollten.

»Nancys Angst ist berechtigt«, sagte ich.

»Ich habe ihr gesagt, daß ich vor dem gleichen Problem stand, als ich New York verlassen habe«, fuhr Harold fort. »Ich war völlig fertig. Ich hatte ein ganz neues Leben vor mir, dreitausend Meilen entfernt. Und so ist es auch mit Nancy, mit dem Unterschied, daß es zweitausendzweihundert Meilen sind.«

Clint fragte: »Wie denkt eigentlich Nancys Mutter tatsächlich darüber, daß Nancy nach Kentucky geht?«

»Nach außen hin unterstützt sie den Plan«, antwortete

Nancy/Sarah. »Sie hat versucht, es Nancy so leicht wie möglich zu machen. Ihre Mutter hat gesagt: ›Ich werde sehen, daß es eine Möglichkeit für dich gibt, nach Kentucky zu gehen.‹ Sie hat fünf Tage pro Woche nachts als Serviererin gearbeitet, jeden Pfennig gespart, damit Nancy nach Lexington gehen kann. Sie hat mit dem Arzt dort gesprochen, sie hat sich um alles gekümmert. Insgesamt hat sie sich besser verhalten, als ich es erwartet hatte.«

Wir waren still und hörten Nancy/Sarah weiter zu. »Es war alles sehr schwierig für ihre Mutter, weil sie Nancy sehr nah und in gewisser Weise von ihr abhängig ist. Nancy hat jetzt das Gefühl, daß sie unabhängig werden müßte, sie ist einundzwanzig Jahre alt und hat noch nie allein gelebt. Ihre Mutter sagte: ›Als ich in deinem Alter war, habe ich auch so gefühlt, und ich kann dich verstehen. Es ist zwar schwer für mich, aber ich werde dir helfen.‹«

Harold sagte dazu: »Aber andererseits, Sarah, tut ihre Mutter genau das Gegenteil, wenn sie darauf besteht, Nancy nach Kentucky zu fahren, anstatt sie allein fahren zu lassen, wie sie es eigentlich möchte.«

»Ich glaube, das ist eine Angelegenheit zwischen Nancy und ihrer Mutter«, sagte Nancy/Sarah. »Sie geben sich gegenseitig soviel Freiraum. Nancy sagt: ›Okay, du kannst mich begleiten und mir helfen, mich zurechtzufinden, und dann wirst du akzeptieren können, daß ich weggehe.‹ Und ihre Mutter sagt: ›Ich weiß, daß es schwer sein wird für dich. Kentucky ist nicht das Paradies, das du dir vorstellst, deshalb komme ich mit und helfe dir, soweit ich kann, und fahr' dann wieder weg.‹«

Nancy/Sarah fügte hinzu: »Wenn Nancy erst einmal in Kentucky ist, wird es ihre erste wirkliche und vollständige Trennung von ihrer Mutter sein. Die Umgebung von Nancys Mutter ist nicht gerade sehr stabil. Ich nehme an, daß sie einen Platz für sich findet, wenn sie zurückkommt. Dann haben beide, Nancy und ihre Mutter, Raum, um zu wachsen. Sie haben sich gegenseitig auf verschiedene Weise behindert. Mit einer Abhängigkeit von beiden Seiten. Und Besitzansprüchen von beiden Seiten. Nancys Mutter kommt aus einer ausgesprochen zuverlässigen Familie. Ich habe durch Nancy mehrere Familienmitglieder kennengelernt, und es trifft auf jeden einzelnen zu.«

Ich mußte mir ins Gedächtnis rufen, daß dies Nancy war, die in einer Weise über ihre Mutter sprach, wie sie es vor der Therapie nie gewagt hätte und immer noch nicht wagte, außer in der Verkleidung einer ihrer Persönlichkeiten.

Diane sagte: »Es besteht eine enge Familienzusammengehörigkeit. Sie haben keine Freunde.«

»Nancys Mutter hat Bekannte und ist auf der Arbeit sehr beliebt«, sagte Nancy/Sarah. »Aber ihre Kinder sind ihr ein und alles. Besonders jetzt, wo nur noch Timmy und Nancy da sind. Es ist daher schwer für sie, daß Nancy weggehen wird. Nancy fürchtet schon den Augenblick, wenn ihre Mutter sich verabschieden muß. Ihre Mutter hat ihr gesagt, daß sie zusammenbrechen wird. Aber sie wird darüber hinwegkommen.«

»Es ist eigentlich ein ganz normaler Vorgang, wenn Mütter und Töchter sich voneinander trennen«, sagte Harold.

»Nancy wird zusammenbrechen, wenn ihre Mutter fort ist«, sagte Nancy/Sarah voraus. »Und dann wird es wieder bessergehen, wenn sie ihre Umgebung erst einmal kennt und sich zurechtfindet.«

Harold kommentierte: »Nancy kann schnell Freundschaft schließen. Sie hat ein herzliches Wesen. Du hast es auch, Sarah.«

»Danke.« Ein angedeutetes Lächeln huschte über ihr Gesicht. Ich dachte daran, wie Nancys Mutter mir einmal erzählt hatte, daß ihre Mutter sie gehaßt hatte. Wenn ein Kind solchen Haß spürt, entwickelt es wenig Selbstachtung. Das Selbstwertgefühl eines Kindes entsteht aus der Wertschätzung, die die Eltern ihm entgegenbringen.

Diane fragte Nancy/Sarah: »Was ist mit Julie-Renee?«

»Sie kam zum ersten Mal zum Vorschein, als Nancy von Jim Drogen kaufte und damit nicht zurechtkam. Aber obwohl Nancy in letzter Zeit unter starken Spannungen stand, hat sie nur einmal Drogen genommen, vor einer Woche etwa. Sie hatte Schuldgefühle und litt unter Verfolgungswahn, weil sie wirklich nicht high sein will. Aber sie stand unter starkem Druck und suchte nach einem Ausweg. Diese neue Persönlichkeit, die Julie-Renee heißt, wurde erschaffen, als Jerry starb und Nancy mit ihren Gefühlen nicht zurechtkam.«

»Was für ein Mensch ist Julie-Renee?« fragte Harold.

»Ich spüre, daß sie sehr zornig ist. Mit Sicherheit ist sie ver-wirrt. Zuerst war sie blind, obwohl sie bisweilen in der Lage war zu sehen. Sie sucht fast verzweifelt nach irgendeinem Schlüssel zu ihrer Identität.«

Ich fragte: »Sarah, was können wir deiner Meinung nach tun, um Nancy zu helfen, damit sie sich besser entspannen kann, da sie ja in einigen Tagen fährt.«

»Ich bin der Meinung, daß Sie Julie-Renee treffen und ihr sagen sollten, was vor ihr liegt. Ich glaube, daß sie häufig heraus-kommen wird.«

»Wie sieht es mit Sherry aus? Und John?« Ich war beunruhigt.

»Ich glaube, daß Sherry immer noch durcheinander ist wegen der Sache mit George, aber ich habe nicht das Gefühl, daß sie eine Bedrohung darstellt. Vielleicht wird sie ab und zu mal über die Stränge schlagen, aber sie wird sicher nicht auf den Strich gehen. Ich glaube, sie ist in der Lage, damit allein fertig zu wer-den. Sie war nie besonders abhängig.«

»Wie steht es mit John?« beharrte ich.

»Ich habe keine Ahnung, was wir mit ihm tun können.«

Ich wandte mich an Clint: »Dr. Johnson, haben Sie irgend-einen Vorschlag?«

Mit seiner gleichmäßigen, warmen Stimme sagte Clint: »Zu-erst sollten wir noch einmal die Tatsachen betrachten und sehen, wie die Schlachtpläne und Strategien Form annehmen, obwohl wir das ja eigentlich schon die ganze Zeit tun. Ich möchte auch ganz sicher sein, daß Mittwoch tatsächlich der geplante Abreise-tag ist.«

Harold sagte: »Ich würde gerne Julie-Renee treffen.«

»Sie sollte wissen, daß sie nach Kentucky geht«, sagte Nancy/ Sarah. »Sie ist eigentlich ziemlich stabil. Sie ist nicht drogenab-hängig oder unglücklich oder zornig. Sie scheint normale Ge-fühle zu haben. Ich habe herausgehört, daß ihr Zorn nur Fru-stration darüber war, daß sie zeitweise blind war. Ich schlage vor, daß Sie ihr einige Dinge erklären, so daß sie nicht in Schwie-rigkeiten gerät. Ich glaube nicht, daß sie etwas Kriminelles tun würde. Bei John besteht diese Möglichkeit durchaus.«

»Ich glaube, damit hast du leider recht«, stimmte ich traurig zu.

»In jeder Stadt gibt es schlechte Viertel, Mrs. Campbell«, sagte Nancy/Sarah. »Vielleicht reicht es, wenn John weiß, daß Sie hinter ihm stehen.«

»Ich denke, daß wir jetzt Julie-Renee herbitten sollten«, schlug ich vor. Warum sollte man vor einem möglichen Feind davonlaufen, wenn man ihn zu einem Freund machen kann?

Ich begann die übliche Prozedur, zählte bis zehn und rief Nancy/Julie-Renee. Nancys/Sarahs perfekte Haltung änderte sich plötzlich, sie sackte zusammen, ihr Gesicht nahm einen leeren Ausdruck an, die Augen wurden glasig und konnten nichts mehr erkennen.

Ich fragte: »Julie-Renee? Ich bin Emily Campbell.«

Das Gesicht blieb ausdruckslos. Ich sagte zu unserer Gruppe: »Ich glaube, sie kann nicht sehen.«

Der Mund öffnete sich, und eine kalte Stimme fragte: »Wo bin ich?«

»Bei uns zu Hause«, sagte Harold.

»Wer spricht da?« Wieder diese kühle Stimme, diesmal klang sie zynisch.

»Das ist Harold Gaffney«, erklärte ich. »Er ist ein Freund von Nancy.«

»Einer der Geister?«

»Nein. Kein Geist.«

»Wo ist Nancy?«

»Du und sie, ihr scheint euch damit abzuwechseln, wer sehen kann und wer blind ist«, sagte ich.

»Wie bin ich hierher gekommen?«

»Nancy war zuerst hier. Dann habe ich dich gerufen. Wir wollten mit dir reden.«

»Mann, irgendwie geht etwas Seltsames vor sich. Wirklich verrückt.«

»Was denn?«

»Manchmal kann ich sehen und dann wieder nicht.« Beschuldigend sagte sie: »Wißt ihr irgend etwas darüber?«

»Das gleiche passiert Nancy auch manchmal. Ich weiß nicht, warum. Ich kann es nicht erklären.«

»Gebt ihr mir vielleicht Medikamente, damit ich nicht so kaputt bin? An euch liegt es, daß ich Amnesien habe. Ihr seid daran schuld, daß ich nicht sehen kann.«

»Das hat nichts mit uns zu tun, Julie-Renee«, versicherte ich ihr. »Wir geben keine Medikamente. Wenn irgend etwas mit Drogen läuft, liegt es an einer der anderen Persönlichkeiten in deinem Körper. Nancy ist genauso beunruhigt über die Blindheit wie du.«

»Du glaubst also, daß die anderen Geister auch nicht Bescheid wissen?«

»Niemand versteht wirklich, was hier vorgeht«, sagte ich. »Es gibt in einem anderen Ort eine Ärztin, die Erfahrung hat mit Menschen, die in der gleichen Lage sind wie Nancy. Nancy will zu dieser Ärztin fahren, um herauszufinden, was mit ihr passiert. Ihre Mutter wird sie dorthin im Auto begleiten.«

»Bekomme ich während der Fahrt irgendwelche Medikamente?«

»Nein«, versicherte ich ihr.

»Werde ich mich an alles erinnern können?«

»Du kannst dich nur an Dinge erinnern, die geschehen, wenn du draußen bist. Das scheint bei euch so abzulaufen. Nur wenn du sehen und hören kannst, kannst du dich erinnern.«

Nancy/Julie-Renee sagte wütend: »Ich habe versucht, das zu verstehen. Aber es macht immer noch keinen Sinn. Bis auf einmal, als mir irgend jemand zuviel von irgendeinem Zeug gegeben hat.«

»Das ist eine andere Persönlichkeit, ein Junge, der Drogen nimmt, und das letzte Mal, als er etwas genommen hatte, hast du es gefühlt«, erklärte ich.

Harold fragte: »Julie-Renee, wie alt bist du?«

»Einundzwanzig.«

Das war Nancys Alter, vielleicht hatten wir eine recht reife Persönlichkeit vor uns, die in Kentucky helfen könnte, obwohl sie bisweilen wie Sherry klang.

»Kannst du Auto fahren, Julie-Renee?« fragte Diane.

»Ich weiß nicht. Ich kann mich nicht erinnern, ob ich jemals ein Auto gelenkt habe.«

Ich sagte: »Es besteht die Möglichkeit, daß du auf der Fahrt nach Kentucky, wenn Nancys Mutter dabei ist, plötzlich zum Vorschein kommst. Ich möchte, daß du darauf vorbereitet bist.

Ihre Mutter wird für dich jemand sein, den du nicht kennst.«

»Es scheint so, als ob ich niemanden kenne.«

»Das ist wahr«, stimmte ich zu.

Diane versicherte ihr: »Es ist möglich, daß du das Augenlicht wiedererlangst, während du mit uns sprichst.«

»Wenn ihr die Kontrolle darüber habt, wäre ich sehr froh.« Es klang sarkastisch.

»Das hat nichts mit Kontrolle zu tun. Es scheint, als ob die Blindheit bei dir und bei Nancy in Phasen auftritt«, erklärte Diane. »Nancy hat furchtbare Angst. Sie weiß nicht, was sie tun soll. Sie liegt dann nur im Bett. Sie konnte wegen der Blindheit nicht zur Arbeit gehen. Es beunruhigt sie sehr.«

»Als Nancy heute abend hierherkam, ist sie mit dem Auto gefahren und konnte sehen«, sagte ich. »Aber in den letzten Tagen war sie auch zeitweise blind.«

Ich fragte mich, ob es mit Drogen oder Medikamenten zusammenhing oder ob es ein psychosomatisches Sympton war – ihr Wunsch, nicht sehen zu können –, um zu verhindern, daß sie auf diese für sie emotional gefährliche Reise ging.

Nancy/Julie-Renee war entrüstet: »Sie konnte sehen? Und dann ruft ihr mich zu euch, und ich kann nicht sehen. Und ihr habt angeblich nichts damit zu tun?«

»Wir können nichts tun, damit Nancy sieht oder nicht sieht«, sagte ich.

»Weiß man, daß ihr das hier tut?«

»Der Arzt in Kentucky wurde über die Blindheit informiert«, sagte ich. »Du wirst ihn wahrscheinlich kennenlernen.«

Diane wechselte das Thema: »Julie-Renee, neulich stand in der Zeitung ein Artikel über die Arbeit, die wir hier tun. Er wurde weltweit veröffentlicht. Wir haben eine Kopie. Du kannst sie lesen und vielleicht verstehst du dann, worum es geht.«

»Wenn du wieder sehen kannst«, fügte ich hinzu.

»Die ganze Welt weiß also, was ihr hier mit mir tut.« Sie war immer noch zornig. Dann fragte sie: »Wie viele Leute glauben denn so eine verrückte Geschichte?«

»Nicht sehr viele«, stimmte ich zu. »Es ist sehr schwer, so etwas zu glauben.«

»Ihr habt mir keine Medikamente gegeben?«

»Nein. Eine Persönlichkeit in Nancys Körper nimmt Drogen.«

Sie klagte: »Ich weiß nicht, wie ich an bestimmte Orte komme. Plötzlich bin ich da. Und ich kann nicht sehen und mich nicht erinnern.«

»Manchmal kannst du doch sehen.«

»Vielleicht könnte ich es verstehen, wenn ich nur blind wäre. Aber wo ist mein Gedächtnis? Soll ich immer im Dunkeln bleiben und nicht wissen, was los ist?«

»Nein, darum wollten wir ja mit dir sprechen. Damit du verstehst, was vor sich geht«, sagte Diane.

Ich erklärte: »Julie-Renee, jetzt im Moment bist du blind, und Nancy kann sehen. Wenn du sehen kannst, scheint Nancy blind zu sein. Ihr zwei wechselt euch immer ab.«

Harold sagte: »Emily, ich meine, daß dies eine Art hysterischer Blindheit ist, die kommt und geht.«

Nancy/Julie-Renee wiederholte ihren Angriff: »Ihr scheint große Macht auszuüben, ihr alle zusammen.«

Clint kam uns zu Hilfe: »Wir haben die Möglichkeit, in gewissem Grad Kontrolle auszuüben, aber wir haben dich in keiner Weise überwacht, Julie-Renee. Wir haben dich heute abend nur zu uns gerufen.«

»Ich scheine nichts zu wissen. Meine Erinnerung ist völlig leer. Wie kann diese Nancy mir das antun?«

»Sie weiß nicht, daß sie es tut«, sagte ich. »Sie fragt sich selbst, ob du es ihr antust.«

»Wie könnte ich das? Ich weiß nicht einmal, wer sie ist.«

»Sie kennt dich auch nicht. Sie ist ziemlich durcheinander.«

Diane sagte: »Wir hoffen sehr, daß dieser Arzt in Kentucky dir helfen kann.«

»Wie soll er mir helfen?«

»Er kann dir erklären, was vor sich geht, er kann dir helfen zu sehen und möglicherweise – «

»Dich zu erinnern«, ergänzte ich.

»Ihr scheint euch an mehr über mich zu erinnern als ich«, entfuhr es Nancy/Julie-Renee.

Harold erklärte: »Wir wissen mehr über Nancy als du? Ich glaube, daß du ein Teil von Nancy bist.«

»Ich bin also nicht einmal ein unabhängiger Mensch. Willst du das damit sagen?« Es klang wie eine Anschuldigung.

Harold wandte sich an Clint und fragte: »Möchten Sie einen Versuch wagen?«

Clint sprach Nancy/Julie-Renee an: »Emily sprach von mehreren Geistern, um deine Worte zu verwenden. Verschiedenen Persönlichkeiten, die denselben Körper bewohnen. Sie alle teilen sich den einen Körper zur gleichen Zeit. Später einmal wird dein Körper von Nancys Geist beherrscht werden, und du wirst dich nicht daran erinnern, was mit Nancy geschehen ist. Wir hoffen, daß der Arzt in Kentucky alles zurechtrücken kann, wenn du dorthin gehst, damit du dich erinnern kannst und merkst, daß es Nancy und Sarah und John und Sherry gibt.«

»Wer von ihnen nimmt Drogen?« Sie klang beunruhigt.

»Nancy nimmt Medikamente, die ihr verschrieben wurden, damit sie nachts genug Energie für ihren Job als Serviererin hat«, erklärte ich. »Es ist ein sehr starkes Medikament, und wir machen uns Sorgen deshalb.«

»Was mit ihr passiert, ist sehr grausam«, bemerkte Diane.

»Die anderen Persönlichkeiten nehmen ihre Zeit, die sie eigentlich zum Schlafen braucht, in Anspruch, egal wo sie lebt. Zuerst war es bei ihrer Mutter in Los Angeles. Dann in einigen psychiatrischen Krankenhäusern. Dann hier bei uns. Und jetzt in ihrer eigenen Wohnung. Sie bekommt keinen Schlaf und kann ihre Aufgaben nicht erfüllen. Das Medikament hilft ihr, über die Runden zu kommen. Sie muß arbeiten, damit sie sich ernähren kann. Die meisten Menschen können sich nicht ernähren, wenn sie nicht arbeiten.«

Nancy/Julie-Renee sagte: »Ich glaube nicht, daß es normal ist, daß Menschen Tabletten nehmen, damit sie arbeiten können.«

»Das ist richtig, Julie-Renee«, stimmte ich zu. »Aber du mußt bedenken, daß Nancy keine Ruhe hat wegen der anderen Leute wie John oder Sherry.«

»Und der Junge nimmt Drogen?« Ihre Stimme klang mißbilligend, wurde aber etwas wärmer.

Ich erklärte: »Er mag das Gefühl, high zu sein. Nancy nimmt ihr Medikament, um zu überleben.«

Die Kombination von beiden konnte sie möglicherweise umbringen, dachte ich, falls John in Lexington einen Ausweg in Drogen suchen würde, wenn das Leben für Nancy zu unerträglich wurde.

»Nancy hat auch wegen ihres Magengeschwürs Schwierigkeiten, ihre Energie aufrechtzuerhalten«, sagte Diane. »Sie muß sich oft übergeben.«

»Wir haben denselben Magen?« Nancy/Julie-Renee war alarmiert.

»Einige von euch. Andere wieder scheinen keine Magenprobleme zu haben. Nur Nancy. Manchmal kann sie die Nahrung nicht bei sich behalten und wird nicht ausreichend ernährt.«

»Wie viele Leute sind es insgesamt?«

»Jetzt sind da noch Nancy und du und vier andere. Die meisten haben sich integriert – es gibt keinen Beweis mehr für sie«, erklärte ich. »Das bedeutet, daß sie nicht mehr zurückkommen werden.«

Ich sollte mich als schlechter Prophet erweisen, was die Reise nach Kentucky betraf.

Nancy/Julie-Renee fragte: »Welche Gefühle hat Nancy mir gegenüber?«

»Sie ist sehr bestürzt«, sagte ich.

»Sie denkt wahrscheinlich, daß ich jemand anders bin. So wie ich denke, daß sie jemand anders ist.«

»Ich glaube, sie beginnt jetzt zu verstehen, daß jeder einzelne Teil derselben Person ist«, erklärte ich.

Dies war das Herz der Therapie, dachte ich. Wenn Nancy erst einmal akzeptierte, daß all die Persönlichkeiten zu ihr gehörten, war die Schlacht schon halb gewonnen. Es mußte zu einem Verschmelzen kommen, die Persönlichkeiten würden nicht verschwinden, sie würden immer Teil von Nancy bleiben, aber sie könnte ihre Triebkräfte kontrollieren – so wie wir alle das können.

Diane fragte: »Hast du überhaupt irgendeine Erinnerung an früher, Julie-Renee?«

»Ich weiß nur, daß ich schon lange hier bin und daß ich irgendwo zur Schule gegangen sein muß. Ich muß gelernt haben zu sprechen. Ich muß jemanden kennen. Ich muß Eltern und ein Zuhause haben. Aber ich kann mich nicht an Menschen oder

Orte erinnern. Ich weiß, was Zigaretten sind und Essen. Obwohl ich den Eindruck zu machen scheine, daß ich zurückgeblieben bin, daß ich nichts weiß.«

»Du bist ganz schön pfiffig, meine Liebe«, sagte Harold.

»Weißt du irgend etwas über Sex?« Das war seine Art, ihre Angst zu lösen.

»Ich weiß, was es ist, aber ich kann mich nicht erinnern, es jemals getan zu haben.« Dann fragte sie: »Werde ich zu einem Jungen, wie dieser John?«

»Auch John hat Nancys Körper, den Körper einer Frau«, erklärte ich. »Nur wenn John an sich selbst denkt, erfährt er sich als Junge. Er sieht genauso aus wie du, aber er bewegt sich wie ein Junge. Er spielt gerne Fußball und kann Autos reparieren. Er tut Dinge, die Jungen tun.«

»Und du bist ein Freund von ihm?«

»Er ist wie ein Adoptivsohn für mich, und ich bin seine Adoptivmutter. Nancy ist die einzige, die eine richtige Mutter hat. Jennifer hat mich auch angenommen.«

Clint sagte zu Nancy/Julie-Renee: »Wir haben das erste Mal durch einen Traum, den Nancy hatte, von dir gehört.«

»Ich bin also nur ein Traum?« Wieder dieser Sarkasmus.

»Nein«, sagte ich. »Sie hat von dir geträumt.«

»Ich weiß, daß ich wirklich existiere, aber ich weiß nicht, wie ich euch davon überzeugen kann.«

»Das ist gar nicht nötig«, sagte ich.

»Wie könnt ihr die Geister unterscheiden?« fragte sie. »Wir sehen doch alle gleich aus.«

»Ihr benehmt euch alle sehr verschieden«, erklärte ich.

Clint bemerkte: »Obwohl ihr alle in demselben Körper seid, ist eure Erscheinung, eure Stimme, eure Schrift, eure Bewegung ganz unterschiedlich. Ihr haltet den Kopf anders. Ihr habt andere Frisuren.«

»Wenn John hier hereinkäme, wüßtet ihr dann, daß nicht ich es bin?«

Wir sagten im Chor: »Ja.«

»Es gibt jetzt also sechs von uns, die – wie nennt ihr das?«

»Herauskommen und Zeit wegnehmen«, sagte ich. »Es scheint so, daß keiner von euch herauskommen und immer bleiben kann. Es klingt so, als ob ihr müde werdet, die Kontrolle auszuüben, und dann bekommt ein anderer die Chance herauszukommen.«

»Wie lange bin ich schon so?« Ihre Stimme klang traurig.

»Das wissen wir nicht.«

Diane sagte: »Wir glauben, daß Nancy verschiedene Persönlichkeiten hatte, weil sie ganz früh in ihrem Leben ein schreckliches Trauma erlitten hat. Sarah kam, als Nancy elf Jahre alt war und die Schule schwänzte. Jennifer und John wurden geboren, als Nancy mit fünfzehn vergewaltigt wurde.«

Nancy/Julie-Renee bemerkte: »Klingt so, als ob Nancy eine Menge schlechte Erfahrungen gemacht hat.«

»Das kann man wohl sagen«, dröhnte Harolds tiefe Stimme.

»Und alle wollen nach Kentucky gehen? Glauben Sie, daß dieser Arzt uns helfen wird?«

Ich antwortete: »Sarah glaubt es, und Sherry glaubt es. Vielleicht glaubt sogar John daran. Ich weiß, daß Nancy davon überzeugt ist.«

Harold fragte Nancy/Julie-Renee: »Die Frage ist, ob du auch nach Kentucky gehen willst, um zu helfen.«

Ohne einen Moment lang nachzudenken, erwiderte sie: »Wenn dieser Arzt mir helfen kann, mich zu erinnern und mich zu verstehen, ja, dann will ich auch gehen.«

Clint erklärte: »Er soll viel Erfahrung mit multiplen Persönlichkeiten haben. Die Absicht bei dieser Behandlung in Lexington ist, daß die Persönlichkeiten sich erinnern und verstehen können.«

»Ist das eine physische Sache?«

»Nein, sie ist emotional und geistig. Die Ärzte dort sind Psychiater und Psychologen.«

Harold bat: »Julie, bitte vertraue unserem Urteilsvermögen. Und versuche, geduldig zu sein. Versprichst du uns das?«

»Ich muß wohl.«

Dann fragte sie: »Wann werde ich euch wiedersehen?«

»Ich bin mir sicher, daß das bald sein wird«, sagte Harold.

»Ich glaube, du bist eine sehr einsame, sehr ängstliche junge Dame, und ich kann das gut verstehen.«

»Ich möchte nur verstehen können, das ist alles.«

»Uns geht es nicht anders. Wir wollen Antworten, und du willst Antworten.«

»Ich will wissen, warum ich hier bin und im nächsten Augenblick wieder nicht.«

»Die anderen haben es oft genug erlebt, sie sind daran gewöhnt«, erklärte ich. »Sie wissen, daß sie wiederkommen werden, auch wenn sie eine Zeitlang nicht da sind.«

»Können sie miteinander sprechen?«

»Nein, aber sie können beobachten, was die Person, die draußen ist, tut.«

»Das verstehe ich nicht.« Auf ihrem Gesicht lag ein verwirrter Ausdruck, während ihre Lippen zuckten.

»Sarah zum Beispiel ist jetzt, während wir sprechen, nah an der Oberfläche und weiß, was wir zueinander sagen.«

»Sie kann also zuhören, obwohl sie nicht da ist?« Sie sah erschreckt aus, die Augenlider über den leeren Augen bebten.

»Ja.«

»Und ich kann es nicht?«

»Es hat den Anschein, daß du es nicht kannst. Vielleicht hast du es noch nicht gelernt. Du kannst die anderen nicht hören oder beobachten. Du und Nancy, ihr seid die einzigen, die das nicht können. Die anderen tun es auch nicht die ganze Zeit, obwohl sie möglicherweise dazu in der Lage wären. Wenn einer von ihnen in Schwierigkeiten gerät, kommt eine andere Persönlichkeit zum Vorschein und hilft.«

Nancy/Julie-Renee fragte: »Wird in Kentucky irgend jemand sein, der mich kennt? Ein Arzt, der mich nicht für verrückt hält?«

»Er wird dich nicht für verrückt halten«, versicherte ich ihr. »Er kennt die Situation, weiß, daß sie wirklich ist.«

Dann fragte ich Clint und Harold: »Ich glaube, der Arzt ist ein ›er‹, obwohl ich mir nicht ganz sicher bin – wissen Sie Genaues?«

Clint erwiderte: »Der Vorname ist ›Kim‹, daher wissen wir es eigentlich auch nicht. Kim Larmore.«

Harold fragte: »Julie-Renee, du konntest doch früher sehen, habe ich recht?«

»Ja.«

»Dann wirst du auch wieder sehen können, du kannst dich darauf verlassen.«

»Können die anderen sehen?«

»Sie können fast die ganze Zeit sehen. Carmen war blind, als wir sie die ersten Male trafen. Bis Emily zu ihr durchdringen konnte.«

Harold wandte sich an Clint und sagte: »Emily wußte nicht, daß man zu einem taubstummen Menschen, der unter Muskelkrämpfen leidet, nicht durchdringen kann. Und weil sie es nicht wußte, hat sie es einfach in die Hand genommen, und es ist ihr gelungen.« Er lachte in sich hinein.

Clint bemerkte: »Emily hatte nicht das Handicap, zuviel zu wissen.«

Harold erklärte Nancy/Julie-Renee: »Emily wußte nicht, daß das, was sie vorhatte, unmöglich war, deshalb wagte sie es einfach und hatte Erfolg.«

Ich sagte zu ihr: »Obwohl Carmen völlig weggetreten war und nichts von dem wußte, was um sie herum geschah, arbeitet der menschliche Verstand trotzdem die ganze Zeit. Egal, ob man wach ist oder schläft.«

»Selbst dann, wenn man sich dessen nicht bewußt ist, was passiert?« fragte sie.

»Richtig, auch dann.« Weiter sagte ich: »Ich würde gerne für einen Augenblick mit Sarah sprechen. Würdest du mir helfen?«

»Klar«, sagte sie.

»Ich werde versuchen, Sarah ohne Hypnose zu rufen. Du kannst mithelfen, indem du meine Hand drückst. Konzentriere dich darauf, meine Hand zu drücken, und denke an nichts anderes.«

»In Ordnung.« Sie nahm meine Hand.

»Und während du dich konzentrierst, würde ich gerne mit Sarah sprechen. Ich möchte, daß Sarah zu mir kommt und mit mir spricht. Komm, wenn du kannst, Sarah. Wenn du es kannst, möchte ich, daß du zu mir kommst und mit mir sprichst, Sarah.«

Nancy/Sarah kam schnell zum Vorschein und ließ sich in ihrer eleganten Haltung im Sessel nieder. Sie antwortete, ohne daß ich ihr eine Frage stellen mußte: »Ich habe es beobachtet. Es scheint, als ob Julie-Renee etwas ruhiger wird.«

»Sie scheint zu glauben, was wir ihr erzählt haben«, sagte ich. »Dinge, die sie vorher nie für möglich gehalten hat.«

Harold fragte: »Wie fühlst du dich im Moment, Sarah? Bist du erschöpft?«

»Eigentlich nicht. Julie-Renee war nicht sehr ermüdend. Nicht wie Jennifer oder John oder manchmal auch Nancy. Welchen Eindruck hat sie auf Sie gemacht?«

Harold sagte: »Ich mag sie. Sie ist ein kluger Kopf, sie denkt logisch. Sie hat sehr viel Geduld. Das ist etwas, was blinde Menschen lernen müssen – geduldig zu sein.«

Nancy/Sarah fragte mich: »Soll John jetzt kommen oder erst später?«

»Ich weiß nicht so recht.« Ich wandte mich an die anderen. »Was meinen Sie?«

Harold sagte: »Es ist schon elf Uhr. Ich glaube nicht, daß es uns irgendeinen Gewinn bringen würde, mit ihm zu sprechen. Seine Versprechungen sind keinen Pfifferling wert.«

Diane widersprach ihrem Mann: »Das stimmt nicht unbedingt, Liebling. Und wir sollten auch nicht vergessen, daß John gegen etwas wirklich Starkes ankämpfen muß.«

Harold antwortete: »Ich habe eine Neuigkeit für euch. Er ist rauschgiftsüchtig, und mit Rauschgiftsüchtigen habe ich nichts am Hut. Tut mir leid. Ihre Versprechungen sind absolut wertlos.«

Clint sagte mit Humor: »Harold, Sie beschimpfen meine Brotgeber.« Er behandelte Drogenabhängige.

Harold wechselte das Thema. Er deutete an, daß unsere nächtliche Arbeit zu Ende war, als er fragte: »Wissen Sie eigentlich, daß auf meinen Kopf einmal 25 000 Dollar ausgesetzt waren?«

»Was soll das heißen?« fragte Clint.

»Ich hatte einen Job in einem Krankenhaus in New York. Wir waren sehr erfolgreich dabei, Drogenabhängige durch Hypnose von ihrer Sucht zu befreien. Abhängige, die Drogen für bis zu 200 Dollar pro Tag verbrauchten. Plötzlich erhielt ich einige Telefonanrufe, in denen man mir riet zu verschwinden. Dann informierte man mich, daß überall bekannt war, daß auf meinen Kopf 25 000 Dollar ausgesetzt waren. Einige der Dealer hatten ihre Mädchen verloren, die durch meine Behandlung ihre Abhängigkeit aufgegeben hatten. Ich hörte auch, daß Dealer nicht lange fackeln. Daher bin ich Rauschgiftsüchtigen gegenüber etwas voreingenommen. Ich mußte New York verlassen. So bin ich nach Südkalifornien gekommen.«

Clint sagte: »Mit anderen Worten, Sie haben die Rauschgiftsüchtigen gerettet, und die Dealer wurden geschädigt.«

»Richtig, wenn ein Typ zwei Mädchen hat, die für ihn auf den Strich gehen, und er verliert sie plötzlich, kann er nicht mehr für seine eigene Sucht bezahlen. Und die Unterwelt geht nicht gerade zärtlich mit solchen Leuten um.«

Diane fragte uns: »Was sollen wir jetzt tun?«

Ich sagte: »Ich bin ziemlich erschöpft. Ich war schon müde, als ich um sieben Uhr herkam.«

»Will Nancy bis zum Tag ihrer Abreise arbeiten?« fragte Sarah.

»Sie hat mir gesagt, daß sie am Mittwoch um fünf Uhr morgens losfahren will«, erklärte Harold. »Wie ich sie kenne, wird sie solange arbeiten, sich ins Auto setzen und losfahren. Mit den Tabletten, die sie hat, kann sie es schaffen.«

Nancy/Sarah sagte hoffnungsvoll: »Ich glaube, in Lexington wird Nancy ganz gut ohne Drogen zurechtkommen, weil sie schon so lange ohne sie ausgekommen ist. Sie ist heute keine Drogensüchtige mehr.«

»Es sei denn, sie steht unter Druck«, sagte ich.

Und ich wußte, daß es im Zusammenhang mit der Reise nach Lexington psychischen Druck für sie geben würde. Wahrscheinlich mehr Druck, als Nancy jemals zu ertragen hatte, seit wir uns kannten, denn jetzt war sie ganz auf sich allein gestellt. Ich hoffte, daß sie aufgrund der Hilfe, die wir ihr gegeben hatten, damit fertig werden würde, ohne einen Rückschlag zu erleiden.

Vier Tage später saß sie in ihrem Auto und machte sich auf den Weg, begleitet von ihrer Mutter. An dem Tag, an dem sie Ontario verließen, hallten mir Johns Worte von dem Tag, als er zusammengebrochen war, immer wieder in den Ohren. Sein verzweifeltes Flehen: »Geh nicht weg! Laß mich nicht allein!« Seine Ängste und Tränen, sein Zittern und Wimmern. Er hatte sich verlassen gefühlt, verstört durch den Gedanken, daß ich nicht mehr in seiner Nähe sein würde. Der Atlantische Ozean und

Europa würden bald zwischen uns liegen, und Diane, Harold und Clint würden am anderen Ende der USA sein.

Von ganzem Herzen hoffte ich, daß Nancy die Kraft hatte, mit der Trennung fertig zu werden und in Kentucky ein neues Bewußtsein zu finden.

16. *Sommer 1979*

Nancy kannte keinen einzigen Menschen in Lexington. Sie wußte nur, daß sie einen Psychiater treffen würde, der versprochen hatte, sie zu behandeln, Dr. Kim Larmore.

Sie rief mich am Tag nach ihrer Ankunft an, sagte mir, daß sie und ihre Mutter nach Cleveland gefahren waren und dort zwei Nächte bei ihrer Großmutter übernachtet hatten. Anschließend waren sie in südlicher Richtung nach Lexington weitergereist. Als sie abends ankamen, stiegen sie in einem Motel ab. Harolds Freund, der Hautarzt, hatte eine möblierte Wohnung für Nancy gefunden, und ihre Mutter half ihr, sie herzurichten. Anschließend fuhren sie in der Stadt herum. Dann brachte Nancy ihre Mutter an die Bushaltestelle und sah ihr nach, als der Bus sich in Richtung Kalifornien in Bewegung setzte. Ihre Mutter hatte beschlossen, die Flugreise doch nicht zu wagen.

Nancy schrieb am 15. Mai und teilte mir ihre Adresse mit: 1670 Alexandria Drive, Apartment 7, Lexington, Kentucky, 40504:

Liebste Mrs. Campbell,
hallo. Ich hatte in den letzten Tagen eine Menge zu tun, ich mußte noch viel hier in meiner möblierten Wohnung erledigen. Sie liegt etwa eine halbe Meile von Dr. Wilburs Praxis entfernt. Es ist ein großes altes Haus, das auf einem Hügel steht, umgeben von riesigen Bäumen. An beiden Seiten der Zufahrt sind Steinmauern. Es sieht ganz schön gespenstisch aus. (Ich werde Ihnen ein Foto schicken, sobald der Film entwickelt ist.)
Lexington ist wunderschön. Hier gibt es nur Felder, Bauernhäuser und Pferde. Ich habe noch nie so grünes Gras, soviel freies Land und blauen Himmel gesehen. Die Häuser in den Wohnvierteln bestehen alle aus rotem Backstein, und die meisten haben mindestens zwei Schornsteine. Sie sehen wie Herrenhäuser aus. Wenn ich mit dem Auto fahre, muß ich sehr vor-

sichtig sein, die meisten Straßen sind Einbahnstraßen. Die Namen der Geschäfte sind auch anders. Hier gibt es unter anderem das *Hinky Dinky Grocery*, *Kroegers*, *A & P* und *Winn Dixie*.

Alle Leute sagen hier, daß ich einen starken Akzent habe. Ich wollte ja nicht unhöflich sein, aber sie haben auch einen.

Ein Teil von Lexington sieht aus wie der Osten von Los Angeles, aber das ist wahrscheinlich in jeder Stadt so. Hier heißt dieser Stadtteil *Cheapside*. Ich habe mich dort verlaufen, und es hat mir gar nicht gefallen. Ich habe noch keine Mexikaner oder Asiaten hier gesehen, aber dafür eine Menge Schwarze. Der größte Teil von Lexington sieht sehr reich aus, die Häuser sind größer als die meisten Wohnkomplexe zu Hause. Auch die Straßennamen sind anders. Viele haben merkwürdige Namen wie *Cross Keys Road*, *Mockingbird Lane*, *Blueberry Road*, *Cricklewood Drive*. Der Name meiner Straße ist nicht so originell, aber sie liegt in der Nähe des Zentrums.

Ich bekomme meine Telefonnummer erst am Donnerstag (deshalb hatte ich mich in *Cheapside* verlaufen, als ich die blöde Telefongesellschaft suchte). Hier bleibt es bis nach neun Uhr abends hell. Alles ist anders hier, aber ich werde mich schon daran gewöhnen. Es fällt mir schwer, mit der Stille zurechtzukommen.

Es ist eine große Hilfe für mich, an Sie und an die Gaffneys zu denken. Glauben Sie mir, es ist das einzige, an das ich denke. Ich bin eine Fremde hier, und der Gedanke an zu Hause hilft mir. Ich werde nach Hause zurückkommen, wenn es mir wieder gutgeht. Ich hoffe, ich werde hier so große Fortschritte machen, wie ich es zu Hause getan habe. Ich habe auch hier Zeit verloren, meistens nachts. Der Kleidung nach zu urteilen muß es John sein, aber ich habe noch nichts von Drogen gemerkt.

Ich frage mich die ganze Zeit, wie es Ihnen geht. Ich hoffe sehr, daß bei Ihnen alles in Ordnung ist. Ich fühle eine große Leere in mir. Ich kann gar nicht sagen, wie sehr ich Sie vermisse.

Alles Liebe,
Nancy.

Ein zweiter Brief von Nancy traf kurze Zeit später ein:

Papasan [Harold Gaffney] hat mich heute angerufen. Es tut wirklich gut, mit ihm zu reden. Er klingt so, als ob es ihm besser als bei meiner Abfahrt ginge. Ich bin sehr erleichtert; ich habe ihn gern und mache mir Sorgen, wenn er sich nicht wohl fühlt. Denn seit ich bei ihnen lebe, weiß ich, daß er, wenn er sich nicht wohl fühlte, sehr krank war. Er ist wirklich ein wunderbarer Mensch. Er und Diane helfen immer nur anderen Menschen. Ich denke oft daran, was sie für mich getan haben, und manchmal bin ich davon überwältigt. Genau wie von Ihnen auch. Ich habe wirklich Glück gehabt.

Hier ist alles in Ordnung. Ich hasse den Ort, aber ich werde durchhalten.

Eines Morgens werde ich aufwachen und diese Stadt einfach lieben. Ich werde glauben, daß es der einzige Ort für mich auf der Welt ist, und mich fragen, warum ich nicht schon hierhergekommen bin, als ich geboren wurde. Ja, es wird ganz wunderbar sein ...

Ich habe mit meiner Großmutter in Cleveland gesprochen. Das war auch sehr komisch. Sie sagte, daß ich vielleicht schon am Freitag auf dem Nachhauseweg bin, wenn am Donnerstag bei dem Arzt alles gutgeht. Klar, genauso wird es sein. »Hier, nehmen Sie dies und das, und Sie werden sich viel besser fühlen.« Sofortige Heilung! Ich bin zwar optimistisch, aber nicht so optimistisch! Ich konnte ihr nicht verständlich machen, daß etwas mehr dazugehört. Schließlich habe ich es aufgegeben. Aber sie ist schon ein komischer Kauz.

Das Schuljahr ist fast zu Ende, also halten Sie noch etwas aus. Sie freuen sich bestimmt wahnsinnig auf den Sommer. Ich hoffe, daß Sie Ihre Reise nach Europa genießen. Ich weiß, daß Sie sich an schönen Dingen erfreuen können. Mein erster Termin beim Arzt ist übermorgen. Ich bin nur noch ein Nervenbündel, ich hoffe wirklich, daß er mir helfen kann. Er muß wissen, was er tut. Ich werde auch Dr. Wilbur treffen. Deshalb bin ich schon ganz nervös. Manchmal erwarte ich, daß sie wie Joanne Woodward aussieht und sich auch so benimmt. Ich bin froh, wenn die erste Sitzung erst mal vorbei ist.

Du liebe Zeit, ich schreibe die ganze Zeit so drauflos. Es ist schon fast drei Uhr morgens. Ich gehe jetzt wohl besser schlafen, sonst sehe ich morgen aus wie ein Zombie. Ich mußte Ihnen einfach schreiben, es ist fast so, als ob ich mit Ihnen reden kann, auch wenn ich nichts Neues zu berichten habe. Ich vermisse Sie sehr und wünschte, Sie wären hier oder ich bei Ihnen. Es kommt mir schon viel länger als zwölf Tage vor, die ich von zu Hause weg bin. Es fühlt sich an wie zwei Monate.

Sie haben mir einmal gesagt, daß ich lernen muß, ohne Sie zu überleben. Ich gebe mir wirklich alle Mühe. Aber ich habe es ernst gemeint, als ich sagte, daß ich Sie mehr liebe als sonst jemanden auf der Welt. Ich vertraue niemandem so, wie ich Ihnen vertraue. Ich sage mir immer wieder: »Gooch, du wirst dich an Kentucky gewöhnen.« Irgendwann werde ich auf mich hören. Bis dann muß ich Ihnen eben überspannte Briefe schreiben, und Sie müssen sie lesen!

Ich liebe Sie sehr.

Nancy

Nancys Zerrissenheit war offensichtlich. Erst sagte sie, daß alles »in Ordnung« sei, dann schrieb sie im nächsten Satz: »Ich hasse diesen Ort, aber ich werde durchhalten. Eines Morgens werde ich aufwachen und diese Stadt einfach lieben.« Sie versuchte, die Sonnenseite zu sehen, hoffte, Einsamkeit und Angst überwinden zu können. Ich war nicht beunruhigt, zumindest dachte sie über ihre Gefühle nach und gab Liebe und Haß zu.

Sie sagte mir auch ganz offen, daß sie mich mehr als alle anderen »auf der Welt« liebte, daß sie mich vermißte und wünschte, daß ich bei ihr sein könnte, und daß sie versuchen würde, ohne mich zu überleben. Ich hatte genau wie sie den verzweifelten Wunsch, sie möge es schaffen.

Etwa zur gleichen Zeit schrieb Nancy/Sarah an Diane und Harold:

Ich dachte, es ist an der Zeit, einen Bericht von den Fortschritten hier zu geben. Glücklicherweise hat es keine größeren Krisen gegeben, wofür ich sehr dankbar bin. Ich glaube, die bedeutendste Entwicklung bisher war Sherrys Besserung ihrer Sehkraft. Es ist ein langsamer Prozeß, der schon begonnen hatte, bevor Nancy überhaupt nach Kentucky gekommen ist. Wenn es irgendeinen Grund dafür gab, daß ihr Integrationsprozeß nicht schon vorher hatte beendet sein sollen, freue ich mich, daß sie langsam wieder sehen kann, denn ihre Blindheit war eine schreckliche Prüfung für sie. Ich glaube, daß dies vielleicht der unvermeidbaren Unterbrechung ihrer Integration zuzuschreiben ist. Ich gebe hier natürlich meine eigene Meinung wieder.

John ist ebenfalls herausgekommen. Er hat einige harmlose Entdeckungsreisen gemacht, und ich bin sehr erfreut darüber, daß er nicht den Versuch unternommen hat, sich Drogen zu beschaffen. Er hat einen weniger schönen Teil der Stadt für sich entdeckt und wird von ihm angezogen, aber damit war wohl zu rechnen, weil er sich in dieser Art Umgebung am wohlsten fühlt. Er hat schon Freundschaft geschlossen mit einem Jungen aus dem Haus, der die Dinge, die John tut, mag (die akzeptablen Dinge). Er hat für Nancy eine Nachricht hinterlassen, in der er ihr mitteilte, daß er einen Fanghandschuh brauchte. Nancy hat einen besorgt, und er hat schon einige Stunden damit verbracht, Baseball zu spielen. Das freut mich. Ich glaube nicht, daß es irgendwelche Probleme geben wird. Wahrscheinlich braucht Nancy nur Zeit. Sie vermißt Sie und Emily sehr. Sie hat Angst, allein zu sein, weit weg von denen, die ihr Sicherheit geben.

Natürlich vermissen wir all die Menschen, die sich um uns gekümmert und uns geholfen haben. John zeigt dies, indem er sich anderen gegenüber wieder wie ein Rowdy benimmt. Ich zeige es, indem ich mit Ihnen und den anderen Menschen, die die anderen Persönlichkeiten verstehen und sie kennen, in Verbindung trete. So hat jeder seine eigene Methode.

Ich werde mit Ihnen in Verbindung bleiben, und ich hoffe, daß Sie dasselbe tun werden. Bitte richten Sie Emily und Dr. Johnson meine besten Wünsche aus. Ich hoffe, daß es Ihnen gutgeht.

Mit freundlichen Grüßen, Sarah

Ich erhielt einen Brief von Nancy, die einen Job als Sicherheitsbeamtin auf dem Flughafen von Lexington angenommen hatte:

Ich arbeite jetzt auf dem Flughafen, sieben Tage pro Woche, acht Stunden am Tag. Der Job ist nicht sehr schwer und auch nicht sehr aufregend. Ich habe noch keinen Flugzeugentführer entdeckt. Habe einige Pistolenkugeln, einige Messer und jede Menge Spielzeugpistolen einkassiert. Ich fühle mich wirklich mies, wenn ich den Kindern die Spielsachen wegnehme; meistens schreien sie wie die Verrückten. Wir müssen sogar Wasserpistolen einsammeln. Für jedes Stück müssen wir ein langes, kompliziertes Formular ausfüllen. Schlimm!
Hier hat es viel geregnet – ich mag das Geräusch des Regens, es ist so angenehm und beruhigend. Aber es wird sehr kalt (sogar für mich). Wir werden Sie bald wiedersehen. Für alles, das Sie mir gegeben haben, kann ich Ihnen nur meine Liebe anbieten. Oft scheint mir das nicht genug, aber es ist ein Teil von mir, den ich vorher nie habe geben können, und ich gebe ihn gerne, weil Sie es immer wieder verdienen. Ich weiß nicht, ob Sie jemals begreifen werden, was Sie mir bedeuten. Aber ich bin mir sicher, daß Sie es sich ganz gut vorstellen können.
Mom, ich bin so unsicher. Ich weiß, daß alles in Ordnung sein wird, wie immer, aber dieser Berg ist wirklich schwer zu erklimmen. Ich hoffe nur, daß, egal was passiert, Du immer weißt, daß ich Dich liebe. Ich glaube, daß Du wirklich wunderbar bist.
Alles Liebe,
Nancy

Sie teilte mir mit, wie bedrückt sie war: »dieser Berg ist wirklich schwer zu erklimmen«. Sie versicherte mir auch, daß sie mich immer noch liebte, obwohl ich sie in eine fremde Stadt zu einem fremden Therapeuten geschickt hatte, was ihr wie ein Verrat erscheinen mußte.
Dann schickte Nancy/Sarah eine kurze Nachricht:

Mrs. Campbell –
ich möchte Ihnen eine gute Reise nach Europa wünschen und Ihnen danken für all die Hilfe, die Sie uns mit Ihrer Zeit und Ihren Bemühungen gegeben haben. Sie war sehr kostbar, und wir wissen es zu würdigen.
Mit freundlichen Grüßen,
Sarah
P.S. Sie sollten wissen, daß alles, was hier geschieht, zum besten ist und einen Grund hat. Daran müssen wir denken und dürfen die Hoffnung nicht aufgeben.

Ich erhielt mehrere Briefe von Nancy/Jennifer, von der ich geglaubt hatte, sie sei bereits integriert. Aber Nancy schien sich nicht allein zurechtzufinden, sie brauchte die Persönlichkeiten, die alten wie die neuen. Sie mußte sich schrecklich allein in Lexington fühlen, dachte ich. Nancy/Jennifer schrieb in einer kritzligen Handschrift, was zeigte, daß sie sich zu einem Kind zurückentwickelt hatte:

> Momey, John sagt, Du liebst uns nicht mehr und Du kommst nicht her. Ich habe einen Kalender, ich male ihn aus, damit Du kommst. Wenn ich ihn ausmale, wirst Du kommen. Der Doktor hat das gesagt. Ich will nicht weinen oder weglaufen. Ich will lieb sein. Vergiß nicht, mich zu lieben.
> Jennifer

Ein anderer Brief von ihr enthielt folgende Nachricht:

> Ich bin der Boß
> weit weg
> Wo bist Du? Ich suche
> meine Momey
> kannst Du sie
> für mich finden?
> Bitte, ich liebe sie.
> Ich verirre mich, Du bist lieb
> zur mir, ich weiß das.
> Ich versuche, nicht zu weinen,
> ich will brav sein.
> Jennifer

Traurig dachte ich an Jennifer, die uns einmal gesagt hatte: »Ich vertraue niemandem. Ich brauche niemanden. Ich mache niemandem Versprechungen.« Dann hatte sie hinzugefügt: »Mrs. Campbell habe ich am liebsten.« Jetzt fühlte sie sich völlig verlassen.

Bevor ich meine Reise nach Europa antrat, erhielt ich einen deprimierenden Brief von Nancy/Sarah:

> Liebe Mrs. Campbell,
> Julie-Renee ist bisher noch nicht zum Vorschein gekommen, obwohl ich einmal mit ihr gerechnet hatte, als Nancy Probleme hatte, zu sehen. Nancy hat große Schwierigkeiten – sie leidet unter starken Depressionen und Einsamkeit. Sie hat sich noch nicht bemüht, Freunde zu finden, und hat sogar die Versuche von anderen zurückgewiesen. Sie versteckt ihren Schmerz, aber weint sich jeden Abend in den Schlaf.

Ich schrieb einen Brief an Nancy und machte ihr Mut, damit John sie nicht wieder zu Drogen verführen würde. Und um Dr. Larmore eine Chance zu geben, ihr zu helfen. Sie schrieb zurück, daß Nancy/John versuchte, die Therapie zu sabotieren, und berichtete dann von einer vernichtenden Erfahrung:

Liebste Mrs. Campbell,
ja, John hat versucht, die Therapie zu sabotieren, indem er mich daran hinderte, zum Arzt zu gehen. (John war herausgekommen, hatte die Kontrolle übernommen und war woanders hingegangen.) Dann hörte er auf damit, und ich habe die Therapie gewissenhaft an dieser Stelle wieder aufgenommen. Dr. Larmore will mich jeden Tag sehen, und ich werde versuchen hinzugehen, weil er der Meinung ist, daß es notwendig ist. Ich bin nicht in der Lage, dagegen Einwände zu machen.
Sherry kam zum Vorschein und half mir dabei, Geld zu verdienen. Gestern hat sie mich bei ihrer Arbeit zurückgelassen, aus einem Grund, den ich nicht kenne. Ich fand mich plötzlich als Go-Go-Girl wieder, nachdem ich Zeit verloren hatte. Ich wußte nicht, wie ich in den Club gekommen und was in den vergangenen Stunden geschehen war. Ich überprüfte meine Stechkarte und sah, daß ich noch fünf Stunden arbeiten mußte. Ich hatte Angst dort, ich trug nur einen Bikini und hochhackige Schuhe und war von etwa 40 Männern umgeben. Ich war noch nie dort gewesen. Ich wußte, daß ich tanzen und trinken und mich mit den Männern unterhalten sollte. Ich hatte eine wahnsinnige Angst. Ich wußte nur, daß ich im *Red Lion* war und daß Sherry dort arbeitete.
Die Musik war sehr laut. Die Wände schienen zu vibrieren. Ich blickte auf und sah eine wunderschöne Frau auf der Bühne, die einen durchsichtigen weißen Umhang von den Schultern gleiten ließ. Das war das einzige Kleidungsstück, das sie trug, aber nach dem Haufen Kleider auf dem Boden zu urteilen, hatte sie am Anfang wohl mehr angehabt.
Ich schaute verlegen zur Seite. Ich war noch verlegener, als ich sah, wie wenig ich anhatte. Einen klitzekleinen Bikini und Schuhe mit hohen Absätzen. Ich fühlte mich nackt.
Ich ging an die Bar. Die Männer riefen nach mir, boten an, mir einen Drink zu kaufen. Ich starrte einfach geradeaus und tat so, als ob ich sie nicht hörte. In dem Moment hätte ich alles für einen langen Bademantel gegeben. Ich fragte den Barkeeper nach der Uhrzeit. Drei Uhr morgens. Die Stechkarten hingen an der Wand. Ich fand meinen Namen. Zwölf Uhr bis acht Uhr. Noch fünf Stunden? Das konnte einfach nicht wahr sein. Aber Sherry hatte mich zurückgelassen. Welche Rache würde sie wohl nehmen, wenn ich einfach nach Hause ging? Ich wußte, daß sie dann etwas noch Schlimmeres für mich einfädeln würde. Bilder gingen mir durch den Kopf.
Der Barmann redete mich an.

»Hey, beeil dich mal. Du bist dran!«

»Dran?« Ich folgte seinem Blick. Das nackte Mädchen hob seine Kleidungsstücke auf und verließ die Bühne.

Als wir aneinander vorbeigingen, sagte sie: »Beeil Dich! Sollen die denn ewig warten?«

Sie gab mir einen leichten Stoß. Ich dachte, daß ich mich übergeben müßte, solche Angst hatte ich. Ich kann eigentlich überhaupt nicht gut tanzen, und jetzt mußte ich auf die Bühne gehen. Ich konnte es einfach nicht ...

Aber etwas trieb mich an.

Ich war mir bewußt, wie wenig ich anhatte. Die Musik setzte ein, der Song war schnell und wild. Ich fiel die Treppe zur Bühne hinauf, fand mein Gleichgewicht wieder und nahm die beiden letzten Stufen auf einmal. Die Männer applaudierten und schrien: »BRAVO!« Ich bekam etwas Mut. Ich versuchte sogar ein Lächeln. Versuchte zu tanzen. Die Musik spielte zu schnell. Mein Gott, es war furchtbar heiß unter den Lampen. Irgendwie machte ich weiter.

Sie pfiffen und schrien: »Zieh' dich aus! Zieh' dich AUS, Kleine! Los, ZEIG'S UNS!«

Ich zitterte wie Espenlaub, ich konnte kaum die Tränen zurückhalten. Ich wagte nicht wegzugehen, weil Papasan und Sie und Diane gesagt hatten, daß Sherry ihren Job behalten sollte, und ich wußte nicht, was Sherry mit mir anstellen würde, wenn ich ginge.

Ich lächelte und tanzte weiter. Ich dachte, das Lied würde nie zu Ende gehen, aber schließlich war es vorbei. Ich stolperte die Treppe hinunter und war froh, nicht mehr im Scheinwerferlicht zu stehen. Sofort begann ein zweiter Song. Ein Mädchen im Bikini, das in der Seitenkulisse stand, sah mich überrascht an.

»Geh wieder auf die Bühne«, zischte sie.

O nein, nicht schon wieder.

Wieder die Treppe hinauf ... ins Licht. Ich verlor das Gleichgewicht. Wie konnte Sherry nur mit diesen Absätzen tanzen? Die Männer schrien jetzt nicht mehr so laut. Ich konnte ihr Gemurmel hören. Ich glaube, sie sahen nicht einmal zu. Ich war erleichtert, aber mir war auch bewußt, wie unbeholfen ich wirken mußte. Nach einer Ewigkeit war das Lied zu Ende. Vorsichtig stieg ich die Treppe hinunter, leichter Applaus war für kurze Zeit zu hören. Ein anderes Mädchen im Bikini streifte mich, als sie auf die Bühne ging. Sie begann zu tanzen und warf ihr langes Haar zurück. Es schien, als ob sie jede Minute genoß. Die Männer brachen in Beifallsrufe aus und applaudierten. Meine Beine zitterten, und ich fühlte, wie mir der Schweiß den Nacken herunterlief. Das Mädchen, das mir befohlen hatte, wieder auf die Bühne zu gehen, saß an einem Tisch in der Nähe der Bühne. Unsicher ging ich zu ihr hinüber. »Die Toilette?« fragte ich. Sie starrte mich an, als ob sie nicht verstand, und sagte dann: »Um die Ecke.«

»Danke.« Wenn ich noch so weit kommen würde ...

Auf dem Boden der Toilette brach ich zusammen, übergab mich. Als das

Würgen aufhörte, kam die Angst. Ich werde es durchstehen, dachte ich ...
Ich muß.

»Hey, Kleine ... bist du in Ordnung?«

Ich blickte auf, versuchte den Schwindel zu überwinden. Das Mädchen, das vor mir auf der Bühne als Stripperin aufgetreten war, hatte sich über mich gebeugt. Sie war jetzt angezogen, Gott sei Dank. Sie schien überhaupt nicht verlegen. Mir war sterbenselend zumute.

»Bist du krank?«

Ich konnte keinen Ton herausbringen, daher nickte ich nur.

»Das dachte ich mir. Ich habe es gemerkt, als ich dich auf der Bühne beobachtet habe.« Ich fragte mich, ob alle anderen es auch erkannt hatten.

»Hast du dir irgend etwas eingefangen?«

Mir war schwindelig. Ich nickte.

»Du bist weiß wie 'ne Leiche. Hast du dich verletzt?«

Ich schüttelte den Kopf. Nicht so, wie du dir es vorstellst, dachte ich.

»Du gehst doch nicht nach Hause, oder?«

Ich sah einen Hoffnungsschimmer. »Könnte ich das denn?«

»Schau mal, zwei Mädchen sind schon krank. Bitte, versuch zu bleiben, ja? Wir arbeiten sowieso schon Doppelschichten.«

»Ich ... ich kann nicht tanzen.«

»Du kannst nicht tanzen? Du machst wohl Witze.« Sie packte meine Schultern. »Vorhin, da hast du nicht getanzt, das ist sicher. Aber du kannst tanzen. Du tanzt wie ein Profi. Ich hab' dich schon vorher gesehen. Du bist zum Tanzen geschaffen, Mädchen. Du kannst nicht tanzen? Quatsch. Wir haben alle mal 'nen schlechten Tag. Halte durch. Du wirst schon wieder in Ordnung kommen.«

Es war Sherry, die sie wie einen Profi hatte tanzen sehen. Sherry war »zum Tanzen geschaffen«. Nicht die arme, ängstliche Nancy.

Dann ging das Mädchen, sie war wieder an der Reihe.

Ich wusch mein Gesicht mit kaltem Wasser, nahm meinen ganzen Mut zusammen und ging wieder auf die Bühne. Endlich war der Tanzteil vorbei.

Ich wußte, daß ich in diesem Job auch mit den Kunden zusammensitzen mußte, damit sie mir Drinks kaufen würden. Ich war mir nicht ganz sicher, ob sie mich dabei auch berühren durften. Der erste Typ, der sich zu mir setzte, fingerte überall an mir herum. Schließlich ging ich von seinem Tisch weg und fand einen anderen. Er war höflicher. Er sagte nicht in einer Tour: »Du hast einen tollen Körper«, oder berührte nicht immerzu meine Beine oder meine Brüste. Wir sprachen über Kalifornien und über seine Arbeit als Konstrukteur. Er sagte, daß man sehen könnte, daß ich nicht hierhergehöre, ich sei nicht die Art Mädchen. Er ermutigte mich, mit der Schule fortzufahren und einen anständigen Beruf zu erlernen. Zum ersten Mal an diesem Abend konnte ich mich etwas entspannen. Ich wußte von Sherry, daß ich eine bestimmte Anzahl von Drinks verkaufen sollte, daß ich die Männer animieren mußte, sie mir zu kaufen. Dieser Mann sagte. sein Name sei Andy.

Andy war bereit, mir so viele Drinks zu kaufen, wie ich brauchte, um mein Soll zu erfüllen, damit ich bei ihm bleiben könnte und nicht an andere Tische gehen müßte, wovor ich Angst hatte. All diese Drinks jedoch hatten ihre Wirkung, obwohl ich sie mit Wasser verdünnt hatte. Als Andy anbot, mich nach Hause zu bringen, dachte ich, daß das schon in Ordnung sei. Er WAR sehr nett gewesen, und ich war dankbar. Ich zog mich an, und wir gingen. So gut ich konnte, sagte ich ihm, wie er zu fahren hatte, aber ich kannte mich mit den Straßennamen in dieser fremden Stadt nicht besonders gut aus. Mein Gott, wie dumm ich bin! Er hatte überhaupt nicht die Absicht, mich nach Hause zu bringen. Wir fuhren einfach nur durch Straßen, die ich nicht kannte. Er fuhr eine ganze Weile herum, und ich wurde immer verwirrter. Ich war wirklich furchtbar dumm! Auf den Schildern stand *Cincinnati, Ashland* und ich sah keine Schilder mehr für *Lexington*. Ich fragte nervös: »Soll dies eine Vergnügungsfahrt sein?«

Er starrte geradeaus und sagte: »Ja, und jetzt setz dich mal schön neben mich.« Jetzt wußte ich, was er vorhatte!

Ich bettelte, daß er mich herauslassen oder nach Hause fahren sollte. Ich bemühte mich, die Kontrolle zu behalten, denn wenn Carmen herauskäme, könnte sie sich nicht verteidigen. Ich wußte nicht, wie ich mich aus dieser Lage befreien konnte. Ich fragte ihn, ob er die Absicht hatte, mich zu töten. Er sagte nein, nicht wenn ich mitspielen würde.

Dann befahl er mir, einige widerliche Dinge zu tun, während er weiterfuhr. Es war dunkel, und andere Autos waren mit unterwegs. Ich hatte schreckliche Angst, aber ich tat, was er mir befahl. Er erzählte mir, was für Dinge er mit mir vorhatte. Er sagte: »Ich werde dich vergewaltigen. Vielleicht bringe ich dich um!«

Plötzlich sah ich eine erleuchtete Tankstelle, die Straße war die letzten Meilen völlig dunkel gewesen. Ich merkte auch, daß er nur noch vierzig Meilen pro Stunde fuhr. Ein anderer Wagen hinter uns versuchte zu überholen, und Andy fuhr noch langsamer.

Ich langte nach dem Türgriff, öffnete die Tür und warf mich aus dem Auto. Ich rollte mich auf den Seitenstreifen. Ich hörte, wie der Wagen hinter uns bremste. Ich stand auf, ich schien nicht verletzt zu sein, und rannte auf die Lichter der Tankstelle zu. Ich hatte Angst, daß Andy wenden und zurückkommen würde, aber er fuhr weiter.

Ich fühlte keinen Schmerz, aber ich mußte mich übergeben. Ich hörte nicht auf zu zittern. Die Leute von der Tankstelle, ein Ehepaar, waren sehr nett. Sie blieben bei mir, obwohl sie eigentlich gerade schließen wollten. Der Mann nahm sein Gewehr, aber der Wagen war vorübergefahren. Ich hatte überlebt, aber ich weiß wirklich nicht, ob ich es verdiente. Ich habe noch nie so etwas Verrücktes in meinem Leben getan. Diesmal hatte ich mich wirklich selbst übertroffen.

Heute muß ich dafür büßen. Mein Körper fühlt sich an, als ob ich mir alle Knochen gebrochen hätte. Meine Füße sind so kaputt, daß ich kaum laufen kann, und an meinen Beinen, Armen, Hüften und Fingern habe ich schlimme Abschürfungen. Mein übriger Körper ist von blauen Flecken übersät. Aber Sie können sich vorstellen, daß ich weiß, wieviel Glück ich gehabt habe. Ich wußte, daß dieser Mann mich töten wollte. Und ich wollte nicht so sterben. Ich kann die schmutzigen Dinge, die er zu mir gesagt hat, nicht einmal wiederholen. Ich habe so etwas noch nie gehört. Ich bin die ganze Nacht wach geblieben. Mir soll noch mal einer was von Verfolgungswahn erzählen!

Ich werde wohl für eine Weile ein Wrack sein. Dr. Larmore hat ein Haus, wo auch einige andere multiple Persönlichkeiten leben, und er hat vorgeschlagen, daß ich dort einziehe. Damit wäre meine Unabhängigkeit also erst mal zu Ende. Ich will nicht umziehen, aber eigentlich ist es mir egal. Ich will überleben. Ich will in dieser Welt leben, und langsam frage ich mich, ob ich um dieses Privileg kämpfen muß. Solange ich so dumm bin (und aus so vielen Persönlichkeiten bestehe), stehen meine Chancen schlecht. Ich kann nur mir selbst Vorwürfe für das machen, was gestern Nacht passiert ist. Ich muß durchhalten hier, ich muß es einfach. Wenn ich aufgebe, unterschreibe ich mein eigenes Todesurteil. Ich glaube wirklich nicht, daß ich unsterblich bin! Mein Körper, der voller blauer Flecken ist, beweist das ja wohl!

Ich habe mich so gefreut, von Ihnen zu hören – ich weiß, daß Sie nicht viel Zeit haben, weil Sie ja bald nach Europa reisen. Meine Liebe und meine guten Wünsche sollen Sie begleiten, Sie sind immer bei mir, auch wenn Sie so weit weg sind. Ich bewahre Ihre Liebe in meinem Herzen, sie ist mein größter Schatz. Bitte, denken Sie daran, daß meine Liebe zu Ihnen mit jedem Tag größer wird. Achten Sie auf sich und seien Sie gut zu sich.

Alles Liebe, Nancy

Voller Entsetzen las ich Nancys Bericht von der gefährlichen Autofahrt mit dem Mann, den sie im *Red Lion* aufgelesen hatte. Sherry wäre schlauer gewesen, sie wäre nicht zu ihm in den Wagen gestiegen, vor allem nicht in einer fremden Stadt. Bis auf den Fernfahrer, der sie niedergestochen hatte, kannte Sherry die Männer viel besser. Aber zumindest hatte Nancy die Kraft gehabt, die Kontrolle zu behalten, wie sie es ausgedrückt hatte, statt die verletzlichere, schwächere Nancy/Jennifer oder Nancy/Carmen herauszulassen. Sie hätten keine Möglichkeit gehabt zu entkommen. Die erwachsenen Persönlichkeiten schützten die Kinder jetzt, statt sie dem destruktiven Verhalten von anderen auszusetzen.

Durch die Gefahr, der Nancy sich aussetzte, alarmiert, riefen Harold, Diane und ich sie an und baten darum, mit Nancy/Sarah sprechen zu dürfen. Wir erzählten ihr von unseren Ängsten. Wir rieten ihr, mit Nancy/Sherry zu reden, damit sie ihren Job im *Red Lion* aufgäbe. Wir baten sie, Dr. Larmore über die Situation zu informieren und seine Hilfe zu erbitten. Ich schrieb auch einen strengen Brief an Sherry, in dem ich ihr Vorwürfe machte, weil sie Nancy in einer gefährlichen Situation zurückgelassen hatte. Ich befahl ihr, das nicht wieder zu tun, da das Nancys Chance, in Lexington Hilfe zu erhalten, beenden würde.

Kurz darauf erhielten wir ein Tonband aus Lexington, auf dem zuerst Nancy/Sherry und dann Nancy/Sarah, in einem Ferngespräch sozusagen, zu unseren Vorwürfen Stellung nahmen.

Zuerst Nancys/Sherrys Bericht:

Scheiße, alles gerät plötzlich aus den Fugen. Mann, ich hab' genau das gemacht, was ich machen wollte. Ich habe getanzt. Ich wollte ein bißchen Asche machen. Toll. Ich bin nicht auf den Strich gegangen und hab' nicht als Stripperin gearbeitet. Also, ich weiß nicht, warum sich alles so aufregt. Es kotzt mich wirklich an.
Wenn Ihr glauben wollt, daß ich ein Flittchen bin, dann ist das Eure Sache. Wirklich toll, Mann. Ich arbeite nicht mal mehr da, weil der verdammte Irrenarzt (Dr. Larmore) dafür gesorgt hat, daß man mich rausgeschmissen hat. Ich hab' doch gesagt, daß ich niemanden mit nach Hause nehmen würde oder so. Ich hatte einen Typ, Mann, einen einzigen, er hieß Jim. Und ich hab' keinen Cent von ihm genommen. Er hat nichts angeboten, und ich hab' nicht danach gefragt, ich hätte nicht mal was genommen, wenn er mir was gegeben hätte. Mann, ich bin ja nicht auf den Strich gegangen. Wir hatten 'ne richtige Beziehung. Ja, Scheiße! Das ist schließlich genauso meine Wohnung wie ihre [Nancys]. Es kotzt mich wirklich an.
Ich hab' diesen verdammten Brief von Mrs. Campbell bekommen. Sie schreibt, wenn ich ein Nichts sein will, das niemand respektiert, dann ist das meine Sache. Aber das ist nicht, was ich will. Ich weiß nicht, Mann. Ihr behandelt mich einfach wie einen Idioten.
[Auf dem Band hört man Donner, dann spricht Sherry weiter:] Verdammtes Gewitter. Es gießt wie verrückt. Scheiße. Mann, ich weiß nicht, was ich sagen soll. Ich kann Euch nur sagen, daß ich keinen Scheiß gebaut hab'. Ihr denkt ja sowieso, daß ich nur ein Flittchen bin. Das ist Eure Sache. Aber Ihr bringt mich nicht soweit, daß ich es auch glaube.
[Noch mehr Donner] Ich hab' eigentlich nicht viel zu sagen. Wißt Ihr, es lohnt sich nicht, Euch irgendwas zu erzählen. Macht nur weiter, bis es Euch ankotzt. Ich versuche nur, ihr [Nancy] auszuhelfen, und alle hacken gleich auf mir 'rum. Wißt Ihr, ich wollte nicht auf dem verdammten Flughafen arbeiten, wie so 'n Bulle, oder was sie da macht [Nancys damaliger Job]. Deshalb hab' ich das gemacht, was ich machen wollte, und ich hab' es

gut gemacht. Ich hab' keinen Fehler gemacht. Es war Nancy, die zu dem Typ ins Auto gestiegen ist. Ich weiß, wie ich auf mich aufpassen muß. Kann ich doch nichts dafür, wenn sie so 'n Idiot ist. Das kann man mir doch nicht vorwerfen, Mann.

So, dann will ich mich mal verabschieden. Also, tschüs dann.

Ich will keine Briefe mehr von Euch. Oder von dieser Mrs. Campbell oder irgendeinem anderen. Ich hab' keine Lust, Euch zu sagen, was ich mache, weil es Euch einen Dreck angeht. Wenn Ihr Euch einmischt, interessiert mich das gar nicht.

Mann, ich könnte richtig Kohle verdienen. Ich könnte die ganze Therapie bezahlen. Aber wenn Ihr Euch einmischt, soll sie doch selbst dafür sorgen. Dieser Irrenarzt ist wirklich verrückt. Ich hasse ihn wie die Pest. Nancy hasse ich auch. Ich hasse sie alle, Mann. Ich werd' mich nur noch um mich kümmern. Ihr klopft mir auf die Schulter, so als ob ich es wirklich gut mache und vernünftig bin, und sagt, daß Ihr mich respektieren könnt und den ganzen Scheiß, und was macht Ihr dann? Ihr dreht Euch um und fallt mir in den Rücken. Davon hab' ich nichts. Wirklich nicht. [Pause, Donnergeräusche] Könnt Ihr den Donner hören? Die ganze Bude wackelt. Na ja, ich hab' versucht, es so gut wie möglich zu machen. Ich bin sogar zu dieser Therapie gegangen, oder wie das heißt. Ich sag' Euch eins, in Ontario ist 'ne Menge mehr passiert. Ich meine, da war es wirklich gut. Ihr habt was getan, und es hat uns allen geholfen. Und hier hilft einem niemand. Einen Dreck kümmern die sich hier. Nancy ist ein Wrack. Jennifer ist wieder da. Scheint ja toll zu sein, was dieser Klapsdoktor da anrichtet. Ich find' ihn zum Kotzen. John auch. Nancy kann ihn nicht leiden. Und wir hassen uns jetzt alle gegenseitig. So gut kriegt er alles hin. Aber wenn es alle so wollen, ist es mir auch egal. [Eine Pause] Ich wünschte, dieses verdammte Gewitter würde aufhören. Das ganze verdammte Haus wackelt ja.

Mir gefällt es hier. Es gibt keinen Grund für mich, nach Hause zu gehen. Nicht mal, um George zu sehen. Mir geht es wirklich gut. Ich will nur, daß Ihr mich in Ruhe laßt. Ich will von keinem mehr was hören. Schreibt ruhig weiter an Nancy und John und an wen Ihr wollt, aber laßt mich da raus. Ich kümmer' mich 'nen Dreck um Euren Respekt. Mir ist dieser ganze Scheiß egal. Ich brauch' so was nicht. Es ist wirklich prima, Euch zu kennen.

Es blieb lange Zeit still, nachdem Sherry sich verabschiedet hatte. Dann ertönte Nancys/Sarahs tiefere, viel nachdenklichere Stimme:

Hallo, Harold und Diane. Hier spricht Sarah. Da dies ja wohl eine Gemeinschaftskassette ist, dachte ich, daß ich auch meinen Teil beitragen kann. Ich werde Ihnen den neuesten Bericht von den Fortschritten hier geben. Jennifer ist wieder da. Sie war sehr ängstlich und wußte nicht, wo sie war, sie hatte wieder dieses Gefühl, verloren zu sein. Sie hat Mrs.

Campbell angerufen, und sie scheint das Richtige in dieser Situation getan zu haben. Jennifer beruhigte sich, als sie mit ihr sprach.

Es tut mir leid, daß sie zurückgekommen ist, denn wenn sie hier in eine schlechte Situation gerät, kennt sie sich nicht aus wie zu Hause. Aber ich werde auf sie achten und mein Bestes tun, damit ihr nichts passiert.

John ist auch sehr aktiv. Er hat Drogen gesammelt. Er hat nichts genommen, nur gesammelt. Er hat sich in einem üblen Stadtviertel herumgetrieben und einige Verbindungen aufgenommen. Er hat die Möglichkeit zu dealen, wenn er will. Ich glaube, von allen hat er die größten Schwierigkeiten, sich anzupassen. Er fühlt sich sehr zurückgewiesen und irgendwie betrogen, weil Mrs. Campbell nicht mehr bei ihm ist. Es war ein großes Glück für ihn, daß er sie getroffen hat, und jetzt rebelliert er. Aber bisher hat er nichts wirklich Schlimmes getan, obwohl ich es nicht gerne sehe, wenn er in diesen Stadtteil, den er *Cheapside* nennt, geht. Er ist sehr labil. Das ist es, was ihm die meisten Schwierigkeiten bereitet.

Ich habe mir gedacht, daß Mrs. Campbell vielleicht eine Liste mit Vorschriften für ihn schreiben könnte, weil er nicht weiß, was falsch und was richtig ist und wieweit er gehen kann, bevor er etwas Böses tut. Er meint, daß er sich Drogen beschaffen kann, aber daß er nichts eigentlich Böses tut, wenn er sie nicht nimmt. Er kommt und geht mitten in der Nacht, er kann jederzeit kommen und Nancy bei ihrer Therapie und ihrem Job am Flughafen stören.

Ich glaube, es würde ihm sehr helfen, wenn er wüßte, daß er nicht alle Entscheidungen treffen müßte, denn das war immer von großer Bedeutung, ob er auf der Straße auf sich allein gestellt war oder ob sich jemand um ihn gekümmert hat. Er ist zur Zeit sehr verwirrt.

Er hat den Arzt bereits gesehen und hat sich abscheulich benommen. Er weiß nicht, ob Dr. Larmore eine Autoritätsperson für ihn ist oder nicht. Sie haben sich gegenseitig beschimpft. Das war kein gutes Beispiel für John. Er war schon in der Lage gewesen, mit sich selbst umzugehen und Verantwortung zu übernehmen, wie er zu Hause bewiesen hat. Ich glaube, etwas davon steckt noch in ihm drin. Aber damit es ihm hier leichterfällt, glaube ich, daß er Anleitung braucht, damit er noch sicherer wird und spürt, daß er seine Mutter, Mrs. Campbell, nicht verloren hat. Einige der Dinge, die sie möglicherweise auf die Liste schreibt, sind nicht wirklich wichtig, weil er wahrscheinlich den Unterschied kennt. Aber sie sollte ihm sagen, daß er nicht spätabends ausgehen darf. Er darf nicht in dieses Stadtviertel gehen. Er darf kein Heroin, Engelsstaub oder LSD besitzen, das sind die Drogen, die er sich beschafft hat. Er darf sich nicht in Nancys Therapie einmischen. Solche Dinge meine ich. Sie sollten schreiben, daß er an den Bach gehen darf, daß er Nancys Briefpapier zum Zeichnen benutzen darf, daß er in der Stadt herumlaufen darf – oder was auch immer Mrs. Campbell für das Beste hält. Ich glaube, er wird auf sie hören, wie in der Vergangenheit. Er hat sich bisher an ihre Entscheidungen gehalten und ihre Autorität respektiert.

Hier hat er das Gefühl, daß er in die Umgebung zurückgedrängt wurde, die er verlassen hatte, bevor er Mrs. Campbell traf. Das ist nicht richtig. Ohne sie weiß er nicht, wohin er gehen soll, wohin er paßt. Die Beziehung zwischen Mutter und Sohn war gut für ihn, er akzeptierte ihre Entscheidungen. Aber jetzt, da sie nicht hier ist, hat er das Gefühl, daß sein Verhalten keine Konsequenzen hat. Ich glaube, in der Vergangenheit hat er sie oft auf die Probe gestellt. Und ihre Beständigkeit bewies ihm, daß das, was sie sagte, richtig war. Und daraus ist sein Respekt für sie entstanden.

Er braucht eine Autoritätsperson, aber ich habe das Gefühl, daß Dr. Larmore diese Aufgabe für John nicht übernehmen kann, und hier gibt es keine andere Beziehung für ihn, die ihm diese Autorität geben kann. Sein grundlegendes Problem ist seine Unsicherheit und sein Unwille. Ich betrachte sein Verhalten nicht als besonders schädlich. Aber ich sehe, daß es nicht lange dauern wird, bis er sich mit den Leuten zusammentut, die in dem schlechten Stadtviertel leben, und dann wird er sicherlich Schwierigkeiten bekommen. Denn dort ist er von Schlechtem umgeben, und der vertraute Trieb wird zurückkommen. Er wird wieder den harten Typ spielen. Und das ist er wirklich nicht. Seine Beziehung zu Mrs. Campbell war wirklich besser für ihn als das Leben auf der Straße. Und er weiß das. Aber er glaubt, daß er keine Wahlmöglichkeit mehr hat. Das ist nur ein Vorschlag, den Sie ihr gegenüber erwähnen können.

Sherry kommt häufig heraus. Und ich weiß, daß Ihnen bekannt ist, was für einen Job sie angenommen hatte. Es war sicherlich nicht der beste Ort für sie, sie war in einer gefährlichen Situation. Ich bin mir bewußt, daß sie in dem Job gut war, ihn mochte und viel Geld verdiente. Aber ich weiß auch, daß diese Art Job zu Schwierigkeiten führen könnte. Diese Männer waren wirklich grob. Es war sicherlich nicht der Typ Mann, dem man sich freiwillig anschließen würde, wie ich selbst gesehen habe.

Sie ist aber nicht auf den Strich gegangen. Als ich mit Ihnen gesprochen habe, hatte sie nur diesen einen Mann zweimal mit nach Hause gebracht. Sie schien eine Beziehung zu ihm zu haben und nahm kein Geld, wenn sie mit ihm schlief, trotzdem war es in gewissem Sinn Prostitution, da der Hauptzweck dabei seine Befriedigung war, und das entspricht nicht Nancys Vorstellungen. Sherry hat keine Verhütungsmittel genommen, und zu diesem Zeitpunkt hätte es gefährlich sein können. Es ist auch möglich, daß er an einer Geschlechtskrankheit litt. Ich muß sehen, daß Nancy sich untersuchen läßt, oder vielleicht kann ich das für sie übernehmen, da es schwierig für sie wäre. Ich glaube nicht, daß Sherry sich darum kümmern würde. Was ich damit sagen will, ist, daß Sherry dies möglicherweise auch mit anderen Männern macht, und das wäre der Anfang von Prostitution. Der Mann kam aus dem Nachtclub, der bekannt dafür ist.

Sherry war sehr bestürzt, daß ihr Job gekündigt wurde, denn sie war sehr stolz darauf. Aber sie muß verstehen, daß sie unser aller Leben in Gefahr gebracht hat, als sie Nancy im *Red Lion* zurückließ, weil Nancy nicht die Abwehrmechanismen hat, die Sherry besitzt. Nancy ist sehr naiv, wie Sie wahrscheinlich wissen. Sherry ist zur Zeit schrecklich böse und verweigert die Zusammenarbeit. Nancy ist mehr oder weniger zerrissen, weil alle ihren Zorn an ihrem Körper auslassen, indem jeder damit tut, was er will, und kaum darüber nachdenkt, ob dies hilfreich ist oder nicht. Nancy war völlig niedergeschlagen, daß sie ihren Job am Flughafen verloren hat. Es ist das erste Mal, daß ihr gekündigt wurde, und das war sehr bedauerlich.

John und Sherry haben beide den Therapeuten getroffen, und es hat keinen sehr guten Anfang genommen. Sie sind sehr zornig und aufgebracht und lassen diese Gefühle an dem Therapeuten und seiner Behandlungsmethode aus. Es gibt nur wenig Verständigung zwischen ihnen. John ist sehr abwehrend. Ich nehme an, daß es daran liegt, daß der Therapeut ziemlich dick aufträgt. Nancy geht es so gut, wie man erwarten kann. Sie war sehr abhängig von der Hilfe, die ihr in Kalifornien gewährt wurde, sie fühlt die Trennung und all die Emotionen, die damit einhergehen. Aber sie bleibt und gibt ihr Bestes, so gut sie eben kann. Sie ist der Therapie und dem Leben hier gegenüber apathisch, was mir wirklich Sorgen macht, aber ich glaube, daß sie da durchkommen wird. Sie braucht nur noch etwas mehr Zeit, um sich daran zu gewöhnen, und etwas mehr Beteiligung an dem, was passiert.

Sie setzt keine Hoffnung in die Therapie, aber wagt es nicht, es Ihnen in Kalifornien gegenüber zuzugeben, weil sie meint, daß sie bestimmte Erwartungen erfüllen muß. Sie eröffnet sich Dr. Larmore nicht. Sie erzählt ihm, daß alles in Ordnung sei, aber in Wirklichkeit läßt sie sich treiben. Sie hat sehr wenig Zeit für sich, weil all die anderen ihr Zeit wegnehmen. Es ist erst das zweite oder dritte Mal, daß ich herausgekommen bin, seit sie in Kentucky ist, weil ich ihr nicht noch die wenigen Stunden nehmen will, die sie für sich hat, wenn die anderen ihre Zeit genommen haben. Sie scheint zu glauben, daß es wirklich nichts mehr ausmacht, jetzt, wo sie in dieses Haus zieht. Sie war sehr stolz auf ihre Wohnung, in der sie ungestört und unabhängig war. Aber in diesem Haus leben auch andere Leute, und sie hat nur ein Schlafzimmer für sich. Hier ist sie nicht sicher. Sie müßte irgendwie überwacht werden. Zwei andere multiple Persönlichkeiten leben hier und eine Dame, die sich um eine von ihnen kümmert. Nancy haßt das Haus, es ist in schlechtem Zustand und ungepflegt. Es ist sehr groß und leer und in keiner Weise einladend. Aber sie beabsichtigt, ihr Zimmer in Ordnung zu bringen. Sie gibt etwas auf, das gut für sie war, nämlich allein zu leben. Ich glaube, zu diesem Zeitpunkt ist es wirklich nicht möglich. Sie ist entmutigt und lebt mehr oder weniger ziemlich unglücklich vor sich hin. Aber ich habe erwartet, daß das passiert. Ihr fällt es schwer, sich an Veränderungen zu gewöhnen. Die Unterstützung, die sie in Kalifornien hatte, war sehr groß, und sie hat sich sehr darauf verlassen. Sie hat noch keine Freundschaften geschlossen, aber ich glaube, daß das nur eine Frage der Zeit ist. Mein Eindruck von Dr. Larmore ist, daß er eine Menge anzubieten hat. Die Therapie, die er begonnen hat, wird sicher Nancys besonderen Bedürfnissen angepaßt werden. Im Augenblick mischt er sich nicht ein, aber er hat mit dem Manager des *Red Lion* über Sherry gesprochen. Dies hat einigen Druck von Nancy genommen, weil sie wirklich nicht in der Lage war, mit der Situation fertig zu werden. Sherry hätte wieder hingehen und ihren Job zurückbekommen können, und es war wichtig, daß der Manager verstand, daß Sherry erst siebzehn ist. Als er dies hörte, schien er Nancy gegenüber etwas fürsorglicher.

Zuerst hatte ich das Gefühl, daß Dr. Larmore ziemlich teilnahmslos war, aber es dauert natürlich einige Zeit, bis man sich in einer Therapie einsetzen kann. Das habe ich einkalkuliert. Nancy saß zuerst da und redete mit ihm, als ob er eine leere Wand sei. Sie dachte nicht darüber nach, was sie sagte, und äußerte sich eigentlich auch nicht richtig. Im Moment liegt sein Hauptinteresse darin, ihr zu helfen, sie zu verstehen und mehr über ihren Zustand zu erfahren. In der Zwischenzeit kämpft Nancy äußerlich damit, ihr Leben zu meistern, und hat daher das Gefühl, daß er unfähig ist, sie zu behandeln. Aber sie war schon immer ungeduldig.

Ich glaube, Nancy muß ihm nur etwas mehr Zeit geben. Sie war an die intensive Therapie in Kalifornien gewöhnt, die auf einem sehr hohen Niveau lag und bei der sie die Ergebnisse gleich sehen konnte. Hier sind die Resultate nicht so offensichtlich, und sie hat das Gefühl, daß sie keine Fortschritte macht. Sie ist auch bestürzt darüber, daß Jennifer und John wieder da sind. Und eine weitere Persönlichkeit ist dazugekommen. Ich habe keine Ahnung, wer diese Persönlichkeit ist, warum sie da ist, aber Nancy ist völlig unfähig, sich mit der Vorstellung an eine weitere Persönlichkeit abzufinden. Für sie bedeutet es, daß sich ihr Zustand verschlechtert. Dr. Larmore glaubt, daß es ein Ausdruck ihrer selbst ist. Ich kann nicht beurteilen, wer von beiden recht hat.

Aber diese andere Persönlichkeit hat sehr viel Energie. Sie trinkt gerne, scheint aber keinen außerplanmäßigen Aktivitäten nachzugehen. Sie ist gerne allein und amüsiert sich gern. Sie benutzt eine besondere Sprache, wie ich bei den letzten Malen beobachtet habe, aber ich kann sie nicht entschlüsseln. Ich glaube nicht, daß es eine Fremdsprache ist, ich glaube, es ist eine selbsterfundene Sprache. Sie spricht sie sehr flüssig. Sie kann auch Englisch sprechen und scheint die meiste Zeit recht glücklich zu sein. Ich weiß nicht, welche Funktion sie hat, aber ich werde sie weiter beobachten.

So, jetzt werde ich wieder gehen. Ich bleibe in Verbindung mit Ihnen und werde Sie immer auf dem neuesten Stand halten. Wenn Sie irgendwelche Fragen haben, können Sie ja schreiben. Ich werde sie beantworten. Machen Sie sich keine Sorgen. Ich glaube, die Probleme lassen sich lösen. Ich hoffe, daß bei Ihnen alles in Ordnung ist und daß es Ihnen gutgeht. Ich vermisse Sie und denke an Sie. Wir alle mögen Sie sehr und sind dankbar für alles, das Sie für uns getan haben. Danke.

Ich war sehr bestürzt, als ich hörte, daß Nancy/John Drogen hortete, aber ich mußte mich darauf verlassen, daß Dr. Larmore bei Nancys Konflikten helfen würde. Nancy war beunruhigt, daß Nancy/John und Nancy/Jennifer wieder da waren, und mir ging es nicht anders. Sie schien sie dringend zu brauchen, genau wie die neue Persönlichkeit, die zum Vorschein gekommen war. Aber ich sollte bald nach Europa reisen, es war ein Urlaub, den ich sehr brauchte. Ich mußte darauf vertrauen, daß Dr. Larmore die Situation im Griff hatte.

Ich erhielt zwei weitere Briefe von Nancy. Der erste lautete:

In mir herrscht eine Leere, weil ich Sie vermisse und wünschte, daß Sie in meiner Nähe wären. Ich kann mich an die neue Stadt gewöhnen, an die andere Lebensart, sogar an den verdammten Akzent. Aber nicht an die Einsamkeit. Vielleicht werde ich Leute kennenlernen und Freunde haben, aber Sie werde ich immer am liebsten mögen. Ich weiß auch, daß es etwas Gutes hat. Wenn ich wieder nach Hause komme, wird unsere Beziehung noch besser sein; Sie werden mich dann als ganzen und anderen Menschen kennenlernen. Hoffentlich werde ich ein besserer Mensch sein.
Ich bin froh, daß Sie etwas mehr Zeit für sich haben werden, wir beide wissen, wieviel Streß es für Sie bedeutete, sich mit meinem Problem zu befassen. Sie haben nie aufgehört, zu geben. Wie Sie es geschafft haben, ist für uns alle ein Rätsel. Ich glaube, wenn ich mich erst mal an die Therapie hier gewöhnt habe, werde ich alles, was mit mir geschehen ist, zusammenreimen können. Vielleicht wird es leichter, wenn ich alles verstehen kann. Ich weiß, daß es einfacher für mich war, als Sie mir dabei halfen, zu verstehen, welche Funktion die anderen hatten. Ich weiß nicht, ob ich ein Buch darüber schreiben kann, ob ich es überhaupt will. Wenn ich mich dazu entschließe, ein Buch zu schreiben, möchte ich, daß Sie mir dabei helfen. Sie wissen ja mehr über die anderen als sonst irgend jemand. Besonders über John, Jennifer und Sherry.
Mrs. Campbell, bitte passen Sie auf sich auf und versuchen Sie, alles leichtzunehmen. Ich vermisse Sie und will sicher sein, daß es Ihnen gutgeht und Sie glücklich sind. Bitte denken Sie immer daran, daß ich Sie wirklich sehr liebe. Sie sind ein wichtiger Teil meines Lebens, und selbst die Entfernung, die zwischen uns liegt, ändert nichts daran. Ich weiß, daß ich Sie wiedersehen werde. Bitte vergessen Sie mich nicht, ich muß wissen, daß Sie mich liebhaben, weil ich Sie so sehr mag.
Alles Liebe,
Nancy

Der zweite Brief berichtete davon, wie Nancy/John Nancy/Jennifer am Steuer von Nancys Wagen zurückgelassen hatte, als die Polizei wegen einer großen Geschwindigkeitsübertretung hinter ihm her war. Als die Polizei sie eingeholt hatte und ihr befahl, auf den Seitenstreifen zu fahren, fiel sie wieder in das Verhalten zurück, das sie immer zeigte, wenn sie von der Polizei gejagt wurde. Sie schrie sich fast die Lunge aus dem Leib, als ob sie umgebracht würde. Sie konnte den Fahrzeugschein nicht vorzeigen, weil John ihr nicht gezeigt hatte, wo er ihn hingelegt hatte. Die Polizei brachte sie zuerst zur Polizeistation und dann in die psychiatrische Abteilung eines Krankenhauses. Nancy kam zurück, als Nancy/Jennifer in einem Krankenhausbett lag, und schrieb später über ihren kurzen Aufenthalt dort:

Das Licht schien durchs Fenster. Ich hatte die Nacht überstanden. Das gute Gefühl über diese große Tat, die ich vollbracht hatte, wurde bald zunichte gemacht, als ich mich fragte, wie ich den Tag überstehen sollte. Die ganze Nacht über hatten diese Schreie nicht aufgehört. Mußten diese Leute denn nie schlafen? Vielleicht waren Dinge wie Schlaf und Bett und Ruhe an einem solchen Ort nicht Teil der Wirklichkeit. Diese Abteilung hatte tatsächlich ihre eigene Realität, die nichts mit der Welt draußen zu tun hatte. Sie hatten mein Bett in den Flur gleich neben die geschlossene Abteilung gestellt. Die Schwester erklärte mir den Grund: Ich galt als selbstmordgefährdet.
Selbstmord? Ich? Was hatte ich getan, daß sie das dachten? Schlaftabletten, Alkohol, Gefängnis, der Versuch, mich zu erhängen? Jetzt die Notaufnahme im Krankenhaus. John hatte diese Dinge getan und Jennifer im Auto zurückgelassen. Noch ein Krankenhaus ... Okay. Ein neuer Tag. Ein neuer Zustand. Ich konnte mich nicht daran erinnern, daß ich hierhergebracht wurde. Ich konnte mich nur vage daran erinnern, daß ein Arzt mich zum Sprechen bringen wollte. Aber ich war so schläfrig. Was hatte ich gesagt?
Ich ging zu der Schwester. Sie blickte nicht auf.
»Hmhm ... entschuldigen Sie bitte ... Ist ein Arzt in der Nähe? Ich möchte mit einem Arzt sprechen.«
»Meine Liebe, der Arzt wird erst am Montag mit Ihnen sprechen können.«
»Montag!« Welchen Tag hatten wir heute? Donnerstag?
»Jetzt wollen wir mal ganz schön brav sein und uns nicht aufregen.«
»Aber Sie verstehen nicht! Ich sollte eigentlich gar nicht hier sein. Mein Arzt ... draußen ... er weiß nicht, daß ich hier bin. Er würde es nicht zulassen. Ich kann nicht bleiben!«
»Es tut mir leid. Der zuständige Arzt wird am Montag hier sein. Sprechen Sie dann mit ihm.«
»Bitte ... gibt es hier irgendwo ein Telefon?«
Sie sah mich überrascht an. »Nicht in der Abteilung. Außerdem haben Sie diese Vergünstigung noch nicht. Der Arzt muß entscheiden, wieweit Sie sind. Am Montag.«

Du liebe Zeit, selbst wenn man ins Gefängnis gesteckt wird, darf man telefonieren.

Ich ging durch den Aufenthaltsraum und rollte mich in einem Sessel zusammen, so weit weg von der Krankenschwester wie möglich. Offenbar nicht weit genug. Ein junger Mann saß auf einem Stuhl. Er war an ihm und an einem großen Pfosten in der Mitte des Zimmers festgebunden. Er stieß grauenhafte Schreie aus und zerrte an seinen Fesseln. Niemand kümmerte sich um ihn. Ich sah auf den Maschendraht am Fenster.

»Mach keine verrückten Sachen, Gooch. Du wirst nicht versuchen zu fliehen.« Ich fühlte mich von Hilflosigkeit überwältigt. Heiße Tränen liefen über mein Gesicht, als ich erkannte, wie hoffnungslos es für mich war, mir einzubilden, daß ich gegen diese Welt ankämpfen konnte. Gegen die Welt vielleicht, aber nie gegen mein Leben.

Dr. Wilbur und die Polizei brachten Nancy aus dem Krankenhaus zurück auf ihr Zimmer, nachdem Nancy Dr. Larmore angerufen und um seine Hilfe gebeten hatte. Nancy schrieb mir:

Das einzig Schlimme bei der Sache war, daß die Polizei jetzt meinen Führerschein wegnehmen will, weil John Jennifer am Steuer des Autos zurückgelassen hatte. Ich werde mit ihnen reden und sehen, ob ich es zurechtbiegen kann. Ich will nicht ohne Auto dastehen.

Ein Junge, der Hecky heißt (eine der Persönlichkeiten einer anderen multiplen Persönlichkeit, die in diesem Haus lebt), und John haben Freundschaft geschlossen. Neulich verabredeten sie sich zu einer Mutprobe. Sie wollten eine verlassene Scheune nebenan erforschen, was verboten ist. Vor ein paar Tagen hat es in der Nähe Ärger gegeben, und der Mann, der in dem Haus hinter der Scheune lebt, hatte der Polizei gesagt, daß er jeden erschießen würde, der sich dort herumtreiben würde. Die Polizei warnte alle Leute, weil der Typ es todernst meinte. Es scheint, daß er gute Gründe hatte, aber ich habe die Geschichte nicht ganz mitgekriegt.

Der Hausmeister hier sagte mir, daß John und Hecky auf dem Bauch unter den Büschen hergekrochen waren, so daß man sie nicht sehen konnte. Dann schlichen sie sich in die verlassene Scheune. Sie mußten sich gegenseitig beweisen, wie mutig sie waren, obwohl sie beide furchtbare Angst hatten! Nachdem sie ihre »gefährliche Mission« beendet hatten, kamen sie nach Hause, um Poker zu spielen. Es war neun Uhr abends. Ich war seit ein Uhr weggewesen. Aber es ging mir gut. Ich wußte, daß Hecky einsam war und einen Freund zum Spielen brauchte, und ich bin froh, daß John und er gut miteinander auskommen. Aber ich habe das Gefühl, daß sie dauernd in der Klemme sitzen.

Alles andere ist in Ordnung. Überall in meinem Zimmer sind Zettel versteckt. Sie sind in einer besonderen Sprache geschrieben, und ich kann sie nicht lesen. Dr. Larmore hat durch Sarah erfahren, daß der Name der Verfasserin Andria ist. Soviel zu unserem Fortschritt. Jennifer hatte sich integriert, John hatte sich integriert und Sherry ebenfalls. Alle sind wieder da. Und jetzt auch noch Julie-Renee und diese Andria. Ich kann alles akzeptieren. Irgendwie habe ich keine Angst mehr.

Am nächsten Tag. Ich habe mit Dr. Larmore über das Autofahren gesprochen. Keine Chance. Die Polizei hat meinen Wagen gesperrt. Wenn irgendeiner mit ihm fährt, verliere ich für ein Jahr meinen Führerschein. Ich kann einfach nicht glauben, wie wenig ich funktioniere. Ich verliere meine Arbeit, kann meine Wohnung nicht behalten, darf nicht Auto fahren. Ich kann nicht einmal mehr Unterricht hier nehmen. Ich habe das schreckliche Gefühl, daß mein Zustand sich verschlechtert. Und ich weiß nicht, wie ich dagegen ankämpfen kann. (Seufz!) Ich werde es wohl weiter versuchen. Ich denke, es muß alles irgendwie Teil des Gesundwerdens sein. Der Polizist, der Jennifer geholfen hatte, ist heute vorbeigekommen. Er hat mich zu Tode erschreckt – plötzlich stand er bei mir in der Tür. Ich sah auf und ... beinah hätte er wieder Jennifer vor sich gehabt! Er war aber sehr nett und höflich.

Heute habe ich einen Brief von den Gaffneys bekommen. Eigentlich zwei. Ich werde ihnen schreiben und sagen, daß alles in Ordnung ist. Sie sind wunderbar. Ihre enge Freundin Dorothy Foster ist an einem Herzinfarkt gestorben, sie haben sie sehr gemocht. Es tut mir leid, daß ich jetzt nicht bei ihnen sein kann, um sie zu trösten. Es ist wirklich traurig.

Ich werde jetzt mein Geschreibsel in den Briefumschlag stecken und abschicken. Eigentlich wollte ich nur hallo sagen und schreiben, wie sehr ich Sie mag. Aber irgendwie habe ich einen Umweg dabei gemacht. Passen Sie auf sich auf. Ich hoffe, Sie haben eine gute Reise und eine schöne Zeit in Europa.

Alles Liebe, Nancy

Als ich diesen traurigen Brief las, hatte ich eine Vorahnung, daß Lexington sicher nicht das Paradies für Nancy sein würde, das wir uns erhofft hatten. Trotzdem schien sie bereit zu sein, durchzuhalten. Ich konnte nur hoffen, daß Dr. Larmore ihr über den Sommer helfen und ihr eine Chance geben würde, sich an die Einsamkeit und an das neue Leben zu gewöhnen.

Es war nicht völlig hoffnungslos. Nancy/John hatte einen Kunstkursus besucht und mir einige seiner Werke geschickt. Ich war von ihrer Qualität überrascht. Eins war eine Kreidezeichnung, ein Porträt von Nancy/Jennifer, sich selbst und mir. Ein anderes Bild von Nancy/Jennifer zeigte sie eingerollt auf einem Sessel, ein sorgenvoller, unglücklicher Ausdruck lag auf ihrem Gesicht. Aber sein Brief versetzte mich in Unruhe, seine Handschrift war jetzt die eines Kindes:

Mom. Dies ist mein bestes Bild. Es zeigt Dich und mich und Jennifer noch einmal zusammen, als ich am glücklichsten war. Jennifer auch. Schade, daß wir Dich nicht auch glücklich gemacht haben. Du hast uns glücklich gemacht. Es war gut, zu jemandem zu gehören. Du warst eine gute Mom für uns. Wir werden an Dich denken, solange wir können. Ich wünsche, wir wären netter zu Dir gewesen. Ich will Dir nicht mehr weh tun. Tschüs, Mom.
John
Ich habe Dich immer liebgehabt.

Ein zweiter Brief traf kurze Zeit später ein:

Mom, ich werde viele Bilder für Dich haben, wenn Du zurückkommst. Ich mag Kreidebilder am liebsten. Mom, ich werde brav sein, mach Dir keine Sorgen. Ich werde mich um Jenny kümmern, wie ich es versprochen habe. Ich liebe Dich, Mom. Bitte, hab mich lieb, auch wenn ich manchmal böse bin. Ich will, daß Du stolz auf mich bist, weil ich zu Dir gehöre.
Dein Sohn,
John

An dem Tag vor meiner Abreise nach Europa erhielt ich einen Brief von Nancy/John, der sehr viel reifer war:

Mom, ich kann nicht sagen, daß ich »Dich vermisse«, weil Du tief in meinem Innern lebst, und das ist fast so gut wie in der Wirklichkeit. Ich würde Dich aber gerne drücken, ich ganz allein. Ich bin nicht weibisch geworden oder so, aber ich glaube, wir haben ein Recht darauf, verwandt zu sein und so. Ich habe Dich ab und zu im Gedanken an mich gedrückt, aber wahrscheinlich hast Du es nicht gemerkt, es war Dein Kind (und Fan) Nr. 1, wahrscheinlich war es nicht so wichtig. Wenn Du mir also einen Deiner besonderen Briefe schreiben möchtest, bekommst Du auch einen von mir, der jede Entfernung überbrückt. Ist das ein Geschäft? Mit Liebe und vielen Grüßen,
Dein Sohn
John

Ich erhielt sogar einen Abschiedsbrief von Nancy/Sherry:

Hallo, Mrs. Campbell,
habe gehört, Sie fahren nach Europa. Hoffe, Sie haben 'ne tolle Zeit. Tut mir leid, daß nicht alles so gelaufen ist wie erhofft und daß wir keine Freunde werden konnten, aber das ist schon in Ordnung. Wir hatten keine schlechte Zeit, solange sie gedauert hat. Nicht böse sein, okay?
Sherry

Und eine letzte Nachricht von Nancy. Es war ein Gedicht:

Ich habe meine Geschichte erzählt
und man hat sich abgewendet
vom Kreuz, das ich tragen muß
vom Preis, den ich zahlen muß

Seht mich an
seht, wer ich bin
hört meine Angst
versteht

Es ist zu spät jetzt
Sie haben mich in der Hand
ein Kind wird geboren
in ihm steckt ein Wurm

Und als ich heranwuchs
wendeten sie sich ab
weil sie Angst hatten, daß der Wurm
seinen Tag fordern würde

Er bohrte tief
als er sich verstecken wollte
als er sich schließlich erhob
hatte er sich vermehrt

Als er sprach
mit unbekannter Stimme
zitterte er vor Haß
brachte ein Stöhnen heraus

Er schrie vor Schmerz
er lachte vor Schadenfreude
er nahm, was übrig war ...
das, was einmal ich gewesen war.

Ich konnte mich in die Furcht und den Schmerz, die in Nancys Gedicht ausgedrückt wurden, einfühlen, hoffte aber, daß sie einen Teil dieser Gefühle unter Dr. Larmores fachkundiger Anleitung verlieren würde. Zumindest hatte sie die Chance, von dem Wissen der *Wilbur Clinic* zu profitieren, wenn sie die Chance wahrnehmen wollte.

Ich war den ganzen Sommer über im Ausland, bereiste mehrere Länder, so daß wir uns nicht schreiben konnten. Gelegentlich schickte ich Nancy eine Postkarte oder einen kurzen Brief und hoffte, daß alles in Ordnung war. Ich mußte mit meinen eigenen Konflikten fertig werden. Ich wußte, daß es das Ende unserer Ehe bedeutete, wenn mein Mann und ich die emotionale Schlucht zwischen uns nicht irgendwie überbrücken konnten. Ich baute einfach darauf, daß Nancy den Sommer mit Hilfe von Dr. Larmore überstehen würde.

Teil 4
Die Hölle im Verborgenen

17. *Herbst 1979*

Ich kehrte Ende August in die USA zurück, nachdem ich Schweden, Frankreich, Deutschland, Italien und Finnland bereist hatte. Florenz hatte mir am besten gefallen, es war wie eine zweite Heimat für mich. Ich brachte Nancy und jeder Persönlichkeit ein Geschenk mit, sie würden es erwarten.

Bevor ich damit begann, den Koffer auszupacken, rief ich Diane an. Ich war gespannt darauf, die neuesten Nachrichten von Nancy zu hören. Diane berichtete, daß Nancy noch immer in Lexington sei, aber kurz vor dem Zusammenbruch stehe. Diane erzählte von dem Vorfall mit dem Auto und daß Nancy ihren Führerschein verloren hatte. Ohne ihren Mietwagen würde sie in Kentucky verloren sein.

Zwei Wochen nach meiner Rückkehr rief Nancy, die verloren und am Ende war, ihre Mutter an und bat sie, nach Lexington zu kommen und sie zurückzuholen. Aber ihre Mutter konnte sich wegen ihres Jobs im Restaurant nicht freimachen, wenn sie ihren Arbeitsplatz nicht aufs Spiel setzen wollte. Diane unternahm die Reise, holte Nancy ab und fuhr mit ihr nach Hause. Auf dem Rückweg übernahm Nancy/John zwischendurch das Steuer. Nach ihrer Rückkehr lebte Nancy bei den Gaffneys, wußte aber, daß ihr Aufenthalt dort vielleicht nur von kurzer Dauer sein würde. Die Gaffneys planten, bald in ihr neues Haus in San Antonio del Mar zu ziehen. Nancy mußte sich dann damit zurechtfinden, wieder allein zu leben.

Ich war allein aus Europa zurückgekehrt. Mein Mann, der als Lehrer für Schweißen am *Mount San Antonio College* ein Ferienjahr eingeschoben hatte, wollte noch bis zum Februar im Ausland bleiben, um sich mit der Metallbehandlung in verschiedenen europäischen Ländern zu befassen. Ich hatte noch nicht beschlossen, mich scheiden zu lassen, spürte aber in meinem

Innern, daß es wohl dazu kommen würde. Ich träumte davon, in Montclair, einer Nachbarstadt, eine Eigentumswohnung zu kaufen. Der Ort lag näher an meinem Arbeitsplatz.

Vielleicht hatte ich Unmögliches von Nancy erwartet. Ich hatte den Grad ihrer Unfähigkeit, die emotionale und körperliche Trennung von uns und ihrer Mutter zu akzeptieren, nicht richtig bewertet. Sie hatte immer bei ihrer Mutter gelebt, war kurze Zeit bei ihrem Vater gewesen, abgesehen von den Wochen und Monaten, die sie in Krankenhäusern verbracht hatte. Anschließend war das Haus der Gaffneys fünf Jahre lang ihr Heim gewesen.

Dr. Larmore hatte Harold angerufen und ihm mitgeteilt, daß eine Fortsetzung unserer Behandlung für Nancy das Beste sei. Dr. Larmore sagte, daß Nancys Trennung von uns sie so aus dem Gleichgewicht gebracht hatte, daß sie nicht in der Lage gewesen war, ihren Job zu behalten (Nancy/Sherry raubte ihr den Schlaf), oft high gewesen war (durch Drogen, die Nancy/John genommen hatte), in einen Autounfall verwickelt war (verursacht durch Nancy/John) und einige Tage in der psychiatrischen Abteilung eines Krankenhauses verbracht hatte (als Nancy/Jennifer zum Vorschein kam).

Ich erhielt einen handschriftlichen Brief von Dr. Larmore, der zwei neue Persönlichkeiten erwähnte, Nancy/Andria und Nancy/Laureal. Eine von ihnen sollte schließlich wesentlich für Nancys endgültige Befreiung von ihrer schrecklichen Vergangenheit werden. Dr. Larmore schrieb:

Liebe Mrs. Campbell,
ich bin in Gedanken die Therapie hier noch einmal durchgegangen. Fast die ganze Arbeit [mit Nancy] hier in Kentucky diente dazu, 1. eine Beziehung zu entwickeln, ein Gefühl der Sicherheit mir gegenüber und 2. sie [die multiplen Persönlichkeiten] zu lehren, besonders durch Laureal und Sarah, daß es gemeinsame Nenner und Prinzipien für das Verstehen der multiplen Persönlichkeit und ihre Behandlung gibt. Dies gibt ihnen vielleicht mehr Hoffnung für die Zukunft und ermutigt sie, den notwendigen Schritt zu innerer Kommunikation und Zusammenarbeit zu machen, die einer definitiveren Adaption, d.h. der Therapie von Andria, vorausgehen muß.
Ihre Mittherapeutin draußen ist Sarah. Sie müssen den Kontakt zu einer inneren Mittherapeutin, Laureal, herstellen, wenn das möglich ist.

Ich lege eine Kopie einer Bibliographie bei, die vielleicht nützlich ist, zusammen mit einer Akte.
Mit den besten Wünschen,
Kim Larmore

Ich war froh zu hören, daß ich jetzt auch eine Mittherapeutin im Innern von Nancy hatte. Ich konnte sie gebrauchen. Nancy/Sarah als Mittherapeutin draußen hatte sich wieder einmal als Prophetin erwiesen, als sie vorhergesagt hatte, daß Nancy/John sich in Lexington nicht integrieren, sondern sich wieder den Drogen zuwenden würde, weil Nancy, wie sie es ausgedrückt hatte, »mehr Zuflucht in Drogen suchen mußte, wie Nancy/John es tat«, um ihren Trennungsschmerz zu überwinden. Eine Nachricht von Nancy/Sarah beruhigte uns:

Liebe Mrs. Campbell,
ich sehe, daß viele positive Dinge geschehen. Das allgemeine Gefühls-niveau im Innern gibt mir Hoffnung, daß Sie jede Situation auf die best-mögliche Weise handhaben. Ich mache mir nur Sorgen um John, um seine Kontrolle der Drogen und seinen persönlichen Umgang. Ich bin sehr froh, daß Sie und die Gaffneys wieder mit uns arbeiten. Danke.
Sarah

Am 20. September hatten wir beschlossen, wieder als Team zusammenzuarbeiten und uns wie immer Donnerstag abends bei den Gaffneys zu treffen, bis die Persönlichkeiten verschwinden würden. Wir wollten Bekanntschaft schließen mit den neuen Persönlichkeiten, die in Lexington zum Vorschein gekommen waren, wie Dr. Larmore es vorgeschlagen hatte.

Ich begann meinen Bericht: »Ich habe lange mit Dr. Larmore telefoniert. Er sagte mir, daß Laureal die ganze Zeit zuhört, genau wie Sarah. Daß sie hören kann, was ich oder ein anderer zu ihr sagt, selbst wenn sie nicht erscheint.«

»Das ist interessant«, bemerkte Harold.

»Es scheint, daß ich die Therapie praktisch wieder leite. Als ich Dr. Larmore fragte, was ich tun solle, riet er mir, Laureal um Hilfe zu bitten. Er sagte, sie würde mich über Kentucky und über das, was danach geschehen ist, informieren. Ich nehme an, daß Andria, die, wie ich hoffe, zuhört, auch zustimmt.«

Laureal, die zum ersten Mal in Kentucky zum Vorschein gekommen war, hatte viele Jahre lang im Innern gelebt. Sie konnte alles beobachten, genau wie Nancy/Sarah, und konnte nach Belieben kommen und gehen. Nancy beschrieb sie als Siebzehnjährige, freundlich, in ihrer Art rücksichtsvoll, objektiv, aber nicht in dem Grad wie Sarah.

Diane fragte Nancy: »Hat Dr. Larmore Laureal normalerweise durch Hypnose zum Vorschein gebracht?«

»Er sagte immer das Schlüsselwort und zählte dann bis drei«, sagte Nancy. »Weil ich mich dann entspannen kann. Aus irgendeinem Grund brauchte Laureal keine Hypnose, um herauszukommen.«

Ich sagte: »Gut. Ich werde dich in den Hypnosezustand versetzen, und wenn Laureal will, kann sie herauskommen. Wenn sie es nicht möchte, habe ich Verständnis dafür.«

Ich begann: »Zenith, Zero, Nancy. Du schläfst ein, Nancy. Ich werde bis drei zählen, und wenn Laureal mit mir sprechen möchte, hoffe ich, daß sie herauskommt, wenn ich ›drei‹ sage. Eins, Nancy schläft und ist ganz entspannt. Zwei, stark entspannt. Drei.«

In diesem Augenblick erschien Nancy/Laureal. Sie sagte: »Hallo, ich bin Laureal.« Sie sah wie Nancy aus, nur sehr viel gelassener.

Ich begrüßte sie: »Ich freue mich, dich kennenzulernen, Laureal.«

»Wir haben schon viel von dir gehört, Laureal«, sagte Harold mit beruhigender Stimme.

»Wir haben darauf gewartet, dich kennenzulernen.« Das war Dianes Begrüßung.

Ich erklärte: »Dr. Larmore sagte, daß ich mich mit dir beraten soll. Du wirst mich bei den weiteren Schritten führen. Hast du irgendwelche Vorschläge?«

»Wenn Sie dabei an etwas Bestimmtes denken, Mrs. Campbell, ist es für mich viel einfacher, Ihnen zu helfen, so daß es Ihrer Sache nützt.«

»Meine persönlichen Ziele für jede einzelne Persönlichkeit sind, daß sie sich wohl fühlt, lernt, mit der Welt zurechtzukommen, die Verantwortung für ihre Handlungen zu übernehmen und ihr Leben so glücklich wie möglich zu gestalten. Meinst du, ich sollte noch andere Ziele haben?«

»Ich glaube, diese Ziele sind richtig. Wenn wir weitermachen, kommen vielleicht noch andere dazu.«

»Kümmern wir uns zuerst um Nancy. Was kann ich tun, damit sie dies alles erreicht?«

»Ihr Hauptproblem ist, daß sie sich selbst gegenüber nicht positiv eingestellt ist, daher kann sie uns auch nicht akzeptieren oder uns positiv sehen. Das wäre ein wichtiges Ziel für sie.«

»Und was ist mit Sherry?«

»Ich glaube, daß dies auf alle zutrifft, obwohl einige von uns stärker sind als andere.«

»Wer ist der stärkste?«

»Sherry, denke ich. Sie nimmt die Verantwortung für sich an.«

»Wie steht es mit John?«

»Sein Hauptziel ist ebenfalls, die Verantwortung zu übernehmen und dabei auf einem Umweg andere Ziele zu erreichen. Zum Beispiel das Zeichnen.«

»Jenny scheint guter Dinge zu sein. Entspricht das der Wirklichkeit?«

Nancys/Laureals Antwort war »ja«.

Diane fragte Laureal: »Gehe ich richtig mit Regan um?«

Wenn ich nicht da war, mußte Diane sich mit der rasenden Nancy/Regan auseinandersetzen. Ich nahm an, daß ihre Ausbrüche in der letzten Zeit Nancys Ventil für ihren großen Zorn über die Enttäuschung, die sie in Kentucky erlitten hatte, war.

Nancy/Laureal sagte zu Diane: »Regan hat Fortschritte gemacht. Sie ist nicht mehr so destruktiv. Aber sie ist immer noch sehr wütend und unglücklich. Sie muß einen Weg finden, um ihren Zorn zu entladen, und Sie können ihr dabei helfen.«

Diane sagte: »Ich habe versucht, ihr Dinge zum Zerreißen zu geben, damit sie nichts zerstört, was anderen gehört. Ich erlaube ihr, mit den Fäusten das Bett zu bearbeiten. Als ich sie das letzte Mal sah, durfte ich sie halten und ihre Schultern streicheln. Ich hatte das Gefühl, daß sie mir zugehört hat wie nie zuvor. Und sie hat mit mir gesprochen, wenn es auch nur ein paar Worte waren. Das hatte sie noch nie getan.«

»Ich glaube, Regan versteht langsam die Realität«, sagte Nancy/Laureal. »Daß man Dinge, die anderen gehören, nicht einfach zerreißen darf, daß das völlig unannehmbar ist.«

»Ich habe ihr gesagt, daß sie immer eine Wilde bleiben wird, wenn sie nicht damit aufhört, Sachen zu zerreißen, zum Beispiel Johns Zeichnungen«, sagte Diane. »Ich wollte mich nur vergewissern, daß ich das Richtige tue.«

Ich dachte, dieser fast wahnsinnige Zorn der kleinen Nancy/Regan mußte irgendwie mit Nancys Zorn als Kind zusammenhängen, als sie das Gefühl hatte, daß jemand sie zerstören wollte. Durch ihre Handlungen wies sie auf zerstörerische Taten hin, die andere in ihr vorgenommen hatten.

»Ich glaube, Regan muß unbedingt wissen, was vor sich geht«, sagte Nancy/Laureal.

»Hat sie überhaupt etwas verstanden?«

»Ja, von den Sitzungen, an denen Sie mit ihr sprachen und Dr. Johnson und auch Dr. Larmore.«

»Warst du auch da, ohne daß wir es wußten, als wir mit den anderen sprachen?« fragte ich.

»Nur als Beobachterin.«

»Aber du weißt, was wir gemacht haben?«

»Ja.«

Ich fuhr fort: »Wen sollte ich noch kennen? Andria?«

»Andria ist die Hauptpersönlichkeit. Wir sind alle von ihr gekommen, auch wenn wir die zweite oder dritte sein mögen. Sie ist erst in letzter Zeit zum Vorschein gekommen. Aber sie hat eine Menge Macht. Und während die anderen Fortschritte machen und äußerlich eine Einheit erreicht wird – das heißt, die Integration findet statt –, wird sie entweder alle hinausschicken, und sie werden lernen, zusammen in der Welt zu leben, und sie wird auch zu ihnen kommen, oder alle werden hineingehen. Das ist das, was ursprünglich geschah. Sie wird im Innern nicht untergehen, denn sie hat die Macht.«

»Kann sie eine Wahl zwischen diesen beiden Alternativen treffen?« fragte ich.

Das war eine ausgesprochen wichtige Frage. Wenn Andria die Macht dazu hatte, konnte Nancy möglicherweise nie ein ganzer Mensch werden. Wenn Nancy mehr Macht besaß, konnte sie alle anderen Persönlichkeiten leichter integrieren.

Nancy/Laureal antwortete: »Das weiß ich wirklich nicht. Andria ist schon sehr lange dort drin.«

»Von all denen, die ich kennengelernt habe, scheint sie keiner zu kennen«, sagte ich überrascht.

»Das ist richtig. Die älteren kannten sie nicht, bis sie ins Innere zurückgingen. Aber all die jüngeren wie Regan und Nobody kennen sie. Sie fühlen sich im Innern wohl. Für sie ist es traumatisch, nach draußen zu gehen.«

Als sie »Nobody« (Niemand) erwähnte, eine neue Persönlichkeit, dachte ich, daß Nancy mit diesem Namen der Welt wirklich mitteilen wollte, was sie von sich als Kind und Erwachsene hielt. Wie Nancy/Laureal uns als Warnung sagte, besaß Nancy sehr wenig Selbstachtung.

Ich fragte: »Meinst du, es wäre eine gute Idee, heute abend diejenigen zu treffen, die ich noch nicht kenne?«

Nancy/Laureal sagte: »Sie werden herauskommen, wenn Andria der Meinung ist, daß sie das, was draußen passiert, handhaben können. Wenn alles besser wird, werden sie langsam zum Vorschein kommen. Sie werden die Möglichkeit haben, sie kennenzulernen, weil Andria Sie gut kennt. Sie schickt sie langsam nach draußen. Sie bereitet sie auf ihr eigenes Erscheinen vor. Sie sind eine Art Versuchsballon.«

Ich fragte: »Das heißt also, daß sie jetzt langsam zum Vorschein kommen und Andria draußen zu ihnen stoßen wird?«

»Wenn alle die Ziele, die Sie erwähnt haben, erreichen können.«

Ich fühlte mich von ihrer Erklärung, daß die jungen Persönlichkeiten erscheinen würden, »wenn alles besser wird«, ermutigt. Das hieß, daß Nancy mehr Kontrolle ausübte.

Harold fragte Nancy/Laureal: »Würdest du gerne öfter herauskommen, um die Welt besser kennenzulernen?«

Sie sagte sicher: »Ich kenne die Welt. Ich habe nicht unbedingt das Bedürfnis, Dinge aus erster Hand zu erfahren.«

Jetzt erinnerte ich mich, daß ich eine Persönlichkeit vergessen hatte. Ich sagte zu Nancy/Laureal: »Ich habe Sarah ausgelassen, weil mit ihr immer alles in Ordnung scheint, aber natürlich gehört sie dazu. Was kann ich für Sarah tun?«

»Einer der Hauptgründe, warum Andria Sarah geschaffen hat – denn Andria hat uns alle erschaffen –, war, alles gleichmäßig zu verteilen. Um bei dem neuen Verständnis, daß Sie uns gegeben haben, zu helfen. Und dabei kann Sarah uns behilflich sein. In dieser Situation fühlt Sarah sich am wohlsten – wenn sie anderen helfen kann.«

»Das heißt also, daß Sarah bei diesem Prozeß nur daran interessiert ist zu helfen?«

»Richtig.«

Ich sagte voller Begeisterung: »Daran werde ich sie ganz bestimmt nicht hindern.« Ich dachte, daß sie ihre Sache schon die ganze Zeit über sehr gut gemacht hatte.

Harold fragte: »Laureal, meinst du, daß Andria weiß, wie sehr wir euch alle lieben?«

»Ja, natürlich.«

»Wie viele hören im Moment deiner Meinung nach wohl zu?«

»Ich kann genau sagen, wer zuhört und wer nicht, und ich kann jeden blockieren, der nicht hören soll, was hier gesagt wird.« Sie zählte auf: »John hört zu und auch Jennifer, Andria, Regan und Sarah.«

Ich sagte: »Ich möchte niemanden blockieren. Ich würde Jennifer gerne heute abend sehen. Und John werde ich ganz bestimmt treffen. Ich würde gerne wissen, ob sonst noch jemand zu mir kommen und mit mir sprechen möchte. Wenn das der Fall ist, wäre ich sehr glücklich, sie zu sehen. Ach ja, ich würde auch gerne Sherry heute abend rufen. Hört sie zu?«

»Nein«, sagte Nancy/Laureal.

»Ich werde versuchen, sie zu rufen, weil ich ihr aus Rom ein Geschenk mitgebracht habe.«

Diane hatte eine Frage zu Regan, die zur Zeit besonders unter ihrer Obhut stand: »Welchen Grund hatte es, daß Regan geschaffen wurde?«

»Regan erlitt all die Ungerechtigkeiten, mit denen Kinder konfrontiert werden, wenn sie heranwachsen. Viele unwichtige Dinge. Sie hatte von der ersten bis zur dritten Klasse Schwierigkeiten mit dem Lesen. Sogar das Alphabet bereitete ihr Kopfzerbrechen. Die anderen Kinder neckten sie, und sie war darüber sehr traurig, weil sie lesen wollte. Es war enttäuschend für sie, daß es ihr so schwerfiel.«

Sie fuhr fort: »Regan war wütend auf sich und die Kinder, die sie ärgerten. Es würde einen Menschen, der ganz ist, normalerweise nicht berühren. Aber sie erlebte es immer wieder, es gab kein Gegengewicht, keine Versicherung, daß sie nicht so anders, so kaputt war.«

Nancy/Regan war also die kleine Nancy, dachte ich. Eine Kopie von Nancy während der ersten Schuljahre, mit dem Unterschied, daß Nancy ihre Wut verborgen hielt.

Ich bemerkte: »Alle Erfahrungen von Regan scheinen so enttäuschend gewesen zu sein.«

Nancy/Laureal sagte: »Sie hat eigentlich nie gespielt. Und niemand hat mit ihr geschmust. Sie – «

»Hat nie gewußt, was Freude ist?« warf ich ein.

»Richtig. Sie hat nie etwas Positives erfahren.«

»Das ist traurig«, sagte ich.

Diane bemerkte: »Sie scheint nicht in der Lage zu sein, einen annehmbaren Weg zu finden, mit ihrem Zorn fertig zu werden.«

»Zur Zeit schlägt sie zurück«, sagte Nancy/Laureal. »Nach langer Zeit schlägt sie endlich zurück. Im Innern war sie geschützt und sicher. Jetzt hat sie endlich den Mut, ihren Zorn zu zeigen.«

Ich schlug vor: »Ich möchte Andria darum bitten, jemanden zu schicken, mit dem ich ihrer Meinung nach sprechen sollte.«

Plötzlich hörte ich erstickte Laute von der Persönlichkeit im Sessel. Dann war es still. Ich glaubte, Nancy/Regan zu erkennen, und fragte: »Bist du Regan?«

Wieder diese merkwürdigen Laute.

Ich sagte: »Es ist alles in Ordnung, Regan. Wir können verstehen, wie wütend du bist. Aber wir können nicht zulassen, daß du Dinge zerstörst. Es tut mir leid, daß du dich so schlecht fühlst. Meine Kleine, ich möchte dir helfen.«

Wir hörten, wie Nancy/Regan schwer atmete, sie schien dagegen anzukämpfen, laut aus sich herauszuschreien. Sie griff nach einem Notizzettel auf dem Tisch neben ihr und begann, ihn zu zerreißen.

Ich hielt ihre Hand fest und sagte: »Man zerstört nicht einfach Dinge. Ich muß dafür sorgen, daß du damit aufhörst. Öffne deine Hände, Regan. Öffne deine Hand.«

Regan wimmerte, dann brach es aus ihr heraus: »Ich hasse dich! Ich hasse dich! Ich hasse dich!«

269

Das waren vertraute Worte für mich. Ich sagte: »Das ist in Ordnung. Du darfst hassen.«

Immer wieder schrie sie mit Zorn und Frustration in der Stimme: »Ich hasse dich! Ich hasse dich! Ich hasse dich!«

Ich fragte mich, ob Nancy dies als kleines Mädchen zu ihrer Mutter gesagt hatte, zu ihrem Vater, ihren Geschwistern, ihren Klassenkameraden, ihrer Lehrerin, zu einem Fremden? Oder zu allen zu verschiedenen Zeitpunkten? Weil man sie irgendwie verletzt hatte?

»Ich möchte, daß du mir zuhörst, meine Kleine«, sagte ich zu Nancy/Regan.

Aber sie fuhr mit ihrer Beschimpfung fort: »Hasse dich, hasse dich, hasse dich!«

Plötzlich griff sie nach meiner Armbanduhr. Ich warnte sie: »Wenn du meine Uhr kaputtmachst, werde ich dir den Hintern versohlen. Das wirst du nicht so schnell vergessen.«

Sie zog ihre Hand zurück. Ich fügte hinzu: »Ich schimpfe nicht gern mit dir, Regan. Ich würde dich viel lieber auf den Schoß nehmen. Meinst du, das wäre möglich?«

Sie begann zu wimmern, stellte aber ihren Worthagel ein. Ich wiederholte immer wieder: »Es ist alles in Ordnung, mein Kleines.« Ich hielt ihre Hände fest, damit sie nicht nach meiner Uhr oder etwas anderem greifen konnte.

Im Zimmer herrschte Stille. Ich erkannte, daß ich Regan im Moment nicht weiterhelfen konnte. Es würde zu lange dauern, da sie sehr langsam dachte.

Plötzlich war sie verschwunden. Nancy kam zurück. Sie fragte: »Wer war hier?«

Ich sagte: »Ich habe Laureal kennengelernt, und Regan war hier.«

Nancy lachte: »Und wie fühlen Sie sich nach Regan?«

»Ich bin in Ordnung. Sie hat nichts kaputtgemacht.«

»Es ist Viertel nach neun.« Nancy gähnte.

Ich wußte, daß sie müde war. Ich sagte: »Ich muß noch kurz drei Persönlichkeiten sehen. Ich habe Sherry, John und Jennifer noch nicht begrüßt, seit sie aus Kentucky zurück sind.« Ich fügte hinzu: »Vielleicht sollte John als letzter kommen. Mit ihm muß ich einiges besprechen, obwohl dies eigentlich mehr so eine

Wiedersehenssitzung ist. Es läuft nichts wirklich Wichtiges ab. Wir sagen nur ›Hallo, wie geht's?‹«

»Rufen Sie Sherry«, drängte Harold.

Ich erfüllte seinen Wunsch. »Sherry, würdest du bitte kommen? Hier spricht Emily Campbell. Wir haben uns lange nicht mehr gesehen.«

Nancy saß einen Moment lang still da, dann schlug sie die Beine übereinander. Ihr Gesichtsausdruck wurde härter. Nancy/Sherry war da.

»Hallo Sherry«, sagte ich.

Harold fragte: »Weißt du, was los war, Sherry?«

»Ja.« Es war ihre kurzangebundene, tiefe Stimme. »Zuerst hab' ich nicht aufgepaßt, aber dann hab' ich zugehört. Was haltet ihr von der halben Portion?«

»Regan?« fragte ich.

»Ja.«

»Ich glaube, sie leidet wohl mehr als irgendein Mensch, den ich je in meinem Leben kennengelernt habe.«

Nancy/Sherry schwieg, vielleicht versuchte sie den Zusammenhang von starkem Zorn und Leid zu verstehen.

Harold fragte: »Was ist los, Sherry?«

»Nicht viel.«

»Hast du irgendwelche Reaktionen auf Kentucky?«

»Ja, wißt ihr, dieser Klapsdoktor. Der hatte überhaupt keine Ahnung.«

»Du hältst nicht viel von Dr. Larmore, was?«

»Ich halte überhaupt nichts von Psychiatern.«

»Ich habe gehört, daß du einmal während einer Sitzung einfach aus seiner Praxis gelaufen bist und gesagt hast: ›Tschüs dann.‹« Harold lachte.

»Na ja, ich mußte zur Arbeit, Mann. Er brauchte zu lange.« Dann beklagte sie sich weiter: »Wißt ihr, was der Verrückte gemacht hat, als John eine Überdosis von vierzig Pillen geschluckt hatte?«

»Er brachte ihn dazu, sich zu übergeben, und hat so wahrscheinlich sein Leben gerettet«, sagte ich. Diane hatte die schrecklichen Einzelheiten beschrieben.

»Ja, aber wir hatten schon soviel drin, daß wir ganz durcheinander waren. Wir sind in Ohnmacht gefallen. John ging weg und wurde fast von einem Laster überfahren. Er ist einfach auf die Straße gelaufen. Und dieser Irrenarzt, Dr. Larmore, hat nichts gemacht. Jennifer ist im Gefängnis gelandet und war dann in der Klapsmühle für drei Tage.«

»John ist derjenige, der dafür verantwortlich ist, er war schuld an der Situation«, sagte ich. »Er hätte Jennifer nicht am Steuer zurücklassen dürfen. Ich dachte, daß er nicht mehr so dumm wäre.«

»Ihr kennt John ja.« Sherry sagte es sarkastisch.

»Ich werde dich bald wiedersehen, Sherry«, sagte ich. »Ich habe dir in Rom ein Geschenk gekauft. Ich bringe es das nächste Mal mit. Heute wollte ich dich nur kurz begrüßen, um unsere Freundschaft zu erneuern. Kann ich jetzt Jennifer sehen?«

»Soll mir recht sein.« Sie warf ihren Kopf zurück, als ob es ihr völlig egal war.

Innerhalb von Sekunden erschien Nancy/Jennifer. Ich sagte warm: »Hallo, Liebes. Wie geht es dir?«

Sie hatte sich zu einer Vierjährigen zurückentwickelt. Sie sagte: »Drinnen ist es schön, nichts ist schlecht, es gibt keinen Haß. Und es ist schön, daß die anderen da sind.«

»Sprecht ihr dort drinnen miteinander?« fragte ich.

»Nur wenn Andria dabei ist. Sie ist wie ein Babysitter. Sie sieht uns zu.«

Ich sagte: »Danke, Jenny. Heute abend haben wir nicht viel Zeit. Es ist schon spät, und ich möchte noch mit John reden, bevor wir gehen. Wir sehen dich bald wieder. Sei ein braves Mädchen.«

Nancy/John erschien mit einem »Hallo«, so als ob wir uns erst gestern das letzte Mal gesehen hätten. Ich war froh, mein erstes Adoptivkind wiederzusehen, obwohl ich über sein zerstörerisches Verhalten in Lexington traurig war. Nancy mußte wirklich verzweifelt gewesen sein, um seine Integration zu stoppen und ihn wieder herauszulassen, so wie es auch mit Nancy/Jennifer und Nancy/Sherry geschehen war. Ich konnte ihm für Nancys Misere keine Vorwürfe machen.

Ich sagte: »Hallo, Liebling. Ich werde gleich zur Sache kommen, jetzt wo du wieder zu Hause bist. Nach dem, was in Lexington vorgefallen ist, mache ich mir Sorgen, daß du mit Chico und Jim wieder in Schwierigkeiten gerätst.«

Er protestierte: »Aber das war doch früher, als ich das tun wollte, was Chico sagte, Drogen nehmen und dealen. Jetzt treffe ich Chico und tu so was nicht mehr.«

»Ich will nicht, daß du Chico überhaupt noch siehst.« Ich wurde sehr heftig. »Es dreht sich nicht mehr nur um Marihuana. Chico ist sich nicht sicher, ob du ihn nicht an die Polizei verraten willst.« Diane hatte uns berichtet, daß Nancy/John ihr dies in einer Sitzung mit ihr anvertraut hatte.

»Wenn er Schiß hat, hat er keine Macht mehr.«

»Aber er hat immer noch Macht, was dich anbelangt. Wie wäre es, wenn du einen Vorschlag machst, was du tun könntest, außer Stoff zu nehmen?«

»Ich will aber meine Freunde sehen und Stoff nehmen. Ich mach' Sachen mit meinen Freunden. Das ist nicht illegal.«

»Aber Stoff gehört immer dazu. Ich würde mich freuen, wenn du nicht immer Jennifer im Stich lassen würdest, wenn du was nimmst, so wie du es in Kentucky gemacht hast. Ich möchte, daß du die Brücke abbrichst, damit du nicht jedesmal herauskommst, wenn Stoff erwähnt wird.«

»Mann, das ist zuviel verlangt.«

In diesem Augenblick hatte ich das Gefühl, daß alles, was wir vor Kentucky erreicht hatten, wieder verloren war. Aber ich durfte Nancy/John nicht aufgeben. Wir hatten beide zuviel investiert, um diese Schlacht zu verlieren.

Ich sagte sarkastisch: »Scheinbar hat niemand sonst eine Mutter, die fest entschlossen ist, keinen Rauschgiftsüchtigen zum Sohn zu haben. Nun, ich mache mir Sorgen. Du solltest dein eigenes Geld verdienen. Es ist an der Zeit, daß du dir einen Job suchst. Wir gehen Schritt für Schritt voran, John. Okay?«

Er zuckte mit den schmalen Schultern. »Okay.«

»Ich sehe dich bald wieder, John«, sagte ich.

Wir beschlossen, die Sitzung zu beenden. Es war ein schwerer Abend gewesen mit Nancys/Regans Haßlitanei und Nancys/Johns Drohung, weiter Drogen zu nehmen. Ich fragte mich, ob die Persönlichkeiten an mir Rache nehmen wollten, weil ich sie der Einsamkeit von Lexington ausgeliefert hatte.

Einen Monat später, am 11. Oktober, erschien Nancy/Laureal noch einmal kurz bei einer Sitzung. Ich erklärte, daß das, was ich mit jeder einzelnen Persönlichkeit erlebte, »keine herkömmliche Therapie« war. Daß ich bestimmte Überzeugungen hatte, wozu auch das Festsetzen von Grenzen gehörte und die Förderung von Verantwortungsbewußtsein bei jedem einzelnen. Wenn letzteres gelang, war die betroffene Persönlichkeit kein Ausdrucksmittel mehr für Nancy. Durch das veränderte Verhalten wuchs ihre Selbstachtung, so daß sie die Persönlichkeit nicht länger benötigte.

Nancy/Laureal sagte: »Ich glaube, Andria versucht bei diesem Prozeß zu helfen. Zumindest läßt sie die heraus, die ursprünglich bei Ihnen mit der Therapie begonnen haben, damit ein Durchbruch erreicht werden kann.«

Ich rief Nancy/Jennifer, die diesmal sechzehn Jahre alt war. Sie erzählte mir, daß Nancy/John seit seiner Rückkehr nach Montclair Drogen genommen habe. Ich fühlte eine Mischung aus Zorn und Sorge, obwohl ich seine Verzweiflung verstehen konnte. Als sie ging, fragte sie mich: »Mögen Sie mich immer noch?«

»Natürlich mag ich dich«, sagte ich. »Ich werde dich immer liebhaben. Ich verrate dir ein Geheimnis. Ich liebe dich, obwohl du dich manchmal schlecht benimmst. Ich liebe dich, weil du Jenny bist. Egal, was du machst.«

»Sie werden mich immer lieben?« Es klang, als ob sie mir nicht glaubte.

»Ich werde dich immer lieben.« Ich fügte hinzu: »Ich werde auch John immer lieben, egal was er tut. Es sind bestimmte Dinge, die er manchmal tut und die ich nicht mag, weil sie ihm weh tun. Aber ich liebe John, weil er John ist.«

Nancy/Jennifer sagte: »John spricht nicht mehr mit Chico.«

Ich war erleichtert: »Das ist gut.«

Besorgt fragte sie: »Wollen Sie ihn immer noch adoptieren?«

»Das habe ich bereits getan«, versicherte ich ihr.

»Und Nancy?«

»Nancy hat ihre eigene Mutter. Ich glaube nicht, daß sie so wie John adoptiert werden will.«

Nancy/Jennifer sah mich zweifelnd an. Ich fragte: »Glaubst

du, daß sie zwei Mütter haben möchte? Vielleicht könnten wir eine doppelte Mutterschaft ins Auge fassen. Zwei Mamas.« Ich lachte.

Wir verabschiedeten uns von Nancy/Jennifer, und ich bat darum, mit Nancy/Sherry sprechen zu können. Ich wollte die Neuigkeiten aus ihrem Leben erfahren. Sie erschien schnell und berichtete: »Ich halte John jetzt von den Drogen fern, und Chico sieht er kaum noch.«

Ich fragte sie etwas, was ich schon lange wissen wollte: »Hat Chico John gezwungen, Drogen zu nehmen?«

Sie zuckte hochmütig mit den Schultern. »Ach ja, Chico. Sein Wort ist Gesetz. Und er ist nie high. Aber wahrscheinlich sagt er zu den anderen: ›Wir wollen John mal high machen.‹«

»Machen die anderen immer das, was Chico befiehlt?«

»Ja. Er hat 'ne Waffe. Und Messer. Ein ganzes Arsenal, wißt ihr. Er hat auch eine große Narbe am Hals. Trägt häufig Armeehemden. Er ist ein großer Typ. Hat 'ne Tätowierung am Arm.«

»Also ein Macho-Typ.« Chico wurde mir immer unsympathischer.

»Wenn die Polizei Chico mal schnappt, wird es für die Typen, die auf ihn hören, schwer werden. Wenn der einen erst mal in der Hand hat, geht's einem schlecht. Er hatte Nancy mal in seiner Gefolgschaft, aber sie konnte sich freimachen, bevor es zu schlimm wurde. Sie ist cleverer als John.«

In was für zerstörerischen Phantasien diese Kinder leben, dachte ich. Sie bildeten sich ein, daß die Drogen ihnen ein glücklicheres Leben garantierten, während es in Wirklichkeit bedeutete, in der Hölle zu leben und möglicherweise sogar zu sterben.

Ich fragte: »Gibt es in dieser Welt denn irgend etwas Gutes, Sherry?«

»Só, wie sie es sehen, ja – die Drogen. Diese Typen leben dafür. Das ist das einzige, was sie haben. Ohne die Gruppe ist man ein Nichts.«

»Das heißt, daß ich mit der Gruppe konkurriere, was John betrifft?«

»Ja, aber du hast einen großen Vorteil, Mann. Zumindest war es am Anfang so. John hat wirklich geglaubt, daß du seine Mutter bist, und das hat ihn angestachelt. Später hast du dich da richtig reingearbeitet, so als ob du wirklich seine Mutter wärst. Vorher hat er immer nur gesagt: ›Ihr könnt mich alle mal.‹«

Ich fragte: »Glaubst du, daß ich nach der Geschichte mit Kentucky eine Chance habe, ihn wieder in meine Welt zurückzuholen?«

»O ja.« Sie klang optimistisch. »Er hatte ja deine Welt schon kennengelernt, bevor er nach Kentucky ging. Ich glaube, wenn du ihn jetzt häufiger siehst, so zwei Stunden an einem Stück, dann wird er in deine Welt zurückkehren.«

Ich sagte langsam: »Das einzige, was ich von ihm verlange, ist, daß er sich aus der Drogenszene fernhält. Sonst kann er so ziemlich alles machen. Und ich werde ihn nicht überwachen.«

»Na, weißt du, dieser Staub, der kann dich einfach umhauen. Und Chico, Mann, der will, daß die Typen dabeibleiben. Einige von ihnen haben kein Auto, und er fährt hin und holt sie ab. Sie klettern nachts aus dem Fenster, wenn ihre Eltern schlafen, und solche Sachen. Viele von ihnen sind noch sehr jung.«

»Er ist wie ein Blutegel. Ein Blutsauger.« Ich fühlte, wie Zorn in mir hochstieg.

Nancy/Sherry sagte: »Er macht auch andere Sachen. Er hat ziemlich viel Geld. Er dealt in großem Stil.«

Ich fragte: »Arbeiten auch Mädchen für ihn?«

»Das gehört irgendwie mit zu den Drogen. Man macht die Mädchen abhängig. Er hat versucht, Nancy soweit zu bringen. Aber sie hat abgelehnt.«

»Weiß er von den anderen Persönlichkeiten?«

»John hat es ihm erzählt. Er hatte ihm gesagt, daß er manchmal anders aussehen würde. Chico kennt Nancy und mich auch.«

Ich sagte nachdenklich: »Menschen verändern sich nicht plötzlich. Unter diesem ganzen Machogehabe steckt der echte John. Er will es nur nicht zeigen.«

Nancy/Sherry meinte: »Er will es zeigen. Er paßt eigentlich gar nicht zu dieser Bande. Sie sind alle ziemlich grob. John steht meistens nur am Rande, ist Botenjunge oder so was.«

»Was hast du so in letzter Zeit gemacht?« fragte ich.

»Eigentlich gar nichts.«

»Hast du irgendwelche Bekannte? Freundinnen?«

»Nein, eigentlich nicht.« Sie sagte es, als ob sie sich deshalb keine Sorgen machte.

»Okay. Ich wollte es nur wissen. Ich möchte nicht, daß du dich irgendwie schlecht fühlst.«

»Mir geht es gut.« Ihre Stimme klang fröhlich. »Wirklich prima.«

Ich dachte bei mir, daß Nancy/Sherry schon sehr weit war. Sie war diejenige, die sich bis zu diesem Zeitpunkt am meisten verändert hatte. Vielleicht würde sie sich bald für immer integrieren.

Plötzlich sagte sie: »Ich habe Andria oder wie sie heißt ein paarmal gesehen.«

»Tatsächlich?« Ich wollte gerne erfahren, was für ein Typ Nancy/Andria war.

»Ja, in Kentucky. Ich werde nicht recht schlau aus ihr, sie scheint anders als alle anderen zu sein. Ich kann es nicht genau beschreiben. In Kentucky hat sie diese Nachrichten für den Klapsdoktor geschrieben. Oder sie hat mit einer Kerze in einem dunklen Zimmer gesessen. Ein richtiger Freak, Mann. Wie so 'n Guru.«

»Es ist wahrscheinlich nicht so seltsam, wenn man bedenkt, daß sie sehr früh in Nancys Leben zum Vorschein gekommen ist und mehr als zwanzig Jahre an einem dunklen, stillen Ort verbracht hat. Licht und Lärm sind möglicherweise sogar schmerzhaft für sie.«

Ich dachte an Blinde, die operiert wurden. Sie konnten zwar wieder sehen, mußten sich aber im Halbdunkel aufhalten, bis sich ihre Augen an das Licht gewöhnt hatten.

»Irgendwie hatte ich das Gefühl, daß Andria sich in Nichts auflösen oder zusammenbrechen könnte«, sagte Nancy/Sherry.

»Und doch scheint sie hier der Boß zu sein, so wie alle sagen.«

»Sie sagt, daß sie die erste Persönlichkeit ist.«

»Deshalb muß es ja nicht stimmen.« Sie klang sarkastisch.

»Ich möchte jetzt John treffen, Sherry«, sagte ich. »Du kannst mir helfen. Wenn er versucht, Drogen an die Seite zu schaffen, könntest du das Zeug vielleicht wegschmeißen.«

»Werd' ich tun, ich kann diesen Staub nicht ausstehen.«

Ich seufzte. »Ich habe Schüler in meinen Klassen, die ein

Highsein mit Engelsstaub über alles loben. Bei mir zieht sich alles zusammen, und ich frage mich, was in ihren Köpfen vorgeht.«

»Alle nehmen es. Es ist 'ne große Sache, Mann.«

»Ich weiß. Und es macht mir mehr angst als Heroin.«

»Es ist schlimmer, Mann, weil dein Gehirn nicht mehr dasselbe ist. Du nimmst es, Mann, und vielleicht flippst du nicht mal aus, aber du bist nicht mehr derselbe. Es ist schwer, wieder zurückzukommen. Ich meine, man kann nichts damit vergleichen.«

Ich seufzte wieder. »Ich werde John bestrafen müssen. Ich muß ihn bestrafen, weil er es genommen hat.«

»Er wird nicht auf dich hören.«

»Es bedeutet, daß ich mit den Drogen konkurrieren muß. Was wird John wählen – mich oder die Drogen?«

»Im Moment sieht es so aus, als ob er sich für dich entscheidet. Ich meine, er snifft und so 'n Scheiß, aber was ihm dabei die größten Sorgen macht, bist du.«

»Er weiß, daß ich böse werde.«

»Und das ist das wichtigste. Ihm ist es egal, wie sauer die anderen sein werden. Du bist diejenige, die zählt.«

Ich seufzte wieder, dies schien ein schwerer Abend zu werden.

»Ich glaube, unsere Beziehung ist wichtig für ihn. Hier bin ich, ich liebe John so sehr, daß ich böse auf ihn werde. Das mag seltsam klingen, aber wenn ich mich nicht um ihn sorgen würde, würde es mich dann berühren, was er macht? Er könnte einfach rausgehen und tun, was er will.«

Ich mußte John damit konfrontieren. Ich fragte: »Kannst du John hierlassen?«

»Ja.« Sie schien völlig gelassen. »Auf Wiedersehen. Viel Glück.« Ihr Sarkasmus war zurückgekehrt.

Innerhalb weniger Sekunden hörte ich das vertraute tiefe, kurzangebundene »Hallo«. Die Person im Sessel wurde erst starr und nahm dann eine jungenhafte Haltung an.

Ich kam gleich zur Sache: »Hallo. Ich bin ganz schön sauer auf dich. Und weißt du auch, warum?«

»Weil ich 'n paar Thai-Joints geraucht habe?«

»Ja, deshalb auch. Weißt du, warum sonst noch?«

»Ich habe mich nicht mit Chico getroffen.«

»Nein, das meine ich nicht. Was passiert, wenn du einen Thai-Joint rauchst? Weißt du das?«

»Was meinst du damit?«

»Was ist passiert, als du den letzten Trip genommen hast?«

»Eine der anderen kam.«

»Wer?«

»Jennifer und dann Nobody.«

»Und wie alt ist Nobody?«

»Vier.«

»Kannst du dir vorstellen, wie es ist, mit vier Jahren auf einem Trip zu sein? Das kannst du nicht verstehen, denn das ist eine andere Welt für dich. Du kannst dir nicht vorstellen, wie es für eine Vierjährige ist, auf einem Trip zurückgelassen zu werden, ein Trip, den ein anderer genommen hat. Jennifer weiß nur, daß John sie wieder einmal zurückgelassen hat. Aber was ist mit Nobody?«

»Ich habe es nicht so gemeint.« Seine Stimme klang sehr leise.

»Du meinst es nie so. Du machst es nie absichtlich. Aber du bist immer derjenige, der das Zeug nimmt. Der einzige Weg zu kontrollieren, daß du auf einem Trip nicht eine jüngere Persönlichkeit zurückläßt, ist, die Finger davonzulassen. Das ist die einzige Möglichkeit, denn wenn du etwas nimmst, kannst du nicht mehr kontrollieren, was du tust. Hörst du mir überhaupt zu?« Ich versuchte, ruhig zu bleiben, aber die Wut in meinem Innern konnte ich nur schwer zurückhalten. Ich hatte mich so sehr auf seine Fähigkeit, erwachsen zu werden, verlassen.

»Ja.« Nancys/Johns Stimme klang beschämt.

»Hörst du wirklich, was ich sage?«

»Ja.«

»Welche Sorgen ich mir mache? Wie bestürzt ich bin? Erstens hast du nicht auf mich gehört, und zweitens hast du einem anderen etwas Schreckliches angetan.« Ich hielt inne, dann sagte ich: »John, ich liebe dich sehr. Und ich werde dich immer lieben. Aber ich hasse es, wenn du Drogen nimmst. Und ich hasse es, wenn du einer jüngeren Persönlichkeit etwas Zerstörerisches antust.«

Er schwieg und starrte mich voller Kummer an.

»Mir ist es egal, wie gut du dich manchmal aufführst – ob du drei Stunden Hausarbeit für Mrs. Gaffney machst oder Jenny rücksichtsvoll behandelst. Das hat nichts damit zu tun, daß ICH NICHT WILL, DASS DU DROGEN NIMMST. Ich wünschte, ich könnte dir begreiflich machen, wie sehr ich mich darüber aufrege. Es gibt nichts, was du tun kannst, damit ich meine Haltung zu deiner Drogensucht ändere. Du kannst nicht einerseits Drogen nehmen und gleichzeitig als Mensch dein Leben kontrollieren. Du wirst hilflos, sobald du Drogen in deinen Körper pumpst. Glaubst du mir?«

»Ja.« Seine Stimme war fast nicht hörbar.

Ich bat ihn aufzustehen. Ich mußte meine Absicht noch klarer machen, es war wichtig für sein und Nancys Überleben. Ich schlug ihn dreimal, nicht sehr hart, aber fest. Nicht um ihm weh zu tun, sondern um ihn zu erniedrigen, nicht um ihn zu besiegen, sondern um ihn nachdenklicher zu machen. Ich sah Tränen in seinen Augen.

»Laß deinen Tränen freien Lauf«, sagte ich.

»Du bist nur eine Teilzeitmutter, die Regeln für die ganze Zeit aufstellt.« Er sagte es vorwurfsvoll, während er die Tränen wegwischte.

»Was meinst du damit?«

»Du stellst Regeln auf.«

»Zum Beispiel?«

»Daß ich mich nicht mit meinen Freunden treffen darf.«

»Die Rauschgiftsüchtigen, meinst du. Chico und Jim. Du weißt, welche Regeln ich aufgestellt habe, die deine Drogensucht betreffen, John. Andere Regeln habe ich nicht aufgestellt.«

»Warum schickst du mich nicht einfach wieder fort?« Es klang verzweifelt.

Für ihn bedeutete Kentucky, daß ich ihn weggeschickt hatte, und die Drogen waren seine Rache. Ich seufzte. »Ich habe dich nicht weggeschickt. Der einzige Grund für Nancy, nach Kentucky zu gehen, war, daß ich glaubte, der Arzt dort könnte ihr helfen.«

Ich bat ihn inständig: »Ich möchte nicht, daß du in dieser Hölle, die sie Drogenwelt nennen, lebst. Ich will nicht, daß du mit Leuten zusammen bist, die keinen Verstand und kein Herz haben. Ich will nicht, daß das mit dir passiert. Darüber sprechen wir hier. Immer wieder. ICH WILL NICHT, DASS DAS MIT DIR PASSIERT.«

»Das kann ich ja verstehen.« Seine Stimme klang ernsthaft.

»Ich will, daß du all die Hilfe bekommst, die du brauchst, um dich von dem Zeug fernzuhalten. Verstehst du?«

»Ja.«

»Das nächste Mal, wenn du daran denkst, etwas zu nehmen, wirst du dich dann an meine Worte erinnern?« Ich sagte es beschwörend.

»Ich werde es versuchen.« Seine Stimme klang mürrisch.

»Wenn du mit diesem Problem zurechtkommst, wird es für uns beide viel bedeuten. Ruf mich an, sag vorher Bescheid, bevor du in Schwierigkeiten gerätst. Wenn du das Gefühl hast, daß du dich nicht selbst zurückhalten kannst, werde ich dir dabei helfen. Ich kann nicht lesen, was in deinem Kopf vorgeht, aber du kannst mir sagen, was du denkst.«

Ich wiederholte: »Du darfst nicht rausgehen und Drogen nehmen. Du darfst dich nicht mit Chico oder Jim treffen. Das sind die Regeln.«

»Ich werde mich daran halten, weil du es willst.« Er sagte es mit ruhiger Stimme.

»Das kann ich nur hoffen.« Auch meine Stimme war ruhig.

»Okay. Kann ich eine Zigarette haben, Ma?«

»Klar.«

Er akzeptierte mich wieder als seine Adoptivmutter, das war alles, was ich wollte. Die halbe Schlacht war gewonnen. Eine Zigarette anstelle eines Joints. Das konnte ich akzeptieren. Er rauchte, und wir beide saßen still da, bis er fertig war. Ich spürte, daß diese Sitzung für uns beide von größter Bedeutung war. Ich sagte ihm, daß ich ihn nicht verlassen würde, daß ich ihn mehr als je zuvor mochte. Ich konnte nur hoffen, daß meine Schläge ihm dabei halfen zu erkennen, daß er Nancy zerstören würde, wenn er weiterhin Drogen nahm. Ich mußte den Teil von Nancy, der John war, davon überzeugen, daß sie sterben würde, falls Nancy/John nicht damit aufhörte, Thai-Joints, Engelsstaub, Kokain, Heroin oder was auch immer zu nehmen.

Wenn ich einem Kind einen Klaps gab, geschah das nie aus Haß, sondern aus Liebe und Fürsorge. Der Schmerz verging innerhalb von Sekunden. Es blieben keine Narben zurück. Ein Schlag war das letzte Mittel, wenn monatelanges, vernünftiges Reden die zerstörerischen Handlungen der Persönlichkeit nicht unterbinden konnte. Dr. Lauretta Bender, eine bekannte Psychiaterin in New York, die im *Bellevue Hospital* arbeitete, gab autistischen oder schizophrenen Kindern einen Klaps, wenn sie aufhören sollten, sich selbst weh zu tun.

Ich hatte nie das Gefühl, etwas Zerstörerisches zu tun, wenn ich einer Persönlichkeit einen Klaps gab. Ich wußte, daß ich ihnen nicht auf andere Weise klarmachen konnte, welche Folgen es haben würde, wenn sie sich weigerten, Verantwortung zu übernehmen. Dennoch ärgerte ich mich, daß ich es tun mußte. Ich war von dem Gedanken beseelt, daß die Persönlichkeit mich nicht besiegen könnte, daß ich Nancy nicht sterben lassen würde.

Ich fühlte, daß ich dadurch etwas Wertvolles in mir zerstörte, weil ich eigentlich eine Methode anwandte, mit der ich nicht einverstanden war. Ich halte normalerweise nichts von der Prügelstrafe, um mit abweichendem Verhalten fertig zu werden. Heute mache ich mir Vorwürfe wegen der körperlichen Mittel, die ich einsetzte, um die Persönlichkeiten davon zu überzeugen, daß sie sich selbst und andere nicht zerstören durften. Andererseits waren zärtliche Berührungen auch Teil meiner Kommunikation mit ihnen. Manchmal drückte ich sie an mich oder küßte sie. Ich erinnere mich noch daran, als ich das erste Mal Nancys/Sherrys Knie berührte, während ich mit ihr sprach. Sie zog sich spontan zurück und stieß hervor: »Ich mag es nicht, wenn man mich anfaßt!« In ihrer Vorstellung waren Liebe, Qual und Schmerz untrennbar miteinander verbunden.

Aber ich muß zugeben, daß selbst der Ausdruck von Haß und Gewalt in den Persönlichkeiten aufregend war, weil es eine Herausforderung darstellte. Ich habe keine Angst vor Haß in anderen, weil ich davon ausgehe, daß in jedem ein Kern steckt, der mit meinem inneren Kern verbunden ist, auch wenn das naiv klingt. Dieser Kern ist rein und hat keinen Namen. Er wird vom Haß nur verdeckt. In meiner Vorstellung ist dieser Kern ein weißes Licht, er ist das Leben selbst, das Wesentliche in jedem Menschen. Selbst ein Mörder besitzt diesen Kern. Wenn ein Kind entsteht, gibt es keine Gewalt, keinen Haß, keine Abscheu, nur die Fähigkeit zu lieben. Gewalt, Haß und Abscheu werden dem Kind später aufgezwungen.

Die Persönlichkeiten akzeptierten es, wenn ich ihnen aus Liebe einen Klaps gab. In jeder Therapie macht der Patient einen Prozeß durch, in dem er den Therapeuten liebt. Freud bezeichnete dies als »Übertragung«. Der Patient überträgt die Liebe (oder den Haß), die er als Kind seiner Mutter und seinem Vater, den Quellen seiner ersten Liebe und seines ersten Hasses, gegenüber gefühlt hat, auf den Therapeuten. Ohne »Übertragung« in der Therapie kann bei dem Patienten keine Veränderung stattfinden.

Es war ein notwendiger Schritt für Nancy, mich erst zu lieben und mich dann zu hassen, weil ich ihre Wünsche zunichte machte. Und dann mußte sie mich als Menschen mit eigenen Stärken und Schwächen akzeptieren. Als sie dazu in der Lage war, wußte sie, daß sie jemandem nah sein konnte, der Stärken und Schwächen hatte, ohne Angst haben zu müssen, von ihnen angewidert zu werden. Als Nancy gestand, mich zu lieben, war es die Liebe eines Kindes, das noch nicht die Fähigkeit der Vernunft und des Urteilsvermögens besaß. Wenn eine derartige Bewunderung im Erwachsenenalter fortbesteht, ist der Betroffene nicht in der Lage, ein Selbstwertgefühl zu entwickeln, sondern lebt in dem ständigen Bedürfnis, einen Gott zu befriedigen, der nie befriedigt werden kann. Das Kind verlangt von sich selbst übermenschliche Fähigkeiten.

Ich bin der Meinung, daß kein Kind seiner Mutter oder seinem Vater gegenüber dankbar sein muß – ein Kind hat das Recht darauf, in einer sicheren Umgebung aufzuwachsen, einfach weil es gezeugt wurde. Es ist eins dieser unveräußerlichen Rechte, von denen wir manchmal sprechen.

Dieser Sitzung folgten andere, in denen wir wieder Woche für Woche an den Bedürfnissen der jeweiligen Persönlichkeiten arbeiteten, damit sie Verantwortung übernehmen konnten. Es bedeutete, daß sie akzeptieren mußten, daß die Realität Vorrang vor der Phantasie hat. Die Wirklichkeit mochte manchmal bitter sein, aber die Phantasie war oft absolut zerstörerisch. Bisweilen vergingen Wochen, sogar Monate, in denen in einer Persönlichkeit keine Veränderung stattfand, was den Gedanken an eine Integration natürlich verzögerte. Wie zu erwarten war, wurden die Sitzungen zur Routine. Das gleiche ist ja bei der Erziehung eines Kindes der Fall. Es war wie eine normale Beziehung, in der ich lehrte und liebte und in der das Kind zuhörte, lernte und es hoffentlich zuließ, auf reifere Art zu lieben. Liebe hatte in der Vergangenheit für Nancy offensichtlich eine bedrohliche Gefahr bedeutet. Sie mußte eine Liebe kennenlernen, die zärtlich und fürsorglich war, nicht gewalttätig oder verletzend.

Am Ende des Jahres berichtete Nancy/Sherry, daß Nancy/John nachts nicht mehr aus dem Haus ging, die Drogen aufgegeben hatte, auf der Suche nach einem Job war und stundenlang malte. Nancy/Jennifer und Nancy/Sarah kamen kaum noch an die Oberfläche, was bedeutete, daß sie dem, was vor sich ging, zustimmten.

Wir verbrachten jetzt viel Zeit mit einer Gruppe jüngerer Persönlichkeiten, die unter der Führung von Nancy/Laureal und Nancy/Andria, den beiden neuen Mitstreitern, zum Vorschein kamen. Es war von Bedeutung, daß mehr Helfer als Zerstörer auftauchten. Es war, als ob Nancy sich auf das Öffnen des Vorhangs vorbereitete, das ihr ursprüngliches Trauma offenbaren würde, ein Verbrechen, das gegen sie verübt worden war und das sie dazu gebracht hatte, sich in ein Gefängnis zurückzuziehen, damit sie niemals das unaussprechliche Geheimnis preisgeben müßte.

Wir alle besitzen einen »sechsten Sinn«, der aus einer Ansammlung von Weisheit und Wahrheitsbewußtsein herrührt. Er wird von einem starken unterbewußten Wunsch, diese Wahrheit im Bewußtsein an die Oberfläche gelangen zu lassen, verstärkt. Nancys sechster Sinn wurde nun immer stärker, so daß sie bald in der Lage sein würde, die Qual, die ihre wahren sexuellen und aggressiven Wünsche abgetötet und den freien Ausdruck dieser Wünsche verhindert hatte, zu akzeptieren. Die Erfahrung in Kentucky, die, oberflächlich betrachtet, ein großes Trauma für Nancy gewesen war, hatte zum Auftauchen der einen Persönlichkeit geführt, die den Mut besitzen würde, die Wahrheit zu offenbaren, der Nancy nicht ins Gesicht zu sehen wagte.

18.   *1980–1981*

Auf dem Weg ins neue Jahr wurde ich durch das, was geschah, ermutigt. Ich spürte, daß Nancy/John, Nancy/Sherry und Nancy/Sarah, die älteren Persönlichkeiten, bereit waren, sich zu integrieren. Eine jüngere Gruppe trat hervor, Nancy ließ es endlich zu, daß ihre Erlebnisse in der frühen Kindheit an die Oberfläche kamen.

Ich freute mich auch über Nancy/Andrias Entscheidung, mir zu schreiben, auch wenn sie nicht persönlich mit mir sprach.

Mrs. Campbell,
ich bin neu. Ich heiße Andria. Die anderen kennen Sie alle. Ich würde Sie auch gerne kennenlernen. Ich bin neugierig. Wer sind Sie? Warum sind Sie so wichtig für die anderen? Bitte erzählen Sie mir von sich.
Verraten Sie mein Geheimnis niemandem! Es ist ein Teil meiner Privatsphäre, in die nur wenige eindringen dürfen. Wenn Sie mich verstehen, werde ich Sie hereinlassen, weil die anderen sagen, daß Sie etwas Besonderes sind.
Es tut mir leid, daß ich nicht kommen konnte, als Sie mich früher einmal gerufen haben, nachdem Sie aus Europa zurückgekehrt waren. Ich war nicht in der Lage dazu. Bitte, seien Sie bei der Entdeckung von Kindern, die Sie noch nicht kennengelernt haben, nicht so entmutigt wie Nancy. Nancy sieht nicht den großen Fortschritt, den wir gemacht haben. Das liegt teilweise daran, daß sie die Veränderungen, die stattfinden, nicht versteht. Die Zeit wird noch kommen.
Ich möchte, daß Sie beide wissen, daß jede Veränderung, die bisher stattgefunden hat, für unsere Entwicklung notwendig war. Auch die Änderungen, die negativ scheinen. Ich habe diesen Prozeß, den wir durchmachen, vorhergesehen, und jeder Schritt ist eine Bestätigung für mich, daß wir das Richtige tun. Das ist etwas, an das ich nie zuvor zu glauben wagte. Auch wenn Ihnen die Fortschritte, die wir machen, manchmal langsam erscheinen, versichere ich Ihnen, daß das nicht der Fall ist. Ein großer Teil unserer Entwicklung ist nicht immer offensichtlich. Wenn man schneller vorginge, könnte das ein Nachteil sein. Unsere Kontrolle ermöglicht es uns, uns den Veränderungen anzupassen, die wir akzeptieren müssen, wenn wir ganz sein wollen. Sie ist eine neue Erfahrung für fast alle Kinder. Auch Nancy gewinnt etwas Kontrolle, weil sie lernt zu beobachten.
In der nahen Zukunft wird es ähnliche Veränderungen geben. Nicht alle werden positiv scheinen. Das ist einer der Gründe dafür, daß Laureal, Sarah und ich betont haben, wie wichtig zumindest die Kontrolle des äußeren Verhaltens der Kinder ist. Es muß Beständigkeit vorherrschen, damit die Kinder eine Umgebung bei der Therapie haben, in der sie funktio-

nieren können. Wenn wir jetzt uns selbst überlassen wären, könnten wir nicht überleben. Ich bin außerordentlich erfreut, daß jeder einzelne die Selbstkontrolle erlernt. Das ist ein wichtiger Schritt zur Integration.

Um auf Nancys Seite Verwirrung und mögliche Enttäuschung in der Zukunft zu vermeiden, werde ich Ihnen ein bißchen davon erzählen, was meiner Meinung nach geschehen wird. Einige der Kinder, mit denen Sie gearbeitet haben, werden für kurze Zeit wieder auftauchen. Sie werden sich auch integrieren, obwohl einige gegen jegliche Kontrolle, die sie zur Integration bringen will, Widerstand leisten werden. Nancy wird sich besser erinnern, warum diese Kinder da sind. Sie selbst wird für kurze Zeit die Selbstkontrolle verlieren.

In der Endstufe unserer Entwicklung, wenn die völlige Integration stattfindet, erwarte ich, daß es noch einmal zu einem Versuch kommt, unseren Fortschritt zu sabotieren. Vielleicht habe ich Sie durch meinen Bericht schon entmutigt. Ich hoffe, daß das nicht so ist. Ich wünschte, es könnte für uns alle leichter sein, besonders für Sie, aber dies ist der einzige Weg, auf dem wir unser Ziel erreichen können. Ich bin mir unseres Erfolges sicher, wenn wir so fortfahren.

Die neuen Kinder, die Sie treffen, sind kein Abschreckungsmittel. Ich hoffe, daß Sie dies ein bißchen beruhigt.

Andria

Mit diesem ermutigenden Brief wollte Nancy mir mitteilen, wie sie sich fühlte. Das drückte sich besonders in dem Satz aus: »Nancy wird sich besser erinnern, warum diese Kinder da sind.« Es würde ein Druchbruch sein, in dem ganze Erinnerungsgruppen an die Oberfläche kommen würden.

Nachdem ich Nancy eine Woche lang nicht gesehen hatte, erhielt ich am 15. Februar 1980 einen Brief von Nancys Mutter, nachdem Nancy diesmal als Nancy versucht hatte, sich das Leben zu nehmen. Dies bedeutete, daß sie jetzt die Verantwortung für ihre tiefe Depression übernahm und ihre krankhaften Gefühle und Wünsche nicht mehr auf die Persönlichkeiten übertrug. Ihre Mutter schrieb:

Liebe Emily,
gestern abend habe ich Jr. im psychiatrischen Krankenhaus von Pomona besucht, und wir haben ein sehr gutes, ernstes Gespräch geführt. Meistens hält sie sich ja zurück, um meine Gefühle zu »schonen«, aber diesmal hat sie mir wirklich erzählt, was sie denkt und fühlt.
Sie hat furchtbare Angst, nicht vor dem Krankenhaus hier, das einfach schrecklich ist, sondern vor dem, was in Zukunft auf sie zukommt.
Jr. erzählte mir, was Sie ihr bedeuten. Sie sind Therapeutin, Ärztin, beste

Freundin, Lehrerin und zweite Mutter für sie und somit der wichtigste Mensch in ihrem Leben. Sie sagte, wie sehr es ihr weh tut, wenn Sie mit ihr schimpfen, aber sie gab gleich zu, daß sie sich oft unmöglich verhielte und es verdiente. Bevor sie diesen letzten Selbstmordversuch unternahm, hatte sie darüber nachgedacht, was in naher Zukunft vor ihr lag, und sie wurde davon überwältigt. Sie hatte das Gefühl, daß sie Sie verloren hatte, sie wußte, daß Sie furchtbar enttäuscht waren, und sie war an einem Punkt angelangt, an dem sie der Meinung war, daß alle sie hassen müßten. Sie hatte auch daran gedacht, wie sehr mir weh tun würde, was sie vorhatte, aber ihr Schmerz und Selbsthaß überwogen alles andere. Sie sagte, daß das, was sie getan hatte, die größte Dummheit war, die sie jemals begangen hat, und daß sie eigentlich keine Selbstmörderin sei.

Am Donnerstagmorgen rief sie die Gaffneys an, als ich sie gerade besuchte. Harold fragte sie mehrere Male, ob sie in ihr Haus zurückkehren wollte. Aus lauter Verzweiflung sagte sie ja. Gestern abend erzählte sie mir dann, wie schon so oft vorher, daß sie es nicht mehr ertragen kann. Sie haßt die vielen Reisen nach Mexiko, wo Harold und Diane den Bau ihres neuen Hauses überwachen, wie Sie wissen. Sie nehmen sie mit, wenn sie dorthin fahren, weil sie sie nicht alleine zu Hause lassen wollen.

Sie sagte, daß sie im Moment Ruhe und Frieden braucht, um alles, was um sie herum geschieht, zu »verdauen«, aber sie hat Angst vor der Einsamkeit. Sie sagt, daß sie entweder nach Hause kommen oder in ein psychiatrisches Krankenhaus gehen will, bis sie alles, was sich zur Zeit in ihrem Innern abspielt, akzeptieren kann. Ich glaube, ihre Forderung ist vernünftig.

Es tut mir leid, daß dieser Brief so langatmig ist, aber ich möchte, daß Sie wissen, wie sie sich jetzt fühlt und was sie denkt. Ich glaube, es ist am besten, sie nicht zu zwingen, zu den Gaffneys zurückzukehren und ihr deshalb auch keine Vorwürfe zu machen. Bitte helfen Sie ihr, es durchzustehen. Es ist sehr schwer für sie, damit allein fertig zu werden.

Vielen Dank für alles. Es tut mir leid, daß ich vergessen hatte, Ihnen dafür zu danken, daß sie mich am Mittwochnachmittag angerufen haben. Ich bin Ihnen wirklich sehr verbunden. Bitte, rufen Sie mich an, wenn Sie Zeit haben.

Herzliche Grüße, Nancy C. Gooch

Nancy verließ das Krankenhaus nach ein paar Tagen, und wir besprachen, wo sie leben konnte. Sie beschloß, es allein zu versuchen. Sie mietete eine kleine Wohnung in einem Komplex mit Swimmingpool. Wir fuhren mit den Sitzungen bei den Gaffneys fort, zu denen sie jedesmal angefahren kam, weil sie ja nicht länger dort wohnte.

Im Mai zogen die Gaffneys in die Nähe von Rosarita in Mexiko in ihre neue Villa, die auf den Pazifik schaute. Harold schien nur widerwillig fortzuziehen, er gab eine Arbeit auf, die er als lohnend und produktiv empfand. Er war geistig und körperlich aktiv gewesen und hatte viele Freunde. Nachdem er weggezogen war, schrieb er mehrere Briefe, in denen er mich bat, sie zu besuchen.

In der Beziehung zwischen Nancy und mir begann eine neue Ära. Wir trafen uns entweder in meiner Eigentumswohnung, in die ich nach meiner Scheidung gezogen war, oder in ihrer Wohnung. Clint wollte weiter an den Sitzungen teilnehmen, wofür ich ihm dankbar war. Ich schätzte seine Unterstützung. Nancy mochte ihn und wollte, daß er in unserem verkleinerten Team weiter mitarbeitete. Aber Clint mußte sich bald um sein Privatleben kümmern, seine Frau lag im Sterben. Er besuchte die Sitzungen, wenn er Zeit hatte, aber er kam immer seltener. Als letzte der Gruppe, die Nancy behandelte, beschlich mich schreckliche Angst. Ich fragte mich, wie ich es allein schaffen sollte. Nancy glaubte an mich, wie nur kleine Kinder an Erwachsene, die sie für allmächtig halten, glauben können, und dies machte mir am meisten angst. Ich weiß, daß ich keine übermenschlichen Kräfte besitze. Ich saß in der Klemme. Wenn ich das, was ich tun sollte, richtig machte, würde Nancy überleben. Machte ich einen Fehler, so würde sie sterben. Und wenn ich gar nichts unternahm, würde das ebenfalls ihr Ende bedeuten.

Ich hatte also wirklich keine Wahl. Bis jetzt hatte ich Mitstreiter gehabt, die mich unterstützten, immer war jemand da. Selbst wenn Diane und Harold für Stunden aus dem Zimmer gingen, was manchmal vorkam, waren sie doch immer in der Nähe, um zu helfen.

Wenn nicht ich, wer würde Nancy dann helfen? Sie würde wieder in einer Nervenheilanstalt landen, möglicherweise Selbstmord begehen oder wieder auf die Persönlichkeiten zurückgreifen. Ich mußte den Prozeß weiter in Gang halten, obwohl ich von dem Gedanken, es allein tun zu müssen und die Verantwortung für ihr Schicksal nicht mehr mit anderen teilen zu können, überwältigt war.

Oft fragte ich mich, ob Nancy wohl sterben würde, nicht nur durch die Selbstmordversuche von Nancy/Jennifer, sondern durch Handlungen der Zerstörer in ihrem Innern. Ich mußte nicht nur stärker, sondern auch klüger sein als sie. Ich wußte nicht, ob dies immer möglich sein würde, weil ich es mit einigen Persönlichkeiten zu tun hatte, deren Stärke und Entschlossenheit der meinen in nichts nachstand.

Aber unter meiner Angst verbarg sich ein fester Glaube – an mich und an Nancy. Man hat mir schon öfter gesagt, daß meine Stimme beruhigend ist, fürsorglich, außer wenn ich aus berechtigten Gründen zornig werde, und daß dies denen, die Schwierigkeiten haben, hilft. Und wenn ich jemanden liebe, dann ist es für immer. Ich liebte Nancy und wünschte von ganzem Herzen, daß ich ihren Schmerz erleichtern konnte.

Auf die Frage: »Warum haben Sie sich auf Nancy eingelassen?«, eine Frage, die mir oft gestellt wird, antworte ich: »Aus vielen Gründen.« Es sind die Gründe, die ich oben erwähnt habe, und aus einem weiteren Grund, den ich noch nicht einmal selbst verstehe.

Nancy und ich und Clint (wenn er dabeisein konnte) setzten die regelmäßigen Sitzungen am Donnerstagabend fort. Ich sah sie zusätzlich an anderen Tagen, wenn es notwendig war. Wir führten kein Protokoll, denn ich hatte kein Tonband. Daher gibt es auch keine Aufzeichnungen, nur unsere Erinnerungen.

Ich habe mir keine Notizen gemacht, da ich keine professionelle Therapeutin bin. Trotzdem war ich nie allein. Ich hatte Helfer – Nancy/Sarah, Nancy/Laureal und Nancy/Andria. Sie glaubten an mich, und das war eine starke Unterstützung.

Vor uns lagen zwei Jahre heftiger Leidenschaft, als Nancy und ich einen Kampf austrugen, der oft von beiden Seiten mit gleicher Heftigkeit geführt wurde. Wir waren wie zwei Titanen in einem psychischen Kampf. Mein Vorteil lag darin, daß ein Teil von Nancy wollte, daß ich gewinne, damit sie überleben konnte.

Jetzt stand ich allein mit Nancy und den Wesen in ihrem Innern da. Es gab intensive Sitzungen, von denen einige vier bis fünf Stunden dauerten, einige sogar sieben oder acht Stunden. Es gab Momente, in denen Nancy mit dem Kopf gegen die Wand rannte, so heftig waren ihre Gefühle. Oder sie brach auf dem Boden zusammen, vor Wut schreiend. Ich dachte dann bei mir: Zumindest läßt sie ihre Gefühle heraus, jetzt kann sie die Maske des »lieben kleinen Mädchens« endlich fallenlassen.

Verschwunden waren die Ordnung, Routine und der Schutz, den Diane und Harold Nancy fünf Jahre lang vierundzwanzig Stunden am Tag gewährt hatten. Obwohl ich es damals als Nachteil betrachtete, daß ich die einzige Therapeutin war, mag die Abwesenheit der Gaffneys und auch Clints, der nur noch selten dabei war, die Zeit bis zum Zutagetreten der Wahrheit verkürzt haben.

Aber bis die endgültige Offenbarung stattfinden konnte, mußte stundenlange Arbeit geleistet werden, bei der die Schichten im Innern von Nancy wie bei einer Zwiebel nacheinander geschält wurden. Erbitterte Kämpfe folgten aufeinander. Während sich die Teilnehmerzahl verringerte, bis nur noch wir beiden übrig waren, schien jeder den Willen eines Tigers zu besitzen. Ein Konflikt folgte auf den nächsten, und jeder war voller dramatischer Auswirkungen. Nancys Verzweiflung bestärkte in mir den Willen zu gewinnen. »Ich werde siegen, ich werde es nicht zulassen, daß du dich selbst zerstörst.« Das waren meine Gefühle – eine Mutter, die ein Kind vor der Selbstzerstörung bewahren will. Die Szene in dem Schwesternzimmer, in dem ich Nancy zum ersten Mal begegnet war, war nur eine Vorschau gewesen auf die Dinge, die sich jetzt zwischen uns abspielen sollten.

Jetzt war ich das einzige Objekt für ihre Angst und ihren Zorn. Manchmal versuchte sie, vor mir zu fliehen. Aber in ihrem Herzen wußte sie, daß ich für sie keine Zwangsjacke bereithielt, sondern die Wahrheit. Eine Wahrheit, die sie noch nicht akzeptieren konnte, weil sie so schrecklich war. Ihre Art, der Wahrheit aus dem Weg zu gehen, war wegzulaufen. Aufgrund der Qual, die sie so früh ertragen mußte, konnte sie nur die Flucht ergreifen.

Mehrere Hinweise auf dieses schreckliche Geschehen kamen jetzt an die Oberfläche. Einer war ihre Abneigung dagegen, zu baden. Eine neue Persönlichkeit kam zum Vorschein, Nancy/JR. (eine Abkürzung für »Junior«, sie stellte Nancy/Junior als Vierjährige dar). Sie bat mich immer wieder darum, sie zu baden.

Nancy verbot dies. Sie warnte mich: »Sie dürfen sie nicht baden.« Sie sagte nicht, warum sie so unnachgiebig war, und ich fragte auch nicht. Ich spürte, daß die Vorstellung daran, ein kleines Kind in die Badewanne zu setzen, etwas stark Bedrohliches hatte. Immer wieder hielt Nancy mich davon ab, Nancy/JR. auszuziehen, wenn sie darum bettelte, gebadet zu werden. Einer meiner Versuche, Nancy davon zu überzeugen, daß sie sich des ursprünglichen Kindes in ihr bewußt werden mußte, war, unter Anleitung Bilder vor ihrem geistigen Auge entstehen zu lassen. Ich hatte diese Technik auf einer Erziehungskonferenz erlernt, um Schülern bei ihren Aktivitäten im Unterricht besser helfen zu können. Ich »führte« sie durch Worte in eine Szene, die sie als sicher und schön empfanden und die angenehme Phantasien hervorrief, so daß sie sich bestärkt fühlten, Probleme lösen und sich leichter entspannen konnten.

Manchmal bettelten die Schüler: »Können wir heute an unseren ›Ort‹ gehen?« Diese Erfahrung half ihnen dabei, sich persönlich in die Literatur, die ich lehrte, und in das damit zusammenhängende Lesen einzuleben. Ich sagte ihnen: »Stellt euch beim Lesen Bilder vor. Wenn ihr nicht gerne lest, liegt das daran, daß ihr euch unter dem Gedruckten nichts vorstellen könnt.«

Ich versuchte, diese Methode bei Nancy anzuwenden. Ich sagte: »Stelle dir vor, daß du in einem wunderschönen, friedlichen Wald bist. Erzähle mir, was du siehst.« Diese Technik ist nicht mit der Hypnose verwandt, sondern mit der Psychoanalyse, in der der Patient seine Gefühle in Worten ausdrückt und über seine Phantasien spricht. Bei Nancy heilte ein offenes Magengeschwür zeitweise, dann ein verletzter Arm, als sie in diese Phantasiewelt geführt wurde.

Einmal bat ich Nancy, sich vorzustellen, daß sie einen Hosenanzug trug, den Reißverschluß öffnete, ihn auszog, ihren Körper betrachtete, spürte, wer und was sie war. Zuerst gehorchte sie, dann wurde sie unruhig und weigerte sich weiterzumachen. Sie begann hysterisch zu schreien: »Ich kann das nicht! Ich kann das nicht!«

Ich fragte mich, ob dieser Schrecken mit dem »Auskleiden« zusammenhing, denn auch Nancy/JR. durfte sich nicht ausziehen, um ein Bad zu nehmen. War Nancys Selbstbild so häßlich, daß sie es nicht einmal wagte, ihren eigenen Körper zu betrachten?

Wir kamen nur langsam voran, trotzdem fühlte ich, daß sich

in ihr langsam eine emotionale Ruhe ausbreitete. Im Sommer 1981 erhielt ich einen Brief von ihr, der zum ersten Mal lang vergessene Erinnerungen als kleines Mädchen freisetzte, als sie ihre »Mommy« und ihren »Daddy« brauchte:

Ich würde gerne etwas zu trinken haben. Dann würde sich vielleicht alles so verwischen, daß es für meinen Verstand unkenntlich und die Qual durch eine unvergleichliche Ruhe ersetzt würde, die langsam in Sicherheit übergeht. Manchmal kann ich aus meinen Augenwinkeln heraus eine Hand erkennen, die nach mir greift, aber wenn ich mich umdrehe, um sie genau zu betrachten, verschwindet sie. Dann höre ich Gelächter, als ob es aus einem anderen Zimmer kommt. Ein erwachsenes Lachen, geheimnisvoll und verboten, denn ich kann nicht verstehen, was so komisch ist. Dann herrscht eine seltsame Ruhe, und ich habe das Gefühl, daß sich in dem Zimmer etwas Ungewohntes aufhält, ich fühle den ersten Stich und bekomme Angst.

Ich nehme mir dann etwas zu trinken und verkrieche mich unter Mamas Decke auf der Couch. [Ich hatte ihr eine Decke in Rot und Rosa gestrickt, einen Meter achtzig lang, einen Meter zwanzig breit, mit Fransen, um sie warmzuhalten. Ihr war oft kalt, wegen ihres niedrigen Blutdrucks, das Gefühl der Kälte war eine innere Erfahrung, die auf das Fehlen von Wärme in ihrem Leben hinwies. Ich spürte, daß das kleine Kind in ihr sich nach einer warmen Decke sehnte, die sich wie Arme um sie legen würde.] Ich schließe meine Augen und befehle meinem Herzen, langsamer zu schlagen. Die Zeit verläuft immer falsch – zu langsam oder zu schnell, aber wenn ich die Zeiger betrachte, scheint es ganz normal.

Wenn ich nichts trinke, scheint alles zu sagen: Ich warte auf etwas, das ganz furchtbar sein wird. Ich frage mich, ob dieses Etwas furchtbarer als meine Träume sein kann. Wenn ich aus ihnen erwache, will ich vor allem weglaufen. Ich habe das gleiche Gefühl wie zu der Zeit, als ich als kleines Kind diese furchtbaren Alpträume hatte – wenn ich wünschte, daß Mommy oder Daddy zu mir kommen und im Zimmer bleiben würden, bis ich wieder einschlief. Ich kann sehen, daß sich am Ende der Couch etwas bewegt, aber ich werde nicht hinsehen oder Angst haben. Was kriecht da auf mich zu?

Okay. Ich bin im Schlafzimmer. Ich liege in der Mitte des Bettes. Ich will nicht am Rand liegen. Ich mag das überhaupt nicht. Es jagt mir schreckliche Angst ein, und ich habe gerade erkannt, daß das Gefühl des Schreckens heiß und kalt sein kann. Es ist kalt in den Adern und heiß in der Brust und im Gesicht. Ich habe die Spiegel im Schlafzimmer verhängt, weil mein Spiegelbild mich immer beobachtet. Ich schwöre zu Gott – für einen kurzen Augenblick stimmt es nicht mit meinen Bewegungen überein. Ich habe ein angedeutetes Lachen in den Augen gesehen, und ich weiß, daß es nicht in meinen Augen ist. Scheiße.

Ich will etwas zu trinken – nur einen kleinen Schluck. Ich will bis zum Morgen schlafen, wenn ich wieder etwas zu tun habe. Ich bin froh, daß ich Arbeit habe, ich will nicht allein sein, aber es dauert lange bis zum Morgen. Wenn ich jetzt nicht ins Bett gehe, werde ich trinken, und dann gute Nacht, ihr angenehmen Träume.

Am nächsten Tag: Ich hatte wieder Träume in der letzten Nacht, und jeder neue war schlimmer als der letzte. Ich verstehe nicht, warum das geschieht. Ich habe das Gefühl, daß ich bestraft werde, was in diesem Fall nicht dazu beiträgt, die Schuld zu erleichtern. Ich konnte heute bei allem, was ich gesagt habe, ein Echo hören, und es wurde immer schwieriger, mich zu konzentrieren. Ich habe heute zweimal ein schwaches Lachen gehört, und weil ich allein arbeitete, war ich verwirrt. Ich sah auf, konnte aber niemanden sehen und war auch nicht überrascht darüber. Teile aus meinen Träumen blitzten vor meinen Augen auf, und jedesmal wurde mir übel. Ich stärkte mich mit dem Gedanken an die Flasche zu Hause, sah dann aber, daß ich nichts kriegen konnte. Vielleicht wird Mom mir etwas geben, wenn ich bei ihr bin.

Niemand in meinem Innern kann das Gelächter hören oder den Unterschied im Spiegel sehen, aber die Träume haben sie auch. Sie merken auch, daß etwas an der Zeit seltsam ist, aber sie haben keine Uhr, und ich beeinflusse sie wahrscheinlich. Ich war den ganzen Tag über nervös und schwitzte wie verrückt.

Die Verzerrung, die durch das Echo ausgelöst wurde, gab mir das Gefühl, losgelöst zu sein. Es ist, als ob man durch einen Tunnel spricht. Ich wünsche, die Wesen in meinem Innern wüßten, was los ist. Das Gefühl der Ungewißheit setzt mir zu. Wenn ich weiß, was los ist, kann ich etwas dagegen tun. Ich werde nicht davonlaufen.

Ich war der Meinung, daß Nancys Alpträume ein Zeichen dafür waren, daß sie Fortschritte machte, früher hätte sie es nicht einmal gewagt, von ihrer erlittenen Qual zu träumen. Sie konnte jetzt ein wenig von dem Schrecken, den sie vergraben hatte, in ihr Halbbewußtsein treten lassen. Sie sprach von einem Traum, in dem sie eine Hand erkennen konnte, die nach ihr griff, dann den Klang von einem »erwachsenen Lachen, geheimnisvoll und verboten«. Sie hatte das Gefühl, daß »sich in dem Zimmer etwas Ungewohntes aufhält«, und spürte dann »den ersten Stich«. Träume verstecken die Erinnerungen, die wir vor unserem Bewußtsein verbergen, Erinnerungen, die schrecklich und überwältigend sind.

Nancy sprach auch davon, daß sie in ihrem Traum auf etwas wartete, »das ganz furchtbar sein wird«. Dann berichtete sie davon, »daß sich am Ende der Couch etwas bewegt«, fragte, »was kriecht da auf mich zu?« Sie fügte hinzu: »Ich werde nicht hinsehen oder Angst haben.« Sie blieb in der »Mitte« des Bettes, sie wollte nicht »am Rand liegen«. Was es auch war, was hier geschah, »es jagt mir schreckliche Angst ein«. Sie beschrieb das Gefühl des Schreckens als »heiß und kalt«. Am wichtigsten war, daß sie sagte: »Ich werde nicht davonlaufen.« Sie wollte etwas dagegen tun.

Am nächsten Tag blitzten »Teile aus meinen Träumen« vor ihren Augen auf, und »jedesmal wurde mir übel«. Sie hatte den Wunsch, daß »die Wesen in meinem Innern wüßten, was los ist«. Sie fügte hinzu: »Das Gefühl der Ungewißheit setzt mir zu.« Während Nancy noch nicht die Ursachen ihrer Qual kannte, kamen die Gefühle und Gedanken, die damit zusammenhingen, in Träumen an die Oberfläche. Das bedeutete einen großen Fortschritt.

Ich wußte bereits seit langer Zeit, daß Nancy ihre Ängste und Wünsche, die in ihren Alpträumen enthalten waren, durch ihre multiplen Persönlichkeiten auslebte. Nancy zog sich als Sherry eine Pelzjacke, Stöckelschuhe und Satinjeans an, lief nachts aus dem Haus und fuhr per Anhalter zu dem Rastplatz. Es war Nancy, die den Fernfahrer, der sie niederstach, und die Männer, die sie schlugen, auflas. Nancy gab sich dem sexuellen Spiel mit vier oder fünf Männern pro Nacht, vier- bis fünfmal in der Woche, hin, wenn sie das Bedürfnis hatte oder um Geld für ihre Drogenabhängigkeit zu verdienen.

Nancy hatte den sterbenden Andrew in ihren Armen gehalten. Nancy hatte mich mit Obszönitäten beschimpft, hatte immer wieder voll Zorn durch Nancy/Regan geschrien: »Ich hasse dich! Ich hasse dich!« Nancy gebrauchte die Sprache der Straße, sagte »Scheiße«, »Scheißkerl«, »Arschloch«.

Das alles war Nancy. Die Nancy, der sie nie zuvor ins Gesicht zu sehen gewagt hatte.

Langsam näherten wir uns dem »Warum«. Die neuen Persönlichkeiten gaben ihr größere Freiheiten, damit sie es erfahren konnte. Als Nancy in ihren Träumen mehr der explosiven Teile ihres verborgenen Selbst sah, erreichten wir eine entscheidende Veränderung. Sie konnte jetzt die Persönlichkeiten beobachten, was ihr nie zuvor gelungen war, und sich durch sie stückweise an ihre Vergangenheit erinnern. Die Persönlichkeiten wurden nicht mehr vom Bewußtsein ausgeschlossen.

Die Persönlichkeiten, die ich gekannt und geliebt hatte, einige mehr, andere weniger – Nancy/John, Nancy/Sherry und Nancy/Sarah –, schickten gelegentlich Notizen oder Briefe. Im Herbst 1981 schrieb Nancy/Sarah über Nancys Alpträume:

Liebe Mrs. Campbell,
es tut mir leid, daß wir eine Zeitlang nicht durchdringen konnten. Um ehrlich zu sein, wir sind uns nicht ganz sicher, was die gegenwärtige Rebellion verursacht. Wir wissen, daß sie einem grundlegenden Gefühl entspringt, rätseln aber, warum sich diese Emotionen durch Gelächter und Alpträume, grausame, schreckliche Träume, entladen. Es ist, als ob Nancy sich selbst wilde Geschichten über Tiere, Menschen und Leid erzählt. Oft stehen Nancys Eltern im Mittelpunkt. Vielleicht könnte man dies mit Nancy weiterverfolgen.
In einer Streitfrage haben wir eine ziemlich unorthodoxe Behandlungsmethode in Betracht gezogen. Sie hat sich in der Vergangenheit bei Nancy als nützlich erwiesen. Als wir bei den Gaffneys lebten, wurden wir mit der »Narkohypnose« bekannt gemacht, einer Technik, bei der ein Medikament zusammen mit der Hypnose eingesetzt wird. Beim ersten Versuch kam Nancys Erinnerung an Andrews Tod zum Vorschein, die tief verschüttet gewesen war. Wir haben unsere Meinung dazu etwas geändert – vielleicht sollte man nur ein halbes Glas Bier zusammen mit den Medikamenten geben. Durch die zusätzliche Entspannung und den verminderten Widerstand in Verbindung mit der Hypnose kann man möglicherweise produktivere Ergebnisse erzielen. Auf jeden Fall machen wir diesen Vorschlag nur vorsichtig, damit Sie ihn gegebenenfalls überdenken.
Mit den herzlichsten Grüßen, in Liebe, Sarah

Ich wußte, daß die Gaffneys manchmal Hypnose zusammen mit Medikamenten anwandten, aber ich nahm an, daß dieses Experiment nicht lange dauerte. Mir war es lieber, wenn quälende Erinnerungen durch das Bewußtsein des Betroffenen wieder zum Vorschein kamen.

Es war einer der letzten Briefe von Nancy/Sarah. Langsam kamen wir dem Moment der Wahrheit näher. Er würde das Ergebnis von Vertrauen sein, das zwischen Nancy, den Persönlichkeiten und mir bestand.

Kurz bevor Sherry sich integrierte, schrieb sie einen für sie bemerkenswerten Brief:

Mom,
Nancy ist bestimmt cleverer als wir. Sie weiß ganz genau, wieweit sie gehen kann, ohne die Folgen tragen zu müssen. Sie nimmt keine Drogen wie John, sie trinkt eben nur ein bißchen, um alle zu »beschützen«. Sie geht nicht raus, um zu feiern, sie sitzt nur da und hört Musik, raucht eine Zigarette nach der anderen, spielt Solitär und schiebt es ihrer »Schlaflosigkeit« zu. Alle fühlen es am nächsten Tag. Sie zerreißt nichts vor Wut, sie »räumt nur ein paar Sachen aus«. Gang schön clever. Ich meine, es ist ein ziemlich großer Unterschied. Ich, John und Regan, wir hätten eine Tracht Prügel bekommen, selbst wenn wir so 'n paar unverschämte Entschuldigungen wie Nancy parat gehabt hätten. Wir haben nie gefragt, »wieweit« wir gehen konnten, wenn wir uns daneben benommen haben. Wir wußten, wenn wir etwas versaut hatten. Am Anfang nicht so, aber wir lernten es bald, als wir noch einen Arsch zum Sitzen hatten.
Was ich damit sagen will, ist, daß ich Nancy nicht als Erwachsene sehe, ich versuche es nicht mal, weil ich weiß, daß sie nie ein Kind gewesen ist, abgesehen von einigen seltenen Augenblicken der »Wahrheit«. Ich glaube, Verantwortung ist ein Privileg, und das muß man sich erst mal verdienen. Ob du es glaubst oder nicht, ich kann auf die Zeit mit dir zurückblicken und glücklich darüber sein, weil es mir wirklich etwas bedeutet, erwachsen zu sein. Es ist nicht nur so ein Ausdruck und ein Status, sondern ein Vertrauen, das man zu sich hat und das man nicht einfach so vortäuschen kann. Wenn man ein Kind ist, braucht man sich deshalb nicht zu schämen. Wenn Nancy es nur geschehen ließe und es nicht als Krankheit oder so was betrachten würde!
Sonst ist alles prima. Ich kann immer noch nicht glauben, was für Fortschritte ihr macht. Macht weiter so. Ich unterstütze euch. Ich hab' dich lieb, Mom!
Sherry

Ich hatte schlimme Zeiten mit Nancy/Sherry durchgemacht, aber ich hatte das Gefühl, daß es die Sache wirklich wert gewesen war, als ich diesen ermutigenden Brief erhielt. Ich hätte es nie für möglich gehalten, daß sie schreiben würde: »Verantwortung ist ein Privileg, und das muß man sich erst mal verdienen.«

Einen weiteren hoffnungsvollen Brief erhielt ich von Nancy/ Andria im Dezember 1981, als Weihnachtsgeschenk sozusagen:

Liebe Mrs. Campbell,
es war falsch, daß ich Ihnen die Schuld an meinen Gefühlen der Angst und des Schmerzes gegeben habe. Ich muß die Verantwortung für meine eigenen Handlungen übernehmen. Viele Jahre bevor Sie in unser Leben traten, habe ich mir und den Kindern geschworen, daß Liebe nie mehr die Ursache für Schmerz sein sollte. Andere Schmerzen, vor denen ich sie,

selbst ein Kind, nicht bewahren konnte. Aber indem ich sie vor der Welt versteckt hielt, konnte die Welt sie nicht lieben und ihnen, in meinem Denken, niemals wirklich weh tun. Aber in der Wirklichkeit mußte jemand existieren, und so wählte ich Nancy. Meine Befürchtungen bestätigten sich die Jahre hindurch immer wieder neu, als ich beobachtete, wie sie mit Versprechen, die nicht gehalten wurden, und Ablehnung kämpfen mußte. Ich wollte sie davon abhalten, immer wieder danach zu greifen und wieder verletzt zu werden, aber es gelang mir nicht. Vielleicht können Sie es. Wir werden uns bald sehen.
Alles Gute,
Andria

Ich war gespannt darauf, sie zu treffen. Ich fühlte irgendwie, daß sie den Schlüssel zur Vergangenheit in Händen hielt. Schließlich war sie die Persönlichkeit, aus der alle anderen entstanden waren, wie sie selbst sagte. Vielleicht konnte sie das Trauma, dem sie entstammte, offenbaren.

19. *Winter, Frühjahr und Sommer 1982*

Bisweilen mußte Nancy wieder ein neues Leid ertragen, das drei bis vier Tage dauerte. Es war der Schmerz, der durch die Integration einer Persönlichkeit hervorgerufen wurde. In dieser Zeit konnte ich genau sehen, was das Wort »Integration« (oder »Verschmelzung«) bedeutete, welchen Zweck es für Nancy und die verschwindende Persönlichkeit hatte.

Wie die Symptome eines Psychotikers sagten das Ausleben und die Worte der multiplen Persönlichkeiten Nancy auf verborgene und geheimnisvolle Weise, welche Ängste und Schrekken sie in ihrem Unterbewußtsein verbarg. Am Anfang verursachte die Auseinandersetzung damit eine Panik bei ihr.

Nancy/Jennifer war bereit zu gehen, sie hatte schon mehrmals den Versuch unternommen, sich zu integrieren, war aber zurückgekommen, weil Nancy sie noch immer brauchte. Ich erkannte, daß Nancy/Jennifer für immer gegangen war, als ich miterlebte, wie Nancy die Erinnerungen und Leiden von Nancy/Jennifer durchlebte.

Drei Tage und schlaflose Nächte lang war Nancy nicht in der Lage, die traumatischen Erinnerungen aus dem Leben von Nancy/Jennifer abzuschütteln. Sie durchlebte die Depressionen, die in Nancy/Jennifer den Wunsch erweckt hatten, sich zu töten. Sie erlebte all die schrecklichen Emotionen, die Nancy/Jennifer hatte ertragen müssen.

Nancy/Jennifer hatte uns von Andrew erzählt, der in ihren Armen gestorben war, nachdem Zurdo seinen Tod angeordnet hatte. Jetzt erlebte sie die Gefühle, die Nancy/Jennifer einst hatte, als sie sah, wie man Andrew den »goldenen Schuß« setzte, die reine Droge, die ihn tötete. Nancy erlebte wieder das Entsetzen, als sie einen Krankenwagen rief, beobachtete, wie die übrigen Bandenmitglieder Andrews lebloses Körper die Treppe hinuntertrugen, durch die Tür ihres Treffpunkts und ihn neben der Telefonzelle liegenließen.

Nancy durchlebte ihre Verzweiflung, als sie den regungslosen Körper in ihren Armen wiegte, fühlte eine vernichtende Schuld, weil sie das Leben des Jungen, den sie liebte, nicht gerettet hatte. Sie hätte ihn warnen können, sie wußte von dem Vorhaben, ihn zu töten, hatte aber um ihr eigenes Leben gefürchtet und nichts gesagt. Nancy fühlte Panik, als sie die heulende Sirene des heranfahrenden Krankenwagens hörte. Sie spürte Entsetzen, als sie über die Straße davonlief, in der Dunkelheit stand und beobachtete, wie die weißgekleideten Sanitäter Andrews dünnen Körper davontrugen. (War das vielleicht der Grund, warum sie immer wie verrückt schrie, wenn sie eine näher kommende Sirene heulen hörte und weißgekleidete Männer auf sich zukommen sah, weil sie glaubte, daß sie Schuld auf sich geladen hatte und daß es ihren Tod bedeuten könnte?)

Ich hörte Nancys Stöhnen und ihre Schreie, sah, wie die Tränen über ihr Gesicht strömten, als sie noch einmal alles durchlebte, was in jener Nacht geschehen war. Sie weinte noch immer, als sie Bandenkämpfe unter rivalisierenden Gruppen beschrieb und erzählte, wie junge Männer niedergestochen und niedergeschlagen wurden. Einmal war sie sogar selbst von dem Mitglied einer anderen Bande geschlagen worden.

Sie durchlebte auch wieder die Vergewaltigung im Echo Park, nach dem Zeitpunkt, als sie das Bewußtsein verloren hatte. Bis jetzt war es hauptsächlich der Schmerz von Nancy/Jennifer und Nancy/John gewesen. Nancy hatte nur gespürt, daß ihr Auge schmerzte, nachdem der Mexikaner auf sie eingeschlagen hatte, als sie es wagte, Widerstand zu leisten. Jetzt fühlte sie den Ekel, als er mit seinen Cowboystiefeln auf ihr herumtrat, die Abscheu vor dem widerlichen Geruch seines ungewaschenen Körpers, davor, daß er mit einem Teil dieses Körpers in sie eindrang. Und wie sie dagegen anzukämpfen versuchte (der Augenblick, als Nancy/John zum Vorschein kam) und gegen die weiteren gewalttätigen Angriffe des Mannes.

Sie wurde sich ihres großen Zorns darüber, ein Opfer zu sein, bewußt. Ein Verlangen, zurückzuschlagen, sich zu rächen, den, der sie so brutal mißhandelt hatte, zu töten, erwachte in ihr.

Als sie emotional diese Szenen wieder durchlebte und dabei machmal sogar mit dem Kopf gegen die Wand stieß, versuchte ich sie zu beruhigen. Ich nahm sie in den Arm, versicherte ihr: »Es ist nicht mehr Wirklichkeit, Nancy. Jetzt ist alles gut. Du wirst damit fertig.«

Ich wußte, daß es lange dauern würde, bis sie ganz bewußt die schrecklichen Erfahrungen der Vergangenheit in sich aufnehmen konnte. Sie schien jetzt zumindest die Last des Wartens zu akzeptieren. Sie verringerte sich jedesmal, wenn sie daran dachte, daß sie möglicherweise gerechtfertigten Zorn nicht zuließ.

Jennifer hatte sich integrieren können, als sie die Verantwortung für ihr Tun übernahm und auf das Wohlergehen der anderen, die für ihre Existenz lebenswichtig waren, Rücksicht nahm. Nancy/John hatte sich integriert, konnte aber mit mir über Nancy Verbindung aufnehmen. Sie brachte mir eine seiner seltenen handgeschriebenen Nachrichten:

Hallo, ich kann Dich noch sehen und bin furchtbar stolz auf Dich. Hier bin ich glücklich, Mom. Ich kann nicht nur ich selbst sein, ich bin ein Teil von allen, und ich glaube, daß ich hierhergehöre. Das Beste ist, daß niemand einen Körper hat, so können sie mich wenigstens nicht mit einem doofen MÄDCHEN verwechseln. Ich muß niemandem beweisen, daß ich zu dir gehöre, sie wissen es und glauben mir. Ich werde immer dein Junge sein. Und noch was, Mom, Deine Liebe spürt man hier einfach überall. Das ist besser als jede Droge.

Als ich diesen letzten Satz las, war ich zu Tränen gerührt. Es war eine Wiedergutmachung für all die Zeit, in der ich John wegen seines selbstzerstörerischen Verhaltens ermahnt und mit ihm geschimpft hatte. Durch seine Aussage, daß er nicht »mit einem doofen MÄDCHEN« verwechselt werden wollte, drückte Nancy aus, daß sie schwach war, sich bei einer Vergewaltigung nicht zur Wehr setzen konnte und die Stärke, die Macht eines Jungen brauchte, um Widerstand zu leisten.

Nancy sah jetzt den explosiven Teilen ihres verborgenen Selbst mehr ins Auge. Sogar die neuen Persönlichkeiten waren nicht länger getrennt, sie waren zusammen in einer Gruppe, die von Nancy/Andria beaufsichtigt wurde. Wir alle hatten hart gearbeitet, bis sich dieser Schritt verwirklichen ließ. In meinem Privatleben, das ja auch noch existierte, wenn ich Nancy nicht half oder in der Schule unterrichtete, freute ich mich an meiner Eigentumswohnung, ging aus, aber nicht sehr häufig, weil meine Arbeit mit Nancy und die Schule viel Zeit in Anspruch nahmen. Dann traf ich Lawrence Peterson, er war Manager einer Fabrik, die Industriekräne herstellt. Auch er war an dem Studium des menschlichen Verstandes interessiert, was ihm 1986 die Doktorwürde in Psychologie an der *Walden University* in Minneapolis einbrachte. Er wollte über »die Odyssee der Selbstentdeckung« schreiben und auch Kurse leiten, die Geschäftsleuten zeigen sollten, wie sie sich selbst und ihren Mitarbeitern im Beruf bei der Weiterentwicklung helfen konnten. Wie ich war er davon überzeugt, daß Störungen im Erwachsenenalter durch destruktive Kindheitserfahrungen verursacht wurden.

Ich war Lawrence für seine moralische Unterstützung bei meiner Behandlung von Nancy dankbar, besonders dann, wenn ich nicht mehr weiter wußte. Er begann, sich für Nancy als Mensch zu interessieren, und war fasziniert von dem Prozeß, der die Bildung der Persönlichkeiten verursachte, sie zum Vorschein kommen und sie sich wieder integrieren ließ. Er hatte Mitleid mit Nancy wegen der Qualen, die sie durchgemacht hatte. Später, im Jahr 1986, schrieb er einen wissenschaftlichen Aufsatz über multiple Persönlichkeiten als Teil seiner Doktorarbeit über »kognitive Dissonanz«. Er untersuchte verschiedene psychologische Theorien und zitierte Beobachtungen, die er bei meiner Arbeit mit Nancy gemacht hatte.

Silvester 1981 heirateten wir und lebten vier Jahre lang in meiner Eigentumswohnung. Jetzt besitzen wir ein Haus in Ontario, einen Block von der Schule entfernt, die Lawrence in seiner Kindheit besucht hat. Seine beiden Kinder, die beide die High-School besuchen, haben in den letzten Jahren bei uns gelebt.

Ich betrachtete es als einen Sieg, als Nancy/Andria schließlich dazu bereit war, zum Vorschein zu kommen und mich kennenzulernen. Von ihrer Persönlichkeit her schien sie irgendwo zwischen Nancy/Sarah und Nancy zu stehen. Das innere Bild ihrer Erscheinung war eine Kopie von Nancy/Sherry mit glattem, langem, blondem Haar und blauen Augen.

Ich begrüßte sie: »Ich freue mich, dich endlich kennenzulernen.«

»Ich bin die älteste Persönlichkeit, wie Sie wissen«, verkündete sie. »Alle kommen von mir.«

»Wie alt war Nancy, als du das erste Mal aufgetaucht bist?« fragte ich.

»Etwa zwei Jahre alt.«

»Ist irgend etwas Einschneidendes geschehen, als sie zwei war, was der Grund für deine Entstehung war?«

Sie starrte mich verblüfft an, als ob ich Chinesisch gesprochen hätte, und sagte nichts.

Ich versuchte es anders: »Bitte, erzähle mir etwas, wozu du Lust hast, egal was.«

»Ich blieb bei Nancy, bis sie fast sechs Jahre alt war, dann versteckte ich mich«, sagte sie. »Seitdem war ich nur Beobachterin. In Lexington bin ich herausgekommen, um ihr in dieser schwierigen Zeit zu helfen.«

»Dr. Larmore hat von dir berichtet«, sagte ich. »Ich nehme an, daß du wirklich gebraucht wurdest.«

»Nancy wußte einfach nicht mehr weiter«, gab sie zu. »Sie brauchte mich sehr. Fast so sehr wie damals, als sie zwei Jahre alt war. Sie war völlig allein in der Fremde von Kentucky. Ohne Freunde. Meilen entfernt von denen, die sie liebte.«

Obwohl Nancy/Andria das »erste Mal« erwähnt hatte, beschloß ich, sie wegen der ursprünglichen Krise nicht zu bedrängen, sondern ließ sie weitersprechen. Sie schien hochintelligent, sensibel und beherrscht.

Voller Überzeugung verkündete sie ruhig: »Ich habe bestimmt, wer zum Vorschein kommt. Ich besitze jetzt die Macht. Zu Anfang habe ich den Kindern verboten, irgend etwas zu erzählen. Wenn sie sich versprachen und ein Geheimnis verrieten, habe ich sie schnell wieder in meinen inneren Kreis zurückgeholt.«

Ich erkannte, daß die neue Gruppe der Persönlichkeiten tatsächlich nicht mehr voneinander getrennt und verschieden war, sondern unter Nancy/Andrias Schirmherrschaft handelte. Sie war Nancys Gewissen, ihr Über-Ich, ihr Sammelbecken der Schuld. Sie führte die Aufsicht in dem Sinn, daß sie die Preisgabe von Gedanken, Handlungen oder Wünschen verhinderte, die Nancy in Gefahr bringen und ihren Tod verursachen konnten.

In einer Nachricht von Nancy/Laureal, die ein weiterer wachsamer Helfer war, wie Dr. Larmore bemerkt hatte, erfuhr ich mehr von diesem geheimen Kreis:

Andria möchte Nancy für die Dauer unserer Sitzungen in ihren Kreis aufnehmen. Jetzt, da Nancy sich in ihrem Kreis völlig sicher fühlt, meint Andria, daß es an der Zeit ist, den Kreis der anderen zumindest anzuerkennen. Es wird eine neue Erfahrung für Nancy sein – und eine sehr wichtige dazu. Nancy wird die, die noch in diesem Kreis leben, kennenlernen – einschließlich Andria. Andria braucht ihre Hilfe bei dieser Entscheidung. Es ist ein sehr wichtiger Schritt. Danke.

Es war ein äußerst wichtiger Schritt. Er bedeutete, daß Nancy sich all dessen bewußt werden würde, was die Persönlichkeiten versteckten, sie würde ihre Motive und ihr Verhalten bewußter kennenlernen. Vielleicht würden sie sogar verraten, wer der Mörder ihrer Seele war.

Trotz ihrer seelischen Lähmung war Nancy fast immer in der Lage gewesen, zu arbeiten und sich selbst zu ernähren. Während der High-School-Zeit hatte sie als Babysitter gejobbt. Ihre erste gutbezahlte Stelle hatte sie mit sechzehn Jahren, als stellvertretende Leiterin eines Restaurants, dem *Wienerschnitzel*. Sie brachte all ihre Schecks zur Bank, bis sie genug verdient hatte, um sich ein Auto zu kaufen. Sie arbeitete von fünf Uhr nachmittags bis ein Uhr morgens und schlief dann, bis es Zeit war, zur Schule zu gehen.

Mit neunzehn Jahren, als sie bei den Gaffneys wohnte, hatte sie eine Zeitlang einen Teilzeitjob bei *Best Products* in der Schmuckabteilung, wo sie manchmal Diamanten verkaufte, die pro Stück 5000 Dollar kosteten. In dieser Zeit arbeitete sie auch als Beraterin für Jugendliche in der Jobvermittlung des Sozialdienstes am *Chaffey Community College*, wo sie ihre Prüfung als Kunsterzieherin ablegen wollte.

Als sie vierundzwanzig war, nahm sie einen Job in der *Bilmar Company* an, einer Maklerfirma. Bei einem Geschäft mit Depotscheinen konnte sie über eine Million Dollar verbuchen. Mit dem Geld, das sie bei der Firma verdiente, konnte sie ein kleines Haus mit Swimmingpool mieten, in dem sie während der letzten Jahre der Therapie lebte. In den Zeiten, in denen sie nicht arbeitete und die immer seltener und kürzer wurden, erhielt sie eine Behindertenrente von 400 Dollar im Monat.

Oft dachte ich an Nancy/Sherry, die meine Liebe schließlich angenommen hatte. Die meiste Zeit hatte es nur geheißen: »Du Arschloch, verpiß dich, laß uns in Ruhe.« Wir hatten sechs Jahre lang mit Unterbrechungen zusammengearbeitet. Einmal bat sie Nancy herauszufinden, ob Georges Brüder die Geschichte von seinem Tod erfunden hatten, weil sie nicht wollten, daß er mit jemandem zusammen war, der so weit von der Welt, die sie verstanden, entfernt war. Nancy überprüfte es und fand heraus, daß George gesund und munter war. Nancy/Sherry hatte recht gehabt.

Nancy/Sherry und Nancy/John waren am schwersten davon zu überzeugen, daß ihre einzige Chance zu leben darin lag, ihr selbstzerstörerisches Verhalten aufzugeben. Bei Nancy/John waren es Drogen, bei Nancy/Sherry ihre Prostitution mit gewalttätigen Männern, was zu ihrer Ermordung führen konnte. Bevor er sich integrierte, schrieb Nancy/John einen letzten Brief:

Liebe Mom,

ich will, daß Du bei uns allen ein gutes Gefühl hast. Ich will frei sein, damit ich all die Begabung, die wir haben, nutzen kann, ohne zu versuchen zu kämpfen, wie wir es bisher getan haben.

Vielleicht bin ich selbstsüchtig, aber, verdammt, ich will, daß die ganze Welt unseren Erfolg sieht, denn ich habe hart gearbeitet und warte irgendwie noch auf die richtige Belohnung – nämlich, ganz zu sein und bei dieser Sache zu gewinnen. Und für uns wünsche ich mir die Dinge, die unser Ziel sind – die starken Dinge im Innern werden nur eine »Nebenwirkung« sein. Ich hör' Dich, Mom, bitte, sprich mit mir. Ich bin da, um zu helfen.

Alles Liebe, Dein Sohn

John

Eines Tages erhielt ich einen bewegenden »Brief an meine Mutter«:

Liebe Mom,

wenn ich zurückblicke, erkenne ich, daß Du mich wie Deine eigenen Kinder »erzogen« hast. Du hast Dich bemüht, mir die Werte einzugeben, die mir eines Tages dabei helfen werden, ganz, gesund und glücklich zu sein. Ich habe beobachtet, wie Du jede einzelne Person, egal ob Kleinkind oder ältere Mitmenschen, gleich behandelst, nämlich mit Ehrlichkeit und Respekt. Du siehst dem Leben direkt ins Gesicht; Du suchst nie nach einem leichten Ausweg. Du behandelst jeden Menschen so, als ob er etwas Besonderes ist. Du bist voller Liebe und zeigst es auf vielerlei Weise.

Deine Liebe hat viele Gesichter. Du bietest sie als Geschenk des Geistes an, jener unberührbare Schatz, der so oft als selbstverständlich betrachtet wird. Du hast uns gelehrt zu lachen, die komischen Seiten des Lebens zu sehen. Wir sehen, wie Du jeden Augenblick des Lebens voll lebst und erkennen, wie wichtig das ist.

Wenn Du singst, ist das immer eine Freude für uns. Dieser Klang hat uns mit Wärme und Zufriedenheit erfüllt. Wir haben uns sicher gefühlt und Trost in der Schönheit des Gesangs gefunden. [Gelegentlich sang ich den Kleinen vor, um sie zu trösten.]

Du hast auch mit uns gelitten. Oft hast Du uns im Arm gehalten, wenn wir uns unsere Enttäuschungen aus der Seele weinten. Du hast unsere Tränen weggewischt und den Schmerz gestillt. Bereitwillig hast Du unsere Last auf Dich genommen, uns stundenlang zugehört, wenn wir Trost suchten. Wir wußten, daß Du uns den Schmerz nehmen würdest, wenn Du dazu nur irgendwie in der Lage warst. Du hast uns das einzige Geschenk gegeben, das Du hattest – nämlich Dich selbst und Deinen Glauben an uns. Irgendwie konnten wir immer die Kraft finden, mit dem Rest fertig zu werden.

Du achtest darauf, daß Du immer hübsch, schlank und attraktiv bist. Du bist beliebt in Deinem Beruf, Deine Schüler und die anderen Lehrer

mögen Dich. Du hältst Deinen Verstand jung und bist immer wieder auf-
geregt, wenn Du etwas Neues entdeckst. Ich war immer sehr stolz auf
Dich.
Ich muß mir einen Moment Zeit nehmen, um Dir zu danken. Dafür, daß
Du mir mein eigenes Leben zurückgegeben hast, und dafür, daß ich an
Deinem teilhaben durfte ... Dafür, daß Du Dich in all den schweren Zeiten um mich gekümmert hast. Und am meisten dafür, daß Du uns alle geliebt hast, besonders dann, wenn wir es am wenigsten verdienten und am
meisten brauchten, und dafür, daß Du in dieser Liebe beständig warst.
Und schließlich, Mom, danke dafür, daß Du so bist, wie Du bist. Du bist
der wertvollste Schatz, den das Leben mir je gegeben hat, und ich weiß,
welches Glück ich hatte. Ich hoffe, daß Du eines Tages wissen wirst, wie
sehr ich Dich liebe.
Deine Tochter
und all Deine Kinder

Nancy belohnte meine Arbeit nicht nur mit solchen Briefen,
sondern auch dadurch, daß sie mehr Verbindung zu ihrem Zorn,
ihrem Schmerz, ihrem Wunsch nach Rache aufnahm. Nachdem
ich sie gebeten hatte, von Träumen der Persönlichkeiten zu berichten, schrieb sie im Oktober, daß Nancy/Andria von einem
Grabstein geträumt hatte, auf dem die folgenden Worte einge-
meißelt waren: »NANCY LYNN GOOCH, GEBOREN IM
JANUAR 1961, VERSTORBEN IM OKTOBER 1982. SIE
HAT VERGEBLICH GELEBT.«
Nancys Geburtstag war am 11. November 1957. Ich fragte
mich, warum sie den Januar 1961 als Geburtsdatum gewählt
hatte – drei Jahre und zwei Monate später. War das möglicherweise um den Zeitpunkt herum, als die erste Persönlichkeit geschaffen wurde und damit die Zeit des ursprünglichen Traumas?
Nancy/Laureal berichtete von einem Traum, in dem sie auf
ein altes efeubewachsenes Herrenhaus in den Bergen zulief. Der
Name über dem Eingang war: »DAS GOTTVERDAMMTE
SANATORIUM«. Es konnte jede der dreizehn verschiedenen
Nervenheilanstalten sein, in denen sich Nancy als Gefangene gefühlt hatte.
Die Hinweise auf den zurückliegenden Seelenmord wurden
langsam immer zahlreicher, ich mußte nur irgendwie einen Zusammenhang herstellen. Die Persönlichkeiten schienen jetzt bereit, ja sogar erpicht darauf, zu helfen.

20. *Herbst 1982*

Eine der jüngsten Persönlichkeiten, die erschien, hatte einen interessanten Namen. Nancy/Promise (Versprechen) war ein hochintelligentes Mädchen, das manchmal sechs und manchmal vier Jahre alt war.

Aber sie mußte eine grauenhafte Aufgabe erfüllen. Sie sagte, daß es ihr Lebenszweck sei, der Persönlichkeit Nancy/Baby Blut zu entziehen. Diese Persönlichkeit stellte offenbar Nancy als Baby dar, das nicht in der Lage war, sich in irgendeiner Weise zu verteidigen.

Ich war entsetzt. Ich war der Meinung gewesen, daß Nancy/Baby plötzlich so still geworden war, weil es sich integrierte, und nicht, weil es an Blutmangel starb.

Ich befahl Nancy/Promise herauszukommen. Ich fragte: »Warum brauchst du das Blut des Babys?«

Sie sagte, als ob jeder es verstehen müßte: »Ich brauche das Blut für das Ritual.«

»Was für ein Ritual?« Ich war völlig verwirrt, niemand hatte je zuvor ein Ritual erwähnt.

Nancy/Promise gab mir einen Brief, den sie an eine Frau namens Norah geschrieben hatte, und gab mir die Anweisung, ihn bei der Post aufzugeben. Ich nahm an, daß ich ihn lesen sollte, denn er war weder mit Nachnamen noch Adresse versehen:

Liebe Norah,
diesmal ist es wie vorher. Bitte, komm und hol mich, Norah. Ich bin nur ein Fußabtreter hier, und meine Welt ist anders als die ihre. Ich verspreche, daß ich nicht weinen werde, und ich habe auch fast nie Hunger. Ich muß diese Frau immer wieder sehen. Ich hasse sie, ich bin ganz durcheinander. Sie ist fast die ganze Zeit böse auf mich, sie sagt, daß ich mich so benehme wie Du, aber ich habe versucht, ihr von der Gefahr zu erzählen, doch sie hat nur mit mir geschimpft. Ich kann jetzt von niemandem Blut bekommen, denn die Frau verhaut mich, wenn ich dabei ertappt werde. Ich hasse es hier, Norah. Ich liebe Dich und hoffe, daß ich wieder zu Dir darf.
Alles Liebe,
Promise

Zur gleichen Zeit erhielt ich einen Brief von Nancy/Andria, der ihre Angst um Nancy/Kleine Nancy und Nancy/Baby offenbarte:

Liebe Mrs. Campbell,
ich weiß nicht, ob es durch das Herumschalten zwischen den Persönlichkeiten verursacht wurde, oder was los war, aber Nancy sagte mir, daß sie die Kleine Nancy nicht aufspüren konnte. Ich bin wieder hineingegangen und habe sie schließlich gefunden. Sie befand sich in der Kiste, wie wir hier sagen. Ihr Körper war durchscheinend, sie schien sehr schwach zu sein. Ich befahl ihr, nach draußen zu gehen, weil ich hoffte, daß der wirkliche Körper ihr Kraft geben könnte, aber sie konnte nicht hinausgehen, auch nicht, als ich sie anstieß.

Wir konnten auch das Baby weinen hören, konnten es aber nicht finden; auch die Kleine Nancy nicht, die einen schwachen Versuch unternahm. Während ich dies schreibe, erzählt Nancy mir, daß die Kleinen immer mehr verblassen. Nancy und ich sind davon noch nicht betroffen. Ich weiß nicht, ob es noch auf uns zukommt. Ich weiß nicht, was es zu bedeuten hat, aber ich werde nervös. Nancy und ich sind einer Meinung, daß es sich nicht wie eine Integration anfühlt, aber wir wissen nichts Genaues. Wir haben beide Schwierigkeiten, herauszukommen. Ich glaube, daß es etwas mit dem Baby zu tun hat, aber das ist nur eine Vermutung. Ich fühle, daß etwas nicht in Ordnung ist. Ich habe Angst. Ich werde jetzt wieder hineingehen und versuchen, das Baby zu finden. Wenn ich es dazu bringen kann herauszukommen, hilft das vielleicht. Ich weiß, daß etwas Wichtiges vorgeht. Aber was?
Andria

Etwas Wichtiges war tatsächlich im Gange, die Kleinen verschwanden, und vielleicht würden wir bald die Tragödie in Nancys Leben besser verstehen, wenn wir erst mit den Hinweisen etwas anfangen konnten.

Einige Tage später rief ich Nancy/Andria während einer Sitzung bei mir zu Hause, in der Hoffnung, daß sie bereit war, mir mehr davon zu erzählen, was mit Nancy/Baby geschah. Aber zuerst mußte ich ihr noch eine weitere Frage stellen.

»Kennst du jemanden, der Norah heißt und an den Promise Briefe schreibt?«

Nancy/Andria runzelte die Stirn, als ob sie stark nachdachte. Dann sagte sie: »Ich habe möglicherweise mal eine Norah gekannt, aber ich weiß nicht, in welchem Zusammenhang.«

Ich erklärte weiter: »Als Promise an Norah geschrieben hat, schrieb sie: ›Diesmal ist es wie vorher.‹ Ich frage mich, was sie damit meinte. Ich kann mir auch nicht erklären, was sie nachspielte, als sie das Blut von dem Baby nahm. Und warum Promise Norah versichert hat, daß sie nicht weinen wird.« Ich fuhr fort: »Und was hat die ›Gefahr‹ zu bedeuten, von der Promise mir zu erzählen versuchte, was mich aber nur dazu brachte, mit ihr, wie sie schrieb, zu schimpfen.«

Nancy/Andria schien gedankenverloren. Dann sagte sie langsam: »Ich weiß nicht, warum sie das Blut von dem Baby braucht. Aber ich bin bereit, Ihnen von einer schrecklichen Erfahrung zu berichten, die Nancy mit sechs Jahren gemacht hat.«

»Bitte, erzähle.« Dies würde ihre erste wichtige Offenbarung sein.

»Nancy war in der ersten Klasse und mußte zur Schule laufen, die mehrere Blocks weit entfernt lag. Eines Tages wurde sie von einer jungen Frau angehalten, die etwa neunzehn Jahre alt war. Sie lebte vier Häuser weiter in derselben Straße zusammen mit ihrem Bruder, einem Mann Anfang Zwanzig. Die junge Frau lud Nancy zu sich nach Hause ein und versprach ihr Milch und Plätzchen.«

Nancy/Andria zögerte, als ob eine grauenhafte Geschichte folgen würde. »Diese junge Frau führte die kleine Nancy in ein Schlafzimmer, zog sie aus und ließ nur ihr Unterhöschen an. Dann legte sie sie aufs Bett. Der ältere Bruder kam herein, er war nur mit einer Hose bekleidet. Er ging zum Bett und begann Nancy an Körperstellen zu streicheln, die er eigentlich nicht berühren durfte.«

Nancy/Andria sah mich an, ihre Augen waren traurig. »Selbst eine Sechsjährige wußte, daß das, was als nächstes geschah, sich nicht zwischen einem erwachsenen Mann und einem kleinen Mädchen abspielen durfte. Er drang in ihren Körper ein. Sie verspürte keinen großen Schmerz, aber sie hatte furchtbare Angst.«

Sie hielt kurz inne und fuhr dann fort: »Als alles vorüber war, kam die Schwester wieder ins Zimmer, zog Nancy an und nahm sie mit in die Küche, wo sie ihr die versprochene Milch, die Plätzchen und andere Geschenke gab, wie Haarschleifen und Süßigkeiten. Sie erlaubte Nancy, ihr Lieblingsprogramm im Fernsehen anzusehen, *Howdy Doody*.«

»Wie lange blieb Nancy?« fragte ich. »Mußte sie denn nicht zur Schule gehen?«

»Sie behielten sie bei sich, bis es an der Zeit war, wieder von der Schule nach Hause zu gehen. Sie gaben ihr eine Entschuldigung mit für die Schule, in der sie schrieben, daß Nancy krank gewesen war und fälschten die Unterschrift ihrer Mutter. Sie sagten Nancy, daß sie sie am nächsten Tag dem Lehrer geben müsse.«

»Wie oft kam das vor?« Mir war übel.

»Etwa einmal pro Woche«, sagte Nancy/Andria.

»Warum ging Nancy denn immer wieder in diese Wohnung?« fragte ich. »Konnte sie sich denn nicht weigern?«

»Nancy ging willig dorthin und tat, was auch immer der Mann von ihr verlangte, weil sie die junge Frau gern hatte. Sie gab ihr zu essen, sie schmuste mit ihr und küßte sie.«

»Wie lange dauerte diese Sache?« fragte ich erbittert.

»Etwa ein Jahr lang. Solange Nancy sechs Jahre alt war.«

»Bedrohten der junge Mann und seine Schwester Nancy, falls sie irgend etwas verraten sollte?«

»Sie mußte ihnen versprechen, nichts zu erzählen. Die Frau sagte, daß sie sie nicht mehr gernhaben würde, wenn sie etwas verriet. Und daß ihr niemand glauben würde, weil ihr Wort gegen das ihre und das ihres Bruders stand.« Dann vertraute Nancy/Andria mir an: »Dieser Mann vergewaltigte später Nancys ältere Schwester Barbara. Anders als Nancy vertraute sich Barbara ihrer Mutter und ihrem Vater an, die Anzeige erstatteten. Der Mann wurde verurteilt und kam ins Gefängnis.«

Ich dachte bei mir, selbst Tiere vergewaltigen nicht ihre Jungen. Das Männchen wird von dem Weibchen allein durch seinen Duft angezogen, der den jüngeren Weibchen noch fehlt. Ich fühlte Zorn in mir aufsteigen gegen diesen Mann und seine Schwester, die als Lockvogel diente und Nancy mit Plätzchen, Geschenken und falscher Zuneigung köderte und sich damit Nancys Vertrauen und Schweigen erkaufte.

Ich dachte daran, wie später die Vergewaltigung im Echo Park, die Nancy/Jennifer und Nancy/John hervorbrachte, diese zurückliegende Schändung wiederholte. Ich dachte auch an die vielen Persönlichkeiten, die Nancy sich im Alter von sechs Jahren schuf, zu denen Nancy/Regan und Nancy/Lisa zählten, die immer nach Milch und Plätzchen verlangte, was kaum ein Zufall sein konnte.

Ich hatte Achtung vor der Kraft, die Nancy aufgebracht haben mußte, um solche Qual Woche für Woche, Monat für Monat, ein ganzes Jahr lang zu überleben. Ich sah auch, daß diese frühen Vergewaltigungen den Vorfall im Echo Park, als sie fünfzehn Jahre alt war, noch verschlimmert haben mußten. Er hatte die heftige Angst und den Zorn wiedererweckt, den sie mit sechs Jahren erfahren hatte, als sie das erste Mal von einem Mann, der ihr als Monster erscheinen mußte, bedroht worden war.

Ich sagte zu Nancy/Andria: »Danke, daß du mir dies alles erzählt hast. Du hast mir unsagbar dabei geholfen, Nancy besser zu verstehen.«

»Jetzt wird sie damit fertig werden müssen«, sagte Nancy/Andria. »Ich habe die Sache sozusagen auf den Tisch gebracht.«

Einige Tage später erhielt ich folgenden Brief von Nancy/Andria, in Wirklichkeit sprach natürlich Nancy zu mir:

In Ihrer Stimme und Berührung liegt ein Zauber, Mrs. Campbell. Sie haben in den Kindern im Innern ein Verlangen nach allem, das ich ihnen verweigert hatte, wachgerufen. Der wirkliche Kampf begann, und ich kann Ihnen versichern, daß ich stark kämpfte, um das zu sichern, was mir das wichtigste war.

Schließlich kam eine Zeit, in der ich meine Ansichten in Frage stellte. Ich erkannte, daß auch ich eines Tages den Mut riskieren mußte, den meine Kinder hatten. Es war ein furchtbares Jahr der Unentschiedenheit, bis ich es schließlich wagte, zu Ihnen zu kommen. Aber als ich es tat, erkannte ich, daß es richtig gewesen war. Ich konnte die Kinder gehenlassen – ich trieb sie nie an, sondern merkte, daß sie von allein gehen und erwachsen werden wollten. Ich hatte bei jedem einzelnen Angst, erfuhr aber auch irgendwie eine wunderbare Freiheit. Ein Geheimnis ein Leben lang zu hüten, ist eine schwere Last. Schließlich erkannte ich, daß die Wahrheit an sich Freiheit bedeutete. Ich wußte, daß ich alles aufgeben mußte, denn solange die Kinder zu mir gehörten, würden sie immer im Innern in einer Falle sitzen. Und daher wagte ich das, was am schwierigsten war: Ich verließ sie. Ich wußte, daß Sie sich um sie kümmern würden.

Nancy/Andrias Worte, »Ein Geheimnis ein Leben lang zu hüten, ist eine schwere Last«, faßten Nancys überwältigende emotionale Bürde zusammen. Und als Nancy/Andria davon sprach, die Kinder aufzugeben, damit sie nicht länger »im Innern in einer Falle sitzen« müßten, erkannte Nancy endlich ihr Bedürfnis nach emotionaler Freiheit. Und was am wichtigsten war: »Nancy/Andria versprach im wesentlichen, daß sie nicht länger kämpfen würde, »um mir das zu sichern, was mir das Wichtigste war«, daß sie endlich erkannte, »daß die Wahrheit an sich Freiheit bedeutete«.

Nancy hatte den Namen »Promise« gewählt, es war eine kluge und zutreffende Wahl gewesen. Nancy/Promise würde dabei helfen, das tödlichste Versprechen zu offenbaren, das Nancy je gegeben hatte. Ein stillschweigendes Versprechen, das sie jahrelang in sich verborgen hatte, ein Versprechen, das sie langsam zerstört hatte.

21. *1983*

Wieder hatte ein neues Jahr begonnen. Clint und ich hielten eine Woche nachdem die Festtage vorbei waren, bei mir zu Hause eine Sitzung ab. Ich hatte eine Frage, die ich Nancy stellen wollte. Ich hatte sie mir immer wieder durch den Kopf gehen lassen und gewartet, bis wir uns sehen würden.

Sofort nachdem wir uns gesetzt hatten, fragte ich Nancy: »Wer ist Norah?«

Sie sah mich verwirrt an. »Ich kenne keine Norah.«

»Hast du in der Vergangenheit jemanden mit diesem Namen gekannt?«

»Soviel ich weiß, nein.«

Ich ließ es darauf beruhen, vielleicht konnte mir Nancy/Promise mehr über Norah sagen, wenn ich sie drängte. Mir kam bei dem Namen »Promise« noch ein anderer Gedanke. Vielleicht stand dieser Name für das Versprechen, das Nancy dem ersten Peiniger und seiner Schwester gegeben hatte, niemandem von den Abscheulichkeiten zu erzählen.

Ich rief Nancy/Promise, die sofort erschien. Ich fragte: »Wer ist Norah, an die du neulich einen Brief geschrieben hast, damit sie dich abholen sollte?«

Sie blickte zu Boden und sagte: »Das darf ich nicht sagen. Wenn irgend jemand es herausfindet, ist das Baby tot.«

Sie schien in Trance zu fallen und stöhnte gelegentlich auf. Clint und ich spürten, daß ein Trauma Nancy/Promise tief beunruhigte, sie schien unter ungeheurer Spannung zu stehen. Clint stellte eine kleine Tafel und Kreide in allen Farben vor ihr auf – wir hatten entdeckt, daß Zeichnen die Gefühle der Persönlichkeiten weckte. Nancy/Promise erwachte sofort zum Leben, nahm ein Stück braune Kreide und bearbeitete die Tafel.

Mit der Geschicklichkeit einer Sechsjährigen malte sie die Umrisse eines Bettes und eine Figur mit langem Haar, die darauf lag. Als sie mit dem Zeichnen fertig war, vergrößerten sich ihre Augen vor Wut. Sie warf die braune Kreide zu Boden und nahm ein schwarzes Stück. Sie stürzte sich mit der Kreide auf die weibliche Figur, übermalte Arme, Füße und Kopf völlig mit großen Strichen.

Dann ergriff sie, vor Zorn glühend, ein Stück rote Kreide und übermalte den ganzen Körper, als ob Flammen ihn umhüllten. Damit war sie noch nicht am Ende angelangt. Sie nahm ein Blatt weißes Papier von dem Tisch neben ihr – wir hielten dort immer einen Vorrat bereit, falls eine der Persönlichkeiten schreiben oder zeichnen wollte. Mit einem schwarzen Stift malte sie eine zweite weibliche Figur, aus der diesmal orange Flammen hervorloderten.

Clint flüsterte: »Fragen Sie sie, ob die Figur einen Namen hat.«

Ich nickte und fragte Nancy/Promise: »Wie heißt sie?«

Sie hob den Kopf, starrte mich an und fragte: »Welche?«

Ich deutete auf die zweite Figur: »Diese hier.«

Sie flüsterte: »Nancy.«

Ich hielt ihr die erste Zeichnung vor die Augen: »Und diese?«

Nancy/Promise schwieg, dann schrie sie voller Angst: »Norah!« Sie fuhr aus dem Sitz hoch, lief auf die Tür zu, stieß dabei mit mir zusammen und verkündete wütend: »Ich möchte zu Norah.«

»Wer ist Norah?« fragte ich noch einmal voller Verwunderung. Sie schrie mir ins Gesicht: »Sie paßt auf mich auf, wenn Mama weggeht.«

Ich führte Nancy/Promise zurück zu ihrem Stuhl. »Erzähle mir mehr von Norah«, sagte ich sanft.

Sie setzte sich ruhig hin. »Norah hat das Richtige getan. Norah hat gesagt, daß Nancys Mutter schlechtes Blut hat und

Nancy auch. Norah hat das schlechte Blut weggenommen.« Dann sprach sie nicht weiter.

In den nächsten Monaten versuchte Nancy/Promise immer wieder, von Nancy/Baby imaginäres Blut abzuzapfen. Wenn Nancy/Promise zum Vorschein kam, teilte sie mir mit: »Ich lebe in einer Höhle, in der ich das Baby schütze. Es ist blaß und schwach. Es hat nur noch wenig Blut.«

Was sollte das alles bedeuten? War Norah eine Verwandte, eine Krankenschwester, ein Wesen, das nur in der Einbildung existierte? Wer auch immer sie sein mochte, sie mußte verrückt sein.

Nancy/Andria schrieb mir einen für sie erschreckenden Brief. Ihre beschützende Haltung war verschwunden, an die Stelle war nackter Haß gerückt. Offenbar fühlte sie denselben Zorn, den auch ich spürte, als sie mir von der Vergewaltigung in Nancys Kindheit berichtet hatte, aber sie fühlte ihn viel intensiver (natürlich war es wieder Nancy, die durch sie zu mir sprach).

Der Zorn der Vergangenheit nimmt mein ganzes Inneres ein, er hält mich fest und zerdrückt mich. Ich fühle, wie mein Blut pulsiert und die Angst in mein Herz trägt. Sie sollen alle verdammt sein. Diese ganze schlechte Welt soll verflucht sein! Ich gehöre nicht in diese Welt. Ich habe noch nie hierher gehört. Ich sehe mit gemischten Gefühlen, wie die einzige Welt, die ich kannte, langsam zerfällt und leise zerbricht. Sollte da nicht Lärm sein, wie bei einem Vulkanausbruch? War alles so unwichtig, daß man nicht einmal ein Seufzen vernehmen kann für den begangenen Betrug, während ich die Welt verlasse und Platz mache für diese Verschwendung, die als Leben bezeichnet wird?

Mein Kreis war mein einziger Freund, mein Vertrauter. Er hat meinen Schmerz aufgenommen. Er hat meine Kinder genommen und sie in stillem Protest gegen diese gottverlassene Welt geheimgehalten, in der ich eine der Verlorenen wurde. Und nun werde ich Dir, meinem Freund, entrissen, und man sagt mir, daß ich auch an diesen Ort kommen und mich wie alle anderen anpassen soll. Ich kann nicht mehr gegen die Welt kämpfen, mein Freund. Sie haben Dich gefunden, und wir werden ihrem Licht ausgesetzt, einem Licht, dem sie sich zuwenden, so wie ich mich oft Dir zugewendet habe. Ich hasse sie, weil sie zerstören und nicht sehen wollen. Ich fürchte um alles, was ich weiß und an das ich glaube, denn sie werden Dich wegnehmen und werden mir nur die Leere des Nichts lassen.

Auf Wiedersehen, mein Kreis, meine Kinder, mein Licht und mein Leben. Ich habe Dich mit solcher Heftigkeit geliebt, und trotzdem haben sie Dich zerstört. Aber ich habe schon früher Fehler gemacht. Viele Male, vor langer Zeit. Ich frage mich, wie ich annehmen konnte, daß es je anders sein würde. Ich habe das Gefühl, als ob ich meinen Kopf nicht zusammenhalten kann. Er wird explodieren, und alles wird in tausend Stücke zerspringen. Ich will alles zerreißen, um den Kindern weh zu tun – aber trotzdem werde ich das Licht nicht zufriedenstellen können. Ich gehe ins Innere, aber seine Forderung hört nie auf. Ich gebe ihm alles, was ich habe, und weiß, es ist nicht genug. Ich muß weg hier! Wenn ich doch nur fliehen könnte und wüßte, daß sie mich nicht finden. Du kannst mich nicht vor der Bestrafung dieses Ortes schützen, mein Freund. Ich hatte den besonderen Zorn und die Angst vergessen, die ich jetzt jeden Tag spüre. Mein Haß auf diese Welt ist so tief, daß ich mich schwach und hilflos fühle. Ich will kämpfen und zerstören. Sag mir, was ich tun soll, mein Freund. Gib mir Dein Licht, die Quelle der Macht, die wir uns so lange geteilt haben. Ich muß die Kinder töten, wenn sie nicht um mein Leben kämpfen. Ich gebe unser aller Leben, wenn mir die Welt dort draußen keine Wahl läßt.

Nancy/Andrias Maske war zersprungen. Sie war nicht länger die Beschützende, sondern eine gequälte Persönlichkeit, »eine der Verlorenen«. Sie sagte, daß »sie das Licht nicht zufriedenstellen« konnte, denn »seine Forderung hört nie auf«. Sie gestand, daß ihr Haß sie dazu brachte, sich »schwach und hilflos« zu fühlen, was ihr Bedürfnis, zu »kämpfen und zu zerstören«, vergrößerte. Sie bat den Kreis, sie vor den Kindern zu beschützen, die sie »verraten« wollten.

Nancy hatte eine Mauer zwischen Teilen ihres Selbst und der Welt draußen errichtet. Sie hatte sich ihre »Kinder« erträumt, die multiplen Persönlichkeiten, damit sie um ihr Leben kämpfen sollten. Sie schützten sie, ließen nicht zu, daß die Angst, Scham oder Wut, die sie besaß, nach draußen drang. Nancy hatte zugelassen, daß ich von dieser Mauer erfuhr. Vielleicht gewann sie langsam die Kraft, mir die tiefsten Wahrheiten ihres Lebens zu offenbaren. Ich beschloß, sie nicht zu sehr zu drängen. Nancy/Andria zumindest war bereit, auch wenn sie noch Einwände gegen das Niederreißen der Mauer hatte, damit das früheste Trauma offenbart würde, egal wie quälend es war. Genau wie sie vor mehreren Monaten mutig von den kriminellen Handlungen berichtet hatte, die Nancy mit sechs Jahren erdulden mußte.

Aber noch wochenlang kämpfte sie gegen mich an, wenn ich fragte, warum sie den gemauerten Schutzkreis noch brauchte.

An einem Tag sagte sie trotzig: »Hören Sie auf damit! Ich brauche die Mauer. Sie bedeutet mein Leben.«

»Du brauchst dich nicht länger hinter ihr zu verstecken«, sagte ich. »Ich liebe dich, du mußt mir vertrauen, Andria. Wir müssen diese Mauer niederreißen.« Ich wiederholte dies immer wieder, als ob ich einem zurückgebliebenen Kind etwas erklären müßte.

Manchmal beobachtete mein Mann Lawrence eine Sitzung. Ich schätzte sein Interesse und seine Unterstützung, sie gaben mir Kraft. Er hatte viel Geduld und tiefes Verständnis, er kannte die Funktion der Persönlichkeiten sowohl intuitiv als auch durch seine berufliche Erfahrung.

Nancy/Andria widersetzte sich heftig meiner Hilfe, sie schien oft Seelenqualen zu leiden. Sie spürte, daß ich und einige andere in ihrem Innern die Mauer wegsprengen wollten. Ich merkte, daß die Behandlung sich einem Höhepunkt näherte. Ich hatte auch die Befürchtung, daß sie ihre Drohung wahrmachen würde: »Ich werde alle Kinder töten, damit sie das Geheimnis nicht verraten.« Das bedeutete, daß Nancy sterben würde. Wenn einer starb, starben alle.

Nancy/Andria wurde immer zerstörerischer. Da ich glaubte, daß sie sich in einem Zustand der Panik befand, schlug ich Nancy vor, eine Weile bei mir zu Hause zu leben. Ich glaubte, daß sie meine volle Unterstützung brauchte, wenn sie den Schmerz des ursprünglichen Traumas durchlebte.

Sie verlor ihren einträglichen Job bei der Maklerfirma. Sie mußten ihr Geschäft wegen gesetzlicher Änderungen aufgeben. Sie konnte sich das Haus mit dem Swimmingpool nicht länger leisten und mußte bei ihrer Mutter leben. Sie erhielt immer noch ihre Behindertenrente.

Zuerst lehnte Nancy/Andria mein Angebot ab und brauste auf: »Ich muß nicht tun, was Sie wollen. Ich muß meinen Kreis nicht aufgeben. Sie können mich nicht zwingen.« Ihre Augen sprühten voller Haß.

Es war ein psychischer Guerillakrieg. Die Intensität ihres Zorns versetzte mich immer wieder in Erstaunen, genau wie mein eigenes Beharren darauf, daß sie bei mir blieb, bis wir ihren Wunsch, alle Kinder zu töten, um ihr Geheimnis zu bewahren, überwunden haben würden. Nancy/Andria war jetzt der genaue Gegensatz zu dem Bild, das Nancy der Welt präsentierte – das brave kleine Mädchen, das keiner Fliege etwas zuleide tun konnte.

Ich dachte an die gewaltsamen Gefühle, die sie in all den Jahren zurückgehalten hatte, das emotionale Gewitter, das sich nie entladen konnte. Als ihr geliebter Vater die Familie verließ und seine kleine »Prinzessin« im Stich ließ. Als Andrew, der junge Mann, den sie liebte, an einer Überdosis Drogen in ihren Armen starb. Als sie mit sechs Jahren vergewaltigt und zum Schweigen gedrängt wurde.

Widerwillig zog Nancy/Andria bei mir ein und versuchte ihren Zorn über die Kinder und ihre Angst vor der zerbröckelnden Mauer zu überwinden. Ich befahl ihr, im Haus zu bleiben, weil ich Angst hatte, daß sie sich draußen möglicherweise etwas antun würde, daß sie wie Nancy/Jennifer versuchen würde, Selbstmord zu begehen. Nancy/Andria bekämpfte mich, drohte damit, fortzulaufen, wenn ich nicht aufhören würde, sie zu verfolgen. Ich versteckte ihre Kleider und ließ ihr nur ihren Schlafanzug, so daß sie nicht fliehen konnte. Ich war entschlossen, ihr dabei zu helfen, die Wahrheit der Vergangenheit aufzudecken, egal, wie sehr sie sich dagegen wehrte.

Im Spätsommer 1983 begannen wir eines Abends eine Sitzung im Wohnzimmer. Es war die vierte Woche, die Nancy bei mir lebte. Sie trug Hosen, eine Bluse und Sandalen (sie drohte jetzt nicht mehr damit, wegzulaufen) und saß in dem kamelfarbenen Ledersessel vor dem Kamin. Über dem Kamin hing das abstrakte Bild von Karl Benjamin, senkrechte geometrische Figuren in Blau, Schwarz und Rot. An der benachbarten Wand hing – ein Farbgegensatz – eine Reproduktion eines Bildes von Andrew Wyeth in gedämpften Farben, eine von Laternen erleuchtete Hütte am Meer.

Ich saß Nancy gegenüber an einem Ende der Couch, die orange-, gelb- und braungemustert war. Lawrence saß am anderen Ende, er hatte sich zeitweise vom Schreiben seines Buches mit dem Titel *Das Überwinden psychologischer Hindernisse bei der Kontrolle* freigemacht. Er wollte an der Sitzung teilnehmen, was er manchmal tat. Auf dem runden Tisch vor uns, der eine

Glasplatte und einen Sockel aus Walnußholz hatte und aus Skandinavien stammte, lag eine Packung Papiertaschentücher, falls Nancy/Andria, die ich rufen wollte, sie brauchte.

Als sie erschien, sagte ich zu ihr: »Wir wollen versuchen, hinter die Schutzmauer zu schauen. Wir wollen sehen, was dahinter steckt und warum du diese Mauer brauchst. Du bist sicher bei mir, Andria. Ich lasse es nicht zu, daß irgend jemand dir weh tut.«

Sie starrte mich an wie eine Fremde. Plötzlich sprang sie aus dem Sessel hoch und rannte zu der dahinterliegenden Wand. Sie lehnte sich für einen Augenblick dagegen, als ob sie sich an ihr abstützen wollte. Genau wie Nancy/Jennifer es damals an der Schulmauer getan hatte, als der Pedell und ich sie in die Ecke getrieben hatten.

Dann rutschte Nancy/Andria langsam auf den Boden und lag dort, als ob sie in eine Falle geraten sei. Sie sah uns an, wie Nancy/Jennifer an jenem ersten Tag geschaut hatte, ihre ausdrucksstarken Augen blickten ängstlich und flehend.

Nancy/Andria begann einen unbekannten Peiniger anzuflehen: »Nein! Nein! Nein! Bitte nicht. Es tut so weh. Bitte, hör auf, bitte!«

Ihr Mund verzerrte sich vor Schmerz, sie sah aus, als ob sich ein Löwe auf sie stürzen und sie verschlingen wollte. Ich hatte noch nie eine solch verzweifelte Angst in den Augen eines anderen Menschen gesehen.

Ich stand schnell auf und ging zu ihr hinüber. Ich versuchte, sie in den Arm zu nehmen, um sie zu beruhigen. Sie wich mit noch größerer Angst vor mir zurück und drehte ihr Gesicht zur Wand. Zum ersten Mal in den zehn Jahren, die ich Nancy kannte, wurde meine Angst stärker als mein Glaube. Ich dachte, daß ich sie möglicherweise in den Wahnsinn getrieben hatte. Ich hatte Angst, daß sie vielleicht nicht die psychische Stärke besaß, sich dem schrecklichen Entsetzen zu stellen, das schuld an Nancys verkorkstem Leben hatte. Dann dachte ich: Wir haben schwerer gearbeitet, als man es sich vorstellen kann, schwerer, als man es mit Worten ausdrücken kann. Wir sind jede Phase von Kindheit an durchgegangen, jedes menschenerdenkliche Gefühl. Ich muß daran glauben, daß Nancy stark genug ist, sich diesem Schmerz zu stellen. Bisher hatte sie nie etwas preisgege ben, wenn sie nicht bereit dazu war. Ich ließ mich neben ihr auf dem Boden nieder. Sie schien nicht zu merken, daß ich da war, sie war in einer anderen Welt. Ich versuchte wieder, sie zur Beruhigung zu berühren, aber sie entzog sich mir, als ob sie sagen wollte: Wage es nicht, mich anzufassen.

Ich konnte ihr nur immer wieder versichern: »Du bist sicher, Andria, du bist sicher hier. Niemand kann dir etwas zuleide tun.«

Bei dem Wort »Leid« begann sie zu schreien. Sie stieß schrille Schreie aus und schien Höllenqualen zu leiden. Sie schrie sich die Seele aus dem Leib. Ich dachte, die Nachbarn werden die Polizei rufen und mich der Kindesmißhandlung beschuldigen. Selbst in den gewalttätigsten Filmen hatte ich noch nie solche entsetzlichen Schreie der Angst gehört. Es hörte sich an, als ob jemand sie verbrannte.

Was konnte ich tun? Wenn ich versuchte, sie zu berühren, wurde sie möglicherweise weiter verängstigt, sie glaubte jetzt, daß die Berührung in der quälenden Vergangenheit stattfand. Weil ich etwas tun mußte, stand ich auf und lief im Zimmer hin und her, preßte die Hände zusammen und fragte mich, ob sie aus diesem Zustand jemals zurückkommen würde. Wen sah sie, welche Erinnerung durchlebte sie, wer bedrohte sie so heftig, daß ihre Schreie fast die Wand zum Einsturz zu bringen schienen? Ich dachte: Mein Gott, was soll ich bloß tun, was habe ich hier in Bewegung gesetzt, sollte ich einen Arzt rufen?

Ich beschloß, nichts zu unternehmen und einfach abzuwarten, bis die Schreie nachlassen würden. Ich ging wieder zu ihr hinüber.

Schließlich hörten die Schreie auf und wurden von hysterischem Schluchzen abgelöst. Es war die Trauer um ihre Hilflosigkeit in der Hand eines unbekannten Peinigers. Dann rollte sie sich plötzlich in der fötalen Position an der Wand ein. Sie nahm den Kopf zwischen die Knie, als ob sie ins Leere verschwinden wollte, das existierte, bevor sie geboren wurde. Ich setzte mich neben sie und sagte ruhig: »Alles ist in Ordnung, Andria. Es passiert nicht in Wirklichkeit. Es ist etwas, an das du dich erinnerst, es ist wie ein alter Film. Du bist hier bei mir. Niemand kann dir etwas tun.« Ich sagte die gleichen Worte immer wieder, wie ein Roboter. Ich hörte, wie das Schluchzen jetzt nachließ, und dachte, Nancy versucht, von dem Augenblick zu erzählen, als alle Qual und alle Gewalt zum ersten Mal stattfanden.

Ich sah, wie die Tränen ihr zerbrechliches Gesicht herunterliefen, stand auf, ging zum Tisch, zog einige Taschentücher aus der Packung, wobei ich nicht wagte, Lawrence anzusehen. Ich ging zurück zu Nancy/Andria, deren Schultern endlich aufgehört hatten zu zittern. Sie erkannte mich wieder und kehrte langsam in die Wirklichkeit zurück.

Ich gab ihr die Taschentücher, und sie wischte ihre Tränen ab. Ich setzte mich wieder neben sie. Langsam wurden ihre Augen klarer, und sie wurde wieder die alte Nancy/Andria. Ich hielt ihre Hand und fragte: »Wo bist du, Andria?«

Nach langem Schweigen sagte sie, fast nicht in der Lage, die Worte herauszubringen: »Ich bin bei Norah.«

»Was tut sie?«

»Sie tut mir weh.«

»Warum tut sie dir weh?«

»Weil ich schlecht bin.«

Ich versicherte ihr: »Du bist kein schlechtes Mädchen, Andria. Du bist Mamas Mädchen. Norah war diejenige, die schlecht war.« Ich versuchte, sie in eine Wirklichkeit zurückzubringen, in der sie nicht länger an einer entsetzlichen Szene aus längst vergangenen Jahren teilhatte.

»Ich bin nicht schlecht?« sagte sie schniefend und sah mich ungläubig an.

»Keinesfalls. Du bist mein Mädchen.«

Dann bettelte sie: »Bitte, schick mich nicht wieder dorthin, Mommy. Ich will nicht gehen. Es tut so weh.«

»Du mußt niemals mehr dorthin zurückgehen«, sagte ich. »Ich werde es nicht zulassen. Es ist lange, lange her.«

Die Schreie, das Schluchzen, der Tränenstrom lagen jetzt hinter ihr. Sie sah verausgabt aus, erschöpft, nicht in der Lage, sich zu bewegen oder zu denken.

Ich fragte: »Möchtest du dich ins Bett legen?«

Sie nickte. Ich half ihr, vom Boden aufzustehen, und führte sie in ihr Zimmer. Sie fiel aufs Bett, ihre Augen waren geschlossen.

»Kann ich dir irgend etwas bringen, Andria?« fragte ich.

Sie flüsterte: »Nein, nichts.«

Ich zog eine leichte Decke über sie und verließ das Zimmer. Ich ging zu meinem Mann, der leise aus dem Zimmer gegangen war, als Nancy/Andria schluchzte, und jetzt im Bett schon fast eingeschlafen war. Er fragte: »Ist alles in Ordnung?«

Ich sagte leise: »Ich komm' gleich zu dir.« Ich war so müde, daß ich sofort einschlafen würde, wenn ich im Bett war. Diesen Abend würde ich niemals vergessen.

Am nächsten Morgen sah ich kurz in Nancys Zimmer, bevor ich zur Schule fuhr. Sie lag auf dem Bett, mit geschlossenen Augen, genauso wie ich sie am vorhergehenden Abend zurückgelassen hatte. Ich ging leise wieder hinaus. Wenn sie Hunger haben sollte, wußte sie, daß genügend Vorräte im Kühlschrank waren. Als ich am Nachmittag aus der Schule kam, war sie nicht wie gewöhnlich im Wohnzimmer, um einen der Liebesromane oder Horrorgeschichten zu lesen, die sie sich mitgebracht hatte. Ich öffnete ihre Schlafzimmertür, sie lag noch immer in derselben Position im Bett. Sie kam nicht zum Abendessen, ich ließ sie weiterschlafen, sie brauchte die Ruhe.

Am nächsten Morgen stand sie früh auf und lächelte mich schwach beim Frühstück an. Sie sagte: »Ich scheine ziemlich erschöpft zu sein. Ich kann immer nur kurze Zeit schlafen. Ich habe diese seltsamen Träume und Tagträume.«

»Du kannst tun, was du möchtest«, sagte ich. »Du hast ein Recht darauf, müde zu sein.«

An diesem Abend unterhielten sie, Lawrence und ich uns zwanglos. Ich wußte, daß sie sich immer noch von den erschütternden Erinnerungen, die sie durchlebt hatte, erholte. Wir gingen alle früh zu Bett.

Als ich am dritten Tag nach Nancys/Andrias Durchbruch nach Hause kam und sah, daß Nancy *The Shining* von Stephen King las, wußte ich, daß es ihr besserging. Nach dem Essen fragte ich: »Können wir heute abend eine kurze Sitzung abhalten, um Andria zu rufen?«

»Klar«, sagte sie.

Nancy/Andria erschien sofort. Sie schien gelassen, wach, erholt nach der schweren Nervenprobe.

Wir beide saßen uns gegenüber, sie wieder in dem Sessel, Lawrence und ich auf der Couch. Ich fragte: »Geht es dir gut, Andria? Kannst du einige Fragen beantworten?«

»Fragen Sie, was Sie wollen.« Sie sagte es mit der Sicherheit, die Nancy/Andria ursprünglich besessen hatte.

»Was ist mit Nancy geschehen, als sie ein Kind war? Warum hast du vor drei Tagen so furchtbar geschrien? Was hast du vor dir gesehen? Wer hat dir weh getan?«

Sie blickte mir gerade in die Augen, mit einer Offenheit, die ich noch nie gesehen hatte. Als ob sie sagen wollte: Heraus mit der schrecklichen Wahrheit.

»Es war ein religiöses Ritual. In der Badewanne.«

»In der Badewanne?« Ich war schockiert.

»Das war der Ort, an dem es geschah. In der Badewanne.«

»Wie alt war Nancy?«

»Es begann, als sie zwei Jahre alt war.«

»Und wer genau war Norah?«

»Sie war der Babysitter. Eine Freundin von Nancys Mutter. Sie lebte einige Häuser weiter und bot an, bei sich zu Hause auf Nancy aufzupassen, während Nancys Mutter arbeitete. Norah war geschieden und hatte keine Kinder. Manchmal behielt sie Nancy über Nacht oder übers Wochenende bei sich.«

»Kannst du mir erzählen, was bei Norah zu Hause vor sich ging?«

Nancy/Andria beschrieb die Szene: »Nancy spielte meistens bei Norah im Wohnzimmer. Norah kam herein und nahm Nancy auf den Arm. Nancy konnte den Alkohol in Norahs Atem riechen und wußte, daß es wieder passieren würde. Manchmal geschah es nicht, aber wenn Nancy Alkohol roch, wußte sie mit Sicherheit, daß es wieder soweit war.

Nancy/Andria beschrieb die Peinigerin. Sie war knapp einen Meter fünfzig groß, rundlich und fühlte sich weich an. Ihr langes, blondiertes Haar war streng frisiert, es umrahmte ein Gesicht, das einmal attraktiv gewesen war, aber jetzt vom Wahnsinn gezeichnet war. An ihren kleinen Fingern, deren Nägel lang und spitz waren, blitzten zwei Diamantringe.

Sie begann dem Kind vorzusingen: »Du bist schlecht. Du bist das Kind des Teufels.«

Das Kind begann sich zu wehren und versuchte, sich freizumachen. Aber die Frau umklammerte es noch fester. Das Kind atmete schwer und blieb still, es wagte nicht zu weinen. Die Frau nahm Nancy bei der Hand, führte sie ins Schlafzimmer und legte sie auf die gestärkte weiße Bettdecke. Zärtlich zog die Frau ihr Schuhe und Strümpfe aus, Kleid und Unterwäsche. Dann hob sie den nackten kleinen Körper vom Bett und trug das Kind ins Badezimmer.

Die Wanne wurde von einem Kreis flackernder Kerzen erleuchtet. Die Frau begann wieder ihren Gesang: »Du bist schlecht, Nancy Junior. Ich werde dich vor dem Teufel bewahren. Ich werde dich reinigen, ich werde dich rein und sauber machen.«

Das völlig verängstigte Kind gab immer noch keinen Ton von sich, sein Körper war steif vor Angst. Mit weitgeöffneten Augen starrte es die Frau an.

Die Frau hob den zerbrechlichen Körper hoch in die Luft und senkte ihn langsam in die leere Badewanne. Nancy hatte diese Szene schon öfter miterlebt und wußte, daß ihr Schweigen die Marter schneller zu Ende bringen würde.

Die Frau nahm eine der Kerzen, hielt sie nah an die Hand des Kindes, bis sie die Fingerspitzen ansengte. Es sollte ein Vorgeschmack auf das »Höllenfeuer« sein, wie sie sagte. Das Kind, das das Ritual gut kannte, schrie immer noch nicht. Die Frau stellte die Kerze zurück auf den Wannenrand. Sie nahm die Drahtbürste, die immer auf dem Waschbecken daneben lag, und die Flasche Lysol, die ebenfalls auf dem Waschbecken stand, und tränkte die Bürste mit der Flüssigkeit. Dann nahm sie das Marterwerkzeug fest in die Hand.

Sie stellte sich an den Wannenrand, beugte sich hinunter und bearbeitete Nancys Körper, bis das Blut hervortrat.

An dieser Stelle von Nancys/Andrias Beschreibung verließ mein Mann das Zimmer, weil er sich übergeben mußte. Ich wagte es nicht, mein Entsetzen zu zeigen, für den Fall, daß Nancy/Andria mich mißverstand und glaubte, es sei gegen sie gerichtet.

Ich kämpfte mit mir, ruhig zu bleiben. Ich fragte: »Wie lange dauerte das Ritual?«

»Nancy wußte es nicht. Sie fiel in Ohnmacht.«

Das mußte der Augenblick gewesen sein, in dem Nancy ihre erste Persönlichkeit, Nancy/Andria rief. Als Nancy fühlte, wie ihr Körper gemartert wurde und Blut aus ihrem intimsten Körperteil strömte, konnte sie den Angriff nicht länger bewußt ertragen. Sie schuf sich eine andere Persönlichkeit, die ihren Schmerz und die schreckliche Angst auf sich nahm.

Ihr war verboten worden, zu schreien oder zu protestieren, aber sie hatte die Macht –, die einzige Macht, die ihr geblieben war –, in ihrem Geist das Bild eines Menschen zu schaffen, der ihr zur Hilfe kam. So bewahrte sie sich ihre geistige Gesundheit.

Nancy/Andria fuhr fort: »Wenn es vorüber war, wusch Norah das Blut von Nancys Körper, von der Wanne und von ihren eigenen Händen. Sanft hob sie Nancy aus der Wanne. Das Kind konnte sich kaum auf den Beinen halten, und Norah mußte es zurück ins Schlafzimmer tragen. Bevor sie Nancy wieder anzog, gab Norah ihr ein kleines Glas Wein zu trinken, um den Schmerz zu mindern.«

Ich fragte: »Hat Nancy denn niemals ihrer Mutter oder ihrem Vater von Norahs Quälerei erzählt?«

»Sie wagte es nicht, Mrs. Peterson. Norah drohte Nancy, sie, ihre Mutter und ihren Vater umzubringen, falls sie ein Wort sagte. Norah sagte auch, daß niemand einem kleinen Mädchen glauben würde, das sich einbildete, von einem verantwortungsvollen Erwachsenen gequält zu werden. Zumal sie eine Freundin ihrer Mutter war.«

»Wie lange dauerte die Sache mit den Ritualen?«

»Als Nancy vier Jahre alt war, zog Norah in den Osten der Staaten. Nancy sah sie niemals wieder. Aber das Ritual wurde fast jede Woche einmal vollzogen, zwei Jahre lang. Es begann, als Nancy zwei Jahre war.«

Weil ich etwas nicht verstand, stellte ich die Frage: »Promise hatte doch versucht, uns zu verlassen und zu Norah zurückzukehren. Warum hatte sie diesen Wunsch?«

Nancy/Andria bemerkte dazu (ein weiser Gedanke, wie ich meine): »Ein Teil von Nancy mochte die besondere Aufmerksamkeit, die Norah ihr zuteil werden ließ. Und wenn Norah bei Nancys Eltern zu Besuch war, lobte sie Nancy immer als hübsches, wohlerzogenes kleines Mädchen.«

Ich dachte an eine achtzehnjährige Tablettensüchtige in meiner Klasse, die mir einmal gesagt hatte: »Ich kann alles ertragen, aber nicht, ignoriert zu werden.«

Nancy/Andria fuhr mit ihrer Erklärung fort: »Promise identifizierte sich mit Norah, der mächtigen, starken Person, die anderen ihren Willen aufzwang. Promise nahm Blut von dem Baby und ahmte damit das nach, was Norah Nancy angetan hatte. Promise versuchte Ihnen auf ihre Art zu zeigen, was Nancys Leiden verursacht hatte.«

Ich sagte zu Nancy/Andria: »Danke, daß du den Mut hattest, diejenige zu sein, die uns über die Ursache von Nancys Leid ins Bild gesetzt hat.«

Sie schien jetzt die Ruhe auszustrahlen, die einem Gefühlssturm folgt. Sie sagte: »Ich nehme an, daß ich der Sache eines Tages ins Gesicht sehen mußte. Ich konnte es nicht länger in meinem Innern bewahren. Die Kinder verließen mich alle. Ich wäre schließlich ganz allein gewesen.«

Ich fühlte einen gewissen Triumph, daß Nancy die Kraft gewonnen hatte, sich der Grausamkeit zu stellen, die sie gequält hatte. Sie hatte genug Glauben an ihr wirkliches Selbst gewonnen, um das Schlechte im Verborgenen zu demaskieren. Sie war stark genug geworden, um die quälende Wahrheit auf den Tisch zu bringen, ihr ins Gesicht zu sehen und sich mit ihr auseinanderzusetzen.

Die vier Wochen mit Nancy/Andria hatten zu dem endgültigen Durchbruch geführt. Ich hatte niemals zuvor so hart gekämpft und gearbeitet, um jemandem dabei zu helfen, zu überleben. Nancys Vertrauen in mich und in sich selbst hatte ihr starkes Bedürfnis, ihren Schmerz zu verstecken, besiegt. Ihren Schmerz einem anderen Menschen zu zeigen hieß, sich ganz und gar zu offenbaren – wobei ihr Leben selbst auf dem Spiel stand, weil Norah gedroht hatte, sie und ihre Eltern zu töten, wenn sie von ihren Qualen erzählte.

Nancys/Andrias Fähigkeit, dies auszusprechen, war die Belohnung für die jahrelange Arbeit von Nancys und meiner Seite. Jahre, in denen Nancy meine Stärke und Liebe ständig auf die Probe stellte. Es war, als ob sie fragte: »Bist du stark genug, meine Angst und meinen Zorn zu ertragen? Oder wirst du dich voller Ekel von mir abwenden?

Nancy/Andria war die letzte Kämpferin und ging mutig in der Schlacht unter. Der Überlebenswille in Nancy siegte über den Wunsch zu sterben und befreite sie von allen Schmerzen. Nancy/Andria, die Wächterin, hatte es zugelassen, daß die Mauer langsam zerbrach und die gequälten Kinder aus ihren psychischen Zellen befreit werden konnten und sich nicht mehr verstecken mußten.

Bevor ich Nancys/Andrias Offenbarung gehört hatte, hätte ich gesagt, daß mich nichts schockieren könnte. Aber die Tortur, die ein hilfloses Kind ertragen mußte, rüttelte mich so stark auf, daß ich zum ersten Mal den Wunsch verspürte, einen anderen Menschen, die wahnsinnige Norah, zu töten. Dem Nachbarn, der Nancy vergewaltigt hatte, hätte ich weh tun, aber ihn nicht töten können.

Als Nancy wiederkam und diese entscheidende Sitzung beendete, sagte sie zu mir: »Ich baute eine Mauer um mich herum auf und schloß mich mit den Kindern in ihrem Innern ein. Es war, als ob meine Rache in Flaschen gefüllt und in einem versiegelten Keller aufbewahrt wurde.«

Dies war eine poetische Beschreibung ihrer Notlage. Wir alle verschließen uns ja in gewissem Grad hinter Mauern. Das falsche Lächeln kann eine Mauer sein, hinter der wir uns verstecken. Oder wir überarbeiten uns, leiden an psychosomatischen Krankheiten, essen zuviel oder hungern.

An diesem Abend, als Lawrence und ich uns auszogen, um zu Bett zu gehen, war ich diejenige, die besorgt fragte: »Geht es dir gut?«

»Es war unglaublich«, sagte er. »Ich konnte es einfach nicht länger ertragen. Ich begreife nicht, wie du es konntest.«

»Es war ein Sieg, keine Niederlage«, sagte ich. »Die Qual, die brutalen Handlungen, der Zorn in Nancy, all das mußte herauskommen, bevor sie gesund werden konnte.«

»Ich werde diese Schreie niemals vergessen«, sagte er. »Als ob sie um ihr Leben kämpfte.«

»Das tat sie ja auch«, sagte ich. »Es ging um ihr psychisches Leben.«

Als ich versuchte einzuschlafen, wurde ich von den Szenen aus Nancys Leben als gequälte Zweijährige verfolgt. Wie sie still den Babysitter anbettelte, sie nicht auszuziehen, ihr nacktes Fleisch nicht den brennenden Kerzen und den Qualen der lysolgetränkten Bürste auszusetzen. Immer im Kreis, immer mehr Blut, immer mehr Schreie. Und nach den Qualen ein kleines Glas Wein, um den Schmerz zu lindern.

Die kleine Nancy konnte nicht wissen, was das Ritual bedeutete. Sie fühlte nur den Angriff auf den empfindlichsten und intimsten Teil ihres Körpers. Und die Bedrohung mit dem Tod, falls sie irgendeiner Seele davon erzählte.

22. 1984–1986

Nancy erkannte jetzt, daß sie sich die Persönlichkeiten in Augenblicken des Schmerzes, die sie nicht ertragen konnte, als Retter geschaffen hatte. Sie hielten sie davon ab, in die Welt hinauszuschreien: »Man hat mich verletzt, man hat mich geschlagen, man hat mich betrogen.« Es ist Betrug, wenn ein Erwachsener den Körper eines Kindes mißbraucht und das Kind daran hindert, das freie Erblühen des emotionalen Geistes erleben zu lassen.

Jetzt verstand ich auch die Hinweise, die die Persönlichkeiten mir gegeben hatten. Nancy/Jennifer, die Lysol geschluckt hatte, um sich umzubringen. Nancys Verbot, Nancy/JR. auszuziehen, um sie zu baden. Nancys panische Angst vor Haarbürsten. Nancy/Andria, die stundenlang fasziniert in einem dunklen Raum vor einer brennenden Kerze saß. Nancy/Promise, die eine weibliche Figur malte, sie dann mit schwarzer Kreide überkritzelte, während orangefarbene Flammen aus einer anderen weiblichen Figur loderten – Nancys Gefühl nach Norahs tätlichem Angriff.

Bis auf den heutigen Tag beginnt Nancy zu bluten, wenn sie sich an die Szenen mit Norah erinnert, so wirklich und dauerhaft ist die schmerzliche Erinnerung. Nancy litt wie die gequälten Menschen in Vietnam, mit dem Unterschied, daß sie ihre Qual als Kind erlitt, zu einer Zeit, als sie körperlich und geistig viel verletzlicher war und keine Möglichkeit hatte, sich gegen die Peiniger zur Wehr zu setzen.

Nach Andrias Offenbarung brauchte Nancy Zeit, um mit ihrem neuen Wissen von dem sexuellen Mißbrauch Frieden zu schließen. Sie mußte nun das durchleben, was die Persönlichkeiten für sie ertragen hatten, als sie zum Vorschein kamen. Der psychische Heilungsprozeß würde Monate in Anspruch nehmen, ja sogar die nächsten Jahre, bevor sie die schreckliche Vergangenheit anerkennen und akzeptieren konnte.

Damit sie die Schmerzen ertragen konnte, bat sie mich manchmal, bei mir übernachten zu dürfen. Einmal wurde ich um Mitternacht von schrecklichen Schreien geweckt, die so durchdringend waren wie während der entscheidenden Sitzung mit Nancy/Andria. Ich rannte in Nancys Schlafzimmer und hörte, wie sie flehte: »Nein! Nein! Nein!« Anschließend stieß sie wieder diese furchtbaren Schreie aus. Ich rüttelte sie wach, nahm sie in den Arm und sagte: »Alles ist in Ordnung, Nancy. Es ist gut. Du bist jetzt sicher.« Zumindest fand Nancy durch ihre Alpträume ein Ventil für die Hölle, die in ihrem Innern brodelte. Sie selbst faßte ihr Leben treffend mit diesen Worten zusammen: »Als ich klein war, hatte ich zuviel Angst, irgend etwas zu sagen. Und ich habe diese Angst nie verloren.« Nancy/Promise veränderte sich merklich nach Nancys/Andrias Offenbarung. Sie gab ihr altes »Versprechen« auf, da sie Norahs Forderung nach ewigem Schweigen nicht länger erfüllen mußte. Sie mußte nicht länger befürchten zu sterben, wenn sie von dem abscheulichen sexuellen Mißbrauch erzählte. Sie gestand: »In mir steckt eine schwarze Masse, die verhindert, daß mir warm wird. Mir ist immer kalt.« Es war das Gefühl, das Nancy in Norahs Badewanne gespürt hatte. Ein Angstschauder.

Der schwarze Tod, Norahs Drohung, sie zu töten, wenn sie etwas erzählte. Vieles hat symbolische Bedeutung, wenn in so frühen Jahren dem Körper oder dem Geist Schaden zugefügt wird, dachte ich.

Ich schlug vor: »Versuche die Masse loszuwerden, indem du dich übergibst.« Auf diese Weise konnte ich die Symbolik weiterverfolgen.

Ich nahm sie mit ins Badezimmer und ermutigte sie, ihre

Angst, ihren Ekel und ihren Zorn zu erbrechen. Während sie meinem Wunsch nachkam, sagte sie: »Ich tu es, um Norah loszuwerden.« Sie lehnte sich über das Waschbecken, hustete und sagte: »Jetzt bewegt sich die Masse noch einen Zentimeter weiter nach oben«, und zeigte auf ihr Herz. Und dann: »Jetzt ist sie einen Zentimeter näher an meinem Hals.« Und schließlich: »Jetzt spucke ich sie ins Waschbecken.«

Wir mußten noch mit einer neuen Persönlichkeit arbeiten, einem Zerstörer namens Nancy/Ricky. Er wollte Nancy töten, so wie Nancy/Jennifer es versucht hatte. Wir mußten Nancy/Ricky dabei helfen, seinen Todeswunsch aufzugeben. Einmal wälzten wir beide uns sogar während eines Kampfes auf dem Boden. Ich konnte ihn nur niederhalten, indem ich mich auf ihn setzte. Ich verlangte: »Du darfst Nancy nicht töten. Du mußt diesen Wunsch aufgeben. Du mußt Verantwortung übernehmen.«

Er unternahm einen letzten verzweifelten Versuch, sie zu töten, indem er versuchte, sie zu integrieren. Er wollte derjenige sein, der die Macht besaß. Zu dieser Zeit wurde Nancy in der *Voorman Clinic* getestet. Ihr Intelligenzquotient betrug 166, und ich war nicht gewillt, ein solch hohes Maß an Intelligenz vor die Hunde gehen zu lassen.

Eines Nachts beschrieb Nancy ihre Gefühle während eines Kampfes mit Nancy/Ricky, in dem er durch okkulte Mittel versuchte, sie zu zerstören:

Plötzlich sah ich Lichtblitze. Es fühlte sich an, als ob sie meine Augen versengten. Etwas griff nach meinem Kopf, und ich hatte das Gefühl, daß es ihn zerschmettern wollte. Mein Körper schien einen eigenen Willen zu besitzen, er bewegte sich und wurde wie durch eine mächtige, saugende Kraft fortgerissen. Ich spürte, wie ich mich wahnsinnig schnell drehte. Ich hatte das Gefühl, eine Kraft zu verlassen und von einer anderen angezogen zu werden.

Ich wollte meiner Mom sagen, daß ich in Gefahr war und daß sie, wer sie auch sein mochten, mir weh tun wollten. Ich wußte, daß ich in Sicherheit sein würde, wenn ich den Kampf nicht aufgab. Jeder Atemzug war ein Kampf. Ich wußte irgendwie, daß es wichtig war zu atmen, und deshalb kämpfte ich noch stärker, um meine Lungen zu füllen. Ich versuchte zu sprechen, aber ich hatte das Gefühl, als ob mein Mund voller Sand sei. Aber irgendwie hatte ich genug Kraft, auszusteigen.

Dies war nicht nur die Beschreibung ihres Kampfes, um Nancys/Rickys Überfall zu überleben, sondern auch eine Wiederholung der ersten Angriffe von Norah. Das »brennende« Gefühl, das Gefühl von »Panik«, hervorgerufen durch die »Lichtblitze«, das Bewußtsein, daß jemand versuchte, ihr weh zu tun, und die Erkenntnis, wie wichtig es war, nur »zu atmen«, damit sie am Leben bleiben konnte. Dies waren die gefährlichen Empfindungen, die die kleine Nancy gezwungen hatten, ihre ersten Persönlichkeiten zu erschaffen.

Nancy/Andria faßte auch ihre Erinnerung an diese Nacht in Worte, als sie mir schrieb: »Nancy war völlig daneben. Ich merkte, daß sie mit all ihrer Kraft darum kämpfte, nicht wahnsinnig zu werden, und als sie endlich den Kampf gewann, bekam sie diese furchtbaren Kopfschmerzen. Ich konnte spüren, wie ihre Gegenwart immer stärker wurde. Wir in ihrem Innern waren alle aufgeregt. Wir schrien: ›Los Nancy, du schaffst es!‹«

Das bedeutete, daß alle anderen Persönlichkeiten sich mit mir zusammengetan hatten, um Ricky zu bekämpfen, sie waren nicht mehr meine Gegner, sondern Mitarbeiter im selben Team, in einem Team, das die Wahrheit suchte. Ich liebte die Persönlichkeiten nicht nur als Teil von Nancy, sondern jede für sich. Natürlich wußte ich, daß sie Teile von Nancy waren, aber emotional sah ich sie als einzelne Personen. Ohne meine Helfer hätte ich keinen Erfolg gehabt, vor allem nicht ohne die Teile in Nancy, die überleben wollten. Manchmal waren sie mir sogar um einiges voraus. Nancy gelang es immer, ihren und meinen Mut aufrechtzuerhalten, wenn ich mich auch im Augenblick geschlagen fühlte. Ich bin keine Heilige, und es gab Zeiten tiefer Verzweiflung und den Wunsch aufzugeben.

Es gab auch diesen Moment der Erleuchtung, als Nancy/Laureal mir Nancys/Regans Verhalten erklärte. Sie wies darauf hin, daß Nancy/Regan eine der Trägerinnen von Nancys starkem Zorn war. Dies zeigte sich an Nancys/Regans unaufhörlicher Zerstörungswut für alles, was sie in die Finger bekam, einschließlich der Tapete.

Nancy/Laureal schrieb mir: »Regan hat eigentlich nie richtig gespielt. Sie wurde auch nie zärtlich in den Arm genommen. Sie erfuhr nie etwas wirklich Positives.« Nancy erzählte mir, wie sie sich als Kind gefühlt hatte, jetzt, da sie durch Nancy/Regan »den Mut bekam, ihren Zorn zu zeigen«.

Das Jahr 1985 nahm einen traurigen Anfang, als Harold am 31. Januar an Komplikationen nach einer Darmkrebserkrankung starb. In den vergangenen Jahren hatte er siebzehn fortschreitende Amputationen an seinen Beinen hinnehmen müssen, hatte aber nie seinen Lebenswillen oder seinen Wunsch aufgegeben, mehr über den menschlichen Geist zu erfahren.

Im Frühjahr 1985 freute ich mich, wieder von Nancy/Sarah zu hören, die lange fortgewesen war:

Liebe Mutter,
wenn wir den Fortschritt insgesamt betrachten, sind wir sehr stolz. Wir spüren, daß Deine therapeutische Hilfe sehr erfolgreich war, vielleicht bis zu einem Punkt, den andere Persönlichkeiten nie wirklich erreicht haben. Wenn Du zurückdenkst, wirst Du erkennen, welches Ausmaß der sexuelle Mißbrauch und das Trauma hatten, den unsere eine gemeinsame Person ertragen mußte. Trotzdem hast Du geholfen, einen fast erwachsenen Menschen zu schaffen, der wirklich stark ist und anderen etwas geben kann. Wir leben jetzt in einer Realität, in der es keine psychotischen Symptome mehr gibt, die früher einmal unsere Zukunft waren.

Du hast einen Menschen, der vergewaltigt, geschlagen, niedergestochen, gekidnappt, in Anstalten eingewiesen und zum Selbstmord getrieben wurde, soweit gebracht, daß er jetzt mit der Gesellschaft in der Wirklichkeit in einer Wechselbeziehung steht und anderen Menschen viel anzubieten hat, wenn Nancy sich erst mal ihrer Fähigkeiten bewußt wird. Obwohl wir wissen, daß Du all diese Dinge, die geschehen sind, kennst, und wir daher möglicherweise Überflüssiges sagen, erwähne ich es zur Erinnerung an die großartige Arbeit, die Du geleistet hast. All dies in der Hoffnung, daß Du hier nicht aufhörst. Unsere Gedanken waren bei den anderen Kranken in Kentucky, die wir dort kennengelernt haben, und bei den Hunderten oder sogar Tausenden, die in dieser Welt ohne irgendeine Hoffnung existieren. Wahrscheinlich befinden sie sich im Gefängnis, in Erziehungsheimen oder Nervenheilanstalten. Es handelt sich wahrscheinlich um hochintelligente, talentierte, sensible Menschen, die in dieser Welt einen wertvollen Beitrag leisten könnten.

Persönlich müssen wir noch ein Stück des Weges gehen, aber das Schlimmste ist vorüber. Und selbst wenn wir hier einhalten würden, wären wir durch Deine Arbeit vielen »geistig gesunden« Menschen, die an keiner Geisteskrankheit gelitten haben, voraus. Selbst die Ärzte in der *Voorman Clinic* waren über unser Bewußtsein und unsere Fähigkeit zu funktionieren überrascht, sie schrieben dies in erster Linie Deiner Unterstützung zu. Deine Arbeit mit uns wurde ihre Richtlinie, und sie hatten bei ihrer beruflichen Arbeit immer Respekt vor Dir, wie vor sonst niemandem. Wie wir erfahren haben, dauert es Jahre, bis sich unser spezieller Zustand »heilen« läßt. Wir haben Glück, daß wir möglicherweise noch sechzig bis siebzig Jahre vor uns haben, die wir als »wirkliche« Menschen leben können.

Du hast ein Naturtalent, das sehr selten ist, und das ist nicht nur unsere Meinung. Es ist sehr wichtig für uns, daß Du Deine Geschichte aufschreibst und andere an Deinem Wissen teilhaben läßt, bevor es ein anderer tut, denn wir wollen, daß sie so erzählt wird, daß sie anderen nützen kann. Denn weil Du wahrhaftig unsere Mutter bist, haben wir den Durchbruch erreicht und hatten zusätzliche Erfahrungen, die man vielleicht nur schwer nachahmen kann. Aber das Grundlegende wurde in jeder einzelnen Beziehung entdeckt und das Beste der beiden – von Dir und von uns – konnte zusammen verwendet werden.

Wir haben die Integration als vollständige »Heilung« als unser Ziel nicht aufgegeben. Wir wissen, daß wir diesen Erfolg brauchen, um ganz zu funktionieren.

Alles Liebe,
Sarah

Nancy/Sarah schrieb von »Integration«, niemand war verschwunden, niemand war gestorben. Die Persönlichkeiten waren immer noch ein Teil Nancys, aber sie waren sich ihrer Abtrennung bewußt, sie konnten nicht länger Macht über den Körper ausüben, sie hatten alle Kontrolle verloren. Nancy hatte jetzt die Fähigkeit, eine Künstlerin oder Athletin zu werden (wie Nancy/John), durfte sexuelle Wünsche ausdrücken (wie Nancy/Sherry) und kannte ihre eigene Vollständigkeit und das Wissen um ihr Selbst (wie Nancy/Sarah).

Ein dramatischer Traum, von dem Nancy/Sarah berichtete, offenbarte Veränderungen, die in Nancy vorgingen. Sie nahm jetzt ihre Angstgefühle und feindliche Empfindungen leichter an.

Nancy geht zur Grundschule. Sie ist mit einem anderen Mädchen zusammen, möglicherweise ihrer Schwester. Sie sitzen auf einem Grashügel. Sie unterhalten sich einige Minuten, als plötzlich eine große Menschengruppe hinter einem Gebäude auftaucht und auf sie zuläuft. Die beiden Mädchen stehen auf und sehen, daß die Leute bewaffnet sind. Nancy dreht sich um und sagt es dem anderen Mädchen. Dieses antwortet völlig ruhig: »Ich weiß.«

Die Leute langen bei den Mädchen an und stoßen Nancy zu Boden. Viele stechen wiederholt auf sie ein. Ein Mann mit schweren Stiefeln tritt ihr mehrmals in den Magen. Eine Frau mit einem Stein beginnt, Nancys Kopf und Gesicht zu zerschmettern. Ein Junge stößt lange Nadeln in ihren Körper. Nancy fühlt Angst, aber keinen Schmerz. Sie schreit »Julie-Renee!« und sieht, wie das Mädchen über ihr steht und sie beobachtet. Nancy bemerkt, daß die Leute das andere Mädchen nicht berühren. Sie flüstert: »Meine Mutter. Julie-Renee, geh zur Schule und hol meine Mutter. Sie wird ihnen Einhalt gebieten. Beeil dich, Julie-Renee; ich blute, ich werde sterben!« Wieder antwortet das Mädchen: »Ich weiß.« Aber sie rührt sich nicht von der Stelle.

Nancy merkt, daß das Blut, das aus ihrem Körper strömt, um die Füße ihrer Freundin herumfließt. Ihre Freundin scheint traurig zu sein, aber nicht wirklich betroffen von dem, was geschieht. Nancy bettelt: »Bitte, Julie-Renee, sag, sie sollen aufhören!« Das Mädchen dreht sich um und geht weg. Nancy schluchzt: »Mrs. Peterson! Momma!« Dann kommt ein junges Mädchen und schüttet ihr Säure in den Mund. Nancy stirbt.

Julie-Renee lehnt an einem Baum, bricht in Tränen aus, und Carmen erscheint. Der Traum ist vorüber.

Dieser Traum war sehr bemerkenswert, weil Nancy jetzt, wie die meisten von uns, in der Lage war, verschüttete Erinnerungen in Träumen zurückzubringen, in denen das Unterbewußtsein sich uns verschlüsselt mitteilt. Sie mußte nicht länger Carmen sein, die unter Muskelkrämpfen litt, sie konnte das »Sicherheitsventil« des Verstandes benutzen, wie Freud das Unbewußte beschrieb. Sie mußte die Erinnerung an vergangene Dinge, die zu unerträglich für ihr Bewußtsein gewesen waren, nicht mehr verneinen.

Der Traum zeigte die Grausamkeit der anderen, die sie zu Boden stießen und sie »wiederholt« niederstachen. Ein Mann »mit schweren Stiefeln« tritt ihr in den Magen, wie es der Peiniger im Echo Park getan hatte. Eine Frau mit einem Stein »beginnt, ihren Kopf und ihr Gesicht zu zerschmettern«. Norah hatte nicht ihren Kopf oder ihr Gesicht angegriffen, sondern ihre weibliche Identität und das Ich ihres Körpers, ihren Sinn für das Selbst. Ein Junge »sticht lange Nadeln in ihren Körper«, so wie sie die Vergewaltigung durch den Nachbarn mit sechs Jahren empfunden haben mag. Nancy erlebt im Traum nur »Angst«, aber keinen Schmerz – den Schmerz hatten ihre Persönlichkeiten auf sich genommen.

Nancy stellt sich in ihrem Traum vor, daß sie tot ist. Der Teil unseres Unbewußten, dessen wir uns im Geist bewußt werden können, kennt den Begriff des Todes nicht, wie Freud sagt. Wir meinen, ewig zu leben. Aber möglicherweise gibt es Tiefen im Unbewußten, in denen die Bedrohung durch den Tod real scheinen mag, wie es bei Nancy der Fall war. Vielleicht weil die Bedrohung in ihrem frühen Leben so wirklich gewesen war.

Der Tod verfolgte sie täglich, er war wie ihr eigener dunkler Schatten. Im Alter von zwei Jahren und danach war Nancys Alptraum kein Traum. Er beruhte auf tatsächlichen Angriffen. Nach Norahs Brutalität verwandelte sie sich in ein Babyzombie – der Traum endet, als Nancy/Julie-Renee »sich an einen Baum lehnt, in Tränen ausbricht und Carmen (das Zombie-Baby) erscheint«.

Als das Jahr 1986 langsam herannahte, schrieb Nancy/Andria, kurz bevor sie sich integrierte:

Liebe Mom,
ich wollte mich eigentlich von Dir persönlich verabschieden, aber die Zeit scheint nicht zu reichen. Morgen früh werde ich mich wahrscheinlich schon integriert haben. Ich weiß, daß ich es diesmal schaffen werde, weil ich mich in meinem Innern so gut fühle. In gewisser Weise waren die letzten beiden Monate schwieriger als je zuvor. Ich kann mich daran erinnern, daß ich Dich bekämpft habe, und so ängstlich, wie ich war, wußte ich, daß ich sterben mußte, wenn ich nachgab. Es erübrigt sich zu sagen, daß ich unrecht hatte. Ich wurde von Angst und Zorn befreit.
Ich möchte Dir ein kleines Geheimnis verraten. Als ich vier Jahre alt war, versteckte ich immer Essen. Ich habe es nie gegessen, sondern nur gehortet. Ich habe Nahrung mit Liebe gleichgesetzt. Heute gebe ich mehr darum, in den Arm genommen zu werden, als ein Erdnußbutterbrot zu haben!
Durch Deine Liebe und Anleitung war ich in der Lage, in meine Vergangenheit zurückzugehen und meine Ansicht über die Welt und mich selbst zu ändern. Ich bin jetzt ein glücklicherer Mensch, Mom, ich kann mein Leben kontrollieren und freue mich auf eine schöne Zukunft. Ich fühle, daß ich »mein eigener Herr« bin. Ich erzähl' Dir dies alles, weil Du wissen sollst, wie stolz ich darauf bin, Deine Tochter zu sein, und wie wichtig Du in meinem Leben bist.
Ich bin bereit, mich zu integrieren. Es ist komisch, alles zurückzulassen, wenn soviel vor sich geht, aber ich habe wohl keine andere Wahl. Ich hoffe, daß ich von dem Ort aus, an dem ich sein werde, Nancy helfen kann.
Ich bin stolz auf die, die so erwachsen geworden sind, daß sie Dich und mich nicht mehr brauchen. Ich hoffe, Du wirst nicht Deinen eigenen Stolz

über das, was Du erreicht hast und was Du diesen Kindern bedeutet hast, vergessen. Sie sind jetzt zu starken und guten Menschen herangewachsen. Niemand wird je in der Lage sein, sie dessen zu berauben. Und was Du gegeben hast, wird immer durch Nancy weiterleben. Für Dich hoffe ich, daß Du niemals diesen fürsorglichen, einfühlsamen Teil Deines Selbst verlieren wirst, der wirklich an ein Wunder grenzt. Ich bin froh, daß Du diejenige warst, durch die ich Liebe erfahren habe. Danke.
Auf Wiedersehen,
Andria

Es dauerte ein Jahr, bis Nancy mit ihrer Mutter über die schrecklichen Erlebnisse in ihrer frühen Kindheit sprechen konnte. Ich verstand diese Verzögerung. Es gab Zeiten, zu denen sie die Wirklichkeit gar nicht anerkannte, aber ich wartete wie bei einem Kind, bis sie in der Lage war, sich zu dem zu bekennen, was Einbildung war, und zu dem, was wirklich geschehen war.

Als Nancys Mutter erfuhr, wie ihre Tochter unter Norah gelitten hatte und später durch den Mann, der einige Häuser weiter entfernt gelebt hatte, sagte sie mir: »Nancy hat mir nie den leisesten Hinweis darauf gegeben, was sie ertragen mußte. Oft weinte sie, wenn es an der Zeit war, zu Norah zu gehen. Ich habe einfach angenommen, daß sie nicht den ganzen Tag von mir weg sein wollte. Als Nancy mir erzählte, was geschehen war, waren die Gefühle, die in mir wüteten, unbeschreiblich. Warum hatte ich nicht erkannt, was vor sich ging? War ich denn völlig blind? War ich völlig mit der Arbeit beschäftigt, die ich jeden Tag zu tun hatte, in meinem Beruf und in Haushalt und Familie, daß ich nicht sah, was im Leben meiner Tochter vor sich ging?«

Sie war erschöpft und legte eine Pause ein, bevor sie fortfuhr: »Was Nancy als kleines Kind ertragen mußte, war ein solcher Schock für mich, daß ich nicht glaube, daß ich jemals in der Lage sein werde, ihn zu überwinden. Die Qual und der sexuelle Mißbrauch, den Norah an meiner Tochter beging, gehen weit über das hinaus, was jemals in einem Horrorfilm gezeigt wurde. Diese Frau hat meiner Tochter angetan, was sie wollte, und ihr Schaden zugefügt. Sie redete Nancy ein, daß sie sterben würde und ihr Vater und ich ebenfalls, wenn sie es irgend jemandem erzählte.«

Dann sagte Nancys Mutter mit Dankbarkeit in der Stimme: »Wenn Sie nicht in das Leben meiner Tochter getreten wären, hätte das bedeutet, daß sie den Rest ihres Lebens in einer Nervenheilanstalt für hoffnungslos Geisteskranke verbracht oder Selbstmord begangen hätte. Nancy hätte es ohne Ihre völlige Hingabe, Entschlossenheit, Ihren Mut, Ihre Geduld und Energie nie geschafft. Sie haben jahrelang weitergemacht, als die Ärzte sie schon aufgegeben hatten. Wie kann ich Ihnen jemals danken, daß Sie sich so lange aufgeopfert haben?«

Sie schloß: »Es war manchmal überwältigend, aber ich sehe, wie glücklich ich mich preisen kann. Meine Tochter lebt. Denken Sie nur an die vielen Eltern, die ihre Kinder durch Drogen verloren haben, oder die Kinder, die vermißt werden und nie wieder auftauchen, oder die Jugendlichen, die von irgendeinem militärischen Konflikt in der Fremde nicht wieder zurückkehren.«

Ich verstand jetzt, woher Nancy die Kraft nahm, nicht nur das zu ertragen, was sie erlitten hatte, sondern auch mit der Höllenqual fertig zu werden und sie zu besiegen, damit sie sich nicht länger auf geheime Wesen verlassen mußte, die sie vor den Feinden draußen und in ihrem Innern schützten. Diese neue Kraft zeigte sich, als sie im Februar 1986 in *The Oprah Winfrey Show* erschien, nachdem wir beide nach Chicago geflogen waren. Ich war sehr stolz auf sie, sie war sehr gelassen und auffassungsfähig. In ihrer weinroten Jacke und beigefarbenen Hose sah sie schlank und elegant aus. Ich war beeindruckt von ihrer Fähigkeit, sich auszudrücken. Sie sprach aus dem Herzen, ihre Stimme war sanft, aber fest, man konnte jedes Wort verstehen.

Nancy erzählte den Zuschauern: »Ich war ein sehr stilles Kind und beschwerte mich nie. Ich wußte nicht, wie man weinte, besonders dann nicht, wenn ich in Gefahr war. Ich war in vielen Heilanstalten, in einigen nur für einige Tage. Mehrmals wurde mir eine Zwangsjacke verpaßt, weil man glaubte, ich sei eine wild gewordene Verrückte. Man sagte mir: ›Wir können es nicht darauf ankommen lassen.‹«

Als Miss Winfrey sie fragte, wann sie sich zum ersten Mal an den sexuellen Mißbrauch in ihrer Kindheit erinnerte, erwiderte Nancy: »Als meine Therapeutin Emily Peterson mir ständig ein

Feedback auf das gab, was ich tat. Zuerst lernte ich langsam zu beobachten. Es war ein tiefgreifender Prozeß, während ich mir Schritt für Schritt bewußt wurde, was geschah. Schließlich gelang es mir, mehr Kontrolle über mein Leben zu haben.« Sie fügte hinzu: »In meinem Innern herrschte Krieg. Es ging darum, wer die Macht haben sollte, welche Persönlichkeit schließlich als Sieger hervorgehen würde. Wer ›draußen‹ war und im Augenblick die Kontrolle hatte, bei Tag und bei Nacht.«

Oprah bat mich, einige Worte zu sagen. Ich erklärte, daß sexueller Mißbrauch von Kindern meistens die Ursache für die Entwicklung einer multiplen Persönlichkeit ist. Das Opfer erschafft die Persönlichkeiten als Verteidigung gegen unerträgliche Erlebnisse, die es möglicherweise sonst um den Verstand bringen. Die Persönlichkeiten dienen auch dazu, seine Qual, seinen Zorn und seine Rachegefühle auszuleben. Jede Persönlichkeit zeigt andere Aspekte der Kernpersönlichkeit – ihre Angst, ihren Zorn, normales sexuelles Verlangen. Weil die frühen Angriffe Nancy an ihrer normalen emotionalen Entwicklung hinderten, stellten sich ihre kindlichen Wünsche in Verhalten wie Drogenmißbrauch oder Alkoholismus dar, sie gaben ihr die Illusion, zeitweilig nicht in Gefahr zu sein.

Dr. Bennett G. Braun, der in Chicago lebt und Präsident der Internationalen Gesellschaft für das Studium multipler Persönlichkeiten ist, war auch während des Programms anwesend. Anschließend begrüßte er uns und sprach mit mir wie mit einer Kollegin. Ich war hocherfreut, seine Zustimmung zu erhalten. Er gab mir die Kopie eines noch nicht veröffentlichten Artikels. Als ich ihn las, war ich erstaunt, wie oft ich mich genauso verhalten hatte, wie er es dem Therapeuten riet.

Durch meinen Beruf als Lehrerin erfuhr ich, daß doch eine Reihe von Schülern den Mut haben zuzugeben, daß sie von Eltern oder anderen Erwachsenen mißbraucht worden waren. Wir alle besitzen den Trieb, schändliche Handlungen zu begehen, aber die meisten führen sie nicht aus. Einige Erwachsene sind der Auffassung, daß man mit einem Kind alles tun kann, weil es sich noch nicht dessen bewußt ist, was mit seinem Körper und Verstand passiert. Diese Erwachsenen erkennen nicht, daß ein Kind all das fühlen kann, was auch ein Erwachsener fühlt. Der einzige

Unterschied besteht darin, daß ein Kind seine Gefühle nicht ausdrücken kann oder Angst davor hat, wie es bei Nancy der Fall war. Wenn man ein Kind so quält, wie Nancy gequält wurde, macht man es für immer zu einem psychischen Krüppel. Wir leben in einer gewalttätigen Welt, in einer rücksichtslosen Gesellschaft. Gewalt existiert in vielen amerikanischen Familien. Ich glaube, daß ein hoher Prozentsatz der Amerikaner Sex als Ausdruck von Gewalt mißbrauchen, um anderen Menschen ihren Willen aufzuzwingen, nicht als einen Akt der Liebe, sondern des Hasses.

Eins meiner Lieblingsstücke ist Arthur Millers *Hexenjagd*. Es hat etwas Großartiges, wenn John Proctor, der Held, mit seinem Gewissen kämpft und schließlich aufgrund seiner Rechtschaffenheit als Sieger hervorgeht. Ein weiterer Charakter, den ich bewundere, ist Beckett in dem gleichnamigen Schauspiel von Anouilh, da seine Rechtschaffenheit ebenfalls über ein scheinbar unüberwindbares Hindernis siegt.

Ein Teil der Heldenhaftigkeit im Menschen ist sein Wille, anderen, die weniger begünstigt sind, zu helfen. Ich fragte mich, warum die Lehrer in den ersten Schuljahren nicht erkannten, daß Nancy Hilfe brauchte, als sie versagte. Besonders dann, als Nancy/Sarah ein Jahr lang herauskam und Nancys schlechte Noten sich plötzlich in Einsen verwandelten. Nancy erinnert sich daran, daß sie eine Ausstellung besuchte, auf der mehrere Bilder mit ihrem Namen signiert waren, obwohl sie sich nicht daran erinnern konnte, sie jemals gemalt zu haben. Ich hoffe, daß in unseren Schulen emotionale Störungen bei Schülern einschließlich Fällen von multiplen Persönlichkeiten durch Berater und Lehrer, die speziell dafür ausgebildet sind, früh erkannt werden.

Unsere Geschichte zeigt, wie langsam man die Verletzbarkeit von Kindern erkennt und sieht, wie akut ihr Bedürfnis nach Liebe, Respekt und Schutz ist. Man scheint sich zu wenig bewußt zu sein, daß die Qual, die einen Zwei- oder Dreijährigen verfolgt, dieselbe Qual ist, die ihn auch noch als Dreißig- und Vierzigjährigen verfolgt.

Wenn der Körper und der Geist eines Kindes geschändet werden, wie es bei Nancy der Fall war, ist dies für das emotionale

Gleichgewicht des Kindes viel gefährlicher, als wenn das gleiche mit einem Erwachsenen geschieht, denn dieser ist eher in der Lage, mit derartigen Qualen fertig zu werden. Nancy ließ nie zu, daß sie Zorn fühlte, sie mußte den übermächtigen Zorn, der auf die Mißhandlung folgte, negieren und unterdrücken.

Ich half ihr, ihrem Zorn ins Gesicht zu sehen, ich gab ihr auch das Gefühl etwas »Besonderes« zu sein. Ich war für sie da, ich kümmerte mich um sie, glaubte daran, daß sie es wert war, und schließlich begann sie, mehr Selbstwertgefühl zu entwickeln. Aber die endgültige Heilung lag bei Nancy, denn die Heilung muß immer von innen kommen. Das einzige, was ich tun konnte, war, sie dabei zu ermutigen, ihre normale Kraft zu gebrauchen. Ich wußte, daß sie ein großes Potential hatte, sich selbst zu verstehen. Es zeigte sich in dem, was sie schrieb und in der sensiblen, genauen Beobachtungsgabe von Nancy/Sarah und Nancy/Andria, den Helfern. Ihre Auffassungsgabe und ihr Mut wurde im Innern von Nancy registriert und ging von ihr aus.

Ich freute mich sehr, als Nancy eines Tages zu mir sagte: »Ich habe genug davon, immer nur auf Eierschalen zu laufen. Das war meine Art, mit meiner Qual fertig zu werden. Ich bin froh, daß ich Ihnen vertrauen konnte, damit ich ein besseres Leben führen durfte.«

Heute nimmt Nancy an der Therapie bei einer Frau teil, die ich bewundere und respektiere. Deborah R. Kidwell ist eine Soziologin, die im benachbarten Claremont lebt. Die Therapie, die Nancy macht, wäre ohne die jahrelange Arbeit, die wir beide auf uns genommen haben, nicht möglich gewesen. Zuerst mußten die Persönlichkeiten sich integrieren. Nancy mußte das Gefühl haben, daß sie sie nicht länger brauchte, daß sie die Verantwortung für ihre Gefühle übernehmen konnte und ihre gefährlichen Triebe unter Kontrolle hatte.

Von der neuen Therapie erwarte ich, daß Nancy sich mehr zu ihrem berechtigten Zorn bekennt, daß sie ihn als Teil ihres Lebens akzeptiert und von dort aus weitermacht. Sie muß dann nicht mehr ihre Energien darauf verwenden, ihren Zorn zurückzuhalten, wofür sie bisher einen furchtbar hohen Preis gezahlt hat, sondern kann sie für kreative und schöne Betätigungen verwenden.

Nancy und ich träumen davon, eine Klinik für emotional geschädigte Menschen zu eröffnen. Ich würde mich gern um Therapie und Atmosphäre kümmern und die Verwaltung anderen überlassen. Ich möchte Behandlungsmöglichkeiten finden, so wie ich es bei Nancy getan habe, Behandlungen, die, was Zeit und Kraftaufwand betrifft, effektiver sind als herkömmliche. Man kann nicht beliebig viele multiple Persönlichkeiten im Leben behandeln. Der Schaden, der ihnen zugefügt worden ist, erfordert äußerste Anstrengung.

Ich glaube auch, daß es bei der Behandlung multipler Persönlichkeiten einer Elternfigur und eines Therapeuten bedarf. Es wäre ideal, wenn der Therapeut nicht beide Rollen übernehmen müßte, wie es bei mir der Fall war. Der Therapeut muß in der Lage sein, während der Therapie eine objektive Haltung zu bewahren, und darf sich nicht als Mutterersatz persönlich betroffen fühlen. Die Therapie kann dann für alle Betroffenen in einer, vom emotionalen Standpunkt aus gesehen, weniger komplizierten Form viel schneller Fortschritte machen.

Mein Lohn für die Jahre, in denen Nancy und ich zusammengearbeitet haben, war ein Brief, in dem sie sich für das, was ich für sie getan habe, bedankte:

Ich weiß, daß Sie von mir und »meinen Leuten« wahrscheinlich schon tausendmal gehört haben, daß ich Sie liebe, aber die Liebe, die wir Ihnen geben, ist echt, sie ist das Größte, was wir besitzten. Ich möchte, daß Sie wissen, warum ich Sie liebe. Ich liebe Sie zuerst einmal als individuellen Menschen, weil Sie eine Frau sind, die ich respektieren und bewundern kann. Ich bewundere Ihre Entschlossenheit und Vitalität. Ich wünschte, daß ich nur die Hälfte Ihrer Energie besäße. Für mich sind Sie ein Mensch, der an seinen Grundsätzen und Überzeugungen festhält. Ich sehe Sie als junge, lebhafte, schöne Frau, die durch ihre starke Anteilnahme anderen helfen kann. Und ich weiß jetzt, wie gut es für mich ist, daß Sie von Ihrem eigenen Ich geben.

Ich liebe Sie, weil Sie für mich da sind, weil Sie mich nicht verlassen haben. Ich liebe Sie, weil Sie sich so um mich gesorgt haben, weil Sie das Richtige getan haben, auch wenn ich anderer Meinung war. Ich liebe Sie, weil Sie mich gelehrt haben, was Leben bedeutet, was es heißt, eine Tochter zu sein und vielleicht eines Tages einmal eine Mutter.

Ich verspreche Ihnen, daß Sie eines Tages stolz auf mich sein werden, ohne Vorbehalt. Und der Tag, an dem auch ich stolz auf mich sein kann, ist der Tag, wenn ich andere, auch meine Kinder, jene Eigenschaften fürs Leben lehren kann, die ich von Ihnen gelernt habe. Irgendwann einmal wird es eine »kleine Emily« geben, Ihre Namensschwester, und sie wird wissen, was all dies bedeutet, weil ich in der Lage sein werde, mich um sie zu kümmern. Ich weiß, daß das seltsam klingt, weil ich ja bisher nicht einmal für mich selbst sorgen kann, aber ich habe soviel von Ihnen gelernt, daß ich sie nicht in diese Welt lassen kann, bis ich dazu in der Lage bin.

Nicht viele Menschen bekommen eine zweite Chance. Obwohl ich mehrmals meine Chance vergeben habe, haben Sie mich doch immer weiter geliebt, so wie es eine echte Mutter auch tun würde. Das hätte ich von niemandem erwartet. Bitte vergeben Sie mir, wenn ich das je als selbstverständlich betrachtet habe.

Ich werde nicht so dumm sein und versprechen: »ICH WERDE IN MEINEM GANZEN LEBEN NIE, NIEMALS ETWAS FALSCHES TUN.« Aber ich kann Ihnen versprechen, daß ich mein Bestes geben werde, um das zu tun, was richtig ist.

Ich schreibe Ihnen dies, weil Sie etwas ganz Besonderes für mich sind und weil ich Sie liebe. In meinen Augen sind Sie der wunderbarste Mensch, den ich kenne.

In Liebe,
Nancy

Diesen Brief werde ich immer wie einen Schatz aufheben. Aber mehr als die Gedanken, die er enthält, werde ich die vielen Erinnerungen aus den Jahren bewahren, in denen Nancy und ich zusammengearbeitet haben, so daß sie die Lähmung ihres frühen Lebens überwinden konnte. Ich liebe sie nicht nur für den Mut, den sie dabei bewies, sondern auch dafür, daß sie jetzt anderen helfen will.

Sie muß nichts mehr tun, damit ich »stolz« auf sie bin. Ich war schon am Tag stolz auf sie, als sie oder vielmehr der Teil, der Jennifer war, die zehn Meilen in der Novemberkälte durch den Regen lief, um mir dafür zu danken, daß ich sie in dem Schwesternzimmer getröstet hatte.

Nancy zeigte den Weg zu unserem gemeinsamen Erfolg beim Aufdecken dessen, was sie für unaussprechlich hielt. Endlich hat ihr Alptraum nicht mehr die Macht, sie zu quälen.

Epilog
von Lucy Freeman

Mit diesem Buch betrat ich eine aufregende neue Welt. Eine Welt, in der ich mit meinen jahrelangen Erfahrungen auf der Couch von Psychoanalytikern Tiefen des menschlichen Geistes kennenlernte, von denen ich nicht wußte, daß sie existierten. Ich lernte auch von neuem die Macht des Unbewußten kennen und wie es dem Bewußtsein in Zeiten der Qual zu Hilfe kommen kann. Durch ihren Mut und ihre ruhige Zielstrebigkeit sowie durch ihre Liebe zu Nancy half Emily ihr, sich der lange in die Tiefen ihres Geistes verbannten Erinnerungen bewußt zu werden und sich so von ihrer Qual zu befreien.

Dieses Buch beweist auch wieder, daß wir Seelenfrieden erreichen können, wenn das Unbewußte und das Bewußtsein miteinander in Verbindung stehen. Freud beschrieb das Ziel der Therapie als Bewußtseinsmachung des Unbewußten: »Wo das Id ist, soll das Ego sein.« Ein Ego, das stark genug ist, läßt uns unseren gerechten Anteil von Gefühlsharmonie erfahren.

Nancy verbrachte ein Drittel ihres Lebens mit Emily. Sie erzählte Emily: »Ich war wie eine leere Schale, als ich zu Ihnen kam. Sie haben sie auf vielfältige Art gefüllt.« Sie war von ihren Persönlichkeiten verzehrt worden, war durch die Unterdrükkung ihrer natürlichen Gefühle erschöpft, die in erster Linie dazu dienten, die Brutalität, die sie erlitten hatte, und ihren übermächtigen Wunsch nach Rache zu verneinen.

Ich war beeindruckt von Emilys Kraft, der leidenden Nancy helfen zu können: die unbeugsame Eigenschaft von Emily Campbell Peterson im Angesicht einer scheinbaren Niederlage, auf die die nächste folgte. Und von der Kraft von Nancy Lynn Gooch, die trotz der schmerzhaften Reise ins Innere nicht aufgab. Verglichen mit Nancys Leben scheint das Leben der meisten Menschen eine Idylle zu sein.

Von Anfang bis Ende war es ein Krieg zwischen Nancy und ihren Persönlichkeiten, die sie und Emily haßten. Ein Teil von

Nancy wollte Emily besiegen, was Nancy zur Verliererin gemacht hätte. Glücklicherweise wollte aber ein Teil von ihr, daß Emily als Siegerin hervorging, damit Nancy leben konnte. Es gab Momente, erzählte Emily mir, in denen sie zu Nancy sagen wollte: »Ich gebe auf, du hast gesiegt.« Aber ihre Liebe zu Nancy war zu stark, als daß sie das Handtuch werfen konnte.

Dr. Clinton A. Johnsons Einfühlungsvermögen, seine stille Zustimmung zu Emilys Arbeit und seine Beiträge für das Verständnis der multiplen Persönlichkeit waren unschätzbar. Nancy sagte einmal zu ihm: »Ich erschaudere, wenn ich daran denke, wie ich einmal gelebt habe. Es ist schwer, einige der Dinge, die ich getan habe, zu glauben.« Er versicherte ihr: »Jeder Schritt, den wir machen, um uns zu verstehen, ist schwer.«

Ich war gerührt von dem Mut von Nancys Mutter, Nancy Gooch Phipps, deren Beitrag in diesem Buch von ihrem eigenen Leid als Kind berichtet. Sie half, ihre Tochter zu retten, indem sie Emilys Therapie zustimmte. Sie war auch so freundlich, Interviews zu gestatten und ließ uns Material für einen Artikel verwenden, den sie für eine Zeitschrift über Nancy juniors Leben geschrieben hatte.

Auch die Rolle von Diane und Harold Gaffney sollte nicht unterschätzt werden – ihre bereitwillige Aufnahme von Nancy und die Liebe und Beständigkeit, die sie zugleich mit der Sicherheit ihres Heims anboten. Diane fuhr durch die Staaten, um Nancy von dem Trauma in Lexington zu erlösen. Nancy sagte zu den Gaffneys: »Ich habe Diane und Harold geliebt, obwohl ich Harold am nächsten war. Er war ein merkwürdiger Mann. Ich wußte, daß er mich liebte, und ich mochte seinen manchmal recht verschrobenen Sinn für Humor.«

Der Gedanke, daß Emily so viele Jahre lang großzügig von ihrer Zeit und Zuneigung gab, ohne einen Cent dafür zu verlangen, versetzt mich in Erstaunen. Emily sagte dazu: »Meine Belohnung war nicht Geld. Ich hatte ein Bestreben. Und ich bin dickköpfig, wenn es um eine Suche geht. Ich verließ mich nicht nur auf meine Intuition, sondern auch auf meine wachsende Kenntnis des menschlichen Geistes. Bisweilen fühlte ich mich wie ein Abenteurer, der das Gold des neuen Bewußtseins fand. Das ist mein Lohn.«

Sie sagte, daß die Erfahrung ihr dabei half, Konflikte in ihrem eigenen Leben besser zu verstehen: »Ich entdeckte meinen Zorn auf meinen Vater, der mich verließ, als ich drei war. Ich wußte, daß ich auf meine Mutter zornig war. Ich hatte das Gefühl, daß sie mir nie den Schutz gab, den ich brauchte, und ich glaube, daß sie meinen Vater aus dem Haus trieb. Jetzt erkenne ich, daß ich zornig auf ihn war, weil er sich nicht wehrte und dablieb, um sich um mich zu kümmern.«

Ich sah, wie wichtig es war, daß Emily Nancy dabei half, ihre Angst davor, verlassen zu werden, zu überwinden. Die frühen Traumata, die ihre Welt in Stücke rissen, hatten ihre normale Angst, verlassen zu werden, noch verstärkt. Sie konnte jetzt erkennen, was die Traumata in all ihrem Un-Sinn bedeuteten. Emily ermutigte Nancy auch, sich ihres starken Hasses in der Kindheit bewußt zu werden. Das Wiedererleben von Feindlichkeit und Haß auf Personen in der frühen Kindheit ist eine notwendige Phase jeder erfolgreichen Psychoanalyse, wie der verstorbene Ralph Greenson M. D. aus Los Angeles sagte. Er war ein international anerkannter Psychoanalytiker, der auch Marilyn Monroe behandelt hatte. Das trifft auf den sogenannten normalen Menschen zu, der nicht in dem Maß wie Nancy gelitten hat. Nancys Bedürfnis, ihren Zorn wiederzuerleben und damit ihren Zorn auf die, die sie als Kind körperlich und seelisch gequält hatten, war überwältigend.

Bestimmte herzzerreißende Worte von Nancy und den Persönlichkeiten klingen mir heute noch in den Ohren. Ich erinnere mich an die Sätze von Nancy/Sherry, als sie Emily scharf kritisierte, weil diese wollte, daß sich die Persönlichkeiten integrieren sollten: »Du nimmst ihren Schmerz, und sie sind nichts mehr. Das ist das einzige, was sie kennen. Menschen, die sie wie Scheiße behandeln. Menschen, die ihnen weh tun.« Und die Worte von Nancy, als sie Emily einmal flehentlich bat: »Sag mir, daß ich wirklich bin!« Sie hatte das Gefühl gehabt, wie Papiermaché zu sein, das von dem Sturm des Zorns, über den sie keine Kontrolle hatte, hin und her geworfen wurde.

Ein Zeichen von Nancys Befreiung war die Fähigkeit, sich zum ersten Mal in ihrem Leben die Fingernägel wachsen zu lassen. Sie hielt ihre Hände hin und sagte stolz: »Sehen Sie, endlich habe ich Fingernägel.« Sie hatte lange Fingernägel verabscheut und sie immer wieder abgebissen. Unbewußt erinnerten lange Fingernägel sie an Norahs Nägel, sie brachte sie in Verbindung mit dem Fließen von Blut und dem Ansengen ihrer Fingerspitzen mit der Kerze, wenn Norahs Hände ihr Fleisch mit den feurigen Flammen in Kontakt brachten. Vielleicht fürchtete Nancy auch, daß sie mit ihren langen Nägeln Feinde zerreißen würde, so wie Nancy/Regan in ihrem unkontrollierbaren Zorn versuchte, die Tapete von der Wand zu kratzen. Ein Tier, das Schmerz leidet, benutzt seine Krallen, um alles Erreichbare zu zerfetzen, um so die vermeintliche Ursache für seinen Schmerz zu zerstören.

Ich wurde Zeugin davon, wie Nancy die geistige Funktion, die wir alle besitzen, benutzte. Freud bezeichnete sie als »zwanghafte Wiederholung«. Es ist ein Weg, vergangene Qualen unwirksam zu machen. Nancy durchlitt ihr Leid immer aufs neue auf verschiedene, verzerrte Art und Weise, um es so erträglicher zu machen. Sie erzählte indirekt von den vielen Bedrohungen durch Erwachsene, die sie als Kind sexuell und gewalttätig mißbraucht hatten. Indem sie sich sexuell auslebte und drogenabhängig wurde, stellte sie die emotional gestörten Männer und Frauen in ihrem Leben dar, die auch ihre bestimmten Abhängigkeiten hatten – religiöse Rituale, in denen einem zweijährigen Kind, dem Gewalt angetan worden war, Blut entnommen wurde, oder der wöchentliche sexuelle Mißbrauch einer Sechsjährigen.

Ich dachte an die religiösen Riten aus vergangenen Jahrhunderten, in denen unschuldige Menschen beschuldigt wurden, »vom Teufel besessen zu sein«, und in denen man sie zur Ader ließ, um sie so von dem Teufel in ihrem Innern zu befreien. Es ist noch nicht so lange her, daß man Geistesgestörte durch Aderlaß behandelte, als ob so das »Böse« aus ihnen herausfließen konnte. Ich fragte mich, ob Norahs Vorfahren, die aus Irland kamen, jemals an religiösen Ritualen teilgenommen hatten. Diese Phantasievorstellung von Norah mußte irgendwann in ihrer Kindheit einen Wirklichkeitsbezug gehabt haben, vielleicht war sie als kleines Mädchen auf die gleiche Weise mißbraucht worden.

Nancy/Sarah schrieb in einem Brief, nachdem diese Verbrechen der Vergangenheit offenbart worden waren: »Es ist kein Leid mehr vorhanden.« Aber Leid wird in gewissem Grad immer Teil von Nancys Leben sein, so wie es bei uns allen der Fall ist. Niemand entgeht Verlusten, Verlassensein, Demütigung und Grausamkeiten. Doch dank Emilys Weigerung, Nancy an einer Qual leiden zu lassen, der sie nicht selbst auf den Grund zu gehen wagte, ist Nancy heute nicht länger das Opfer unbekannter Angreifer. Sie ist nicht mehr die Lumpenpuppe, ein »zerbrochenes Püppchen«, wie der Arzt sagte, der Nancy/Jennifer behandelte, nachdem sie sich die Pulsadern aufgeschnitten hatte.

Bei meiner Arbeit an diesem Buch erkannte ich auch die Macht, Dinge in Worte fassen zu können – die bewußte Auseinandersetzung mit schrecklichen Erlebnissen, so daß es möglich wird, tiefe Angst zu überwinden. Die meisten von uns bilden sich diese Qual nur in ihrer Phantasie ein, aber für Nancy war sie echt. Als sie in der Lage war, davon zu erzählen, hatte dies eine heilende Wirkung. Es bedeutete, daß sie sich mit der schmerzlichen Wirklichkeit auseinandersetzen und sie annehmen konnte, statt sie zu verneinen. Sie konnte ihre Verteidigung auf Dinge beschränken, die ihr nicht weh tun würden. Jetzt konnte sie ihre psychische Energie für Liebe, Kreativität, Arbeit und Freundschaft aufwenden, statt Angst, Schmerz und Zorn zurückzuhalten.

Emily sagte jeder Persönlichkeit: »Liebe ist die Abwesenheit von Angst. Wenn man in Angst lebt, kann man nicht lieben. Alle Energie wird darauf verwendet, sich zu schützen. Für Liebe ist dann kein seelisches Potential mehr vorhanden. Man denkt nur daran, wie man die Kraft bekommt, um die Furcht zu bekämpfen.« Nancys Machtbedürfnis war das beherrschende Ziel in ihrem Leben. Wenn sie diese Kraft mit zwei und dann wieder mit sechs Jahren besessen hätte, um ihre Angreifer zu bekämpfen, wären ihr heftige Schmerzen und Qualen erspart geblieben. Macht bedeutete die Freiheit, jemandem von den Todesdrohungen in ihrem frühen Leben zu erzählen, die Angst zu sterben, die ihr ganzes Leben durchzog, aufzugeben: »Wenn du es jemandem erzählst, werde ich dich töten.« Angefangen bei dem Babysitter, den sie mit zwei Jahren hatte, bis zu dem Peiniger, der sie mit fünfzehn Jahren vergewaltigt hatte.

Der Wunsch nach Macht brachte auch den Wunsch mit sich, ein Junge zu sein. Es war viel zu gefährlich für Nancy, als Mädchen zu leben. Weiblichkeit bedeutete die Anklage, »böse« zu sein, bedeutete das Versengen von Fingerspitzen, dann schmerzhaftes Brennen an ihrem intimsten Körperteil sowie Vergewaltigung. Aber Jungen waren nicht hilflos, sie waren stark, sie konnten kämpfen und gewinnen. Um Macht zu erlangen, schuf sie Nancy/John, der hart und eigensinnig war, und dann Nancy/Ricky, der alle zerstören wollte. Auf ihre Art strebte jede Persönlichkeit nach Macht – Nancy/Sherry durch ihren Körper, Nancy/Sarah durch ihren Intellekt.

Erst als Nancy ihren frühen Qualen ins Gesicht sehen konnte, war sie in der Lage den verzehrenden Wunsch nach Macht aufzugeben. Nancys innere Landschaft war ihre unbewußte Welt gewesen, eine Welt, die sie für die stärkste hielt. Aber es war eine vorgetäuschte Macht. Das Unbewußte kann nicht zwischen Phantasie und Realität unterscheiden. Wir sind nur wirklich stark, wenn wir uns bewußt unter Kontrolle haben. Wir können nur uns selbst kontrollieren. Einen anderen Menschen zu kontrollieren bedeutet nicht Stärke, sondern Beherrschung.

Dank Emilys Geduld und Beharrlichkeit kann Nancy sich jetzt darauf konzentrieren, ein ganzer Mensch zu werden, der sich nicht mehr in Persönlichkeiten aufspalten muß (mit denen sie in ihrem Unbewußten ihre sexuellen und gewalttätigen Phantasien und Wünsche gefangenhielt). Ihre Persönlichkeiten hatten leider oft dazu gedient, wenn sie von starker Angst und Wut überwältigt wurde, ihrem Bewußtsein in einer Art und Weise zu Hilfe zu kommen, die nicht gut für sie war.

Eine der wichtigsten Wahrheiten für mich war die Tatsache, daß Geist und Körper eins und untrennbar sind. Das gewaltsame und sexuelle Eindringen in Nancys Körper zog ihre Psyche in Mitleidenschaft. Im Alter von zwei Jahren, als ihr Körper so mißbraucht wurde, standen ihr nur die primitivsten Verteidigungsmöglichkeiten als Rettungsmittel zur Verfügung. Ihr Geist war noch längst nicht reif, aber er kämpfte so mutig wie er konnte, um sie so vor schlimmeren Spaltungen wie Autismus oder Schizophrenie zu bewahren.

Verzweifelt, ohne Wahlmöglichkeit, griff sie zur Verteidigung automatisch danach, sich selbst in verschiedene Persönlichkeiten aufzuteilen. In einer sehr frühen Entwicklungsstufe unseres Denkens mag sogar das Bewußtsein fehlen, daß wir selbständige Wesen sind. Psychoanalytiker bezeichnen dies als »symbiotische« Stufe, wenn wir, psychologisch gesehen, noch eins sind mit unserer Mutter. Auch benutzt jeder Mensch seine Träume dazu, sich »innere Persönlichkeiten« zu schaffen. Jede Figur in einem Traum, egal wie verschieden, repräsentiert einen Teil unseres Selbst. In der Dunkelheit der Nacht schaffen wir uns Charaktere, die Erinnerungen und Wünsche ausleben, die zu gefährlich sind, als daß man sie tagsüber in Gedanken ertragen könnte.

Während ich dieses Buch schrieb, dachte ich oft, daß es wirklich nicht verwunderlich war, daß die Verbindung zwischen Nancys unbewußten und bewußten Gedanken gesperrt war. Sie hatte durch die frühen Angriffe auf ihre Ganzheit einen Teil ihres Rechts, Mensch zu sein, verloren. Sie war gezwungen, ihre Gefühle in die geheimen Wesen zu investieren, die sich an dem gefährlichen, aber auch schützenden Spiel des »Hinaus- und Hineingehens« beteiligten. Es bot vorübergehende Erleichterung ihrer Not, führte aber auch zu dem Wunsch, wegen ihrer Schuldgefühle, die sie aufgrund ihrer starken sexuellen Wünsche hatte, zu sterben.

Die meisten Menschen sind in der Lage, Kindheitsängste und Zorn als nützliche Aktivitäten zu sublimieren, sie müssen sich nicht in ständiger Furcht vor Todesdrohungen von Angreifern schützen wie Nancy. In einer milden Form dieses Schutzes, der uns verschiedene Persönlichkeiten erschaffen läßt, sprechen wir möglicherweise mit den Menschen in unserem Leben immer auf andere Art. Mit einer Stimme zum Ehepartner, mit einer anderen Stimme zu einem Kind, mit einer anderen zu unseren Eltern und mit noch einer anderen zu unserem Psychoanalytiker, falls wir einen haben. Das Merkmal eines emotional gesunden Menschen ist wahrscheinlich die Fähigkeit, zu allen in derselben Stimme zu sprechen, was zeigt, daß er beständig die eine Person ist, daß er niemanden fürchtet.

Nancys Leben beweist auch, daß die »Liebe« eines Kindes ganz anders ist als die Liebe eines Erwachsenen oder reife Liebe.

Bei einem Kind konnte das Gefühl der Liebe noch keine Dimensionen hinzufügen wie Vertrauen, Zärtlichkeit und Respekt. Die Liebe eines Kindes ist hungrig, gierig, eifersüchtig, habgierig, mörderisch, besitzergreifend. Ein Kind erlernt das Gefühl reifer Liebe von den Eltern, so daß es schließlich auch andere auf diese Weise lieben kann.

Nancy hatte Emily erzählt: »Ich habe nie Leidenschaft gespürt.« Ein Opfer kann keine Leidenschaft fühlen, es wird zu sehr von Angst eingeschüchtert. Nancy hatte große Angst vor Liebe, vor Sex. Sie drückte es so aus: »Wenn jemand mich an sich drückte, konnte ich nie unterscheiden, ob ich umarmt oder angegriffen wurde.« Norah, der Babysitter, war damit beauftragt worden, für Nancy zu sorgen, aber sie hatte sie statt dessen mit Gewalt und einer stark verzerrten sexuellen Besessenheit mißbraucht. Es gibt eine starke Verbindung zwischen Gewalt und Liebe, denn schließlich bedeutet auch Gewalt »Berührung«. In Nancys Vorstellung waren Liebe, Berührung und Schrecken unentwirrbar miteinander verknüpft.

Heute braucht Nancy die inneren Stimmen nicht mehr, ihre eigene ruhige Stimme ist stark genug. Sie hat ihr Recht, unabhängig zu sein, akzeptiert, sagt, daß sie einen gewissen Frieden erreicht hat, den sie sich nie zu erträumen wagte. Sie besitzt jetzt etwas, was sie als »tiefes, inneres Bewußtsein« bezeichnet. Sie weiß, daß die Suche nach Wahrheit langsam vor sich geht, wenn psychische Wunden tief sind nach Jahren der Verneinung von starker Angst und Wut. Sie weiß auch, daß der Weg, der vor ihr liegt, viel leichter sein wird, weil nichts mit dem Schmerz der Vergangenheit vergleichbar ist.

Sie gab ihre Zustimmung, daß ihre Geschichte in allen Einzelheiten erzählt wurde, weil sie hofft, daß andere Menschen dadurch von ihren bösen Erinnerungen befreit werden, daß das Erlernte genutzt werden kann, um den Schmerz derjenigen, die emotional ähnlich verstümmelt sind, zu erleichtern.

Der Alptraum war vorüber.

Marie-Louise von Franz

Der Schatten und das Böse im Märchen

(4019)

Traum und Tod

Was uns die Träume Sterbender sagen

(4021)

Psychologische Märchen interpretation

Eine Einführung

(4022)

Wissen aus der Tiefe

Über Orakel und Synchronizität

(4017)

Erlösungs motive im Märchen

(4018)

Gesund bleiben

JOHN SELBY
Kurz-sichtig
Ein ganzheitliches Programm zur Selbstverbesserung

(7927)

Dr Redford Williams
Herzvertrauen
DER INFARKT
Ursachen und Vorbeugung

(7914)

Louis Proto
Selbstheilung
Neue Wege zur Gesundheit

(7920)

GESUND MIT DER NATUR
Christian Berg
Wie Sie sich in Ihrer Haut wohl fühlen
99 Wege zu gesunder **Haut**
Originalausgabe

(7783)

Von der Kunst, gut zu leben
SVEVO BROOKS

(7875)

Jane R. Hirschmann
Carol H. Munter
SCHLUSS ...MIT DEN DIÄT-KUREN
So überwinden Sie die Eßsucht in einer Welt des Überflusses

(7846)

Scheiden tut doch weh

OTTO R. GAIER
Der Riß geht durch die Kinder
Trennung, Scheidung und wie man Kindern helfen kann

(4016)

UTE KÖHLER
»DU BIST JA GAR NICHT MEINE MUTTER«
STIEFMÜTTER ERZÄHLEN
ORIGINALAUSGABE

(3873)

Die neue Familie
Zeitgemäße Formen menschlichen Zusammenlebens
Ekkehard Kloehn

(3802)

Hermann Giesecke
Die Zweitfamilie
Leben mit Stiefkindern und Stiefeltern

(7933)

Judith Wallerstein
Sandra Blakeslee
Gewinner und Verlierer
Frauen, Männer, Kinder nach der Scheidung
Eine Langzeitstudie

(7929)